MINERVA
哲学叢書
⑤

ハイデルベルク論理学講義

—『エンチクロペディー』「論理学」初版とその講義録—

G.W.F. ヘーゲル 著／黒崎 剛 監訳
藤田俊治／小坂田英之／金澤秀嗣 訳

ミネルヴァ書房

ハイデルベルク論理学講義——『エンチクロペディー』「論理学」初版とその講義録　**目次**

凡例

凡例

1　テキストについて

本書は（1）ヘーゲルの著書、『哲学的諸学のためのエンチクロペディー要綱』（Encyklopädie der Philosophischen Wissenschaften im Grundrisse. Heidelberg）の一八一七年に刊行された初版本（いわゆる「ハイデルベルク・エンチクロペディー」）の「緒論」と「A 論理学」の部分の翻訳および、（2）一八一七年にヘーゲルがハイデルベルク大学で講義した際の聴講者のノートの翻訳を併せたものである。

（1）「ハイデルベルク・エンチクロペディー」のテキストとして使用したのは、グロックナー版全集の第六巻（①）である。しかし、このテキストには原典に由来する誤植が多く、そのためアカデミー版ヘーゲル全集の第一三巻（②、以下GW13と表記）との対照を行い、さらに、エンチクロペディーの第三版（③）を参照して独自にテキストを校訂しつつ翻訳した。

① G. W. F. Hegel: *Sämtliche Werke.* Jubiläumsausgabe, hrsg. v. Hermann Glockner, Bd. 6.

② Georg Wilhelm Friedlich Hegel: *Gesammelte Werke.* In Verbindung mit der deutschen Forschungsgemeinschaft. Hrsg. v. der Rheinisch-Westfälischen Akademie der Wissenschaften, Hamburg, 1968ff., Bd. 13: *Enzyklopädie der philosophischen Wissenschaften im Grundrisse (1817).* Hrsg. v. Wolfgang Bonsiepen und Klaus Grotsch. 2001.

③ G. W. F. Hegel: *Werke in zwanzig Bänden.* Theorie Werkausgabe. Redaktion Eva Moldenhauer und Karl Markus Michel, Frankfurt a. M., 1969ff., Bd. 8: *Enzyklopädie der philosophischen Wissenschaften I.*

翻訳にあたっては以下の仏訳を参照した。

Encyclopédie des Sciences Philosophiques, I., La Sciences de la Logique. Texte Intégral Présenté, Traduit et Annoté, par Bernard Bourgeois, Paris 1970.

（2）「G・W・F・ヘーゲル　一八一七年の論理学講義」のテキストとしては、カレン・グロイ編集版（①）とアネッテ・ゼル編集版（②）の二つが公刊されている。

① GEORG WILHELM FRIEDLICH HEGEL: *Vorlesungen über Logik und Metaphysik, Heidelberg 1817, mitgeschrieben von F. A. GOOD* (hrsg. v. KAREN GLOY, Hamburg, 1992).〔これを本訳書では「グロイ版」と呼び、本書からの引用はGloyと記す〕。

② Logik und Metaphysik, vorgetragen von Herrn Prof. Hegel nach seiner Encyclopedie der philosophischen Wissenschaften im Sommersemester 1817. In: Annette Sell (Hg.), Hegel, Georg Wilhelm Friedrich: *Vorlesungen über die Wissenschaft der Logik I, Nachschriften zu den Kollegien der Jahre 1801/02, 1817, 1823, 1824, 1825 und 1826* (Georg Wilhelm Friedrich Hegel, Gesammelte Werke, Bd. 23, 1, 2013)〔これを本訳書では「ゼル版」と呼び、本書からの引用はSellと記す〕。

ゼル版は、グロイ版が多くの箇所でテキストを読み違えているためにそれを正したものだという。しかし、訳者たちは両版を比較をしたうえでより適切と思われる方を採用しているので、こちらも訳者たちの独自の校訂となっている。たとえば、改行の指定はグロイ版とゼル版で違っていることが多いが、内容的に考えて読みやすい方を採用した。また、単語の取り方が違っている場合も多くあるが、内容を考えたうえで、妥当と思われる方を採用した。

両版とも欄外に講義の日付が書いてある。同じ日付が二カ所に記されているような混乱した場合もあって、正確にどの文章からその日の講義が始まったのかは分からないが、妥当と思われるところに【　】で入れておいた。大体の目安とお考えいただきたい。グロイ版にのみ、日付とともに天候情報も書いてある。臨場感があるので、これも入れておいた。

2　節番号について

（1）本訳書が底本としたグロックナー版の『エンチクロペディー』では、以下に示す通り節番号に乱れがあるため、それには手を入れて番号を整えた。つまり、本訳書の節番号はＧＷ13のものと同じである。

①グロックナー版では第三七節の次が第三九節になっていて、第三八節が欠けている。本訳書では、原典の単なる誤植を訂正する方が適切と考え、第三九節を第三八節とした。したがって、以下の節番号はグロックナー版の原著とは一つずつずれている。

②さらに、グロックナー版では、概念論の第一三二節（本訳書およびＧＷ13では第一三一節にあたる）が二つ続くというミスがあるので、それらをそれぞれ第一三一節、第一三二節とする。それによって、第一三二節以下はふたたびグロックナー版と本訳書（およびＧＷ13）の節番号は一致することになる。

③しかし、第一三八節がまた二度繰り返されるので、第一三九節以降は再び一つずつずれることになる。

④古い研究文献ではグロックナー版の節番号が用いられているので、〔　〕でその節番号を記した。たとえば、「第三八〔三九〕節」となっている場合は、最初が正確な通し番号＝ＧＷ13の節番号であり、〔　〕内がグロックナー版のそれである。

（2）講義録の方では ad §12 というように節番号が記されているが、こちらも訳のうえで訂正したエンチクロペディー本文の節番号に合わせて数字を変え、もともとの節番号を〔　〕内で示した。たとえば、「第六四〔六五〕節　付論」と記した前の部分が、訂正したエンチクロペディー本文の節番号であり、〔　〕内で示した方が、グロイおよびゼルの編集した講義録原著に記されている節番号である。講義録の二種の原著の節番号のいずれとも異なっているので、注意されたい。

（3）また、この初版のエンチクロペディー本文テキストに対応する内容をもったベルリン時代の第三版の節番号を、各節番号の下に〔三三〕というように付けて、簡単に対照ができるようにした。ただし、対応の程度は節ごとに大きな違いがある。巻末の対照表を参考にしていただきたい。

（4）講義録には見出しが一部しかついていないので、目次にのみ〔　〕で補っておいた。

3　記号について

・傍点……原文でゲシュペルト（隔字体）になっている語である。

・〔　〕……本文中に現れる〔　〕内の文章は訳者の補いである。節番号の後に〔　〕内に入れてあるタイトルも訳者によるものである。
・（　）……主に、カテゴリーとして使われている言葉の原語を示す際に用いる。ただし、必要と思われる原語を訳者の配慮で示す際、そしてテキストにはないヨーロッパ語の原語一般を示す際にも用いた。
・［　］（講義録における）……カレン・グロイによる補いを採用して訳した単語および文である。
・太字……原文中でドイツ文字ではなく、ラテン語体で記されている単語（たとえばCopula）である。
・H/B……『エンチクロペディー』初版と第二版を簡潔に区別したいときには、前者をH、後二者をBで表し、H§10、B§10というように記す。また、第二版・第三版を区別しなければならない場合には、それぞれ「B2」、「B3」とする。

4　表記について

（1）ヘーゲルの『エンチクロペディー』のテキストでは、本文にあたる部分に対して、文字下がりで記されているところがあるが、これはヘーゲルによる「注解」の部分である。訳では、二字下げて示した。「注解」の部分は、テキストではすべて一段になっているが、読みやすさを考えて、訳者の判断で適宜改行してある。
（2）講義録のテキストも、口述をそのまま筆記したと思われる文章の整った部分に対して、文章に乱れの見られる聞き取りと思われる部分が文字下がりで記されている（「訳者解説」を参照）。後者をやはり二字下げて示した。またこちらもテキストでは一段で示されているものでも、訳者の判断で適宜改行した。グロイ版とゼル版では改行が異なっている場合があったが、これも訳者の判断で妥当と思われる方を採用した。
（3）引用文献の略記法については、巻末の文献表に記しておいた。ただし、そこで示したのは、何度も挙げられる文献のみで、一、二度登場するだけの文献は、すべて訳注のなかで示した。
（4）節番号については、縦書きの場合は漢数字、横書きの場合はアラビア数字となっているが、同じものを指す。たとえば第六節＝§6である。

Ⅰ

『哲学的諸学のためのエンチクロペディー要綱』

著者序言

聴講者諸君に私の哲学の講義のための手引きを与える必要に迫られて、思っていたよりも早く、哲学の全領域にわたるこの概説書を世に出すことにする。

「要綱」という性質をもったものである以上、あれこれの理念を内容に即しながらこれ以上に詳しく説明して論じ尽くすということはできないし、さらにそれらの理念を体系的に導出することについては——この体系的な導出ということにこそ、かつて証明（Beweis）という言葉で理解されていたもの、そして学的な哲学にとって不可欠なものが含まれていなければならないのではあるが[1]——とりわけ限定つきで説明せざるをえない。〔『哲学的諸学のためのエンチクロペディー要綱』というこの〕表題で、〔哲学の〕全体の範囲を示すとともに、個々の点については口頭の講義のためにとっておくという意図を示したつもりである。

ところで、簡潔に講述するように要請されている当のものが、すでに前提されよく知られた内容である場合には、要綱において問題となるのはむしろ〔事柄の〕配列や整序といった外的な合目的性だけである[2]。もとより本書の叙述はこうした類のものではなく、逆に或る方法——これは私の期待するところ、唯一真なる方法、内容と一致した方法として認めてもらえるであろう[3]——に則って哲学を新たに改造することを狙っているものである。だから、全体の第一部をなす論理学については、そのような書〔『大論理学』〕を公刊しているのであるが、もし事情が許して〔論理学以外の〕他の哲学諸部門〔すなわち自然哲学と精神哲学〕について本書以上に詳しく論じた著作を先行させて出版できていたなら、この方法を読者に受け入れてもらううえでさらに都合がよかったであろう。ところで、本書の叙述においては、表象や経験上よく知られている事柄から内容がたやすく想像できる側面に関しては説明を控えめにしなければならなかったけれども、もっぱら概念を通じて生じうる媒介でしかありえないような諸々の移行に鑑み、〔本書における〕進展の方法[4]にあたるものが、他の諸科学の追い求める単に外面的な配序とも区別され、また哲学的な諸対象を扱う際に常套手段となっている作為的手法とも十分に区別されうる点については、大いに注意をうながしておいた。その作為的方法というのは、何らかの図式を前提して、その図式に沿って諸々の素材を最初の〔他の諸科学が求める〕やり方と同じく外面的に、しかもいっそう勝手気ままに並べ置き、なおかつ奇妙奇天烈な取り違えにより、とりどりのこじつけ合わせが示す偶然性と恣意とをもって概念の必然性を充たしたと言い張る手法である。

　われわれが見届けたのは、ほかならぬこのわがまま勝手な恣意がまた哲学の内容を力づくで奪い取り、思想の冒険へ乗り出して真摯で実直な努力をしばしば萎縮させたものの、それも通常は馬鹿をこじらせて狂気にまで昂じたものと見なされるということである。[5]〔こうしたわがまま勝手な恣意の〕中身は特に畏怖の念を抱かせるものでも狂気の沙汰というほどでもなく、むしろ元々そうであるし大概においてそうなのであるが、取るに足らない周知の俗説の寄せ集めであることが分かった。また同様に形式の方をとってみても、こうした作為的手法は浅知恵を弄しているにすぎず、そうした浅知恵は妙にいびつなこじつけや強引なねじ曲げをことととする、わざとらしくて変に方法めかしているが実は誰でもたやすくものにできる程度の知恵でしかないのであって、総じてその真面目ぶった面つきの裏に自己に対する欺瞞と世間一般に対する欺瞞とを隠しているのが見てとれた。他方これに対して、浅薄な思潮が思想の欠如を分別ある懐疑論だとか理性の控えめな使用を旨とする批判主義だとか銘うって、理念を空疎にすればするほどますます自惚れと虚栄心を高ぶらせるさまをわれわれは見届けた。――以上二つの精神的傾向が真摯なドイツ的気質をかなりの長きにわたり愚弄し惑わして、ドイツ的真摯さが抱く深遠な哲学への欲求を倦み疲れさせ、哲学という学に対する無関心、いやそれどころか軽侮さえもたらしたがために、いまや〔分別をわきまえ理性を控えめに用いるべきだ、などと主張する〕自称謙遜屋までもが哲学の奥義についてあれこれ口を差し挟んだりこき下ろしたりして、哲学の奥義にはかつて証明という語のもとで把握されていたような形式をもつ理性的認識が存することを、不遜にも否認して構わないと思うに至っている。

　いま触れた諸現象のうち最初に挙げた方〔「わがまま勝手な恣意」〕については、政治の世界と同様に学の世界で開花した、新しい時代における若々しい意欲だと見なされなくもない。このような意欲は、若返った精神のあけぼのを恍惚として迎え入れ、さして深い研鑽も積まないままいきなり理念を享受すべくとりかかり、理念が供する様々な希望や展望に耽溺した時期をすごすこともあるにはあったが、そうした逸脱からもわりあい簡単に元に戻ってくるものである。なぜならこの意欲には性根が据わっており、また表面を覆う朦気も当の意欲が若気のあまりみずから性根のまわりに立ち籠めさせたものであるため、おのずと雲散霧消するに違いないからである。しかるにもう一つの現象〔「懐疑論」や「批判主義」を謳う「浅薄な思潮」〕となるとずっとたちが悪い。というのもこちらの方は〔おのれの精神の〕衰退と弱々しさとを露顕させながら、あらゆる世紀の偉大な哲学者たちに訳知り顔で難癖をつける思い上がりでもって、その衰弱と弱々しさをつとめて覆い隠そうとするからであるが、こうした思い上がりは偉大な哲学者たちに加え何より自分自身をも見誤ってしまうほどのものなのである。

しかしそれだけにまたひときわ喜ばしく思われるのは、以上二つの現象に抗って、哲学的な関心が維持され、より高次の認識〔へ〕の真面目な愛[6]がなんの衒いもなく虚栄も張らずに保たれてきているさまが認められることであり、さらにこうしたさまを話題として述べることができるのは、いっそう慶賀の念に堪えない。この哲学的関心は、どちらかと言えば直接知や感情といった形式の方へ身を投じた時期もあったが、それも哲学的関心が〔直接知や感情で事足れりとしたわけではなく、〕かえって理性的な洞察のうちに潜む止めどない衝動を〔もっていることを〕明らかに示しているのであって、こうした理性的洞察だけが人間に品位を授けるのである。哲学的関心にとってはそういう〔直接知や感情といった〕見地すら哲学知の成果として与えられるにすぎず、どうやらこの関心が見くびって歯牙にもかけていないようにみえるもの〔哲学知が本来たどるべき、真理を概念的に把握するいとなみ〕も、それゆえ当の関心によって条件として少なくとも承認されている。このことを通じて哲学的関心は、理性的洞察のうちなる衝動を最も明瞭に示すのである。[7]——真理を認識することへ向けられたこのような哲学的関心に私は本書を捧げ、この関心が満足を見出すうえでの手ほどきあるいは手助けとなるようにしたい。本書のこうした狙いが哲学的関心を抱く人々に好意をもって迎えられるよう願ってやまない。

ハイデルベルクにて　一八一七年五月

緒論

第一節　〔一般諸学は表象の立場〕　〔一〕(1)

哲学以外のあらゆる学の場合には、対象とされるものは、表象によって直接的なものであると認められている。その〔表象の立場の〕ためにそういう対象は、学をこれから始めるという場合でも、あらかじめ〔出発点となりうるような〕受け入れられたものとして前提されている。また、学がそれより先に進んだ場合に必要だと見なされる規定でさえも、取り出されるのは表象からなのである。

　そうした学は、自分が扱うのはどうしてこの対象でなければいけないかという対象そのものの必然性について、みずから権利づけをする義務を免れている。数学全般、幾何学、算術、法学、医学、動物学、植物学などの学の場合には、量、空間、数、権利・法、病気、動物、植物などがあると前提としてもかまわないことになっている。つまり、こうした対象は、表象によって現にあるものとして受け入れられているのである。そうした対象が存在することを疑ったり、また、量、空間や、病気、動物、植物などがそれ自体としてかつそれだけで(2)存在しなければならないことを「概念」から証明せよ、などと要求することは、普通の人には思いもよらないことである。

　——そういった対象に関してまず手っ取り早く挙げられるのは、人がそれに付けている名前である。名前というものは〔聞けばそれと分かる〕確かなものではあるが、さしあたっては事柄の表象を与えてくれるだけのものでしかない。しかし〔対象を知るためには〕当の事柄についてのもっと詳しい規定もまた挙げられる必要がある。〔名前を挙げるのと〕同じように、そうした詳しい規定もたしかに〔いま、ここに〕直接に浮かんでいる表象から取ってくることもできる。けれどもその場合には、すぐに難しい問題に直面することになる。つまり〔この場合に〕捉えられるべきあれこれの規定に関して、それらが対象の中に現にあるとともに、また本質的な規定でもある、ということがどちらも同じくただちに認められなくてはならない、という問題である。

この〔現にあることと本質的にあることという二重性の〕問題について〔一方で〕形式的なことを言えば、その〔問題を解決する〕ためにこそ論理学、つまり定義や区分などについての理論があらかじめ前提されるわけである。他方、内容に関して言えば、その際には経験的な仕方で振る舞うことが認められていて、その〔ような態度をとる〕ために、〔経験的方法を取る学者は〕普遍的な対象に関する表象のなかにはたしてそのような徴表が事実として見出されるかを、ああだこうだと探すことになる[3]。とはいえ、そうした事実なるものからしてすでに〔いったい「事実」とは何だという〕やかましい議論の的になることがあるものなのである。

第二節　〔哲学を始めることの難しさ――内容面〕

これに対して、哲学の始まりはやっかいなものである。やっかいだと言うのは、哲学の対象というのがそもそもただちに懐疑にさらされ、論争に身を委ねなくてはならないものだからである。〔詳しく言うと、〕

1　対象の中身に関して言えば、対象が単に表象の〔対象だと〕主張されるだけでなく、哲学の対象なのだと主張されなくてはならない時には、対象は表象のなかに求められないし、それどころか哲学の対象は認識の仕方に関しては表象と対立していて、表象することの方がむしろ哲学によって自己〔の限界〕を超えていくようにされなければならないからである。

第三節　〔哲学を始めることの難しさ――形式面〕

2　形式に関しても、哲学の対象は同じ困難にさらされている。なぜかと言えば、哲学の対象は、哲学を始める出発点とされる以上、直接的〔無媒介的〕なものなのであるが、しかしそれはその本性から言えば、媒介されたものとして提示され、概念によって必然的なものであると認識されねばならないというあり方をもっているものだからである。そして同時に、認識の仕方と方法というのは哲学そのものの内部で考察されるわけだから、哲学の対象が認識の仕方と方法を前提するということもあってはならないことだからである。

表象に対して表象自身のなかに、哲学の〔始まりとなるような〕まったく無規定な対象を示してやるということだけが問題であるとすれば、逃げ道をありきたりの訴えかけに求めることができるだろう。つまり、人間というものは感性的な知覚や欲求から出発するものであるとしても、すぐさまそうしたものを超え出て、自分がいまあるよりもさらに高いもの、無限の存在、無限の意志、こうしたものへの感情と予感へと駆り立てられる衝動があると感じるようになるのだ、と。

――その際人間が抱く普遍的な関心は、次のような様々な問いのなかに示されている。魂とは何か、世界とは何か、神とは何か、――私は何を知ることができるのか、何に従って私は行為するべきなのか、私は何を望むことができるのか、等々。(4) もっと細かいことは、宗教とその対象のことを考えてみれば分かるだろう。このようなあれこれの問いやそうした諸々の対象そのものとがただちに疑いと否定の餌食になるということはさておいて、(5) すでに直接的な意識というものは、そしてそれ以上に宗教というものは、自分の流儀で、こういう問いに対する答えを、そしてそういう対象に関する一説を、部分的には含んではいる。しかしながらこれではあれこれの対象を哲学の内容に仕立てあげるその当の固有のものは言い表されてはいないのである。

――それだから、対象に関するものだけに限っても、哲学の名の下に理解されている権威ある一般的な共通理解をあてにすることはできない。〔共通理解などというものにあっては〕この節で述べた、概念による必然性の認識という要求でさえ、認められてはいないのである。というのも、まさにその必然性の認識を捨て去って、哲学の対象をむしろ直接的な感情や直観に求め、そのうえ知覚のこうした直接態を理性と称してさえいるというありさまなのに、「自分には哲学がある」と勝手に思い込んでいるものはいくらでもいるからである。

この意味でニュートンをはじめとするイギリス人たちは、実験自然学（Experimentalphysik）までも哲学と称している。だから彼らはまた静電発電機、磁気器具、空気ポンプなどを哲学的な道具と呼んでいる。そうは言っても、木や鉄などを組み合わせたものを哲学の道具と言うことはできない。そう言うことのできるものは思考だけである。*

＊〔原注〕現在でもトムソンが編集している雑誌の表題は、『哲学年報、あるいは化学、鉱物学、力学、博物学、農学、および技術の雑誌』というものである。――こう聞けば、ここで「哲学的」と称せられているものがいかなるものであるか、おのずとイメージすることができるだろう。(6)

第四節 〔緒言は先取り〕

哲学の対象は直接的なものではない。それゆえに対象の概念および哲学そのものの概念は、哲学のなかでしか摑むことができない。したがって、哲学そのものに先立って、哲学の対象ならびに哲学そのものについてまずここで述べることがあっても、それは先取りであるにすぎず、まだそれ自身として基礎づけられているようなものではない。けれどもそれだからこそまた、〔ここで述べるような先取りは、最低限の〕反論の余地のないような確実なものなのである。〔そしてそのような先取りをする〕狙いは、まだ未規定で、暫定的にとどまるが、こうと言える程度の事実的な知識を提供することにある。

第五節　〔哲学は理性の学である〕

以上のようなわけで、哲学とはここでは理性の学であると主張される。しかもここでいう理性とは、自分自身があらゆる存在であると意識している理性のことである。

哲学的な知以外の知はすべて、有限なものについての知、つまりは有限な知である。なぜなら、そもそもこのような知において理性は主観的な理性であるから、所与の対象をあらかじめ前提としていて、そのためにそうした対象のなかに自己自身を認識することはないからである。

権利や義務などのような対象は、たとえ自己意識のなかに見出されるとしても、個々別々に存在している対象であって、宇宙のその他の豊かな富は、そうした対象と並んで、あるいはそれらの外に、したがってまた自己意識の外にあることになる。宗教の対象ともなれば、たしかにそれだけでもう一切のものを自己のうちに包み込んでいるとされる無限な対象である。しかし宗教の表象はいつまでも自己に忠実のままではいない。というのも、宗教にとってもやはり世界というものが無限なものの外にあくまでも自立して残り続けているからである。宗教が最高の真理として挙げるものはと言えば、計り知れず、神秘であり、そしてまた認識することもできず、与えられたものであって、もっぱら所与の外的なものという形式でのみ、区別する意識に残り続けるものだとされている。宗教において真なるものは、感情と直観、予感、表象、信心深さなるもののうちにあるのであって、思想とも結び付いてはいるものの、〔そこでは〕真理は真理の形式をとってはいない。たとえ宗教の心情は一切のものを包みこむものであるにしても、宗教というものは一般に、宗教以外の、意識と分離したそれ独自の領域を形成しているのである。

――哲学は〔理性の学であるとともに〕また自由の学であると見なすこともできる。哲学のうちでは諸々の対象が〔互いに〕疎遠であるという性格が、したがって意識の有限性が消え失せるのだから、唯一、哲学のうちで、偶然性、自然必然性、そして外的なものへの関係というものが、したがって依存、憧れ、恐れといったものがなくなってゆく。ただ哲学のうちでのみ、理性はどこまでも自己自身のもとにあるのである。——同じ理由から、この学において理性はまた、主観的な理性であるという一面性さえもたない。理性は、芸術家が熟練の業をもつ場合のように、特別な才能をもつ人の所有物でもなければ、格別な神的な幸運——あるいは不運——の賜物でもない。哲学は自分自身を意識している理性にほかならないのであるから、その本性からして普遍的な学たりうるのである。

また、〔ある種の〕観念論は、知の内容は自我によって措定された、自己意識の内部に閉ざされた主観的な産物であるという規定しかもたないものであるが、哲学はこうした観念論でもない。理性は自分自身が存在であると意識しているのであるから、こうした主観性、自我[7]（この自我は自己を客観に対する一つの特殊的なものだと思い、自分の諸規定は自己のうちにあり、自己の外や自己を超えてある他のものとは区別されたものだと思っている）は揚棄されてしまっており、理性的な普遍性のうちへと沈められているのである。

第六節〔哲学はエンチクロペディーである〕〔一五〕

哲学は、その領域全部があれこれの部分のある特定の言説で叙述される場合には、「哲学的な諸学のための」エンチクロペディー〔集大成〕であるが、その各部分の分離と連関〔のあり方〕が概念の必然性に従って叙述される場合には、「哲学的な」エンチクロペディーである。

哲学とは徹頭徹尾、理性的な知である。だから、その各部分はどれをとっても哲学的全体であり、自己自身の内部で完結した円環をなす統体性である。しかし、哲学的な理念はそうした個々の部分においては特殊な規定態のかたちを取って存在する、言いかえれば特殊な境地（Element）において存在する。

個々の円環は自己のうちで統体性であるのだから、自分がいる境地の制限さえも突破して、それより広い領域の基礎となる。それだから全体は諸々の円環からなる一つの円環として自己を現すのであって、これらの円環のどれもが必要不可欠な契機なのである。そのために、それぞれの円環に特有な境地からなる体系が理念の全体を形成しているのであって、理念の方もまた個々の境地のどこにおいても現象してくるのである。

第七節〔哲学は体系である〕〔一四〕

哲学は本質的に言ってもエンチクロペディー〔百科全書〕である。というのも、真なるものは統体性としてしか存在することができないし、また自分の〔なかに潜在的にある〕区別を〔はっきりと〕区別し規定することによってしか、それらの区別の必然性と、そして全体の自由とは存在しえないからである。哲学はそれゆえ必然的に体系でなければならない。

体系のないまま哲学的に思索してみても、それは学的なものとはなりえない。そのように哲学することは、それだけとって見てもせいぜい主観的な物の考え方を表現するのでしかないのだが、それに加えて内容面から見ても偶然的である。というのも内容は全体の契機としてしかその正当性をもたないし、全体を離れては無根拠の前提や主観的な確信をもつにすぎないからである。

第八節　〔学の体系は特殊的な諸原理をも含む〕　〔一三〕

哲学の体系とは、他の諸原理から区別された或る特定の原理をもつ一つの哲学のことであると解するならば、それは誤りである。それとは逆で、すべての特殊的な諸原理を自己のうちに含んでいるということこそ、真なる哲学の原理なのである。哲学はこうした原理を哲学そのものにあって示しているばかりでない。哲学の歴史もまた次のことを示してくれている。すなわち哲学史は、一方では、様々な姿で現れてくる諸々の哲学というかたちで、唯一の哲学を様々な形成段階において示している。そして他方では、あれこれの特殊な諸原理というものがあっても、そうした諸原理のうちの一つが体系の基礎となったのであって、それらの特殊な諸原理は同一の全体から枝分かれしたものにすぎないのだということを示しているのである。

ここでは普遍的なものと特殊的なものとはそれ本来の規定に従って区別されなければならない。普遍的なものが形式的に受け取られて特殊的なものと並べて置かれるならば、普遍的なもの自身もまた何らかの特殊的なものになってしまう。

このように〔普遍と特殊とを並べて〕置くのは、日常生活での対象の場合を考えてみれば、不適切でまずいやり方だということがおのずと分かる。たとえば、果物を欲しがっている人であれば、サクランボやナシやブドウなどを、それはサクランボやナシやブドウであって果物ではないなどと言って受け取らないということはないだろう。——ところが哲学に関しては、人々はそのたぐいのことを許している。つまり一方では、千差万別な哲学があり、そのどれもが一つの哲学にすぎず、哲学そのものではないというのが、哲学を侮りはねつけるもっともな理由になるということを認めている。——まるでサクランボは果物ではないかのように。

そして他方では、人々は普遍的なものを原理としている哲学を特殊的なものを原理としている哲学と並べて置いてもかまわないと思っている。それどころか、「哲学などはまったく存在しない」と放言し、そして真なるものを与えられた直接的なものとして前提し、これについてあれこれの反省を行う思想活動のために、「哲学」という名を使っているような説と並べて置くことさえも許しているのである。

第九節　〔学の対象の制限〕　〔一六〕

しかしながら、「エンチクロペディー」というかたちでは、学はその特殊に枝別れした展開の細部に至るまで叙述されることはできない。そうではなくて学は特殊な諸学の始元〔原理〕と根本概念とに制限されなければならないのである。

特殊な学を作り上げるために特殊な部分はどれほど必要なのかということが明確に規定されることが決してないのは、部分というものが一つの真なるものであるためには、単に孤立化させられた契機であってはならず、統体性でなければならないからである。したがって哲学の全体は真に一つの学をなしている。しかしそれはまたいくつかの特殊な諸学からなる一つの全体であると見ることもできる。

第一〇節　〔哲学と経験的な諸学〕　〔一六注〕

或る学において真であるものは、哲学によって、また哲学の力で真なのである。したがって哲学のエンチクロペディーはあらゆる真なる学を包括する。

哲学的エンチクロペディーが他の通常のエンチクロペディーとどうやって区別されるかというと、通常のエンチクロペディー〔百科全書〕というものが偶然かつ経験的な仕方で取り上げられた諸学の寄せ集めであり、そのなかには学という名前をもってはいても、その他の点で言えばそれ自身は単なる知識の集積にすぎないようなものもあるということによってである。そのような寄せ集めというかたちであれこれの学が一緒にされて統一される際、このような統一もまた同じく、あれこれの学が外的に取り上げられているがゆえに、外的な統一、すなわち一つの配列（Ordnung）なのである。こういう配列は、同じ理由から言っても、さらにまた諸々の素材が偶然的な本性のものであるという理由からしても、一つの試みにとどまり、いつまでも不適切な面を示すことにならざるをえない。

――さらに哲学的エンチクロペディーは、1、たとえば文献学のような、そうした単なる知識の寄せ集めを排除するということに加えて、さらにまた何といっても、2、たとえば紋章学のような、単なる恣意を自分の根拠としているような学をも排除する。このたぐいの学は徹頭徹尾、事実肯定的（実定的）[8]な学なのである。3、学のなかには事実肯定的と呼ばれてはいても、合理的な根拠と始元〔原理〕とをもっているものもある。諸学のそうした合理的な根拠と始元という部分は哲学に属する。これに対して事実肯定的な側面はあくまでもそれらの学に固有のものである。[9]

　哲学の外で哲学とは関わりなく成り立っているあれこれの学は、一般にこうしたたぐいのものである。けれども、それらの学の事実肯定的なあり方には様々な種類がある。

　1　真に真なるものであるこれらの学の始元は、これらの事実肯定的な諸学においては偶然的なものをその終結〔目的〕としてもっているが、それはそれらが普遍的なものを経験的な個別性と現実性に引き下げなければならないためである。変化と偶然の〔支配する〕この分野では、概念ではなく、あれこれの根拠（Gründe）だけが効力を発揮すること〔が可能〕[10]になる。たとえば法学や直接税と間接税の体系は厳密な最終的決定を必要とするが、この決定は概念という、それ自体としてかつそれだけで規定されたものとはなっていない。だから或る根拠からすればこう理解することができるが別の根拠から言えばまた違ったように理解できるというように規定するための余地は残っているが、確固とした究極のものを可能にするような規定のための余地はないのである。同じように、自然の理念も、それが個々の姿をとる際にはいろいろな偶然のなかに迷い込んでいく。博物学、地誌学、医学など[11]は現実のあれこれの規定や種や区別に囚われているが、そうした種や区別などは、理性によってではなく外的な偶然と戯れによって規定されているのである。歴史でさえもある意味ではそうした学の仲間に入る。というのも歴史の本質は理念であるとはいっても、この理念が現象してくるのは偶然性と恣意の領域のなかだからである。

　2　そうした諸学は自分たちのもつ諸々の概念が有限なものだと認識することがないし、さらにそれらの概念やそれらの概念が属する領域の丸ごとがもっと高次な領域に移行してしまうことを示すことがなく、それらはそのまま有効であると決めてかかっている。この限りにおいてもこれらの諸学は事実肯定的である。

　3　また、1で述べたような有限性が素材の有限性であったように、前に述べたような形式の有限性に関わっているのが、認識根拠の有限性である。というのは次のような理由からである。まず一方ではこれら諸学は、自己流の理屈づけをする（rasonnierend）という態度をとっており、その限り他方では感情、信念、他者の権威、一般的に言えば、内的な直観や外的な直観の権威が認識根拠となっているからである。こうした〔権威的な〕認識根拠に属しているのが、宗教、そして哲学のうちでも人間学、意識の事実、内的な直観や外的な経験に基礎を求めようとする哲学、そしてまた博物学などである。

4 またさらに、学的な叙述の形式という点では経験的で概念を欠いたものでしかないが、しかしその他の点では意義ある直観があれこれの現象でしかないものを概念の内的な系列となるように配列する、ということもありうる。これに加えてさらにまた、集められた諸々の現象の対立と多様さのために、〔現象を引き起こした〕あれこれの条件という外的で偶然的な状況がなくなって、それによってやがて普遍的なものが目の前に現れてくるという事態がある。――このようにして、工夫を凝らした実験的自然学や歴史学などは、自然および人間の起こす出来事や行いについての合理的な学を、外的であるとはいえ、概念を反映している姿で描き出すのである。

第一一節〔学の三区分〕〔一八〕

学の全体が理念の叙述となる。それだから学の区分はひとえにこの理念に基づいてこそ概念的に把握されることができる。さて、理念は自分自身に等しい理性である。だが自分自身に等しい理性と言っても、それが自己に対置させられ、自己にとって他者となりつつ、しかもこの他者のうちにあって自己自身に等しいというときに、この理性はそれだけで〔対自的に〕あると言える。(12)〔このように理性には自己に等しい段階、他者のうちにある段階、他者のうちにあって自己に等しいという三段階があるの〕だから、学は三つの部分に分かれる。

1 論理学、それ自体としてかつそれだけである理念の学。

2 自然哲学、すなわち自分の他在のうちにある理念の学。

3 精神の哲学、すなわち自分の他在から自己に還帰する理念の学。

1 学そのものに先立って立てられる学の区分は、とりあえずは学の対象に関する外的な反省である。というのも、対象の概念に関してなされるあれこれの区別は対象を認識することによってしか明らかにできないものであるのに、その認識こそまさしく学そのものであるからである。だから哲学の区分というものは、理念そのものの特有の必然性によって明らかにされるものを先取りするというものである。

２　先に第六節ですでに述べておいたことだが、いろいろに区別される特殊な諸学とは、理念そのものがいろいろに規定された姿にほかならない〔のであり〕、理念とはこうした様々な境地において叙述されているものにほかならない。自然のうちで認識されるようなものは理念とは別のものなのではなくて、自然とは外化（Entäußerung）という形式をとっている理念である。また、精神のうちでは理念はそれだけで〔対自的に〕存在するものでありかつそれ自体としてかつそれだけで成るものとして存在している。さらに、理念はこのように規定されて現れてくるわけだが、こうした規定は変転していく契機である。それだから個々の学は、自分のもつ内容を存在する対象として認識しなければならないとともに、そのまますぐにその内容のなかに自分がさらに高いレベルの円環へ移行していくさまを認識しなければならないのである。

〔哲学の区分は以上のようなものであるわけ〕だから、区分の表象というものには正しくないところがある。つまりそれは特殊な諸部分や諸学を並列させてしまい、そうした諸部分や諸学があたかも動きのないものであるにすぎず、ちょうど諸々の種（Arten）のように、それぞれの区別されたかたちで実体的なものであるかのように捉えてしまっているのである。

A　論　理　学

予備概念

第一二節　〔論理学の抽象的な規定〕　〔一九〕

論理学は純粋な理念の学である。つまり思考という抽象的な境地のうちにある理念の学である。

　前に哲学というものについて前もっていくつか概念を述べておいたが、この予備概念で取り上げるいくつかの規定に関しても、それと同じことがあてはまる。つまりこれらの諸規定もやはり先取りなのである。言いかえれば、それらは全体を見通した後で、また全体を見通すことに基づいて挙げられる諸規定なのである。

　論理学は思考の学、思考の諸規定と諸法則の学であると言ってもよいであろう。しかし思考とは最初には、知るという働き（Wissen）が自分自身と純粋に同一であることである。だから思考というのは、理念を論理的な理念たらしめる普遍的な規定態、つまり境地をなすものにほかならない。[1] 理念はたしかに思考である。しかし形式的な思考ではなく、思考本来の諸規定の統体としての思考なのであり、諸規定というのも思考が自分自身に与えるものなのである。

　論理学は学のなかで最も難しいものである。というのも論理学が取り扱うのはあれこれの直観ではないし——幾何学のように抽象的な直観に関わるのでさえもない——、また、だからといって感覚的な諸々の表象に関わるのでもなく、純粋な諸抽象を取り扱うのだからである。そして純粋な思想のうちへと引き返してこれをしっかりと摑み、純粋な思想のうちで動く、[2] そういった力を論理学は要求するからである。〔とはいえ〕別の面からすれば、論理学は最もやさしい学であると見ることもできる。なぜならその内容はまさしく思考そのものであり、また思考になじみ深いあれこれの規定にほかならないし、それらの規定は最も単純な規定でもあるからである。

論理学が何の役に立つかということは、主観〔論理学を学ぶもの〕との関係に関わっている。つまり、その人〔主観〕が別の目的に取り組むことができるように〔論理学を学ぶことによって〕どの程度まで鍛えられるかということに関わっている。論理学による鍛練というのは、主観が思考において鍛えられることにある[3]。というのもこの学は思考の思考であるから。しかしながら、論理的なもの（das Logische）は真理の絶対的な形式であり、またそれ以上に純粋な真理そのものでもあるのだから、その限りにおいて、論理的なものというのは単に何かの役に立つものなどというのとは、まったく違ったものなのである。【→第一二節付論　一一五頁】

第一三節〔論理的なものの形式的三側面〕　〔七九〕

論理的なものには、形式から見れば三つの側面がある。それはα、抽象的あるいは悟性的側面、β、弁証法的あるいは否定的に理性的な側面、γ、思弁的あるいは肯定的に理性的な側面である。

これら三つの側面が論理学の三つの部門をなすというわけではない。それらはあらゆる論理的に実在的なものの三つの契機（Moment）、つまりあらゆる概念の、言いかえれば真なるもの一般の三契機なのである。この三契機にしても、再び第一の契機である悟性的なもののもとに置かれたときには、それによって別々に分離されることもありうる。しかしその場合には、この三契機はその真の姿では考察されていないのである。【→第一三節付論　一二一頁】

第一四節〔α　悟性的側面〕　〔八〇〕

α　悟性としての思考は、固定した規定態と、その規定態の他の規定態に対する区別にこだわって、そのような制限された抽象的なものが自分にとってそれだけで〔対自的に〕存立し存在するものだと見なしている。

第一五節〔β　弁証法的側面〕　〔八一〕

β　弁証法的な契機とは、そのような諸規定自身がみずからを揚棄することであり、自分とは反対の規定に移行していくことである。

1　弁証法的なものが悟性によってそれ一つだけで分離されて受け取られたとき、それを特に学的な概念として明示すれば、それは懐疑主義（Skepticismus）である。〔弁証法的なものが移行の過程を含んでいるのとは違って〕懐疑主義が含んでいるのは、弁証法的なものの結果としての単なる否定だけでしかない。

2　通常は「弁証法」とは明確な概念を恣意によって混乱させ、単なる見せかけの矛盾を引き起こす外面的な技術と見なされている。だから、空しいものはあれこれの規定ではなく、この見せかけの方であるとされ、これに対して悟性的なものがかえって真なるものだとされている。だが、むしろ弁証法は悟性諸規定や諸物、有限なもの一般にそなわった真の本性であると見られなければならない。

「反省」（Reflexion）というのは、さしあたっては孤立した規定態を超え出ていくことであって、関係づけではある。だが、関係づけとは言っても、孤立した規定態を相関関係（Verhältniß）のうちに置きはするものの、それ以外の点ではそれらを孤立したまま通用させるような関係づけである。[4] これに反して弁証法は〔このような孤立性を〕内在的に超え出ていくことなのであり、そのなかで悟性諸規定の一面性・制限性は、それがあるとおりのものとして、つまりみずからの否定として、叙述される。

したがって弁証法的なものが〔学の〕進行運動を引き起こす魂をなしており、原理なのである。この原理によってのみ、内在的な連関と必然性が学の内容のうちに入ってくるのであり、またこの弁証法的なものとしての原理[5]のなかに、一般に、有限なものを外面的ではなく真に超える高揚がある。【→第一五節付論　一二二頁】

第一六節〔γ　思弁的側面〕　〔八二〕

γ　思弁的なもの、あるいは肯定的に理性的なものは、対立しあっている諸規定の統一を捉える。つまりそれらの規定が解体し、移行していくことのうちに含まれている肯定的なものを捉えるのである。

1　弁証法は肯定的な成果をもつ。なぜなら、弁証法は或る一定の内容をもっているからである。言いかえれば、弁証法の成果とは真実には空虚で抽象的な無ではなく、或る特定の諸規定の否定なのであって、それらの特定の規定は、成果が直接的な無ではなくて、或る成果であるという理由によって、まさしく成果のうちに含まれているからである。

2　したがってこの理性的なものは、たしかに思考されたものでも抽象的なものでもあるが、同時に具体的なものなのである。なぜなら、それは単純で形式的な統一ではなく、区別された諸規定の統一だからである。そのために哲学というものは、そもそも単なる抽象や形式的な思想にはまったく何の関わりももたず、ただ具体的な思想だけを問題とするのである。

3　思弁的論理学のなかには単なる悟性の論理学も含まれていて、思弁的論理学から悟性の論理学を作り出すのに、そう手間はかからない。そのためにはただ思弁的論理学から弁証法的なものと理性的なものとを取り去ってしまうだけでよい。そうすれば思弁的論理学は通常の論理学になる。つまり有限でありながらも何か無限なものだと見なされている数々の思想諸規定を寄せ集めて記載したもの（Historie）となってしまうわけである。【→第一六節付論　一二五頁】

第一七節　〔論理学の思弁的性格〕

内容面から言えば、論理学においては思考の諸規定がそれ自体としてかつそれだけで考察される。——こうしたあり方では思考の諸規定は具体的で純粋な諸思想、つまり諸々の概念であり、あらゆるもののそれ自体としてかつそれだけで存在する根拠という価値と意味をそなえたものである。したがって論理学は本質的に思弁的な哲学である。

本節と前節では分けて述べておいたが、思弁的なものにあっては形式と内容はそもそもそのようには分離していない。理念の諸形式とは理念の諸規定のことであって、こうした理念の諸規定そのものとは別に、真なる内容がまだどこからかやって来るかのように言うことがあってはならない。

これに対して単なる悟性の論理学の諸形式は、それだけで真なるものではないばかりか、真なるものの形式でさえありえない。かえってそれらはむしろ、単に形式的なものであるがゆえに内容との対立から本質的に逃れることはできないのだから、有限なもの、真ではないものの諸形式以上のものではない。

しかしながら論理学は純粋に思弁的な哲学であり、さしあたっては思考のうちにある理念である。言いかえれば、絶対者は〔論理学にあっては〕まだその永遠性という形に閉じ込められている。だから論理学は一方の面では主観的な学であり、そうであるために最初の学である。論理学にはまだ理念の完全な客観性という側面が欠けている。

しかし〔他方の面では〕、論理学は実在的なものの絶対的な根拠であるだけではなくて、みずからが絶対的根拠であることを自分で明らかにするということによって、〔主観的な学であるのと〕同様に実在的に普遍的で（reallgemein）、かつ客観的な学であることをみずから証明する。

論理学の諸概念がとる最初の普遍的なかたちにおいては、論理学はそれだけで主観的で特殊な営みとして現れてきて、この営みの外に感覚的な世界、また具体的な世界、知的な世界の豊かさ全体が、すなわちこの営みの本質となるものが放任されていると見なされることになる。

しかしこの営みが哲学の実在的な部門のなかで認識

されていて、それが純粋な理念のうちに帰りつき、純粋な理念のなかに自分[6]の究極の真なる根拠をもつものであることが示された場合、それによって論理的な普遍性は、もはや先の実在的な豊かさに対する一特殊性であるのではなく、むしろこの豊かさを包み込む、真の普遍性であることが現に示されるのである。このとき論理学は思弁的な神学という意義を獲得する。【↓第一七節付論 一三二頁】

第一八節〔論理学・形而上学・批判哲学〕〔二七〕

論理学は本質的な意味では思弁哲学である。この意味での論理学が、これまで形而上学と呼ばれて論理学とは別個に扱われてきた学にとって代わる。論理的なものの本性、そして学的認識がとるに至った立場は、〔第一に〕形而上学の本性から、次に形而上学にとどめを刺した〔カントの〕批判哲学から、暫定的にではあるが、さらに詳しく解明されるであろう。この目的のために、これらの〔形而上学と批判哲学という〕学の概念と、論理的なものとこれらの学の概念との関係とを立ち入って述べてみる必要がある。——ちなみに形而上学が過去のものであるというのは、哲学史に関してであるにすぎない。それだけを取り上げてみれば、近年そうなってきたように[7]、〔カント以前の〕形而上学とは、一般に理性的な諸対象を単なる悟性の立場から捉える見解なのである。【↓第一八節付論 一三四頁】

第一九節[8]〔旧形而上学の欠陥1——述語付け〕〔二八〕

つまりこの学〔形而上学〕は、思考の諸規定が物の根本諸規定であると見なしていた。存在するものは思考されることによってそれ自体として認識されるという前提をもつがゆえに、形而上学は最近の批判的な哲学の営みなどよりも高い位置を占めていた。しかし、(1) 形而上学は先に言った〔思考の〕諸規定を抽象的なかたちで、それらが独立して通用し、真なるものの述語でありうるものとして受け取っていた。一般的に言えば形而上学は絶対的なものに述語を付け加えるという仕方で絶対的なものを認識することができると前提してしまっていて、悟性の諸規定をそれら自身がもつ内容と価値に従って研究することも、述語を付け加えるということによって絶対的なものを規定するというこの形式を吟味することもしなかったのである。

そのような述語の例を挙げてみると、「神は定在をもつ」という命題における定在、「世界は有限であるか無限であるか」という問いにおける有限性や無限性、「魂は単一である」という命題における単一、複合、さらに「物は一つである、全体である」〔という命題における一や全体〕などがある。【↓第一九節付論 一三五頁】

第二〇節　〔旧形而上学の欠陥2——表象性〕　〔三〇〕

（2）形而上学が対象としているものが魂、世界、神といった、まぎれもなく〔それ自体としてかつそれだけで〕理性に属する統体性であったことはたしかである。しかし形而上学は、これらの対象を表象から取り出してきて、悟性諸規定〔カテゴリー〕をそれらに適用する場合に、それらを所与の出来上がった主語として根底に据え、述語が適切かつ十分であるかどうかの基準をもっぱらこの表象に置いたのであった。【↓第二〇節付論　一三五頁】

第二一節　〔旧形而上学の欠陥3——独断論〕　〔三一〕

（3）こうした形而上学は独断論（Dogmatismus）となった。そのわけは、先に〔第一九節で例として〕挙げた命題がそうであったように、有限な諸規定の本性に従って、「対立する二つの主張のうち、一方が真ならば他方は偽でなければならない」と想定せざるをえなかった〔が、まさしくそうした想定をするのが独断論である〕からである。

第二二節　〔形而上学評1——存在論〕　〔三二〕

この形而上学が整理されて一つのかたちが出来上がったとき、その第一部となったのは存在論（Ontologie）[9]である。存在論とは真実在〔Wesen，本質〕のもつ抽象的な諸規定に関する学説である。そうした抽象的な諸規定は、あれこれといろいろな姿をとっているし、通用する範囲も限られていて、原理というものを欠いている。そのためにそうした諸規定はどうしても経験的に、かつ偶然的な仕方で取り上げられることにならざるをえない。またその詳しい内容を基礎づけるといっても、せいぜい表象に基づいて、「或る言葉で思い浮かべられているのはまさしくこのことなのだ」という断言に基づいて、またたとえば語源に基づいて行うことくらいしかできない。そこで問題になっているのは、ただ分析が言語の使い方と一致していて正しい（Richtigkeit）ということと、〔内容が〕経験的にすべて挙げ尽くされている（Vollständigkeit）ということでしかない。そうした諸規定そのものの真理性と必然性がそれ自体としてかつそれだけで取り上げられて問題になるということはないのである。

「存在、定在、あるいは有限性、単一性、複合といったものが、それ自体としてかつそれだけで真なる概念であるか」と問うということを、不審に思う人もいるかもしれない。なにしろ一般的な考えでは、問題となりうるのは単に或る命題が真であるかということだけであり、そこで問われているのは、或る概念を或る主語に真に付け加える（beilegen、世間ではこう表現された）ことができるか否か、ということだけなのである。そして主語と、その主語に述語として添えられる概念との間に矛盾があれば、それは真理でないということだ、と考えられているのである。[10] こうした表象においては、概念は単一な規定態であると解されている。しかしながら、概念とはそもそも具体的なものなのであって、どんな規定態でさえも、本質的には異なった諸規定の統一なのである。だからもし真理とは「矛盾がない」ということにすぎないのであれば、どんな概念の場合であれ、その概念がそのような内的な矛盾を含んでいないかどうかを、はじめに考察しなければならないということになってしまうだろう。【↓第二二節付論　一三七頁】

第二三節　〔形而上学評2――合理的心理学〕　〔三四〕

第二部は、合理的心理学、つまり霊魂論（Pneumatologie）であった。これは魂の、つまり物としての精神の形而上学的な本性に関わるものである。

　複合、時間、質的変化、量的増減を扱うこの領域で求められたのは、「不死性」であった。[11] 【↓第二三節付論　一三八頁】

第二四節　〔形而上学評3――宇宙論〕　〔三五〕

第三部、宇宙論（Kosmologie）[12] で扱われたのは、世界であり、その偶然性、必然性、永遠性、〔そして〕時間と空間のなかで制限されていることであり、そして変化する世界における形式的な諸法則、さらに人間の自由、そして悪の起源である。

　ここで絶対的に対立させられているのは、とりわけ次のものである。すなわち、偶然性と必然性、外的必然性と内的必然性、作用因と目的因、言いかえれば因果性一般と目的、本質あるいは実体と現象、形相と質料、自由と必然、幸福と苦しみ、善と悪。【↓第二四節付論　一四一頁】

第二五節　〔形而上学評4――自然神学〕　〔三六〕

第四部、自然神学あるいは合理的神学（die natürliche oder rationelle Theologie）[13] が考察したのは、神の概念、つまり神の可能性、神が存在することの証明、そして神の諸性質である。

　（a）この神学がやったように、神を悟性的に考察する場合に特に問題になるのは、われわれが神という名のもとに表象しているものにどの述語が適合しどの述語が適合しないか、ということである。実在性と否定、あるいは肯定的なものと否定的なものといった対立が、ここでは絶対的な〔克服できない〕ものとして現れてくる。悟性が取り上げるような〔神の〕概念に残されるものは、結局のところ、無規定な本質、純粋な実在性あるいは肯定性といった空虚な抽象だけなのである。

（b）有限な認識の行う証明に含まれているのは、〔1〕転倒した姿勢である。それはつまり、神の存在の客観的な根拠が挙げられなければならないというのであれば、神の存在は媒介されたものとして提示されることになる、ということである。〔2〕そうでないとすれば、次のようになるだろう。すなわち、この根拠がわれわれの認識にとっての主観的な根拠にすぎないとされる限り、諸々の規定態の悟性的な同一性に基づいて進んでいくこの証明では、有限なものから無限なものへの移行を果たすことはできず、したがって、現に存在する世界という既成的〔肯定的〕でしかない有限性から神を解放することなどできはしないことになる。その結果として、神は現に存在する世界の無媒介的な実体だと規定されなければならないことになる〔汎神論〕。〔3〕あるいはまたそうでないとすれば、神は客観として主観に対立し続けるということになるから、この場合には〔神自身が主観を限界とする〕有限的なものになってしまう〔二元論〕[14]。

（c）諸々の性質は、もともといま上に挙げた抽象的な概念のなかでは、消え落ちてしまっている。しかしながら、有限な世界がなおも真なる存在と表象され、神がこの世界に対するものとして表象され続ける限り、有限な世界への神の様々な関係の表象もまた現れてきて、この表象が性質と規定されることになる。〔性質と規定されるものは〕一方では、〔神が〕あれこれの有限な状況へと関わることであるから、それ自体が有限なたぐいのもの（たとえば、義である、寛大な、力のある、賢い、など）でなければならない。しかしそれは他方では、また同時に〔神の性質なのだから〕無限でもあるべきである。この矛盾の解決策は、この〔自然神学の〕立場からすれば、中身に乏しい曖昧なものでしかない。つまり、諸々の性質を無規定なものにしていく、すなわち〔個々の性質に囚われない普遍的なものに高まると言う意味で〕「より優れた意味」（sensum eminentiorem）のものにしていくという、量的な増大という仕方で解決を図るしかないのである[15]。しかし実際にはこうした解決の仕方では性質は表象からは消え失せてしまい、表象に残るのはただ名前だけでしかない。【→第二五節付論　一四九頁】

第二六節　〔経験論評〕

この形而上学は、正反対の方向から加えられた二つの攻撃によって打ち破られた。（I）一つは経験論に基づいて哲学する立場からである。この立場は、表象の内容ばかりでなく、また思考の内容と規定のすべてについても以下のように考える。すなわち、そうした内容や規定は感覚的な知覚、感情、そして直観のうちで、外的もしくは内的な意識の事実として見出される、あるいはそうした意識の事実から導出することができると思われる、というのである。そうしてこの経験的な事実一般、およびこの事実の分析を真理の源泉だと見なす。そしてこれに対して、そもそも感覚を超えているようなものは認められないし、少なくともそうしたたぐいのものの認識などは、すべて拒否される。そして思考に認められるのは、抽象という形式、もしくは〔区別されたものの〕同一性を立てる形式だけなのである。【↓第二六節付論　一五四頁】

第二七節　〔カント哲学とその悟性概念〕

（Ⅱ）まずこの立場に反対の見解を含んでいるのは、カント哲学である。カント哲学は形而上学で使われてきた様々な悟性概念の価値を細かく検討して、それらに関してこう主張した。すなわち、悟性概念というものは感性から生じてきたものではなく、思考の自発性に属するものであって、それらが含んでいる諸々の関係は、普遍性と必然性を、つまり客観性を備えており、これらの関係こそがアプリオリな総合的諸命題〔総合判断〕である、と。[16]【↓第二七節付論　一五六頁】

第二八節　〔統覚と純粋悟性概念〕　〔四二〕

様々な悟性概念の特定の根拠としてカント哲学が挙げるのは、思考している自我の根源的同一性（自己意識の超越論的統一）である。感情と直観を通して与えられる表象は、それらの内容から言っても多様なものであるが、同様に表象の形式を通じた場合でも、多様なものである。つまり表象の形式を通すというのは、互いが互いの外に別々にあると捉える感性を通すということであり、感性の二つの形式である空間と時間のうちに置くということであるから、この場合も表象は多様なものになる。自我がこの多様なものを自己に関係づけ、一つの意識としての自己のうちで一つにすると（純粋統覚）、それによってこの多様なものは同一性を獲得し、根本的に結合されるわけである。こうした関係づけを行う特定の諸様式が、諸々の純粋悟性概念、つまりカテゴリーなのである。[17]【↓第二八節付論　一五八頁】

第二九節　〔純粋悟性概念の限界〕　〔四三〕

一方では、単なる知覚は諸カテゴリーの客観性を通じて経験（Erfahrung）へと高められる。しかし他方では、これらの諸概念〔カテゴリー〕は、それぞれが単なる主観的な意識の諸々の統一にすぎないから、与えられた素材によって制約されていて、それだけとってみれば空虚であり、経験のなかでしか適用され使用されないものである。

第三〇節　〔カントのカテゴリーの性格〕　〔四四〕

以上のような有限性をもつために、こうした諸概念〔カテゴリー〕は絶対的なものの諸規定であることができない。絶対的なものは知覚のうちに与えられていない〔からである〕。それゆえ悟性、つまりカテゴリーによる認識は、物自体を認識する能力がないことになる(18)。

第三一節　〔カントの言う理性の本性〕〔四五・四六・五二〕

ところで、理性とは無制約的なものを捉える能力である。この理性こそがこのような経験的認識が制約されたものであることを見透かし、それによってこの経験的認識が与えるのは現象にすぎないのだということを洞察するものである。しかし、もし理性がその本性に従って無限なものつまり物自体を認識の対象にし、そして――理性といってもカテゴリー以外のものをもたないわけだから――諸カテゴリーを物自体に適用しようとすれば、理性は越権的（超越的）になってしまって、あれこれの誤謬推理（Paralogismen）(19)を犯し、諸々の二律背反（Antinomien）に陥ることになる。ということは、理性が経験を単一な体系とするために提供するものは、形式的な統一以外のものではないことになる。理性は真理のカノン〔規範〕であって、オルガノン〔機関、道具〕ではない。理性が提供できるのは無限なものの理説(20)（Doctrin）ではなくて、認識の批判にすぎないのである。【→第三一節付論　一五九頁】

第三二節　〔カント哲学の功罪〕　〔四八注〕

さて、カント哲学が正しくも認識しているのは、悟性の諸規定が有限であって、そのために真なるものを摑む能力がないということである。しかし、この哲学は一面的である。というのは、それは悟性の諸規定をそれ自体としてかつそれだけで考察することがなく、したがって悟性諸規定の有限性をそれらの内容の本性のなかに見るのではなくて、それらが思考する自己意識に属しているという対立のなかに見ていて、それらをそのように対立したままにしているからである。

先ほど挙げた諸命題をカントが論じていくやり方には、問題にされるべき特別な欠陥がある。諸々のカテゴリーがただ単に一つ一つとり上げられるというやり方で説明されているだけで、まったく不完全であるということもそうである。だが、それに加えて、それらが経験的なやり方で一般の論理学からとってこられているということが問題である。つまり、いわゆる自己意識一般の超越論的統一が一体どうやって自己を規定していくか、またその統一がどのように多様な諸規定

（これがすなわちカテゴリーである）に進展していくのかは示されることがないのである。――言いかえれば、諸々のカテゴリーがそれらの規定されたあり方に従って導出されていないのである。

　理性のいわゆる誤謬推理と二律背反を論じる場合でも、問題のカテゴリーがまたも前提とされており、そしてその後になって好んで用いられるようになったやり方が使われている。つまり〔カテゴリーを〕導出する代わりに、すでに仕上げられた図式（Schema）へ対象をただあてはめるだけというやり方である。二律背反が詳しく論じられる場合のその他の問題点については、私は拙著『論理学』（シュラーク書店、ニュルンベルク、一八一二～一八一六）のなかで、折りに触れて指摘しておいた(21)。

　ちなみに、問題をそれ自体としてかつそれだけで見れば、「悟性の諸規定〔カテゴリー〕によって理性的なもののもとに矛盾が措定されるが、この矛盾は本質的かつ必然的である」という思想は、当代の哲学のきわめて重要で意義深い進歩の一つだと評価しなければならない。『純粋理性批判』においては、この矛盾はこれらの概念〔悟性の諸規定〕そのもののうちにあるのではなく、それを無制約的なものに適用する場合にだけ生じてくるかのように捉えられているという問題はあっても〔この功績は無視できない〕。また同じく立派な功績として認められねばならないのは、カント哲学が自我を純粋統覚として取り出して、自我の認識をもはや魂という物（Seelending）や形而上学的な諸々の述語の上に――それが物質的であろうとなかろうと――打ち立てたのではなく、自我の真の本質の上に打ち立てたということ、すなわち自己意識の純粋な自己同一性、つまり自由の上に打ち立てたということである。この自己意識の純粋な同一性である自由がいわゆる魂というものの本質にして実体であると捉えられたことによって、哲学的認識のための絶対的な基礎が据えられたのである。

第三三節　〔カントの批判主義は主観的観念論であること〕

それゆえ、カントの批判主義は主観性の哲学、主観的観念論にすぎない。この哲学が経験論と異なるのは、経験を構成するものが何であるかという点においてでしかない。理性が感性を超えるものも、理性的にして神的なものも認識しないという点では、それは経験論とまったく一致している。この哲学は、有限で真ではないもののうちで歩みを止めている。すなわち主観的でしか〔ない〕認識に立ち止まっている。主観的でしか〔ない〕認識と言うのは、この認識が外面性と物自体とを自分が成り立つ条件としてしまっているからであり、しかもこの物自体というものは、形式をもたぬものという抽象であり、空虚な彼岸だからである。【→第三三節付論　一六二頁】

第三四節〔カント哲学の自己超出の面〕　〔六〇注〕

これと同時にカント哲学は、対立のこの二つの側面を究極のものと見なしているにもかかわらず、それらを超えてもいる。〔というのは〕このような悟性の認識が現象にすぎないこと、理性の生み出すものが一面的で形式的な統一でしかないこと、これに対して、物自体は規定を欠いた空虚なものではあっても、自体であるから同時に真なるものであって、それゆえ概念を含んでいなければならないということ、こうした点がカント哲学ではあらわになっている〔からである〕。

一方で悟性が認識するのは現象だけであることを認めながら、他方で、「認識はこれより先に進むことはできない。人間の知る活動は本性的・絶対的にここで制限されているのだ」などと言って、その認識が絶対的なものであると主張するのは、はなはだしい不整合である。何ものかが制限とか欠如として認識されるのは、全体的で完全なものという、現にある理念と比較されることによるしかない。だとすれば、或るものを有限なもの、あるいは制限されたものと特徴づける以上、そこには無限なもの、無制限なものが現実的であり現にあることの証明が含まれていることになるのであって、それが分からないというのは、その人の不明というものである。

宗教的なものや人倫的なもののことを思い出してみさえすればよい。そうしたもののなかには絶対的なものについての知がある。たしかにこの知は展開された知ではないが、しかし未知の無規定的な彼岸としての「自体」に対して、此岸として直接に対立的に関わるような知ではない。そうした対立に固執すれば、認識することは主観的で、絶対者は否定的なものでしかないことになるが、この知はそうした対立を放棄してしまった知なのである。

とりわけ人倫的なものに関して、またその部分としての宗教的なものに関して、理論的なものと実践的なものは、二つの特殊な能力あるいは力と、いわば二種類の住みかと見なされるのが習いである。この〔ように理論的なものと実践的なものとを分離してしまう〕見方が一般に結び付いているのは、「魂」という表象である。この表象は、原子論的な物質とちょうど同じように、それ自身のうちで根源的に多様な「物」と考えられている。しかし、またそのように分離されてしまうのは、いろいろな前提や断言のせいなのである。

前提とか断言とかいうものは、ひとたび固まった表象になってしまうと、それ以上は批判されずに真実だと見なされてしまうからである。とはいっても、自己意識の統一もやはり前提されているわけだから、こうした分離が前提されていた自己意識の統一と矛盾することはすぐに分かることだし、また理論的な能力を欠き、認識を欠いた実践的な能力というのが何であるのかは、言うこともできないことだろう。【→第三四節付論　一六三頁】

第三五節　〔学に至るために放棄すべき諸前提〕

先に述べられたような、哲学的に認識することに関しての主観的で有限なやり方のうちには、いくつかの前提が含まれている。そこで、学の立場に身を置くためには、そうした諸前提を放棄することが必要となる。その前提というのは、次の通りである。⑴制限され対立しあっている悟性諸規定を、総じて固定的に妥当させてしまうという前提、⑵そうした〔悟性的な〕思想諸規定の一つが自分にとって適切なものであるか否かを決める基準となるべき基体が、所与の、表象に浮かべられてすでに出来上がっている基体であるという前提、⑶認識するとは、そういう出来合いの固定した述語を何らかの所与の基体へと関係づけることにすぎないという前提、⑷認識する主観と、それとは一致しえないような別ものである客観とが対立していて、この対立のどちらの側面も、いましがた述べた〔悟性諸規定の〕対立の場合と同じように、自分だけで固定した真なるものであるはずだという前提。

第三六節　〔論理学の無前提性〕〔七八・一一五注・一七〕

こうした諸前提を放棄することが要求される理由は、それらが誤っているからではない。というのも、いま述べたあれこれの規定は学のうちで必ず現れてくるのであって、そうした規定そのものに即してそうした諸前提が誤っているということを示すのが学の任務だからである。諸前提を放棄することが要求されるのはむしろ、それらの規定の所属するところが表象であり、かつまた直接的な、言いかえれば所与に囚われている思考、すなわち私念（Meynung）だからである。一般的に言えば、そうした諸前提が所与の前提だからである。これに対して学というものは、純粋な思考であろうとすることよりほかには、何ものをも前提しはしないのである。

私は以前に『精神の現象学』、すなわち意識の学的な歴史を、哲学の第一部として扱った。そうしたのは、それは純粋な学の概念を産み出すものであるから、純粋な学に先行しなければならないという意味においてであった。しかし同時に意識とその歴史とは、その他一切の哲学的な学と同じく、絶対的な始元ではなくて、哲学の円環のうちの一分肢なのである。

懐疑主義もまた、有限な認識のあらゆる形式を貫いて遂行される否定の学であるから、同じく学への導入(Einleitung)の役を演じると思われるかもしれない。しかし懐疑主義は、ただ単にほめられたやり方ではないばかりでなく、余計なものでもある。なぜなら、先に〔第一五節で〕述べたように、〔懐疑主義を包括している〕弁証法的な契機こそが、それ自身肯定的な学の本質的契機であるのだから。しかし、言っておくならば、懐疑主義は有限な諸形式を、もっぱら経験的で学的ではないやり方で見つけ出し、それらを与えられたものとして採り上げることしかできないであろう。懐疑主義〔が否定を完遂するというのなら、その否定の道〕をそのように突き詰めてみよと要求するということは、一切のものを疑うということ(Zweifeln)、あるいはむしろ、すべてのものに絶望するということ(Verzweifelung)、つまりまったく何ものをも前提としてはならないということ、こうしたことが学に先立っていなければならない、という要求と同じものである。こうした要求が本来の意味で貫徹されるのは、純粋に思考しようとする決断においてであり、一切のものを捨象し、自分の純粋な抽象性、すなわち思考の単一性を掌握する自由によってである。

カント哲学によって広められた要求、すなわち、現実に認識するに先立って認識能力を批判的に検討せよという要求は、一見したところでは、もっともなことを提起しているようである。しかしながら、こうした検討はそれ自身が一つの認識活動なのである。だから、認識を行わないでこうした検討を行うべきだというのは無意味である。そればかりか、現実に認識するに先立って認識能力を想定するということがすでに、能力とか力とかいう正当化されていないカテゴリーや規定を前提にしていることでもあるし、また主観的な認識活動を前提にしていることでもある。〔主観的な認識活動と言えば、〕先に述べた前提のうちの一つ〔にすぎないではないか〕。ちなみに論理学も、ここで求められている検討ではある。ただしこれはやり方としては批判的方式よりも真なるものである。批判的方式は、何よりもまず当の自分が作り出した自分自身の前提と、自分が行っていることの本性とを吟味しなければならなかったはずなのに、それができなかったのである。

【→第三六節付論　一六七頁】

第三七節　〔論理学の区分〕　〔八三〕

純粋な学、すなわち論理学は、三つの部分に分かれる。

三つとは、存在の論理学、本質の論理学、そして概念あるいは理念の論理学である。言いかえれば、〔存在の論理学は〕直接的な思想の論理学、〔本質の論理学は〕反省する思想の論理学、〔概念の論理学は〕反省から返って自己に至り、実在的な姿をとりながらも自己自身のもとに存在する思想の論理学である。【→第三七節付論 一六七頁】

第Ⅰ部 存在論

A 質

a 存在[1]

第三八〔三九〕節[2] **〔学の始元・純粋存在〕** 〔八六〕

純粋存在（das reine Seyn）こそが始元をなす。なぜなら、純粋存在は純粋な思想でもあれば、単一な直接的なものでもあるからである。そうなれば最初の始元は媒介されたものではありえず、またそれ以上に規定されたものでもありえない。

したがって絶対的なものの真に最初の定義は、「絶対的なものは純粋存在である」となる。

この定義はよく知られている定義と同じものである。それは「神はあらゆる実在性の総括である」という定義——すなわち、どんな実在性を含んでいる規定態であっても、〔総括である以上は〕規定態は捨象されるべきであるから——、言いかえれば、「神はあらゆる実在性のなかの実在的なもの、最も実在的なものにほかならない」という定義である。実在性は自己への反省を含んでいるために、この定義は、もっと直接的に言い表せば、「神はあらゆる定在のなかの存在である」となる[3]。

——抽象的で空虚な存在で学を始めることに対しては、あらゆる疑いがかけられ、異議が唱えられることであろうが、こうした疑いや異議は、始元の本性につきものになっているものを識りさえすれば解消する。存在は〔一方では、フィヒテのように〕自我＝自我と、〔他方では、シェリングのように〕絶対的無差別ないし同一性などと規定されることがありうる[4]。これらの形式は、〔一方の〕端的に確信すること（Gewissen）、つまり自己自身の確信でもって始めなければならないという必然性の観点においてか、それとも〔他方の〕絶対的に真なるものでもって始めなければならないという必然性の観点においてか、どちらかの観点をとれば〔それぞれ〕最初のものでなければならないと見なすことができる。しかしどちらの形式のなかにもすでに媒介があるわけだから、本当はどちらも最初のものではない。媒介とは、諸々の区別されたものから出現することである。たとえ〔フィヒテのように〕自我＝自我が、あるいはまた〔シェリングのように〕知的直観が真にまさしく最初のものだと見なされるとしても、それはこの純粋な直接態においては存在にほかならない。また逆に、もはやこの抽象的な存在としての純粋存在がではなく、自己のうちに媒介を含む存在としての純粋存在が、純粋に思考することあるいは直観することである。

ちなみに「絶対的なものは存在である」、言いかえれば「絶対的無差別である」という定義の形式が成り立つのは、表象の基体（Substrat）がここでは絶対的なものの名のもとに思い浮かべられているということによってでしかない。——この基体というのは、唯一問題となるその思想が、述語のなかにしか含まれていないような基体である。したがってそこに立てられている主語（Subject）も、命題の形式も、まったく余計なものなのである。【→第三八〔三九〕節付論 一七三頁】

第三九〔四〇〕節 〔無〕 〔八七〕

ところでこの純粋存在は純粋な抽象であり、したがって絶対に否定的なものである。これを〔存在と〕同様に直接的にとって見れば、無（Nichts）である。

（1）ここから「絶対的なものは無である」という絶対的なものの第二の定義が生まれた。実際のところ「物自体は無規定なものであり、まったく無形式で、それだからまた無内容である」と言われるとすれば、この発言のなかにいま言った定義は含まれている。——あるいはまた「神とはまさしく最高の真実在（das höchste Wesen）である」と言う場合も同様である。というのは、そのようなものとしての神は〔物自体と〕同じ否定態だと言い表されているからである。この否定態をたとえば或る肯定的なものの無規定態だと人は見なすかもしれない。しかし肯定的なものとはそれ自身が一つの規定態であり、それであるからこの規定態は〔神や物自体と〕同様に揚棄されていなければならないのである。——さらに言えば、無規定態自身がまた揚棄されている。というのは、それ自体としては物自体と神とはこうした空虚なものではなく、むしろ何らかの実質と内容をもつはずだからである。したがって、規定態も、その反対物である無規定態も物自体および神に帰属するべきものではないのである。

（2）この直接態のなかの対立物が存在と無であると言い表すならば、「存在が無である」ということがあまりにも奇をてらったものであるように見えるから、人は存在を固定し、存在がこのように〔無へと〕移行することを防ごうと試みないわけにはいかないだろう。この点で、後からものを考える人（Nachdenken）[6]は、存在を無と区別するような確固とした規定を存在のために探し出すことを思いつくにちがいない。そこで人々は存在を、たとえばあらゆる変転のなかにあって変わらないもの、無限に規定することのできる質料などというように捉えてみたり、あるいはまた後からものを考えるということもせずに、何か或る個別的な存在と見なしたりする。けれども、そのような、より立ち入ったずっと具体的な諸規定が与えられてしまえば、存在はもはやこの始元において直接的にあるような純粋存在ではいられなくなる。その純粋な無規定態のために、存在は無なのであり、言い表すことができないものなのである。存在が無から区別されるなどということは、単に私的な思い込み（Meynung）にすぎない。――肝心なのは、〔物自体と神という〕この二つの始元について、それらはこうした空虚な抽象にほかならず、両者のどちらもが他方と同じくらい空虚である、ということをしっかり意識しておくことである。存在のなかに、あるいは両者〔神と物自体〕のなかに一つの確固とした意味を見出そうとする衝動は、それ自身がまさに、それらを先へと導き、それらに真の意味を与える必然性にほかならない。この前進こそまさに論理的に任務を遂行するということなのであり、これ以降に叙述される経過なのである。存在と無とのためにいっそう深まった諸規定を見出すところの追考（Nachdenken、省察）が論理的な思考であり、それによってそうした諸規定は偶然的な仕方でではなく、必然的な仕方で生み出される。――それだから存在と無とがこれ以降に獲得する様々な意味はどれも、まさしく絶対的なもののより詳しい規定であり、より真実の定義だとみられなければならない。そうなると、そうしたもの〔様々な意味をもつ諸規定や定義〕はもはや存在と無のような空虚な抽象ではなく、むしろ具体的なものであって、そのなかでは存在と無という両者は契機となっている。そのような具体的なものにあっても区別は出現するが、その限り、この区別も同様に自己のうちでさらに規定されたものである。――無をそれだけで見れば、その最高の形式は自由である。しかし自由が否定性であるのは、それが最高度に自己のうちに深まって、それ自身また肯定（Affirmation）でもある限り

においてである。【↓第三九〔四〇〕節付論　一七八頁】

第四〇〔四一〕節〔成〕　〔八八〕

無はこのように直接的なもの、自己自身に等しいものであるから、また逆に存在であるところのものと同じものである。したがって、存在の、ならびに無の真理[7]は両者の統一である。この統一が成（Werden）である。

（1）「存在と無とは同じものである」という命題は、表象〔通常の頭に思い描かれる姿〕にとってはあまりにも逆説的なものであるように見えるから、真面目に考えられたものだとは思われないかもしれない。実際にこの命題はたしかに思考がみずから担う命題のなかで最も難しいものでもある。というのは、存在と無とは、まったく直接態というかたちをとった対立、つまり、自分の他者への関係を含むような規定が一方の規定のなかにすでに措定されている、ということのない対立だからである。――しかし存在と無とは、前節で示されたように、この規定を含んでいる。すなわち、まさに存在と無の両者において同じであるような規定を含んでいるのである。そしてその限り両者の統一の演繹は、まったく分析的なのである。それはちょうど、およそ哲学すること（Philosophiren）の進展全体が、方法的なもの、すなわち必然的なものであるから、或る概念のなかにすでに含まれているものをただ単に措定することにほかならないのと同じことである。――しかし、存在と無との統一が正しいのと同様に、両者がまったく異なっていること、一方が他方のあるところのものではないということもまた正しい。しかしながら、まさに存在と無とがまだ直接的な〔媒介されていない〕ものであるがゆえに、区別はここではまだ規定されてしまっているわけではないのだから、両者に即してあるような区別は、せいぜいのところ言い表しえないもの、単なる私の思い込みでしかないのである。

（2）「存在と無とは同じものである」という命題を笑いものにしたり、それどころか、この命題の帰結であり適用であると称して間違った断言をやり、あれこれの暴論をもち出したりするためには、大した機知を必要としない。たとえば、この命題に従えば、私の家、私の財産、息をするための空気、この町、太陽、法、精神、神が存在するのもしないのも同じになってしまうではないか、と言われる。ここでは部分的に特殊な諸目的、或るものが私に対してもつ有用性がこっそりと持ち込まれて、有用な事柄が存在しようがしまいが私にとってはどうでもよいことなのか[8]、と問われることになる。実際に哲学とは、まさに人間を数えきれない有限な目的や意図から解放し、人間をそれらに対して無関心にするという教えである。だから、そのような事柄があろうがなかろうが、人間にとってたしかに同じことになる。——さらに、空気、太陽あるいは法、神など何でもいいが、そうしたものに関していえば、そのような諸々の本質的目的、絶対的な諸々の現実存在、そして諸理念を単に存在という規定のもとで考察することは、無思想というものである。そのような具体的な諸対象は、単に存在するもの、あるいはまた存在しないものとはまだまったく別の何かなのである。存在と無のような貧弱な抽象体は、——そしてそれらはまさに始元の両規定にすぎないから、存在するもののなかで最も貧弱な規定である——前に述べたような諸対象の本性を表現するところまでいかないのである。だからそのような具体的なものがこっそり持ち込まれるときには、無思想な人は、問題になっているところのものとはまったく別のものを表象し、そしてそれについて語るということが常なのであるが、ここで問題になっているのは、単に抽象的な存在と無だけなのである。

（3）「人は存在と無との統一など〔概念的に〕把握しない[9]」と簡単に言われることがある。しかしその統一の概念はこれまでの諸節で示されており、そこで示された以上のものではない。両者の統一を〔概念的に〕理解するというのは、そこで示されたこと[10]を摑むことにほかならない。しかし人々は、そうした〔概念的に〕理解するという言葉を本来もっと広い意味に、すなわちこの統一についてより多様でより豊かな意識をもつことと理解しており、そのためにそのような概念は、日常的に働いている思考により分かりやすい具体的な事例として提示されることになる。すでに指摘したように、哲学全体が概念をこのようにもっと具体的なかたちで実現することにほかならないのである。——しかし「〔概念的に〕理解できない」ということが、抽象的な諸思想を感性的なものをまったく混じえることなしにしっかりと維持し、思弁的な諸命題を捉えるのに不慣れだということを表現している限りでは、哲学的な知のあり方はたしかに日常生活において親しまれている知のあり方とは違っているし、また他の諸学問において支配的である知のあり方とも違っていると言うほかはない。——〔概念的に〕理解しないということがたしかにここでは、存在と無との統一を表象できないということを意味しているにすぎない場合がよくある。しかし、この場合は実際そうではない。むしろ誰もがこの統一について無限に多くの表象をもつのであって、このような表象を欠いているということが言わんとするところのものは、人々が当の〔統一の〕概念を彼らの表象のどれにおいても認識せず、それらをその統一の例として知っていない、ということでしかありえない。存在と無の統一の最も手近な例は成である。誰でも成についての表象をもっており、そしてまたそれが一つの表象であるのを認めるであろう。さらに、その成の表象を分析して見れば、存在の規定がそのなかに含まれているが、しかしまた存在とはまったく別なもの、すなわち無の規定もまたそのなかに含まれているのを認めるであろう。そしてさらに、これら両規定が分離されないでこの一つの表象のなかにあるのを認めるであろう。こうして成が存在と無の統一であるのを認めるであろう。――始元というのもまた同じく手近な例である。事柄はその始元にあってはまだ存在していないが、しかし始元は単に事柄の無ではなく、すでにまた事柄の存在も始元のなかにある。始元という言葉は、すでにさらなる進展が考慮されていることを言い表している。しかし、実際には成もまた一つの始元であり、さらに先へと進んでいかなければならない。成は自己のうちで矛盾しているがゆえに、一つの生成したものに、すなわち定在（Daseyn）になる。【→第三九〔四〇〕節付論　一八〇―一八三頁（一七八頁）】

b　定　在

第四一〔四二〕節〔定在〕　〔八九〕

無と一つのものとして成のうちにある存在、また存在と一つのもの〔として成のうちにあるもの〕である無とは、消え去ってゆくものであるにすぎない。成は自己のうちにある自分の矛盾を通じて崩壊し、両者が揚棄されているところの統一になる。こうして成の成果は定在である。

知における進歩と発展を基礎づけうる唯一のことは、諸々の成果をそれらの真理のなかに堅持することである。或る何らかの対象ないし概念のなかに矛盾が示される場合、（そして矛盾が、すなわち対立する二規定が示されないですむようなものはまったくどこにもない。――悟性の行う抽象とは一つの規定態に強引にしがみつくことであり、その規定態のなかに他の規定態があるという意識をくもらせ、遠ざけようと努めることである。）――いまそのような矛盾が認識される場合、人々は「ゆえにこの対象は無である」という結論を下すのが常である。それと同じように、ゼノンは最初に運動について「運動は自己に矛盾している。ゆえに存在しない」ということを示したし、あるいは古代の人々は発生（Entstehen）と消滅（Vergehen）という成の二様式を真でない規定であると認識し、「一者すなわち絶対的なものは、発生も消滅もしない」と言い表した。この弁証法はそのように成果の否定的側面に立ち止まっているだけであって、現実的に同時に現存しているものを捨象している。現実的に現存しているものというのは、規定された成果である。〔成果というのは〕ここでは純粋な無であるが、無といっても、それは存在を自己のうちに含むような無であり、また同じく〔成果は存在であるが〕無を自己のうちに含んでいるような存在である。こうして、(1)定在は存在と無との統一であり、この統一においてはこれら両規定の直接態は消滅しており、したがって両者の関係のうちでは両者の矛盾は消滅している。つまりこの統一は、そこにおいて両者がかろうじて契機（Moment）であるにすぎないような統一なのである。(2)成果が揚棄された矛盾なのであるから、それは自己との単一な統一という形式をとっており、言いかえれば、それ自身が存在ではあるが、しかしこの存在は否定あるいは規定態を伴った存在なのである。

第四二〔四三〕節　〔質・他在・実在性〕　〔九〇・九一〕

定在は〔存在であるが〕、直接的な、言いかえれば存在的な規定態としてある規定態を伴った存在、すなわち質（Qualität）である。しかしこの規定態の根拠になっているものは無なのであるから、それによって定在の非存在もまた措定されている。この非存在も同様に直接的なものとしてあるのであって、――それは他在（Andersseyn）である。したがって、質はそれ自体として他者への関係である。なぜなら他者が質に固有の契機であるからである。この〔他者に対してあるという〕対他存在（Seyn-für-anderes）のうちにありながら、同時に存在的なもの〔他者から自立した直接的なもの〕として、自己自身への関係として、質は実在性（Realität）である。【→第三九〔四〇〕節付論　一七八頁（一八三―一八八頁）】

第四三〔四四〕節　〔或るもの〕　〔九一〕

実在性は、他在に対して直接的で無関心である純粋な自己関係としては、或るものである。或るものは諸々の質あるいは実在性をもっているが、これらのものは或るものの定在の広がりとして、すなわち他のものへの様々な関係として、或るものとは区別されている。【→第四三〔四四〕節付論　一八八頁】

第四四〔四五〕節　〔その有限性と可変性〕　〔九二〕

ところが、或るものにおいては、規定態は或るものの存在と一つである。したがって他在もまた或るものの外にある無関心なものではなくて、或るものに固有の契機である。それゆえに或るものはその質によって第一に有限的であり、第二に可変的である。そのために、可変性は或るものの存在に属する。【→第四四〔四五〕節付論　一八八頁】

第四五〔四六〕節　〔或るものの無限進行〕　〔九三〕

或るものは或る他のものになるが、当の他のもの自身が一つの或るものである。したがって、それもまた或る他のものになり、すぐにまた〔この交替が〕無限に続いていく。

第四六〔四七〕節　〔この無限進行の悪無限性〕　〔九四〕

この無限性は悪しき無限性、言いかえれば否定的な無限性である。というのは、この無限性は有限なものを揚棄することにほかならないけれども、有限なものは繰り返しまた生じてくるために、揚棄されているのと同じくらいまた揚棄されてもいないからである。——言いかえれば、この無限性は有限なものを揚棄すべきであるという当為（Sollen）を表現しているにすぎない。この無限進行は、有限なものは或るものでもあれば自分の他のものでもあるという有限なものが含んでいる矛盾の表明に終わるものでしかなく、これらの互いに引き合う両規定の交替がいつまでも続くことなのである。【→第四六〔四七〕節付論　一九〇頁】

第四七〔四八〕節　〔真無限性〕　〔九五〕

実際にここに現にあるものは、或るものが他のものになり、他のものが一般に他のものになるということである（或るものは他のものと関わっている場合には、それ自身がすでに他のものに対する他のものである）。したがって、或るものが移行していく先のものは、移行する当のものとまったく同じなのであるから、両者は同一の規定、すなわち「他のものである」という規定以上の規定をもたない。——こうして或るものはそれが〔他のものへ〕移行していくことにおいて、もっぱら自己自身と一致するだけである。そして移行することにおける、また他のものにおける自己自身へのこうした関係こそ、真の無限性である。あるいは、否定的に考察すれば、変化させられるものは他のものであるが、この他のものは他のものの他のものになる。こうして存在が回復されるが、否定の否定として回復されるのである。この回復された存在が対自存在（Fürsichseyn）である。

c　対自存在

第四八〔四九〕節　〔一〕　〔九六〕

対自存在は、自己自身への関係としては、直接態〔無媒介態〕である。そしてこの直接態は、否定的なものの自己への関係としては、対自的に存在するもの（das Fürsich-seyende）、言いかえれば一（das Eins）である。【→第四八〔四九〕節付論　一九三頁】

第四九〔五〇〕節　〔一の反発〕　〔九七〕

否定的なものの自己自身への関係は、否定的な関係、一の絶対的な反発（Repulsion）、つまり多くの一を措定することである。対自存在の直接態に従えば、これらの多くのものは存在するものである。そして、その限りにおいて諸々の一の反発は現存するものとしての一どうしの相互の反発、言いかえれば、相互に排斥しあうことである。

第五〇〔五一〕節　〔一の牽引と量への移行〕　〔九八〕

しかし、多くのもの（die Vielen）は一なるもの（das Eine）であり、他のものも〔また同様に〕一なるものであるのだから、多くのものは〔互いに〕同一である。あるいは反発をそれ自身に即して考察して見れば、それは多くの一相互の否定的な振る舞い（Verhalten）であるから、同じく本質的にそれら相互の関係でもある。一がその反発において関係していくものは〔やはり〕一であるから、一はそれらのものにおいて自己自身に関係する。したがって反発は同じく本質的に牽引（Attraction）でもある。こうして排斥する一、つまり対自存在は自己を揚棄する。質的な規定態は一において自分のそれ自体としてかつそれだけで規定された存在に到達したが、こうしてそれは揚棄されたものとしてある規定態へと、すなわち量（Quantität）としての存在へと移行している。

〔古代ギリシャの〕原子論の哲学はこの立場をとっており、この立場では、絶対的なものは対自存在、一、多くの一であると規定されている。それらの根本的な力として、一の概念のもとで示される反発もまた想定されてはいる。しかし〔前に述べたのとは違って、古代の原子論では〕牽引ではなくて偶然が、すなわち無思想なものが、それらを集め合わせるとされている。一が一として固定されてしまえば、一が他の一と合致することがまったく外的なものであると見なされることになるのはたしかに当然である。――〔原子論の哲学では〕虚空（das Leere）が原子とは別の原理として想定されているが、この虚空は反発そのもの、すなわち諸々のアトムの間にある存在する無であると表象されている。

昨今〔近代〕の原子論――物理学は依然としてこの原理を守っている――は、部分的には諸々の原子を放棄して、分子という小さな粒子に依拠している。このことによって昨今の原子論は感性的表象にいっそう近づいたが、しかしながら思考による考察は放棄されてしまった。さらに、牽引力が反発力と同列に置かれることによって、対立はたしかに完全にされ、このいわゆる自然力の発見を人は大いに誇りとしている。ところが、この両力の相互関係が両者の具体的で実在的なものをなしているのであるが、この関係は、これまでのところ、相変わらずはっきりしない混乱であるにすぎない。

B 量

a 純粋量

第五一〔五二〕節 〔純粋存在としての量〕 **〔九九〕**

量は純粋存在である。〔だが、存在だとはいっても〕量という純粋存在にあっては、規定態はもはや存在そのものと一つのものとして措定されているのでなく、揚棄されたものあるいは無関心なものとして措定されている。

（1）「大きさ」（Größe）という表現は、主に「定量」（Quantum）を示す言葉であるから、その限り「量」を示す言葉にはふさわしくない。

（2）数学では通常、「大きさ」は増減しうるものと定義されている。この定義は定義されるはずのものそのものを再び含んでいるから、大きな欠陥を抱えている。けれども、この定義のなかにあるのは、「大きさという規定は、可変的で無関心なものとして措定されているような規定である」ということである。だから、大きさが変化――外延や内包が増加――したとしても、たとえば家や赤という事柄が家や赤でなくなるわけではない。

（3）絶対的なものは純粋な量である。――この立場は、絶対的なものが質料（Materie）という規定をもつというその限りにおいて、そのまま受け取られるものである。〔この立場では〕質料のもとにはたしかに形式はあるにはあるが、しかしそれは〔質料には〕関わりのない規定だとされている。というのも、量のもとには規定態がまったくないというわけではなくて、むしろ規定態というのは量を結果として生み出す様々な契機のうちの一つであるからである。――また、

〔シェリングが『我が哲学体系の叙述』で主張したような〕「絶対的なもの、すなわち絶対的に無差別なもののもとではあらゆる区別は単に量的であるはずだ」という概念においては、量が絶対的なものの根本規定をなす〔こともある〕。

そのほか、純粋な空間、光なども、前者においては実在的なものが無関心な空間の充溢だと見られ、また後者においては形態や陰影が外的な区別だと見られている限りにおいて、量の実例と見なすことができる。

【→第五一〔五二〕節付論　一九八頁】

第五二〔五三〕節　〔連続量と分離量〕　〔一〇〇〕

量のなかにある諸契機は、量のうちでは揚棄されている。したがって、それらは量とはいっても、それらを統一している量の諸規定としてのみあるのである。「牽引によって措定された自己自身との同等性」という規定においては、量は連続した大きさ（continuirliche Größe、以下「連続量」）であり、「一」という規定においては、分離した大きさ（discrete Größe、以下「分離量」）である。しかし連続量は〔連続しているのと〕同じくらい分離的でもある。というのも、連続量は多くのものの連続性にすぎないからである。分離量も同じくらい連続的である。分離量の連続性とは、多くの一が同じものであると見たときの一、すなわち単位（Einheit）である。

（1）だからその限りにおいて、連続量と分離量とは、あたかも一方の規定が他方の規定に帰属することがないかのように〔見られ〕、二つの種類だと見られてはならない。そうではなくて、両者が互いに区別されるのは、ただ同じ全体が或るときにはそのうちの一方の規定のもとに措定され、また他のときには他方の規定のもとに措定されているということにのみよっている。

（2）空間や時間や物質〔質料〕が無限に分割できるのか、あるいはそうではなくてそれらは分割不可能なものから成っているのか、という〔カントが定式化した〕二律背反は、量を或るときには連続量として、また或るときには分離量として主張することにほかならない。空間や時間などがもっぱら連続量（continuirliche Quantität）という規定で措定される場合、それらは無限に分割可能である。しかし、分離量という規定で措定される場合には、それらはそれ自体として分割されており、諸々の分割不可能な一から成っている。

【→第五二〔五三〕節付論　一九八頁】

b 定量

第五三〔五四〕節 〔定量〕 〔一〇一〕

したがって、量の直接的な単一性の点から言えば、一のそなえる否定的なものは限界であり、量は本質的に定量(Quantum)である。【→第五三〔五四〕節付論 一九八頁】

第五四〔五五〕節 〔数〕 〔一〇二〕

定量はその完全な規定態を数(Zahl)においてもっている。なぜなら数の〔成立する〕境地になっているのは一だからである。分離という契機から見れば、数は集合数(Anzahl)であり、連続という契機から見れば、単位である。量のこうした質的な区別は、一においては揚棄されている。一は数の全体、すなわち集合数と単位であり、定量の〔もつ〕自己の限界と同一的な本質である。

c 度

第五五〔五六〕節 〔外延量と内包量〕 〔一〇三〕

この限界は、自己の内で多重になっている規定態としては外延量(extensive Größe)であるが、自己内で単一な規定態としては、内包量(intensive Größe)、言いかえれば、度(Grad)である。

したがって、連続量と分離量を外延量と内包量から区別する点は、前者が量一般に関わるのに対して、後者が量の限界ないし規定態そのものに関わるところにある。——〔連続量と分離量と〕同様に、外延量と内包量もまた二つの種類なのではなくて、それらの各々は他方がもっていないような規定態を含んではいない。【→第五五〔五六〕節付論 二〇〇頁】

第五六〔五七〕節 〔量的無限進行〕 〔一〇四〕

度において定量の概念が措定されている。度はそれだけで単一なものとしての量である。しかしそのために度はその規定態をまったく自分の外に、他の量のなかにもっている。定量とはその対自存在が絶対的な外面性であるところの規定態であるが、定量のこうした何であってもかまわないという無関心さによって、量的な無限進行が措定されている。

数はたしかにそれだけで〔対自的に〕存在する規定態の自己同一性としての思想ではあるが、しかし自己に対して完全に外的な存在としての思想である。数は思想であるから直観には属さないけれども、しかし直観の外面性を自己のうちにもつ思想である。

だから、定量は単に無限に増減させることができるだけではない。むしろ定量とはその概念によって自己自身を超えて外へ送り出すこの運動なのである。〔第四六節で述べた〕量的無限進行もまた同じ一つの矛盾の無思想な繰り返しにほかならず、この矛盾が定量一般であり、そしてこの矛盾がはっきり規定を受けて措定されると、度になるのである。この矛盾を無限進行の形式で言い表そうとするのは無駄なことであるが、この無駄については、アリストテレスが伝えるところでは、ゼノンが正当にも次のように言っている。すなわち「或ることを一度言うのと、しょっちゅう言うのとは同じことである」と。【↓第五六〔五七〕節付論二〇一頁】

第五七〔五八〕節　〔量的な比〕　〔一〇五〕

定量がそれだけで〔対自的に〕存在するみずからの規定態のうちにありながら以上のように自己自身に外的であること、このことが定量の質をなしている。定量はこのように外的であることにおいてまさに自分自身であり、また自己に関係しているのである。言いかえれば、まさに外面性すなわち量的なものと、対自存在すなわち質的なものとが、定量においては合一されている。以上のように措定されたときには、定量はまずは直接的なものではなく、むしろ量的な比（Verhältniß）である。

第五八〔五九〕節　〔度量への移行〕　〔一〇六〕

しかし量的な比の両項はそれら自身がまだまったく無媒介な二つの定量にすぎず、したがって両項の関係は、それ自身が無関心な関係あるいは一つの定量（Exponent、指数）である。言いかえれば、質的規定と量的規定とはまだ互いに外的である。しかし、両項の真理、すなわち量的なもの自身がその外面性というかたちをとった自己への関係であり、また対自存在と規定態の無関心性とが合一されているということに従えば、比は度量（Maaß）である。

C　度量

第五九〔六〇〕節　〔度量〕　〔一〇七〕

度量とは質的な定量である。それもまず直接的なものとしてあって、定在ないしは質が結び付けられている定量なのである。

様相（Modalität）あるいは様式（Art und Weise）であることが、質と量に対する第三のものとして現れることはありうるが、それは質的なものが量的なものと統一されることによって外面的で何であってもかまわない無関心な存在になっているというその限りにおいてである。しかし、様態（Modus）は一般にこうした無関心性あるいは偶然性しか表現しない。けれども、この外面的なあり方（Weise）はまた同時に質的な存在の表現でもあって、人々が或る事態に際してとる態度について、「すべてはやり方（Art und Weise）次第だ」と言うのがその例である。しかし様態は、こうした質的な側面から言っても、無規定的な様式にすぎない。その真の規定態のかたちをとったときには、様態は度量なのである。

第六〇〔六一〕節　〔規則としての度量〕　〔一〇八〕

度量においては質と量とはもっぱら直接的な統一のうちにあるのだから、両者の区別は同様に直接的なあり方で両者のもとに登場する。その限りにおいて特有の定量（das specifische Quantum）[11] は、一面では単なる定量であり、増減が可能である。その限りにおいて度量は一つの規則（Regel）なのであって、〔この規則としての度量は〕増減することによって揚棄されることはない。しかし他面では定量の変化はまた質の変化でもある。

第六一〔六二〕節　〔度量の無限進行〕　〔一〇九〕

度量を超えたもの（das Maaßlose）とは、さしあたり、或る度量がみずからの量的本性によってみずからの質的規定態を超え出るということのことである。ところが、最初の度量を超えたものである新しい量的な比というのも、同じく質的であるから、度量を超えたものも一つの度量である。質から定量への、そして定量から質へのこの二つの移行も、またもや無限進行として表象されることになる。【↓第六一〔六二〕節付論　二〇四頁】

第六二〔六三〕節　〔本質への移行〕　〔一一〇・一一一〕

実際にここで何が措定されているのかと言うと、移行というはたらき一般〔「存在論」の運動様式そのもの〕が揚棄されているということである。質的なものと量的なものとはそれら自身が質的に異なっているが、しかし質というものは定量という何にでも当てはまる無関心な規定態のなかでは揚棄されもするが、ところがまたそのなかで措定されてもいるのであって、そしてこのようにみずからが外化しながらその外化のなかでまさしく自己自身だけと合致する。以上のことによって措定されているのが、みずからの他在において自己を揚棄するのと同様にこの他在をも揚棄してしまうような否定性である。このようにして自己を自

己自身へと関係づける存在こそが、本質（Wesen）なのである。【↓第六二〔六三〕節付論　二〇五頁】

第Ⅱ部　本質論

第六三〔六四〕節　〔本質とは反省である〕　〔一一二〕

本質は自分自身の否定態を介して自己に自己を媒介する存在であって、否定的なものを直接に揚棄された規定態として、つまり映象（Schein）[1]として含んでいる。つまり本質とは反省（Reflexion）である。――〔反省としての本質は〕自己自身への関係であるが、ただし、この関係はもっぱら措定され媒介されたものとして直接的に存在している他者、そういう他者への関係であることによって〔のみ自己自身への関係なの〕である。

絶対的なものは本質である。――この規定は、存在もこれと同じく単一な自己関係であると言われる限りでは、「絶対的なものは存在である」という規定と同じものである。しかし「絶対的なものは本質である」という規定は、〔同じであると〕同時にもっと高次の規定でもある。なぜなら本質は自己に歩み入った存在（das in sich gegangene Sein）だからである。すなわち、本質の単一な自己関係は〔自己関係であるといっても〕否定的なものの否定を介した関係、言いかえれば純粋な否定性としての関係だからである。しかし、絶対的なものが本質と規定されるとき、否定性があらゆる特定の述語の捨象という意味でしか解されていないことが多い。この場合、〔捨象という〕この否定的な行いは本質の外部にあり、だから本質そのものは、〔特定の述語という〕こうした自分の前提を欠いた結果としてしか、すなわち抽象の残滓（caput mortuum）としてしかないことになる。しかしこの否定性は存在に外的ではなく、存在固有の弁証法なのであるから、存在の真理は本質、自己に歩み入った、言いかえれば自己のうちにある存在としての本質なのである。そしてまさに〔こうした否定的なものから自己への〕この反省こそが直接的な存在から〔本質という〕自己へと歩み入って自己のうちにある存在を区別するものであり、本質そのものの固有の規定なのである。

第六四〔六五〕節〔本質は相関である〕　〔一一四〕

本質の領域では、相対性（Relativität）が支配的な規定となっている。存在の領域においては、同一性とは直接的な自己関係であり、否定的なものとは単なる他在である。それに対してここ、本質の領域においては、すべてのものは存在でありながら同時に存在を超え出ているというかたちで措定されているのである。本質は反省の存在、〔すなわち〕相関（Verhältniß）である。【→第六四〔六五〕節付論　二〇七頁】

A　純粋な反省諸規定

a　同一性

第六五〔六六〕節〔本質の同一性〕　〔一一五〕

本質は自己のうちで映象する（scheinen in sich）(2)、言いかえれば純粋な反省である。だから本質とは自己同一性——つまり自己関係であるが、直接的なものとしてのそれではなく、反省したものとしての自己関係である。

（1）この同一性は、同一性に固執して区別を捨象している限りでは、形式的な同一性あるいは悟性の同一性である。言いかえれば、〔区別を〕捨象することはむしろこの形式的な同一性を措定することであり、自己のうちで具体的なものを単一性という形式に転化させることである。——これは〔どう行われるかというと〕、具体的なものに現にそなわっている多様なものの一部分を取り除き、それらのうちの一つだけをとり上げること、あるいは区別された多様なものを一つの規定態のうちに集約し、結果としてここで内容面では何の変化も起こさない、ということ〔によって〕である。実のところ、この二つのやり方は同じものである。というのは、各々の存在、あるいは各々の普遍的規定は、概念としては自己のうちで具体的〔であるのに、この二つのやり方はどちらもその具体性を捉えられないの〕だからである。したがって、こうしたやり方は偶然性、言いかえれば恣意である。すなわち表象あるいは思考に対しては単一かつ同一なものとして現象するところのものをそのままにしておく、あるいは具体的なものとして現象してくるものを単一な規定態の形式へと集約する、こうしたことは、偶然性すなわち恣意にほかならない。

（2）同一性が命題の主語としての絶対的なものと結合されると、その命題は「絶対的なものは自己と同一である」と言い表される。この命題は〔それ自体としては〕真であるとしても、ほんとうにその真の姿で考えられているのかはっきりしない。だからこの命題は、少なくともその表現においては不完全である。というのは、そこで抽象的な悟性の同一性、すなわち本質の他の諸規定と対立している同一性が考えられているのか、またそうではなくて自己のうちで具体的なものとしての同一性が考えられているのかが分からないからである。後者の同一性は、後で〔第七二節と七三節で〕明らかになるように、根拠であり、あるいはもっと高次の真の姿においては、概念である。「絶対的」という言葉でさえ多くの場合「抽象的」という以上の意味をもっていない。だから絶対的な空間とか絶対的な時間などと言っても、それは抽象的な空間、抽象的な時間以上のことを指してはいないのである。

（3）本質の諸規定は本質的な諸規定であると見なすことができるから、それらは前もって立てられた主語の述語となる。またそれらの諸規定は本質そのものの規定であるから、それ自体で本質的な規定、普遍的に本質的な諸規定である。したがって、それらの規定には「すべて」という主語さえも与えられるのであって、これによって成り立つ諸命題は、普遍的な思考諸法則と言われている。こうして同一性の命題〔同一律〕は、〔肯定的には〕「すべてのものは自己と同一である」、すなわち「A＝A」と言い表され、また否定的には、「AはAであると同時に非Aであることはできない」と言い表される。――この〔同一性の〕命題は、真の思考法則ではなくて、抽象的悟性の法則にほかならない。命題の形式がそもそもこの命題それ自身に矛盾している。なぜなら、命題というものは主語と述語とを区別しているのが当然であるのに、この命題は命題の形式が要求するところのもの〔であるこの区別づけ〕を果たしていないからである。しかし、特にこの〔同一性の〕法則は、後に続くいわゆる思考諸法則によって揚棄されるのであって、後に続く諸法則はこの最初に立てられた〔同一性の〕法則と並んで立てられ、同じ資格で通用しているのである。【↓第六五〔六六〕節付論　二〇八頁】

b 区別

第六六〔六七〕節　〔本質は区別を含む〕　〔一一六〕

本質は純粋な同一性であり、自己自身のうちでの映象であるが、そうであるのは、本質が存在の否定性あるいは自己に関係する否定性であり、したがって自己自身から自分を突き放すものである、その限りにおいてである。したがって本質は本質的に区別の規定を含むのである。

他在はここ〔本質論〕ではもはや質的な他在、すなわち規定態、否定、限界ではない。いまやこうした〔存在論における諸規定である〕もの[3]は、自己を自己に関係づけるものである本質のうちにある諸規定になっている。それゆえに否定は関係として、すなわち、区別、措定された存在（Gesetztseyn）、媒介された存在（Vermitteltsein）としてある。

第六七〔六八〕節　〔差異性〕　〔一一七〕

α　区別は、直接的な区別である。詳しく言えば、本質においては直接態や存在は揚棄され、まさしく措定されているわけだから、〔直接的な区別とは〕まさに措定された区別、すなわち差異性（Verschiedenheit）である。差異性においては区別されたものはそれぞれそれだけで〔対自的に〕それがいまあるところのものなのであって、自分が他のものへと関係していることには無関心であり、したがって他のものにとってもこの関係は外的なのである。

次のように言うこともできる。すなわち、差異性とは、措定された存在として措定された存在、すなわち、ようやく映象として措定された存在であって、本質のうちに置かれたときの区別がまさしく映象であるのと同様である、と。――そうは言っても、措定された存在として措定された存在というのは、否定的なものとしての否定的なものであるのだから、差異されたものは〔否定の否定によって自立化したものとして〕それだけで〔対自的に〕存在するものであり、それゆえにむしろ映象とは反対のものである。それだけで〔対自的に〕存在するものとは、相対性を退け、区別が自分の本質をなしているにもかかわらず、区別のうちにばかりとどまろうとはしない、そういうものであるから、まさにそのことによってその真の姿においてあるようには措定されず、わずかに区別の映象であるにすぎないのである。

第六八〔六九〕節　〔同等性と不等性〕　〔一一七〕

差異されたものはどれも自分たちの区別に対して無関心であるために、区別はそれらの外に、第三者である比較するものの手に落ちることになる[4]。この外的な区別は、関係づけられたものの同一性としては同等性（Gleichheit）であり、非同一性としては不等性（Ungleichheit）である。

（1）同等性と不等性とは、同一性と区別とが悟性的に捉えられたときの様式である。両者とも区別の概念のうちにある。というのも、区別とは関係であり、区別自身が区別であるために不等性という側面[5]をなしているように、関係は同等性という側面をなしているからである。しかし、同等性と不等性は自己に外的な区別[6]にほかならないから、区別のうちに措定されたものは、〔互いに〕同等であろうが不等であろうがどちらでもかまわない。この両規定はそれぞれがばらばらになっていて、同等のものはひたすら同等であり、不等なものはひたすら不等である。――たとえ比較が同等性と不等性に対してまったく同じ基体（Substrat）をもつとしても、何かを同等だとする諸々の側面や観点は、不等だとする側面や観点とは〔やはり〕異なっている〔差異的である〕のである。

（2）差異性も〔同一性の場合と〕同じく一つの命題に変えられている。すなわち、「すべてのものは異なっている」、あるいは「相互にまったく等しい二つの物は存在しない」〔不可識別者同一の原理[7]〕というのがそれである。ここでは〔主語である〕「すべて」に対して、最初の命題〔同一律〕において述語に付加された同一性とは対立する述語が与えられている。しかし、差異性がここでは外的な比較に属するものだとしか解されていない。その限りにおいては、或るものはそれ自身だけとって見ればひたすら自己と同一であるから、この第二の〔差異性の〕命題は最初の〔同一性の〕命題とは矛盾しないということになっている。だがそうだとすれば差異性もまた或るものないしすべてのもの自身に属するのではなく、この主語の本質的な規定をなさないことになる。それだからこの第二の命題はもともとまったく語ることのできないものである。差異性がまったく無規定的な区別であり、単なる数多性である限りでは、「すべてのものは、すなわちその完全な数多性のうちにある諸々の或るものは、多くのものである」という命題は、どうであるにせよ同語反復である。しかし、もし或るもの自身が異なっているとすれば、それは自分固有の規定態によって異なっているのである。その場合に考えられているのは、もはや差異性そのものではなくて、〔もっと進んで〕規定された区別なのである。【→第六八〔六九〕節付論　二一一頁】

第六九〔七〇〕節　〔差異性の真理〕　〔二一八〕

同等性とは、もっぱら同じでないもの、相互に同一ではないものの同一性のことであり、また不等性とは等しくないものの関係である。したがって両者は異なった側面あるいは観点に分け隔てられて関わりがなくなるのではなく、一方は他方のうちに映象する。それゆえに差異性とは反省の区別、言いかえれば自己自身にそなわった区別（Unterschied an sich selbst）なのである。【→第六九〔七〇〕節付論　二一二頁】

第七〇〔七一〕節　〔肯定と否定との対立〕　〔一一九〕

β　区別それ自体（Der Unterschied an sich）とは本質的な区別であり、肯定的なもの（das Positive）と否定的なもの（das Negative）である。そのために、肯定的なものは、それが否定的なものではないという点で自己同一的な関係であり、また否定的なものは、それが肯定的なものではないという〔点で〕、区別されたものそれ自身（das Unterschiedene für sich）である。それぞれが他のものではないその分だけそれだけで〔対自的に〕あるものであるから、どちらも他のもののうちに映象して、他方がある限りでのみ存在する。したがって本質の区別は対立（Entgegensetzung）である。この対立に従って、区別されているものは他のもの一般ではなく、自分の他のものを自己に対立させてもつのである。すなわち、どちらも自分固有の規定を、自分が他のものへと関係していることのうちにだけもっているのであって、他のものへと反省しているからこそ自己へと反省しているのである。

　自己にそなわった区別によって与えられる命題は次のようなものである。すなわち「すべてのものは、本質的に区別されたものである」。――あるいはそれはまた次のようにも表現される。「二つの対立する述語のうち、或るものに属するのは一方だけである。そして、第三のものは存在しない」。――ところでこの対立の命題は同一性の命題〔同一律〕に矛盾している。というのも、或るものは、一方〔同一性の命題〕からすればもっぱら自己への関係であるのに、他方〔対立の命題〕からすれば他のものへの関係であるとされているからである。――このような二つの矛盾する命題を並列させて置き、それらを比較することとさえしないのは、抽象につきものの浅はかさというものである。

　第三者排除の命題〔排中律〕は、規定された〔限界のある〕悟性の抱える命題であり、この命題は矛盾を自分から遠ざけようとし、遠ざけることによって矛盾を犯している。というのも、述語が一個の対立するもの〔+Aあるいは-A〕であるというまさにそのことによって、当の述語自身〔たとえば+A〕ばかりでなくそれと反対のもの〔-A〕さえも含んでいる第三のもの〔Aそのもの〕が述語となっているからである。〔すなわち、この命題では〕Aは+Aであるか-Aであるかのどちらかであるとされているが、これによってすでに第三のもの、すなわち+でも−でもなく、かつまた+Aとしても-Aとしても措定されているAが言い表されているのである。【→第七〇〔七一〕節付論　二一二頁】

第七一〔七二〕節 〔肯定と否定との同一性〕 〔一一〇〕

ところで、肯定的なものとは前に述べた差異されたものであるが、〔差異されたものであるといっても、〕これはそれだけで〔対自的に〕ありながらも、同時にそれの他のもの〔否定的なもの〕との関係を離れていてはならないものである〔肯定的なものは他と関係しているもの＝否定的なものだという矛盾である〕。同様に否定的なものも自立的であり、したがって否定的な自己関係であり、〔自己関係である以上、〕それだけで〔対自的に〕存在するのでなければならないが、しかし否定的なものが否定的なものである以上、端的に自分のこの自己関係、すなわち自分の肯定的なものをもっぱら他のもの〔肯定的なもの〕のうちにもっているのでなければならない〔否定的なものは自己関係するもの＝肯定的なものだという矛盾である〕。したがってどちらも措定された矛盾である。両者は自体的には同じものであるが、しかし、どちらも他のものを揚棄することでありかつ自分自身を揚棄することであるから、それだけで〔顕在的に〕も同じものである。これによって両者は没落して根拠（Grund）へと至る。――言いかえれば、本質的な区別は直接的にはそれ自体としてかつそれだけである区別であるから、もっぱら自分自身〔からの自分〕の区別(8)であり、したがって同一的なものを含んでいる。――同様に区別は、自己を自己へと関係づける区別であるから、すでに自己と同一的なものとして言い表されている。そして対立するものは一般に、一方と他方、自己と自己に対立するものそれ自身を含んでいる。【↓第七一〔七二〕節付論二一四頁】

c 根拠

第七二〔七三〕節 〔根拠〕 〔一一一〕

根拠とは、同一性と区別との統一、区別と同一性の成果として生じたものの真の姿であり、また自己への反省であるが、この自己への反省は同じくらい他者への反省でもあり、またその逆〔他者への反省であるが、それは同じくらい自己への反省〕でもある。根拠とは統体性として措定された本質なのである。

根拠の命題〔充足理由律〕は、「すべてのものは、自分〔が存在するため〕の十分な根拠をもっている」(9)と述べられるが、これが意味しているのは、或るものの真の本質態とは、或るものを自己同一的なものだと規定することではなく、また差異されたものであるとか、単なる肯定的なものであるとか、あるいは単なる否定的なものであるとか、そういったように規定することでもなくて、或るものは自分の存在を或る他のもののうちにもつのであり、この他のものが〔或るものを〕自己同一的なものとして〔成り立たせるような、或るものの〕本質である、ということである。しかしこの他のものはまた抽象的な自己への反省ではなく、他者への反省である。根拠とは、自己のうちにある本質であるが、しかしこの本質は本質的に根拠であり、またこの本質が根拠であるのは、それが或るものの根拠、〔すなわち〕或る他のものの根拠である限りにおいてである。

第七三〔七四〕節〔現実存在〕　〔一二二〕

本質は、はじめには自己のうちで映象すること、自己のうちでの媒介であって、反省規定は媒介するものの規定態であり、それゆえに本質的に媒介されたものである。この媒介が〔いまや〕自己自身のもとで揚棄されているために、この〔媒介が揚棄されている〕ことは直接態あるいは存在の回復であるが、媒介を揚棄することによって媒介されている限りでの存在の回復である。――〔この回復された存在が〕現実存在（Existenz）である。

根拠は、まだいかなる内容も目的ももたない。したがって根拠はまだ活動的（tätig）でも産出的（hervorbringend）でもなく、〔そのために〕現実存在は根拠から出現する（hervorgehen）というだけである。或る一定の〔規定された〕根拠が形式的なものであるのは、現実存在の内容ならびに現実存在の根拠の内容が、根拠の形式と一つになっておらず、根拠はそれ自体としてかつそれだけで規定されたものではないからである。それゆえにどんなものについても根拠らしいものを見出し、与えることができるのであって、或るしかるべき根拠（たとえば行動するにあたってのそれなりの動機）というものは、何かをひき起こすかもしれず、またひき起こさないかもしれず、或る結果をもつかもしれず、あるいはまたもたないかもしれない。根拠は、たとえば意志のうちへ取り入れられることによって、何かを引き起こす動機となるのであり、意志がはじめて根拠を活動的なものにし、原因にするのである。――それゆえにまた根拠そのものは、根拠から出現する現実存在に対立して、自分だけが内なるもののうちにとどまるというわけでもなく、丸ごと現実存在へと移行するのである。――根拠は自己への反省であり、この自己への反省はそのまま他者への反省である。そして現実存在は両者のこうした直接的な統一であり、この統一のうちでは根拠の媒介は揚棄されてしまっている。【→第七三〔七四〕節付論　二一五頁】

B 現象

a 現実存在

第七四〔七五〕節〔物〕　〔一一三・一一四〕

現実存在するものは、自己への反省と他者への反省との直接的統一であり、それゆえに、それは単に統一あるいは自己への反省としてだけあるわけではなくて、この二つの規定に区別されている。前者〔自己への反省〕としては、現実存在するものは物（Ding）であって、〔この物という面が〕抽象されて固定されれば、物自体（Ding-an-sich）となる。

カント哲学においてあのように有名になった物自体は、それがどのように発生してきたのかがここで明らかにされる。すなわち〔物自体は〕区別された諸規定に対して抽象的な自己への反省が固持されたものであり、諸規定の空虚な土台（Grundlage）であるというわけである。――これによって根拠は物自体として（根拠はそれだけで自立的に見られれば、その真相は物自体である）、無規定的で非活動的なものとして措定されることになる。なぜなら、根拠とは媒介が揚棄されたものであるにすぎず、内容と目的とを欠いているからである。【↓第七四〔七五〕節付論　二一六頁】

第七五〔七六〕節　〔「もつ」という関係〕　〔一一五〕

物は、他者への反省としては自分のもとに諸々の区別をもち、そうした区別によって規定された物になる。そうした諸規定は互いに異なっており、自分たち自身のもとにではなく、物のもとに自己への反省をもって〔存立して〕いる。これら諸規定が物のあれこれの性質（Eigenschaften）であって、それらが物へと関係することが、「もつ」（Haben）ということなのである。

「もつ」は存在〔在る〕に代わる関係として登場する。たしかに或るものもまた諸々の質をもつ。しかし、このように「もつ」を存在するものへと転用するのは正確ではない。なぜなら、規定態は質である場合には直接的に或るものと一つであって、或るものが自分の質を失えば、存在するのをやめるからである。しかし、物は自己への反省であり、区別〔された諸規定〕から区別された同一性としてある。

「もつ」という言葉は数多くの言語において過去を言い表すために用いられるが⑽、これは正当である。というのは、過去とは揚棄された存在であり、精神は過去の自己への反省だからである。過去はこの精神のうちでのみなお存立をもつが、しかし精神はこうした自分のうちで揚棄された存在を自己から区別しもするのである。

第七六〔七七〕節　〔質料〕　〔一一六〕

他者への反省は、それの真理、すなわち根拠においては、自己への反省でもある。それゆえに、物の数々の性質も〔物と〕同じく自立的であり、それらは物との結び付きから解放されている。しかしこれらの性質は、自己への反省としての互いに区別された物の諸規定態にすぎないから、それらの性質は、「もつ」という関係において他者へと反省しているものとしての諸物ですらなくて(11)、抽象的なあれこれの諸規定態としての諸物、諸々の質料（Materie、物質）である。

たとえば磁気的、電気的質料といった質料もやはり物とは呼ばれない。それらは本来の質であり、自分の存在と一つであって、直接態を獲得した規定態である。しかし〔それらは直接態といっても〕、現実存在であるところの直接態である。

第七七〔七八〕節　〔形式〕　〔一一七・一一八〕

質料とは、他者への抽象的な、すなわち無規定的な反省、言いかえれば、同時に規定された反省でもある自己への反省である。したがって、質料は定在する物性（Dingheit）、すなわち、物の土台（Grundlage）である。しかし、この質料に対立して規定された区別があって、〔質料に対立している〕その限りで、この区別は形式（Form）である。

第七八〔七九〕節　〔形式と質料・物自体と諸質料〕
〔一一八・一一九〕

形式と質料〔との対立〕、物自体と、物を成り立たせる諸々の質料〔との対立〕は、非本質的な現実存在と本質的な現実存在という同じ対立である。〔しかしそこには〕区別もあって、〔前者の対立における〕形式の方はそれだけとって見れば他者への反省という抽象であるのに、これに対して〔後者の対立における〕物自体の方は自己への反省という抽象である〔という区別はある〕。しかし〔質料と諸質料との区別を言えば〕、質料の方が形式に対して本質的な現実存在であるのは、質料が自己への反省をもちながらも、同時に規定態をも自己のうちにもつことによっている。〔これに対して、物自体の対立項としての〕物を成り立たせている数多くの質料の方も、〔質料そのものと〕同じく物の本質的な現実存在であるが、それは多くの質料が他者への反省でありながらも、同時に自己への反省であることによっている。

第七九〔八〇〕節　〔現象への移行〕　〔二三〇〕

物は、みずからの本質的な現実存在を、ただ一つの質料（Eine Materie）としても、多くの自立的な諸質料としても、もっている。しかし、多くの自立的な諸質料の方は、ただ一つの質料が本質的な現実存在である限り、形式のうちへ解消され集約されるのであるが、しかしそれらも〔ただ一つの質料と〕同じく本質的な現実存在であるのだから、ただ一つの質料の方を抽象的で空虚な物性へと引き下げる。かくして物は現象（Erscheinung）である。

b　現　象

第八〇〔八一〕節　〔本質は現象する〕　〔二三一〕

本質はかならず現象する。本質が自分自身のなかで映象するということは、本質が自分を揚棄して現実存在（Existenz）という直接的な姿をとらせることである。しかしこの直接態は存在〔論の境位〕の直接態ではなくて、反省を自分の根拠としてもっている。したがってこの直接態は、そのまま揚棄されており、自分の根拠を存在的ではない自己同一性においてもっている。しかし、それでいながらこの自己同一性の内面性は同じくそのまま他者への反省それ自体であり、したがって現実存在であるが、しかし現実存在といっても、最初のものとは別の現実存在なのである。現実存在するものとしての或るものが、自己自身のうちにというよりもむしろ他の或るもののうちに現実存在し、媒介されたものであるという点において、本質は現象のかたちをとる。だから本質とは現象の背後（hinter）、あるいは現象の彼岸（jenseits）にあるのではなくて、本質が現実存在するものであるということによって、現実存在は現象なのである。【↓第八〇〔八一〕節付論　二一九頁】

第八一〔八二〕節　〔現実存在の二重性〕

したがって現実存在するものは、その真の姿から言えば、それだけで〔対自的に〕存立するものであり、しかもこの存立するものはそのまま他者として現実存在している。〔つまり〕それは直接的に媒介として現実存在しているのである。それゆえに、現実存在のこうした二重のあり方の区別と関係とは同じ一つのものである。〔しかし、同じ一つのものだとはいえ〕さらにこの二重のあり方は、反省の区別としては、一方は自己への反省であり、他方は他者への反省である、という互いに対立する規定態をもっている。【↓第八一〔八二〕節付論　二一九頁】

第八二〔八三〕節　〔相関への移行〕　〔一三四〕

それゆえに、現実存在するもの、言いかえれば規定された姿をとった現象は、相関（Verhältniß）である。相関というのはすなわち、同じ一つのものが、〔二つの〕自立的な現実存在の対立であり、〔同時に〕それらの同一的な関係、そのなかでのみ区別されたものがまさしく区別されたものであるところの同一的な関係である、ということである。

c　相　関

第八三〔八四〕節　〔全体と部分との相関〕　〔一三五〕

1　直接的な相関は、全体（das Ganze）と部分（die Theile）との相関である。全体は、諸々の部分から、すなわち全体とは反対のものから成っている。諸部分とは、自立的で異なったもののことである。しかし部分とは、それら相互の同一的な関係のうちでのみ、言いかえれば、それらがそろって一括りにされて（zusammennehmen）全体をなす限りでのみ、諸部分である。しかし「そろって」（Zusammen）というのは、部分の反対である。**【**↓第八三〔八四〕節付論　二二〇頁**】**

第八四〔八五〕節　〔力とその発現〕　〔一三六〕

2　それゆえに、この相関の〔うちにある〕同じ一つのものは、直接に自己自身への否定的関係である。しかも、そのためにこの同一であるものは媒介として措定されている。媒介というのはすなわち、同じ一つのものが、区別に関与しないにもかかわらず、また自己への否定的な関係〔であるから区別に関与する関係〕であるということである。否定的関係は、自己への反省でありながら自己自身を突き放して、自己が他者への反省として現実存在するように措定するのであり、そしてまた逆に〔他者への反省を自己への反省にし〕もする。〔この相関が〕力（Kraft）とその発現（Aeusserung）である。

全体と部分との相関は、直接的な相関であり、それゆえに、自己同一性が差異性へ〔また差異性が自己同一性へ〕ひっくり返る（Umschlagen）という、思想を欠いた〔媒辞をもたない〕相関である。この相関は、全体から諸部分へと〔移行するかと思えば、ただちに〕諸部分から全体へと移行してしまい、そして、どちらの側面もそれだけで自立的な現実存在と受け取られているために、一方のうちでは他方との対立は忘れられているのである。言いかえれば、諸部分は全体のなかで成り立ち、全体は諸部分から成り立つとされているために、あるときには一方のものが存立するものであるかと思えば、別のときは他方のものがそうであり、同じように、そのつど存立するもの〔とされる側が本質的なものであり、そう〕ではないとされる側が非本質的なものなのである。機械的な相関がそもそも表面的な形式というそのありさまで存立しているのは、諸部分が自立的なものであって自分たちを統一させるものを欠いているために、それらはお互いに対立し、かつまた全体に対しても対立するからである。

　物質の分割可能性に関する無限進行は、この相関を使って表すこともできる。その場合にはこの無限進行は、この相関の両側面の無思想な交替となる。一つの物が、あるときは全体と受け取られ、その後に部分規定へと移行させられるかと思えば、次にはこの規定は忘れられ、いましがた部分とされたものが今度は全体と見なされて、そしてそれから再び部分という規定が登場する。このようにして無限に〔無思想な交替が行われるのである〕。

　しかし、この無限性が真に否定的なものだと受け取られるならば、それは相関の自己への否定的な関係である。すなわち、力が自己内存在としては自己と同一的な全体でありながら、〔同時に〕自己を揚棄して発現し、また逆に、発現が消滅して力のうちへ還帰する、ということである。

　力とはこうした無限性であるが、無限性であるにもかかわらず、有限でもある。力は発現するためには外からの誘発（Sollicitation）を必要とし、作用するに際しては盲目であって、ただある規定された有限な内容をもっているにすぎない。全体と部分との相関と同じく、力も内容をもつが、それは、同じ一つのものが形式という区別された規定態のすがたで措定され、しかもこれらの形式諸規定の統一としてありながら、同時にこの区別に関わらないというあり方をしているからである。しかし、この同じ一つのものは、せいぜいのところ自体的にこうした同一性であるにすぎない。なぜなら、相関の両側面のそれぞれが、まだそれ自身で独立に相関の具体的な同一性であるわけではなく、まだ統体性になってはいないからである。したがって両側面は互いに違ったものであって、相関全体が有限なものなのである。それゆえに、力は外からの誘発を必要とし、内容の規定態は偶然的なものである。概念や目的であればそれ自体としてかつそれだけで規定されたものであるが、内容はまだそのような、概念や目的といった無限性であるのではない。

　それゆえに、人々はまたよくこうも言う。力そのものの本性は知られることはなく（unbekannt）、力の発現だけが認識されるのだ、と。〔しかし〕一方では、力の内容規定の全体は発現の内容規定とまったく同じものである。だから、現象を力から説明するのは空しい同語反復である。それゆえに、知られないと人々が言うもの〔力の本性〕は自己への反省という空虚な形式であって、ただこれだけが力を発現から区別するのだが、――〔自己への反省という〕この形式は誰もがよく知っている形式である。しかし、他方では力の本性はたしかに知られないものである。なぜなら、力の相関は、相関の否定性から見れば、ただしせいぜいのところ抽象的でしかない否定性から見れば、たしかに無限であると言ってもよいだろうが、しかし、〔否定性という側面から見ない〕他のときには、力の規定態は有限であるからである。それゆえに力の規定態は連関の必然性と根源の必然性をまったく欠いており、それを要求することになる。だからここに現にあるのは、力がもっている自立性という映象〔見せかけ〕と、力の有限性との矛盾である。現存しているのは力の有限性であって、この有限性は〔自立的ではなく〕かならずいろいろな制約をもっている。しかしそれらの制約は力の外にあるために、力のなかで認識されることはないのである。【→第八四〔八五〕節付論　二二〇頁】

第八五〔八六〕節　〔内と外との相関〕　〔一三七〕

力とは自己自身のもとで自己へと否定的に関係する全体としてあるが、以上のことから言えば、力とは、自己を自己から突き放し、自己を発現させる〔外化する〕ことである。しかし、この他者への反省、諸部分の区別は、同じく自己への反省であるのだから、発現とは力を自己へと還帰させる媒介である。それゆえ力の発現が成り立つのは、自己への反省と他者への反省とのそれ自体で存在する最初の同一性を力の発現によって措定する、ということにおいてである。それゆえに、力の真理は、その両側面がもっぱらただ内なるもの（Inneres）と外なるもの（Aeusseres）として区別されている相関である。【→第八五〔八六〕節付論　二二一頁】

第八六〔八七〕節　〔一側面としての内と外〕　〔一三八〕

3　内なるものとは、その真のすがたにおいて、すなわち現象と相関の一側面としてあるような根拠、自己への反省という空虚な形式である。この空虚な形式に対立しているのが現実存在であるが、この現実存在は〔内なるものと〕同じく相関の一側面として、他者への反省という空虚な規定を伴っていて、外なるものとしてある。両者の同一性は充実した同一性であり、内容であるが、〔この内容は〕

自己への反省と他者への反省との統一が力の運動というかたちで措定されたものとしての内容である。

第八七〔八八〕節〔内と外との内容的同一性〕〔一三九〕

したがって、第一に、外なるものは内なるものと同じ内容をもつ。内的であるものは、また外的にも現に在り、逆もまた言える。現象は本質の内にないものを示すことはないし、自己を顕わに（manifestiren）しないものは、本質の内にはない。

第八八〔八九〕節〔内と外との抽象的同一性〕〔一四〇〕

しかし、第二に、内なるものと外なるものは、〔それぞれ〕自己同一性の抽象であり単なる実在性の抽象であるから、また互いに端的に対立してもいる。だが、両者は本質的には同一であるために、かろうじて一方の抽象のうちでのみ措定されているにすぎない程度のものは、他方のうちにおいてもまた直接にあるという程度のものでしかない。それゆえ内なるものであるにすぎないものは、それによってまた外なるものでしかない。そして、外なるものであるにすぎないものは、また内なるものでしかない。[12]

本質を単なる内なるものと見なすことは、反省がよくやる間違いである。本質が単にそのような内なるものにすぎないと見なされるならば、この見方もまたまったく外的なものであり、問われている本質は空虚で外的な抽象なのである。ある詩人[13]〔アルブレヒト・フォン・ハラー〕はこう言っている。

自然の内に
創られたる精神の入るところなし
その外なる殻だけでも知りうれば
このうえなき幸せ

しかし詩人が歌わなければならなかったのはむしろ、創造された精神にとって自然の本質が内なるものと規定されてしまえば、精神は外なる殻しか知ることはない、ということであったろうに。

存在一般のうちでは概念はかろうじて内的なものであるにすぎないので、概念は存在にとっては外的なもの――真理を欠いた、主観的でしかない思考である。――精神の場合と同じく、自然そのものにあっても、概念、目的、法則がかろうじて内的な素質、純粋な可能性にすぎない限りでは、それらはまだ外的な非有機的自然、第三者の学、外から加えられる暴力などといったものにすぎない。

第八九〔九〇〕節〔現実性への移行〕〔一四一〕

〔外なるものと内なるものという〕空虚な二つの抽象体によって、同一の内容がまだ相関というかたちをとらされているわけだが、その二つの空虚な抽象体は、一方が他方において直接的に移行するなかで揚棄される。両者は本質の映象が映象として措定された〔仮の姿であることがあらわにされた〕もの、言いかえれば、まったく非本質的となった本質態である。力の発現を通じて内なるものは現実存在というかたちで措定される。この措定の働きは、〔外なるものと内なるものという〕空虚な抽象によって媒介することである。この措定の働きは自己みずからのうちで消滅して直接態となるが、この直接態のうちでは内なるものと外なるものはそれ自体としてかつそれだけで同一である。この同一性が現実性（Wirklichkeit）である。

C　現実性

第九〇〔九一〕節〔現実性〕　〔一四二〕

現実性とは、本質と現実存在との、あるいは内なるものと外なるものとの統一が直接的〔な形態〕になったものである。現実的なものの発現が現実的なものそのものであり、そのために、現実的なものはこの発現のうちにおいても本質的なものであることに変わりはないし、そしてそれが直接的で外的な現実存在のうちにある限りにおいてだけ本質的なものなのである。

前には直接的なものの二つの形式として、存在と現実存在が登場した。存在というのは、一般的に言えば非反省的な直接態であり、他のものへと移行することである。現実存在というのは、存在と反省との直接的な統一である。したがって現実存在は現象であり、根拠から生じ、根拠へと帰ってゆく〔没落する〕。現実的なものとは、その〔存在と反省との〕統一が措定された存在となったものであり、この措定された存在は、自己と同一となった相関である。それゆえに現実的なものは移行を免れており、その外面性はその顕現態（Energie）である。現実的なものは外面性というかたちをとっていながら自己へと反省しているのであり、現実的なものが定在するということは、ほかならぬ自己自身を顕現すること（Manifestation）なのであって、他のものを顕現することではない。

第九一〔九二〕節〔可能性〕　〔一四三〕

現実性は反省一般であり、だから現実性は、1、また自分の直接態を自分の自己媒介から、すなわち可能性（Möglichkeit）から区別してもいる。――〔可能性というのは〕現実的なものという具体的な統一に対峙するものとして、抽象的にして非本質的な本質態として措定されている自己への反省である。

カントは可能性を、そしてそれとともに現実性と必然性とを「これらの規定は客観としての概念を少しも増すものではなく、ただ認識能力との関わりを表しているにすぎないという理由で」、様相（Modalität）と見なしたが[14]、カントがそのように見なすことができたのは、おそらく可能性という規定によってである。実際、可能性とはさしあたっては自己への反省という空虚な抽象であり、そのために可能性はもっぱら主観的な思考に属している。可能性とは、先に内なるものであったのと同じものである。ただし〔違っているのは〕、内なるものは現実的なものにおいて〔すでに〕揚棄されているのであるから、いまやそれは〔内なるものといっても〕揚棄された、あるいは単に措定されたにすぎない外面的な内なるものと規定〔し直〕され、ともかく単なる様相、空虚な抽象として措定されている〔ということである〕。——しかし、現実性と必然性は実のところ他のものに対する単なるあり方（Art und Weise）であるどころか、むしろまったくその逆である。——さて可能性はと言えば、これもまた具体的な現実的なものに対して、自己同一性という空虚な形式であるから、すべてのものが可能である。というのも、この形式は抽象によってすべての内容に与えられることが可能であるからである。しかしすべてのものがそれと同じく不可能である。というのも、内容はある具体的なものであるから、すべての内容において規定態は規定された対立として、したがって矛盾として把握されることができるからである。——だから、このような可能性と不可能性の議論ほど空しいものはない。特に哲学においては、「或るものが可能である」とか、「それだけでなく、別の或るものもまた可能である」ということを挙げ連ねていくことや、やたらと好んで使われる確からしさ（Wahrscheinlichkeit）といったことを話題にするようなことがあってはならない。

【→第九一〔九二〕節およびそれ以降への付論　二二二頁】

第九二〔九三〕節　〔偶然的なもの〕　〔一四四〕

2　しかし、現実的なものは、自己への反省としての可能性から区別されてしまえば、それ自身が外的で直接的なものでしかない。言いかえればむしろ現実的なものは、その直接態のために、それ自身がそのまま自己への反省という抽象のかたちをとっているにすぎない。それにより現実的なものは、現実的なものでありながら可能的であるにすぎないものだと規定される。単なる可能性、あるいは非本質的な現実性というこの〔意義のうえの〕価値においては、現実的なものは偶然的なもの（ein Zufälliges）である。

第九三〔九四〕節　〔偶然・可能は内容次第〕〔一四五〕

しかし、映象であることが措定され〔明らかにされ〕たこの映象、すなわち単なる可能性と偶然性とは、現実的なもののもとに自分の実在的な自己への反省をもっている。それゆえに、ここでは内容が措定されているのであって、単なる可能性と偶然性はこの内容のもとに自分たちを本質的に規定する根拠をもっている。それゆえに、もっと詳しく言えば、偶然的なものと可能的なものの有限性は、自己同一性という形式規定が内容から区別されている点に成り立つのであり、或るものが偶然的であり可能的であるのかは、内容に依存している。

第九四〔九五〕節　〔条件〕〔一四六〕

しかし、自己への反省は、現実的なものにおいてはもはや単一な本質におけるような抽象的な規定ではなく、自己を揚棄する措定の働き、ないしは媒介の働きである。したがって、偶然性は直接的な現実性としては、措定された存在であることを本質とする自己同一的なものであり、それの措定の働きもやはりまた揚棄されているのである。偶然性は前提されたものであるが、その直接態は〔現実性であるのと〕同じくらい可能性でもあって、偶然性は同時に揚棄されるという規定をもっている。――〔偶然性のもつこの規定が〕他のものの可能性〔であり〕、条件（Bedingung）〔である〕。

第九五〔九六〕節　〔実在的可能性と必然性〕〔一四七〕

3　可能性が内容に富んでいるからこそ条件は可能性に属しているのであるが、このような内容に富むものとしての可能性は、さしあたっては実在的な可能性（die reale Möglichkeit）である。しかしこの可能性は、内容ならびに直接的な現実性と区別されているものとしては、それだけで〔対自的に〕ある形式（Form für sich）であり、現実的なものの領域においては抽象的な同一性ではなく、それだけである形式の具体的な統体性であり、内なるものが外なるものへと、そして外なるものが内なるものへとお互いの自己を直接に移し変えあうことである。〔すなわちこの可能性は〕自己へと反省したものとしての根拠、活動性（Thätigkeit）であり、それも自己を揚棄して現実性となる実在的な根拠の活動性であり、また偶然的な現実性すなわち条件の活動性であって、この条件の自己への反省であり、この条件が〔自己を〕他の現実性へと揚棄する働きである。可能性と現実性とのこうした同一性が、必然性（Nothwendigkeit）である。

第九六〔九七〕節 〔必然性の相関〕 〔一四九〕

したがって必然性とは、自己と同一的でありながら内容に富んだただ一つの本質（das Eine ... Wesen）である。この本質は自己のうちで映象して、そのためにその諸区別は自立的な現実という形式をもつようになっている。同時にこの〔自己〕同一的な本質は、絶対的形式としては、直接態を媒介へ、媒介を直接態へと揚棄する活動性である。——必然的なものは他のものによって存在するのであるが、この他のものというのは、媒介する根拠と直接的な現実性、すなわち同時にふたたび条件でもあるような偶然的なものへと分裂している。必然的なものは他のものを介しているのであるから、それ自体としてしかもそれだけで存在するのではなく、単に措定されたものであるにすぎない。しかし、この媒介はまたただちに自分自身を揚棄することでもある。根拠は、根拠としての自己と偶然的な条件としての自己を直接態へと移し変えるが、それによってかえって最初の措定された存在は揚棄されて現実性となるのであり、そして根拠は自己自身と合致しているのである。この同一性が現実的なものを必然的なものにする。それゆえに、必然的なものがその真の姿において捉えられれば、それは必然性の相関（das Verhältniß der Nothwendigkeit）である。

【→第九六〔九七〕節付論 二二五頁】

〔a 実体性(15)〕

第九七〔九八〕節 〔実体性の相関〕 〔一五〇〕

必然的なものは、a、最初は実体性（Substantialität）と偶有性（Accidentalität）との相関である。この相関の自己との絶対的同一性が、実体それ自身である。けれども、実体は必然性であるから、こうした〔区別なき絶対的同一性という〕内面性の否定性であり、それゆえに自己を〔絶対的同一性と区別して〕現実性（Wirklichkeit）として措定するのである。しかし、実体はそれと同じくこうした〔区別された〕外面的なものの否定性でもあって、この否定性から見れば、現実的なものは直接的な現実性であるから偶有的なものにすぎず、この偶有的なものは、それがこのように〔偶有的であるという〕単なる可能性であることによって、他の現実性へと移行する。このような移行することこそが、形式活動性（第九六節）としての実体的同一性なのである。【→第九七〔九八〕節付論 二二六頁】

第九八〔九九〕節 〔実体性の威力〕 〔一五一〕

こうなったときには、実体は偶有的なものの統体性であって、偶有的なもののなかで実体は自己が絶対的な威力であることを、またあらゆる内容の富であることを開示する（offenbaren）のである。しかし、この内容がこうした顕現（Manifestation）そのものにほかならないのは、自己へと反省した規定態が形式に対して無関心ではなく、実体の威力において移行するためである。——言いかえれば、むしろ実体性自身が絶対的な形式活動性であり、必然性の威力なのである。

第九九〔一〇〇〕節〔因果性への移行〕　〔一五二〕

b　絶対的威力としての実体とは自己を内的可能性としての自己へと関係づける威力であるという契機からすれば、実体は作用するもの（wirkend）であり、原因（Ursache）である。それゆえに実体性は本質的に因果性（Causalität）である。

〔b　因果性〕

第一〇〇〔一〇一〕節〔因果性の相関〕　〔一五三〕

ところが、因果性も〔実体性が相関であるのと〕同様に因果性の相関であるが、それは次のことによってである。すなわち、実体は偶有性へ移行することから反転して自己へと反省し、そのため根源的な事柄である。この実体はまた同じくこの自己への反省、言いかえればそれの単なる可能性を揚棄してもいて、自己を自分自身に否定的なものとして措定し、こうして結果（Wirkung）を生み出す、すなわち措定されたものであるにすぎないけれども、それ〔結果を生み出す作用〕によって必然的であるところの現実性を生み出す〔こうして因果性は因果性の相関なのである〕。

原因と結果は互いに対立するが、それは〔原因が〕実体すなわち根源的な事柄として〔あり〕、また〔結果が〕単なる措定された存在として〔あると規定されているから〕である。——必然性の同一性が原因の根源性そのものをなしているのであるが、この必然性〔という関係をとる〕ゆえに原因は結果へと移行してしまって〔常に結果と相関して〕いる。原因のうちにない内容は結果のうちにもない。内容とは、いま言った〔原因と結果の必然的な〕同一性なのである。しかし、この同一性はまた同じくらい形式規定でもあり、原因の根源性は結果のうちでは揚棄され、この結果のうちで原因は自己を措定された存在にするのである。しかし、この措定された存在はまたただちに揚棄されてもいて、むしろ原因の自己自身への反省であり、原因の根源性である。結果（Wirkung）のうちではじめて原因は現実的（wirklich）になる。

——必然性という概念が哲学のなかで最も難しいも

のの一つである理由は、この概念がまさに概念そのものであるにもかかわらず、まだその外面的な姿をとっているからである。――実体性はいまだ、直接的に受けとられた必然性である。しかしながら、実体性は少なくとも本質的には相関である。それだけとられて見られた実体、そして偶有的なものは、それぞれ空虚な抽象体である。しかし、無限な実体性の相関は、それが実在性のかたちをとったときには、因果性の相関である。自己を自己へと関係させることは、実体にとって外的な抽象ではなく、実体とはこの〔自己を自己へと関係させるという〕ことそのものであり、それゆえに原因である。だが、それならば実体[16]とはそれ自身が無限なのであって、自分の〔結果を生む〕働き（Wirken）のことであるが、しかし、無限な働き、すなわち結果（Wirkung）において自己に還帰し、結果のなかではじめて根源的で現実的（wirklich）であるところの働きなのである。――原因が有限なものであるのは、対立の契機、すなわち自己を直接に揚棄する契機のうちにある場合だけである。――この対立のもとにとどまって、それにより原因の概念が放棄される場合に、有限な原因、および因果性の相関という通俗的な表象が生じることになるのである。その〔後者である因果性の相関の〕有限性はまた形式と内容との対立へと転換する。そして、原因はその内容から言えば或る特定の現実性なのであるから、原因は有限だというように受け取られることになる。原因は、こうした有限性のために、措定されたものとして、つまり結果として映象する。この結果は今度は再び〔最初の原因とは〕別の原因をもつ。こうしてここでもまた結果から原因への〔上向きの〕無限の進行が生じる。同様に、〔原因から結果への〕下向きの無限進行も生じる。というのは、結果というのは、それの原因との同一性という面からすれば、自己への反省であり、またそれ自身が現実的なものでありかつ原因であって、しかもそれもまた〔最初の原因とは〕別の原因であり、この原因は再び別の結果をもつのであって、これもただちに無限進行となるからである。

第一〇一〔一〇二〕節　〔原因の前提作用〕　〔一五四〕

原因はその結果のうちでは単に措定作用であるにすぎないのではなく、むしろこの媒介は揚棄されて同じくらい自己への反省および直接態になっているのであるから、原因というのは〔措定する作用であるのと〕同時に前提作用（Voraussetzen）である。この前提作用によって他の実体が現にあり、この他の実体の上に原因の結果が生じるのである。

第一〇二〔一〇三〕節　〔相互作用への移行〕　〔二五四〕

前提された実体は、直接的であると規定されているのだから、自己へと関係する否定性また能動的であると規定されているのではなく、受動的であると規定されているのである。しかし前提された実体といえども実体であるからには〔受動的であるのと〕同じくらい能動的でもあり、前提された直接態、あるいは同じことであるが、自分のうちへ措定された結果を揚棄し、反作用する。つまり、前提された実体は最初の実体の能動性を揚棄し――最初の実体といえども、同様に自分の直接態を揚棄する働きであり、言いかえれば自分のうちへ措定された結果なのであるが――、これにより他の実体の能動性を揚棄し、反作用するのである。こうして因果性は、c　相互作用（Wechselwirkung）の相関へと移行している。

相互作用をすることにおいて、原因と結果との無限進行は真のやり方で揚棄されている。というのも、原因から結果へ、また結果から原因へと直線的に超え出て行くこと（Hinausgehen）は、自己のうちへと曲げ戻されている（um- und zurückgebogen）からである。何らかの結果〔B〕をもつ原因〔A〕はそれ自身が結果〔A′〕なのであるが、しかし〔結果といっても〕、その原因〔A〕そのものの結果〔B〕の背後・彼岸にある原因〔A〕の結果〔B〕なのではなく、最初の原因〔A〕そのものの結果〔B〕のうちに生じる〔Aに対して原因となった〕ところの原因〔B〕の結果〔A〕である。同様に、結果〔B〕はそれ自身が再び原因〔B′〕である。しかし〔何に対して原因であるのかというと〕自分の結果を原因としているもの〔A〕に対して原因〔B′〕なのである。――言いかえれば、「原因は何らかの結果をもつ」ということとは別の観点から見れば、原因は結果であるのではなく、むしろ生み出された結果というのは、原因が措定された存在となったものである。――しかしこの措定された存在は、ただちにまた自己への反省であり、現実性であり、また前提された実体、――すなわち他の原因――である。――しかし原因は、直接的な原因としては現実的であるとされ、さらにその上に根源的であるとされている。しかしながら、この直接態こそがまさに措定された存在、すなわち結果にほかならないのである。

【→第一〇二〔一〇三〕節付論　二二八頁】

〔c　相互作用〕

第一〇三〔一〇四〕節　〔両原因の同一性〕　〔一五五〕

相互作用は因果性の真理である。すなわち因果性というのはまさしく相互作用としてある。原因は結果を生み出すものとしてしかないし、これに対して受動性は結果を生み出さない直接態なのであるから、最初のものとして想定された原因は、その直接態のために、受動的な原因、すなわち措定された存在であり結果であると規定されている。しかしその場合には、依然として二つあると数えられていた原因の区別はなくなっており、自体的に現存しているのは、自己を自分の結果のうちで実体としては揚棄しながら、そのように揚棄することにおいてはじめて自己を自立化させる原因だけなのである。

第一〇四〔一〇五〕節　〔原因の根源性〕　〔一五六〕

しかし、この統一がまたそれだけで〔対自的〕でもあるのは、この相互交替の全体が原因そのものにそなわる措定作用であり、またこの原因の措定作用だけが原因の存在であるからである。結果は、すなわち相互作用のうちで原因が受け取る受動性は、むしろ原因の根源性であり、原因の媒介を揚棄するという媒介を通じて生み出された直接態である。原因の能動性は、自分自身を結果としてすなわち措定されたものとしてこのように措定することである。すなわち、逆に言えば、このように自己を結果へと引き下げるということが原因の根源性であり、自立的存在なのである。

第一〇五〔一〇六〕節　〔措定された必然性〕　〔一五七〕

したがって、このような自己自身との純粋な交替は、顕わにされた（enthüllt）すなわち措定された必然性である。必然性の紐帯は依然として内的なものとしての同一性である。なぜなら、この同一性は諸々の現実的なものの同一性であるとはいっても、それらの現実的なものの自立性こそが必然性だとされているからである。それゆえに、実体が因果性と相互作用とを通過することは、「自立性とは自己への否定的な関係である」ということを措定することにほかならない。——「否定的な」と言うのは、この関係のうちでは区別し媒介することが相互に自立的である現実的なものの根源性になる〔からである〕。——また「自己自身への関係」と言うのは、相互に自立的である現実的なものの自立性こそがまさにそれらの同一性としてあるからである。【→第一〇四・一〇五〔一〇五・一〇六〕節付論　二二八頁】

第一〇六〔一〇七〕節　〔自由と概念〕　〔一五八〕

したがって、こうした必然性の真理は自由であり、実体の真理は概念（Begriff）である。――すなわち〔概念とは〕自己を自己から突き放して諸々の区別された自立態となし、このように突き放すことでありながら自己と同一であり、また自己自身のもとにとどまる自己との交換運動である、そういった自立性である。

第一〇七〔一〇八〕節　〔真理としての概念〕　〔一五九〕

以上のように、概念が存在および本質の真理である。というのも、自己自身への反省という映象作用が同時に自立的な直接態であり、また様々に異なる現実性がこのように存在することがそのまま自己自身へと映象する作用にほかならないからである。

（1）概念は自己が存在と本質の真理であることを証明し、存在と本質とは自分たちの根拠である概念に還帰している。このことによって、逆に概念はその根拠である存在から自己を展開したことになる。この進展の前の側面は存在への深まり、ただし存在といってもその内的なものが進展するなかですでに顕わにされた存在への深まりであると見ることができる。また後の側面は、より完全なものがより不完全なものから出現してくることであると見ることができる。数ある皮相な思想はここにより不完全なものとより完全なものに関して比較的明確な内実をもっている。それは自己との直接的な統一である存在が、自己との自由な媒介である概念に関してもっている区別である。存在が概念の単なる契機であることが明らかになったので、概念はまさにこれによって存在の真理であることを証明したのである。概念というのはこのように自分が自己へと反省することであり、媒介を揚棄することであるから、直接的なものを前提することである。――しかし「前提する」とは自己への還帰と同一であって、この還帰の同一性が自由と概念とを作り出す。したがって、契機が不完全なものと呼ばれるのであれば、概念は完全なものであるといっても、たしかに不完全なものから発展してくる完全なものである。というのも、概念は本質的に自分の前提となっているものを揚棄する作用なのであるから。しかし、自己を措定するものでありながら、自己に対する前提を立てるものは、概念だけである。死せる概念は、言うまでもなく自己自身のうちに自由と運動とを欠いており、それゆえにまた不完全なものと呼ばれてもいいような諸契機を欠いている。――契機が自立的なものと見なされ、前提が根源的なもの、不変的なより先なるもの（Prius）と見なされると、そのような規定は概念ではないし、またそのような根源的な先なるものに結び付いているような概念も概念ではない。むしろそのような規定は、完全なものと不完全なもの（不完全なものは、それ自体としてそれだけで或るものであるかのように思われている）との対立と同じく、空虚な抽象である。

（2）さらに存在と本質とがどのように概念と関係しているのかについて言っておけば、概念は単一な直接態である存在へと還帰した本質であり、そうであることによって本質の映象作用は現実性をもち、また同時に本質の現実性が自己自身のうちで自由に映象することなのである。概念が存在をもつのは、みずからの単一な自己関係、言いかえれば概念の自己における統一という直接態としてである。存在はきわめて貧しい規定であって、この規定は概念において示すことのできるもののなかでは最小の規定である。

（3）必然性から自由への、ないし現実的なものから概念への移行は、最も難しいものである。なぜなら、自立的な現実性は、移行のなかに、あるいは自分とは別の自立的な現実性との同一性のなかにしかその実体性をもつことはないと考えられるべきだからである。概念もまた最も難しいものである。なぜなら概念自身がこうした同一性にほかならないからである。けれども現実的な実体そのもの、すなわち自分の対自存在において何ものをも自己のうちに入り込ませまいと意志するところの原因は、すでに必然性に、言いかえれば運命に服従させられており、むしろこの服従こそ最も難しいものである。しかし、必然性を思考することはむしろこうした難しさの解決である。なぜなら、「思考する」とは、他のもののうちで思考が自己自身と一致することだからである。――これは解放（Befreyung）である。解放とは、抽象という逃避ではない。むしろそれは、現実的なものは必然性の威力によって他の現実的なものと結び付けられているが、この他の現実的なもののうちで自己を他の現実的なものとしてもつのではなく、現実的なものに固有の存在あるいは措定作用としてもつのである。スピノザは実体を直観したが、この直観の偉大な点は、それが潜在的〔自体的〕には有限な対自存在からの解放であるところにある。これに対して、概念自身は顕在的〔対自的〕に必然性の威力であり、実体的な自由なのである。【↓第一〇七〔一〇八〕節付論　二三一頁】

第Ⅲ部　概念論

第一〇八〔一〇九〕節　〔概念は自由なもの〕　〔一六〇〕

概念は自由なものである。というのは、概念は本質の自己内反省という〔媒介を経て成立した〕純粋な否定性、言いかえれば実体の威力であるからである。――そしてこの否定性の全体性としては、概念はそれ自体としてそれだけで規定されたものである。【↓第一〇八〔一〇九〕節付論　一三三頁】

第一〇九〔一一〇〕節　〔発展〕　〔一六一〕

概念の進行は「発展」(Entwicklung)である。なぜなら、区別されたものが直ちに同一なものとして措定されている、言いかえれば、規定態が概念の自由な存在としてあるからである。【↓第一〇九〔一一〇〕節付論　一三三頁】

第一一〇〔一一一〕節　〔概念論の区分〕　〔一六二〕

概念論は次の三論に分かれる。それは、1、主観的、または形式的な概念について、2、直接的なものとしての概念、言いかえれば客観性について、3、理念、主観＝客観、〔主観的な〕概念と客観性との統一、絶対的な真理についての三論である。

1　普通の論理学が取り扱うのは、本書では〔論理学〕全体の第三部〔概念論〕の一部分〔主観的概念〕として登場するものだけである。その他には、たとえば先に扱われたいわゆる思考法則を、そして応用論理学においては認識に関するなお若干のものを扱うにすぎない。〔一方で〕普通の論理学が取り扱う範囲の貧しさを示すことが余計なことであるのは、この範囲のうちにあるのが偶然に拾い集められた材料であって、そしてまさしくちょうどそれだけの範囲で十分だということを、何らかのかたちで正当化するなどということはまったく考えていないだけになおさらである。他方で、この叙述のなかで論理的なものに与えられる範囲は、それ独自の発展を通じて導出され、正当化されている。いままで述べてきた論理学の諸規定、すなわち存在および本質の諸規定に関しては、それらが単に思想の諸規定ではないということを認めてもらうことはできるだろう。それらが移行するという弁証法的な契機において、そしてそれらが自己へと還帰して全体性となっていることにおいて、それらが諸々の概念であることは証明されている。とはいっても、〔それらは〕単に規定された諸概念、諸概念それ自体にとどまる。あるいは同じことだが、われわれにとっての諸概念であるにすぎない。その理由は次の通りである。すなわち、いかなる規定も他者へと移行し、また他者のうちへ映象するのだが、その他者が特殊的なものとして規定されていない。またそれぞれの規定にとっての第三者が、個別的なもの、言いかえれば主体〔主観〕として規定されていない。そしてそれぞれの規定が普遍性ではないがゆえに、自分に対立するものにおける諸規定の同一性、すなわちそれらの自由が措定されていない。以上である。

2　普通の扱いによれば、概念の論理学は単なる形式的な学問であると考えられている。つまり、取り扱われているのは概念、判断および推理の形式そのものであって、或るものが真であるか否かは問題にされず、〔そのことは〕まったく内容だけに依存していると考えられている。(1)もし実際に概念の論理的諸形式があれこれの表象や思想を容れるだけのもの、すなわち何とも関わりをもたない、非活動的な死せる器であるとすれば、そのようなものについての知識ははなはだ余計な、あらずもがなのお話だということになるだろう。しかし実際にはそれとは逆に、これらの論理的諸形式は概念の諸形式であるがゆえに、現実的なものの生きた精神なのである。そして現実的なもののうちで真であるものは、これらの形式の力で、すなわちこれらの形式を通じて、これらの形式において真であるものだけなのである。にもかかわらず、これらの形式そのものの妥当性と真理性も、さらにはこれらの形式の必然的連関も、これまでまったく考察されることがなかったし、吟味されることもなかったのである。【↓第一一〇〔一一二〕節付論　一三四頁】

A　主観的概念

a　概念そのもの

第一一一〔一一二〕節　〔概念の三契機〕　〔一六三〕

概念そのものは、普遍性と特殊性と個別性という三契機を含んでいる。普遍性は、その規定態のうちにありながら自己自身との自由なる同等性である。特殊性は規定態であるが、そのなかで普遍的なもの(2)が曇り無く自己自身に等しい姿を保っている規定態である。そして個別性は、規定態の自己への反省であって、その自己との否定的統一はそれ自体としてかつそれだけで規定されたものであり、同時に自己と同一的なもの、言いかえれば普遍的なものである。

　個別的なものは、現実的なものと同じものである。ただし個別的なものは概念から現れ出たものであるから、普遍的なものとして、自己との否定的同一性として措定されている。〔本質論で述べた〕現実的なもの(Das Wirkliche)は、まだやっと自体的にのみ、すなわち直接的にのみ、本質と現実存在との統一であるにすぎないから、「結果を産み出す」(wirken、作用する)ことができる〔という段階にとどまっていた〕。しかし概念の個別性は、端的に結果を産み出すもの(Das Wirkende)であり、しかも〔本質論のカテゴリーである〕原因のように他者を結果として産み出すという映象〔見せかけ〕をもはや伴うことはなくて、自分自身を結果として産み出すものなのである。【↓第一一一〔一一二〕節付論　二三四頁】

第一一二〔一一三〕節　〔概念は具体的なもの〕〔一六四〕

　概念は端的に具体的なものである。なぜなら、自己との否定的統一、すなわち個別性が、概念の自己関係、つまり普遍性をなしているからである。その限りで、概念の諸契機は別々に切り離されることができない。〔本質論で扱われた〕反省諸規定ならば、〔各規定のそれぞれが〕対立する規定から切り離されてそれだけで〔対自的に〕捉えられて、通用するはずだとされている。しかし、概念においては三契機の同一性が措定されているから、概念の三契機のそれぞれは直接に別の契機から、また別の契機とともにでなければ捉えることはできないのである。

　「概念とは抽象的なものだ」という言い草ほど、年中聞かされるものはない。概念が理念でない限り、このことはまったく正しい。その限りでは、主観的概念はまだ形式的である。だからと言って、概念が自己自身とは別の内容をもつとか、あるいは受け取るかのように思われることがあってはならない。――概念とは絶対的形式そのものであるから、すべての規定態である。しかし〔規定態だと言っても〕みずからの真の姿においてあるような規定態である。だから、概念は抽象的であるとは言え、具体的なもの、しかも端的に具体的なものであり、主観そのものである。概念が概念として、みずからの客観性から区別されて現実存在するその限りにおいては、概念とは精神である。他の具体的なもののどれもが、概念ほど具体的ではない。少なくとも普通に具体的なものと考えられているもの、すなわち外的に結び付けられた多様なるものは、概念ほどには具体的ではない。――たとえば人間や家や動物といった、普通に人が概念と呼んでいるもの、しかも或る規定された概念と呼んでいるものなどは、概念であるとはとても言えるものではない。そうしたものは単一な規定や抽象的な表象であるにすぎない。――そうしたものは抽象物なのであって、そうした抽象物は概念から普遍性の契機のみを取り出して特殊性と個別性を捨て去り、そのためにまさに概念を捨象してしまっているのである。

第一一三〔一一四〕節 〔判断への移行〕 〔一六五〕

個別性の契機がはじめて、概念の諸契機を区別されたものとして措定する。なぜかと言うと、個別性は概念の否定的な自己内反省〔媒介を経た結果としての自己同一性〕であり、したがって、さしあたっては、最初の否定〔によって成立した自立態〕として、概念を自由に〔概念の統一から切り離して〕区別することになって、そうした区別によって概念の規定態が措定されるわけだが、しかしこの規定態は特殊性として措定されるからである。つまり〔特殊性と言うのは〕、区別されたものたちが、第一には概念の諸契機のうちの〔一つの〕規定態を互いに対してもつにすぎないのと同じく、〔第二には〕一方は他方であるという概念の諸契機の同一性も措定されているということである。この概念の特殊性が措定されると、判断になる。

普遍的なもの、特殊的なもの、そして個別的なものが、三つの概念として分離されて固定されるならば、それらは抽象の事柄である。言いかえれば、同一性という反省規定にこだわる悟性の事柄である。ちなみに、概念の種類があれこれの概念として、規定された諸概念として、（〔心理学など〕どこか別のところから取ってこられた内容が規定態をなすということにされない限り）示されなければならないとすれば、この三契機だけが概念の真正の種類である。

明晰な概念、判明な概念、および十全な概念といった通常の種類[3]は、概念に属するものではなくて、心理学に属するものである。というのは、「明晰にして判明な概念」という言葉で考えられているのは単なる表象であって、「明晰な概念」ということでは抽象的で単一に規定された表象のことが、「判明な概念」ということではそのうえになお一つの徴表、すなわち主観的認識のための標識が明らかにされている表象のことが、考えられているからである。十全な概念はこれらよりも概念を、いや概念どころか理念を暗示しているとさえ言える。しかしそれが表現しているものは、依然として概念あるいは表象とその客観――外的な物

——との一致という形式的なものにすぎない。

下位概念と同位概念とが区別される基礎は、普遍的なものと特殊的なものとの没概念的な区別、そして両者を外的な反省において相関的に関係させることにある。さらに、反対概念と矛盾概念、肯定概念、否定概念などといったあれこれの種類を枚挙することは、思想の諸規定態を偶然に頼って拾い集めることでしかない[4]。こうした規定態は自体的にしか概念ではないし、あるいはそのものとして扱われることによってしか概念ではない。そうでなければこうしたものは任意の内容である、つまり概念の規定態そのものとは何の関わりもない諸規定なのである。

概念の真の区別は普遍的概念、特殊的概念、そして個別的概念であるが、この区別が概念の種類とされるのは、これらが外的反省によって個々別々にされる限りでのことでしかない。概念はむしろ普遍的なものにほかならない。この普遍的なものは、自己を規定し、そして自己を規定することによって特殊的なものになるが、しかしまたこのみずからの規定態としての特殊性をただちに揚棄し、揚棄することにおいて自己のうちへ還帰しており、そのことによって個別的なものである。こうしてそれは一個の同一性における普遍的なものである。

概念そのものの内在的な区別と反省が措定されるのは、判断においてである。【→第一一三〔一一四〕節付論　二三五頁】

b　判　断

第一一四〔一一五〕節　〔判断の規定〕　〔一六六〕

判断は、特殊性というかたちを取った概念であって、概念の諸契機を区別しながら関係づけるものである。これらの契機は関係づけられると同時に自立的に存在し、かつ自己同一的なものとして措定されており、したがって個別と普遍として対立しあっている。

1　通常、人が「判断」と言う場合にまず考えているのは、主語と述語という両項が自立していることである。すなわち、主語というのは物、つまり自分だけで成り立っている規定であり、同様に述語はこの主語の外側に、たとえば私の頭のなかにある普遍的な規定であって、この普遍的な規定が私によって〔主語と〕結びつけられることによって、判断が下されるのだと考えられている。けれども、「である」（ist）というコプラ〔繋辞〕が主語に関する述語を表現するわけだから、そのように外面的、主観的に包摂するということは再び揚棄されて、判断は対象そのものの一規定だと見なされる。

ドイツ語の判断（Urteil）という言葉には語源的にはかなり深い意味がある。それは概念の統一が第一のものであり、それに対して概念の区別が根源的な分割（die ursprüngliche Teilung）であることを表していて、それこそが判断の真相なのである。

２　抽象的な判断は、まずはじめは「個別的なものは普遍的なものである」という命題を表している。というのは、個別的なものと普遍的なものというのは、主語と述語がお互いの関わりのなかでもっているところの本質的な二規定であるからである。——この命題は一つの矛盾であり、そして矛盾であるからこそ、判断は自己をもっと進んで規定し、おのれの主語と述語との同一性に至らなければならないという必然性をなす。そのことからまたただちに明らかになるのは、このような抽象的な諸判断は真理をもたないということである。こういう判断はたしかにみずからの内容によって正しい（richtig）ことはありうるし、言いかえれば知覚、つまり有限な思考一般の領域においては真理（Wahrheit）をもちうる。しかしそれ自体としてかつそれだけで真理であるものは、そうした諸々の判断には宿りようがないのである。というのも、主語と述語、抽象的な個別と普遍が（いずれが概念と見なされ、いずれが実在性と見なされるかは、いまはどうでもよい）一致していないからである。むしろその一方は他方でないところのものであるはずである。それゆえに、たとえば「このバラは赤い」という判断が真理をもつか否かということは、内容に依存しているわけではない。真理はこのような感覚的な内容のうちに求められるべきでなく、このような判断の形式は、形式として真理を捉えることができないのである。——まさにそれゆえに哲学的真理を個々の判断において言い表すことはできない。精神、生命、概念というものはそもそも自己内運動にほかならないが、この自己内運動こそが判断のうちでは押し殺されているものなのである。だからこのような内容が真理をもたないということは、まさしく判断のこういう形式がしからしめることなのである。

３　「である」というコプラにしても、概念の本性、すなわち、自分が外化しても自己と同一であるという概念の本性に由来する。個別と普遍は概念の契機であるから、孤立化されえないような規定態なのである。——すでに述べた反省の諸規定態は、相関関係のなかでもまたお互いに対する関係を措定していた。しかしそれらの連関は「もつ」ということにすぎず、「である」〔存在〕、すなわち、同一性として措定された同一性、つまり普遍性ではない。それだからこそ、判断は概念の真の特殊性である。というのも、この特殊性は概念の規定態すなわち区別ではあるが、しかしこうした規定態や区別は普遍性にとどまっているからである。

第一一五〔一一六〕節　〔判断の普遍性〕　〔一六七〕

「判断」というものは通常主観的な意味に解され、自己意識的な思考のなかにしか現れない形式的な操作と考えられている。しかし論理的なもののなかではこうした〔主観的な思考との〕区別はまだまったく現れていないのであるから、判断は〔個別的な思考の行うことではなく〕まったく普遍的である。そこで〔いまこの段階では〕すべての物は判断である〔と言うことができる〕。――すなわち、すべての物は、自己のうちに普遍性あるいは内的本性をもつ個別である、言いかえれば個別化されたところの普遍である。普遍性と個別性は、諸々の物のなかで区別されていながら、同時に同一なのである。

主観的な判断は命題とは区別される。命題の場合には、主語に対して普遍性という関係をとっていないもの、すなわちある状態、個々の行為などといったものが主語について言明される。たとえば「私は昨夜よく眠った」とか、あるいは「捧げ銃！」というような命題を判断の形式をとらせることができるなどというのは、まったく言うも愚かなことである。――「馬車が通りすぎる」という命題が判断であるのは、通りすぎているものが馬車であるのか、つまり動いているのは対象なのか、それともそれを見ているわれわれの視点なのかが疑わしく思われるような場合だけであろう。後者の場合には、命題の主語となっている対象と、それに帰属するはずの規定とが主観のなかで互いに切り離されている。そしてそれぞれがさしあたって自立したものだと見なされている。つまり客体は外的な物と見られ、規定はなおも客体から切り離された、私の頭のなかにある普遍的な表象だと見なされているのである。そしてそのときに、この表象と客体との結合が一つの判断となるわけである。

第一一六〔一一七〕節　〔判断における諸物の有限性〕　〔一六八〕

この〔判断という〕立場においては、諸物の有限性の本質は以下の点にある。すなわち、諸物の定在とそれらの普遍的な本性（諸物の身体とその魂）がたしかに合一されてはいるが（そうでなければ諸物は無であろう）、しかし両者は分離しうるものでもあり、相互に本質的な独立性をもっているということである。

第一一七〔一一八〕節　〔判断の内容〕　〔一六九〕

「個別は普遍である」という抽象的判断においては、個別である主語は直接的に具体的であり、これに対して述語は抽象的であって、普遍であり、むしろ抽象そのものである。しかし主語と述語は「である」によって連関するわけだから、言いかえれば概念の規定態は概念の全体を自分自身に即してもつのであるから、述語もまたその普遍性のうちに主語の規定態を含んでいなければならない。だからこの規定態は特殊性である。さらにこの規定態は主語と述語との同一性が措定されたものであり、したがってこの〔主語と述語との区別という〕形式上の区別には関わりをもたない。だからそれは内容である。【↓第一一七〔一一八〕節付論　二三七頁】

第一一八〔一一九〕節　〔判断における普・特・個の関係〕　〔一六九注〕

個別性と普遍性とは、主語と述語という互いに対する普遍的な形式規定になっている。だから、判断の規定態がより進んだ規定態であって、別の規定態に対して判断を特殊な判断にするのであるならば、その規定態はさしあたっては内容に、すなわち特殊性に属する。しかしながら特殊性は〔内容であると〕同時に形式規定でもある以上、個別性と普遍性への関わりをもっている。その限りでこれから先、特殊性もまた個別性と普遍性と共に規定されていくことになる。

判断が直接的なものである場合、判断の内容は述語の特殊性に属しているために、そこから内容の面については判断の形式主義が現れてくる。主語は述語においてはじめてみずからの規定態と内容とをもつ。それゆえに主語はそれ自身としては単なる表象か、空虚な名前でしかない。「神は最も実在的なものである」とか「絶対的なものは自己同一的である」といった判断において、「神」とか「絶対的なもの」といっても、それは単なる名前にすぎない。神が何であるかは述語のなかではじめて言い表される。神が具体的なものとして〔最も実在的なもの、自己同一的であるといったことに加えて〕そのうえさらにどのようなものであるかということは、この判断のあずかり知らぬところである。

しかし、主語が具体的なものであるというまさにその理由から、述語は個別的な性質だけしか表現しないとされるならば、それゆえに述語はみずからの主語とは一致しないことになる。しかし、概念規定から見れば、判断の一方の面である主語ばかりが具体的な統体性であるわけでなく、他方の面である述語もまたそうであり、すなわち特殊性と普遍性との統一としてある。その限り判断はみずからの主語と述語において自己と同一である。その場合直接的な判断の形式主義（そして判断は普通この〔直接的という〕意味で受け取られている。というのも、肯定判断あるいは判断一般の形式が恒常的な類と見なされるからである）が成り立つのは、述語の内容は直接的であり、また特殊性は普遍性にとっては何であってもいい規定であるからである。たとえば「赤は色である」という〔判断の〕述語である普遍的なもの〔は「色」であるが〕、しかし色は同様にまた青、黄などでもある。

第一一九〔一二〇〕節〔1　定在の判断〕〔一七二〕

1　直接的な判断は定在の判断である。主語は自分の述語としての一つの普遍性のなかに措定されるが、この述語というのは一つの直接的な質である。だからこの質は主語の具体的本性と一致しないし、同様に直接的な特殊性としては述語の普遍性に一致せず、一般に自分自身の諸規定のなかを貫く概念の統一と一致しないのである。

「バラは赤い」とか「赤くない」というような質的な判断が真理を含みうるとされているのは、論理学の偏見のなかでも最も本質的なものの一つである。【→第一一九〔一二〇〕および一二〇〔一二一〕節付論　二三八頁】

第一二〇〔一二一〕節〔同一判断と無限判断〕〔一七三〕

それゆえに、この真でない判断は次の二つの関係に分かれる。述語の特殊性も、またその普遍性も（この両規定はこの直接的な判断においては違うものである）、どちらも具体的な主語とは一致しないのだから、(1)両規定は捨象されなければならず、「個別的なものAは個別的なAである」という空虚な同一的関係だけが措定されなければならない。これによって同一判断が成り立つ。(2)別の関係は主語と述語との間に現にあるまったくの不一致である。これによっていわゆる無限判断が成り立つ。

無限判断の例を挙げれば、「精神は象でない」、「ライオンは机でない」というところである。――こうした命題は「ライオンはライオンである」とか、「精神は精神である」といった同一命題とまったく同じく、馬鹿げてはいるが、しかし正しい。――とはいえ、こうした命題はたしかに直接的な判断、いわゆる質的な判断の真理ではあるものの、そもそも判断などとは言えない。それらは真でない抽象にさえも固執できる主観的な思考のなかにしか現れることができないものなのである。客観的に見るならば、こうした命題は存在するものあるいは感覚的な諸物の本性を表している。

すなわち、それらは空虚な同一性と充実した関係に分けられる。――もっとも充実した関係と言っても、それは関係づけられた両項が質的に別なものであること、両項が完全に一致していないことではあるが。そもそも判断の様々な形式というのは、概念のなかを駆け回る存在と本質の領分なのである。

第一二一〔一二二〕節〔**2 反省の判断**〕〔一七四〕

2 直接性の判断が揚棄されると、それは反省の判断となる。〔この判断の〕主語は現実存在である述語を伴っているが、この現実存在は直接的なものではなくて、本質的で、相関を包括するものとして現れてくるような現実存在〔第三版での例――有用、危険、重力、酸、衝動など〕である。

第一二二〔一二三〕節〔**反省判断の主語三態**〕〔一七五〕

〔反省の判断においては〕主語は、さしあたってはまだ直接的であり、単称的なもの（ein singuläres）あるいはこのものとしてあるが、この主語は、この関係のなかで自分の個別性を超えて高められる。主語をこのように拡張することは、直接的なものとしての主語に即しては外面的な拡張であり、主観的な反省であって、さしあたっては無規定的な特殊性であり、特称性（Particularität）としてあるものである。しかし、特称性は主語の個別性のもとにあるのであって、特称性はこの主語の個別性によって規定されて、全称性（Allheit）となる。【→第一二二〔一二三〕節付論二四〇頁】

第一二三〔一二四〕節〔**必然性の判断への移行**〕〔一七六〕

主語が普遍としても規定されているということによって、主語と述語との同一性が措定され、このことによってまた判断規定そのものが無関心なものとして措定されている。措定された単一な概念〔主語と述語との同一性としての普遍性〕としての内容の統一は、みずからの形式諸規定を区別させたままでいる判断の関係を必然的なものにする。

第一二四〔一二五〕節〔**3 必然性の判断**〕〔一七七〕

3 必然性の判断が述語のなかに含んでいるものは、一方では主語の実体あるいは本性、すなわち普遍としての、したがって類としての具体的なものであり〔定言判断〔AはBである〕〕、他方でこの判断は〔主語と述語という〕両側面が自立的な現実性となった形態、また内的なものとしての両側面の同一性を含み、一方の現実性を自分の現実性としてではなくて、他方の現実性として含んでいる〔仮言判断〔もしAならば、Bである〕〕。このことによっていまや概念の外化すなわち判断のもとに、この外化およびこの外化の同一性、つまり実在的な概念そのものが現れる。――それは、〔他を〕排斥する個別性というかたちをとりながらも自己と同一であるところの普遍である。言いかえれば、同じ普遍をみずからの両側面としてもつ判断は、一方では判断そのものとしてあり、また他方では互いに排斥しあうみずからの特殊化の統体性、言いかえれば普遍と成った個別性である。――〔これが〕選言判断〔AはBであるか、Cであるか、Dであるかである〕〔である〕。【↓第一二四〔一二五〕節付論　二四一頁】

第一二五〔一二六〕節　〔4　概念の判断〕　〔一七八〕

4　概念の判断がみずからの内容としてもっているのは、必然性の判断を通じて現象している概念であり、みずからの規定態を伴った普遍である。そして概念の判断は、判断としては判断の反対でもあるために、概念は主語としては個別、直接的に普遍でもあれば外面的な定在でもあるところの個別であり、また述語としては、特殊的定在の普遍への反省、――これらの両規定の一致または不一致、〔たとえば〕「良い」、「真である」、「正しい」といったことである。【↓第一二五〔一二六〕節付論　二四二頁】

第一二六〔一二七〕節　〔真理性の判断〕　〔一七九〕

したがってこの判断は〔つきつめて見れば〕真理性の判断〔必当然的判断〕〔この家はこれこれの性状をもっているから、良い、あるいは悪い〕である。すべての物は、特殊な性状をもつ個々の現実のかたちをとった類であり、目的である。諸物の真なる存在は、両者〔特殊な性状をもつ個々の現実と類・目的〕を自己のうちに含むこの主観性一般であるが、しかしまだ有限な存在としてあるのであって、この有限な存在のうちで特殊は普遍に適合したり、またしなかったりする。

第一二七〔一二八〕節　〔推理への移行〕　〔一八〇〕

こうして主語と述語は各々それ自身が判断の全体である。同時に主語の特殊性、主語の直接的な性状は、現実的なものの個別性と、現実的なものの普遍性との間を媒介する根拠、すなわち現実的なものについての判断の根拠である。したがってコプラの空虚な「である」は充実され、主語と述語の関係が措定されているのであって、この関係はもはや直接的な関係でなくて、媒介された関係である。しかし媒介するものは根拠そのものではなくて、媒介は概念の規定のうちにあり、判断の形式上の区別は概念の統一のうちへと還帰している。――この統一は推理である。【↓第一二七〔一二八〕節付論　二四四頁】

c 推理

第一二八〔一二九〕節 〔推理の規定〕 〔一八一〕

推理とは、概念と判断との統一である。推理は、それ〔判断〕の諸規定の単純な同一性[5]としては概念であるが、またそれと同時に、推理[6]がその実在的な姿で、つまりその諸規定に区別されて措定されている限りでは、判断である。したがって推理とは理性的なものであり、しかも、すべての理性的なものである。

たしかに推理は通常の場合も理性的なものの形式だとされてはいる[7]。しかしそれは主観的な形式だとされているのであって[8]、形式とそれ以外の理性的な内容、たとえば理性的原則、理性的行為、理念などとの間には、何の関連も示されはしない。じっさい形式的に推理することも、理性的な内実とは何の関係もないという没理性的なやり方をとっているとはいえ、そういう姿をとった理性的なものではある。しかしこのような内実は、思考を理性にする規定態によってしか理性的ではありえないのだから、内実は推理という形式によってのみはじめて理性的になるのである。

つまり推理とは、措定された（さしあたっては形式的であるが）実在的な概念にほかならない。それゆえ推理はすべての真なるものの本質的な根拠であり、絶対的なものの定義はいまや「絶対的なものは推理である」ということである。あるいはこの規定を命題として述べるならば、「すべてのものは推理である」となる。すべてのものは概念であり、その定在は概念の諸契機の区別である。その結果、概念の普遍的な本性は特殊性を通じて自己に外面的な実在性を与え、それによって自己を個別にするのである。――あるいは逆に言えば、現実的なものは、特殊性を通じて自己を普遍性へと高めるところの個別なのである。現実的なものは一なるものであるが、しかしそれはまた概念の諸契機が離れ離れとなっているものでもある。そして推理とは概念の諸契機を媒介する円環なのであって、この円環によって現実的なものは自己を一なるものとして措定するのである。

第一二九〔一三〇〕節 〔直接的な悟性推理〕 〔一八二〕

直接的な推理は、概念諸規定の形式に従えば、抽象的なもの〔互いに分離されたもの〕としての概念諸規定が互いに関わりあうことである。しかも、両極を個別性と普遍性としながら、しかし両者を推論的に連結する媒辞（Mitte）としての概念も〔個別性と普遍性と〕同様に抽象的で単一な特殊性でしかない〔この特殊性は〔特殊性であるのと〕同時に規定態の姿で措定された普遍である〕ということである。したがって両極は、お互いに対しても、また自分たちの媒辞に対しても、無関心でそれだけで存立するものとして措定されている。だからこの推理は没概念的なものとしての理性的なもの、すなわち形式的な悟性推理である。——それゆえに、客観的に見れば、この推理は外的な定在の本性である。このような外的定在にあっては、主観性は「物性」〔諸性質の入れもの〕としてあって、自分の諸性質、自分の特殊性から分離されることができるし、またそれの普遍性が物の類である場合でも、他の物との外的な連関である場合でも、自分の普遍性から分離されることもできるのである。【↓第一二九〔一三〇〕節付論　二四四頁】

第一三〇〔一三二〕節〔1　定在の推理〕　〔一八三〕

1　最初の推理は、前節で述べたように、定在の推理（Schluß des Daseyns）言いかえれば質的推理である。それはE〔個別〕-B〔特殊〕-A〔普遍〕であり、個別としての或る主語が、一つの質を介して、或る普遍性と推理的に連結（zusammmenschließen）されるということである。

第一三一〔一三二a〕節[9]**〔その内容面での偶然性〕**　〔一八四〕

この推理は、まったく偶然的である。なぜならば、媒辞は抽象的な特殊性であるから、主語の或る一つの規定態にすぎず、主語はこういう規定態をいくつかもっているのだから、主語はその数だけのその他いくつもの普遍性と推理的に連結されることができるからである。また個々の特殊性にしても、様々な規定態を自己のうちにもっているから、主語は同じ媒名辞（medius terminus）を介して違った普遍に関係づけられることができるからである。

それゆえに、このような推理によるならば、たいていのことは証明〔人はそう呼んでいるわけだが〕できてしまう。それにはただ求められている規定へ移行させてくれるような媒名辞をもち出しさえすればいいのである。だが、別の媒名辞を使えば、別のことでも証明できてしまう。対象が具体的であればあるほど、対象は、自分に属していて媒名辞として使うことのできる側面をそれだけ多くもっている。そうした側面のうちのどれが他よりも本質的であるかということは、再び個別的な規定態に依拠する推理に基づかなければならないが、この規定態に関しても、それが重要で必然的に妥当するとする側面と観点は、同じくらい簡単に見出すことができるのである。

第一三二〔一三二b〕節 〔その形式面での偶然性〕〔一八五〕

この推理は、そのなかにある関係の形式によっても、また偶然的である。推理の概念に従えば、真理とは、区別された両項が両者の統一である媒辞を介して関係するということである。しかし両項の媒辞への関係（いわゆる両前提、すなわち大前提〔B－A〕と小前提〔E－B〕）はそうではなくて、直接的な関係である。

推理のこうした矛盾は、再び無限進行を通じて表現されることになる。すなわち〔無限進行だと言うのは〕、両前提のどちらもまた何らかの推理によって証明されることが要求されるが、しかしその推理もまた直接的な前提をもつのであるから、この要求、しかも〔証明に証明を〕重ねることの要求は、無限に繰り返されることになる〔からである〕。

第一三三節 〔推理の弁証法――第一格の帰結〕〔一八六〕

この〔媒介されていなければならないのに直接的であるという〕矛盾は、推理自身のもとで、推理固有の弁証法として存在する。推理の諸名辞（termini）は、一方ではそれらがとっている〔普遍・特殊・個別という〕規定態のかたちでは、直接的なものとして切り離されていながら、〔他方では〕これらの名辞は、反省諸規定のように相互に関係しあうだけではなくて、概念の諸契機であるのだから、同一的なものとして措定されている。個別は特殊であり、特殊は普遍である。E－B－Aという直接的な推理〔第一格〕によって、個別は普遍と媒介されているので、個別はこの結論のうちで普遍的なものとして措定されている。普遍性を自己のうちに含む主語としての個別は、したがってそれ自身両項の統一であり、媒介するものである。【↓第一三三節付論 二四五頁】

第一三四節 〔第二格・第三格〕〔一八七〕

推理の第二格A－E－Bは、第一格の真理を表現している。すなわち、媒介は個別性において起こることになる、したがって偶然的なものである。この格は普遍（主語としての、というのは前の結論のうちで普遍は個別性という規定態を得たからである）を特殊と連結する。したがって普遍はこの結論によって特殊的なものとして措定されており、それゆえに両項を媒介するものとして措定され、その両項の位置をいまや別の名辞が占めることになる。〔これが〕推理の第三格、B－A－E〔である〕。

いわゆる推理の格（アリストテレスがそれを三つしか挙げなかったのは、正当である。第四格は後世の人によるまったく余計な、否、愚劣とさえいえる付け加えである[10]は、通常の扱いでは並列的に立てられているだけで、それらの必然性を示すこと、ましてそれらの意味と価値とを示すことなどは、まったく考えられていない。すでに述べたように、それぞれの格の必然性を成り立たせているのは、それぞれの契機が概念規定であり、したがってそれ自身が全体であり、媒介する根拠であるということである。しかし、正しい推理を引き出す[11]ためにはこれらの推理の各命題がそれ以外にどういう規定を〔もたなければならないのか〕、すなわちそれらの命題が全称命題であるか、あるいは否定命題であるか、等々ということは、単なる機械的な研究であって（こうした研究のためにかつては硬直した規則が与えられた）、この研究は、それらの概念を欠いた機械的論理と内的な意味の欠如のために、まったく問題にされえなかったのである。

　このような研究や悟性推理一般の重要性を主張しようとして、アリストテレスを引き合いに出すとすれば、それこそまさしくやってはならないことである。たしかにアリストテレスはこうした諸形式や、精神および自然の無数と言いたくなるほどのその他の諸形式を記述し、それらの規定態を探求し、かつ明示して見せた。しかしながら彼の場合には、悟性推理は個別ないし特殊をより普遍的なものへ包摂することとしてしか出てこないのである。彼は絶対的な思考を、真でも偽でもありえて、肯定したり否定したりすることがそこで起こるところのものについての思考——命題一般は彼にとって後者の思考の領域に属する——からはっきりと区別するばかりでなく、自分の立てた純粋に形而上学的な諸概念においても、自然的なものおよび精神的なものの諸概念においても、〔悟性〕推理[12]の形式をそれらの基礎に据えたり基準にしたりしようとすることなどはなかった。だからこう言うことができるだろう。すなわち、もし〔彼の立てた諸概念のうち〕どれか一つでも悟性推理に従わされていたならば、それは一つとして成立しえなかっただろうし、あるいはそのままでいられることはありえなかったであろう、と。このような形式に対してアリストテレスが示している姿ははるかに思弁的である。彼は記述的なものと悟性的なものを数多く残しているが、そこにおいて彼のなかでやはり支配的であるのは、概念なのである。そうでなければ、いったい彼はどのようにして悟性推理を用いて成功することができたであろうか。

第一三五節　〔量的推理〕　〔一八八〕

こうして三契機のそれぞれが媒辞および端項の位置をく

ぐりぬけたので、三契機相互の規定された区別は揚棄された。そして推理は自分の各契機間の区別がないというこの形式のうちに差し当たって外面的な悟性の同一性、――同等性をみずからの関係としてもつ。これが量的推理、言いかえれば数学的推理〔A－A－A〕である。【↓第一三五節付論　二四六頁】

第一三六節〔2　反省の推理〕〔一八九・一九〇〕

2　しかし〔普遍・特殊・個別という〕規定態を問題にすることにおいて明らかになったのは、規定態はその抽象されたかたちのままでは推理の本質にはならないということである。規定態は超出されてしまっており、特殊性はいまや展開され、普遍性として規定された個別性、すなわち媒介者となっている。〔これが〕反省の推理〔を与える〕。反省の推理のなかでは媒辞は、全称性の推理、帰納の推理および類比の推理として、同じように概念の三規定をくぐりぬけているのである。【↓第一三六節付論　二四七頁】

第一三七節〔反省の推理の展開と帰結〕

反省の推理においては、概念が映象したものが媒辞であるが、しかし概念一般の規定である両項は、それ自身が概念の映象にほかならない。ところでこの媒辞もまた概念の全規定をくぐりぬけており、逆に両項もまた自分たちを統一する媒辞の規定を受け入れているので、映象は映象に即して揚棄されてしまっていて、概念の実体的統一、言いかえれば真の普遍性が打ち立てられたのである。【↓第一三七節付論　二四八頁】

第一三八〔一三八a〕節[13]〔3　必然性の推理〕〔一九一〕

3　必然性の推理は、特殊を規定された類という意味で（定言推理において）媒介する規定としてはっきりと立てており、また個別を直接的な存在という意味で（仮言推理において）媒介する規定としてはっきりと立てている。その結果いまや、媒介する普遍は（選言推理においては）みずからの特殊化の統体性として、そして個別的な特殊、排斥的な個別性として存在して〔措定されて〕いる。【↓第一三八〔一三八a〕節付論　二四九頁】

第一三九〔一三八b〕節〔悟性推理の結論〕〔一九二〕

悟性推理は、このような経過をたどって、規定態と自己外存在（概念はこのなかでは直接的である）を揚棄してしまっている。揚棄したというのは以下のような理由によってである。第一に、三規定のうちのどれもが他の二規定の機能を発揮する。第二に、それによって、直接的な諸関係もまた媒介されたものになる。そして第三に、統一の諸規定はその統一の外ではじめは両項としてあったが、この統一が、はじめは自体的にしかもっていなかった両項を、反省された関係において措定し、そして次に、両項を展開するのと同時に、自己をそれらの実体的な統一として措定したからである。【→第一三九〔一三八b〕節付論　一五〇頁】

第一四〇〔一三九〕節　〈客観への移行〉　〔一九三〕

こうしてここには次のような事態が成立している。1、それぞれの媒介された関係は、自分が含んでいる二つの直接的な関係のために、二つの別の関係を前提し、かくして相互に前提しあうのであって、それぞれの措定の運動は、前提の運動であるということ、2、概念は、その区別されたもののどれ一つをとっても、それ自身が統体性かつ推理全体として措定されているということ、3、概念の区別は、両項へと分離したものとしての自己に対する統一である以上、脱落しているということ。このことを通じて、概念は完全に実現されており、概念は、その区別が自己とこのように統一したものとしては、客観である。

概念の存在への関係、言いかえれば、主観の客観への関係は、近年に至るまで、強く人々の関心を引く問題の一つ、というよりも最も関心を引く問題であり、それゆえにいまに至るまで解明されることのなかった哲学の最難問である。この難問がその最大の意義を獲得したのは、神の概念から神の定在を証明するという課題においてである。この証明は、その本来の意味においては、概念が自己自身から客観性へと移行するのを叙述することにほかならない。

この証明についてきわめて注目すべき思想を最初に述べた人はアンセルムスである。彼は要するに次のように言っている。「たしかに、〈それより大なるものがあるのを考えられないようなもの〉が、知性のうちにしか存在しないなどということはありえない。もしそれが知性のうちにしか存在しないとしても、それはまた物のうちにも存在すると考えることができるし、そしてその方がより大なることだからである。それだから、もし〈それより大なるものがあるのを考えられないようなもの〉が知性のうちにしか存在しないとすれば、〈それより大なるものがあるのを考えられないようなもの〉が、〈それより大なるものがあるのを考えられるようなもの〉となってしまうことになる。しかし、このようなことがありえないのはたしかである[14]」。

この論証は、さしあたっては外面的な論証である。しかし、これが正しいと認められるとすれば、それは次のことを含んでいる。すなわち、主観的な概念としての単なる概念、単に思考されただけの最高の本質は、思考が存在のもとに一つの対立をもっている限り、一つの有限なものでしかなく、真なるものではなくて、この主観性はむしろ揚棄されなければならない、ということである。だがこの論証の核心をなしている思想は、この論証が悟性推理の形式のなかに無理やりに押し込められているということによって、まったく不当で間違った位置に置かれることになった。〔何がいけないかと言うと、この論証においては〕最も実在的な本質の概念はあらゆる実在性を自己のうちに含んでおり、それゆえにまたその実在性のもとに〔は現実存在も含まれているから〕現実存在の実在性をも自己のうちに含むとされている。これによって表現されているのは、肯定的な側面（これに従えば存在は概念の契機である）だけであって、否定的な側面（これに従えば主観的な概念の一面性は揚棄されなければならない）は表現されてはいないのである。

概念と客観性との同一性は、従来の哲学においては二つの形式で現れている。従来の哲学がもつことのできたその二つの形式というのは、次のうちのいずれかである。すなわち、〔一つは〕反省の相関として把握されている形式、すなわち、概念それ自身（Begriff für sich）と客観性それ自身（Objectivität für sich）とがまったく異なっていて、自立しているということが前提となっていて、概念と客観性との単なる相対的な関係としてある形式であるか、あるいは〔もう一つは〕両者の絶対的な同一性としてある形式であるかのどちらかである。後者の絶対的同一性の方は、ありとあらゆる哲学の基礎となっているものであるが、〔そのなかでも違いはあって〕内奥に秘められた、表に語り出されない思想（プラトンとアリストテレス、彼らの先行者すべて、および古代哲学一般の場合）としてか、あるいはまた直接的な確信、信仰、知的直観としての前提された定義、公理（たとえば、デカルト、スピノザの場合）として基礎となっているかのどちらかである。すでに以前に述べたことだが、批判哲学の、すべての哲学ならざる立場と結び付いてしまう特徴は、有限な認識と主観的な概念そのものを絶対的なものと見なして、あくまでもそこに立ち止まろうと頑張っていることである。アンセルムスは、当時すでに非現実的なものや間違ったものでさえも考えることはできるというこの矛盾を経験した。実際に、神の存在が単に主観的に考えられるだけならば、そんな神の存在ほど間違ったものはない。だからこそ、神の存在は呈示されなければならず、〔主観的であるのに〕劣らず客観的なものとして把握されなければならないのである。

しかし、主観性と客観性の同一性が哲学の第一の基礎であったとしても、1、こうした基礎、すなわち定義、直接的な確信、知的直観は、一つの直接的なものと想定されているが、というのも、そうした基礎はその本性に従えば、そうでありながらまたそれの表現された形式に従えば、媒介されたものであるからである。なぜならば、この基礎は抽象的で単一なものを本質的に含んではおらず、同一性を区別されたものとして含み、したがって否定性と弁証法を含んでいるが、まさに自己自身のうちに含んでいるからである。2、したがって、こうした基礎が証明されなければならないという要求は、当の基礎そのものによって必然的なのである。言いかえるとこの要求は、これらの区別されたものが区別されたものであるがゆえに、区別されたものの同一性は区別されたものから生じるものとして、区別されたものに即して呈示されなければならないという要求である。この証明に関する欲求が批判哲学を成立させたのであるが、しかし、批判哲学の結果は要求されたものを成し遂げるのに無力であったということである。

ところで、たしかに外的な弁証法は諸々の矛盾を表示することができる。矛盾というのは、主観的なものと客観的なものの分離から生じ、またそれらの単なる相関関係というかたちで明らかになる矛盾である。しかし、このような弁証法の成果はさしあたって否定的なものでしかなくて、そこから肯定的理念への移行は、またしても悟性推理にすぎない。

しかし、ともかく弁証法とは概念の活動であり、目下の課題において、対象であるのは、概念としての概念そのものでもある。主観的なものがその真相においては同程度に客観的なものであるということの唯一の真実なる証明の仕方は、概念の規定が概念自身を通じて客観性に至ることを示すにある。しかし、この運動は、概念が自己規定して判断になり、次に推理になることであり、そして概念の展開（概念はそれのうちで[15]はこの自己の展開を悟性諸規定およびそれらの関係という形式でもっている）を完全に揚棄することである。この展開のなかで概念の諸契機そのものが概念の全体として規定されることによって、概念の諸契機の区別は自体的に揚棄されるし、また同様に、諸契機の否定的関係（概念の諸契機の前提された存在が措定と媒介の運動〔の結果〕であるということ）によっては、顕在的〔対自的〕に揚棄される。こうして、概念は自己自身によって現実化され、最初は客観に移される。だから客観というのはそれ自体としてかつそれだけで概念なのであり、概念が客観から再び現れ出ることによって、さらに規定されて理念になる。理念とは、自己を客観と概念に区別する両者の絶対的統一である。

B　客　観

第一四一〔二四〇〕節　〔客観性は直接態〕　〔一九四〕

存在が定在に、本質が現実存在になる決断をするように、概念は客観性になる決断をする。[16] 客観性とは言いかえれば直接態である。概念の自己自身との媒介は判断と推理とを通じて単一な統一へと合致し、こうした直接態になる。それゆえにこの直接態は、顕在的〔対自的〕にではなくて自体的にのみ、概念の統体性あるいはそれ自体としてかつそれだけで存在することなのである。

「絶対的なものは客観である」という定義は、たしかに一般的な意味では、表象するというすべてのやり方（表象するというやり方においては、神は概念に対する外的な関係をもつことになる）のなかに、さらには哲学的思考のなかにさえも見出すことができる。けれどもその場合そのような外的な関係においては、客観は主観に対する真なる存在という抽象的な意味しかもたないし、また主観の内的な理性は概念ではない。概念ではないというのは、その内的な理性というのは認識できないものだとされているからである。

だがこの定義はライプニッツのモナド〔『モナドロジー』〕のなかにもっと詳しい形で含まれている。モナドは一つの客観であるが、しかし自体的に表象するものであり、しかも世界の表象の統体性だとされている。外からモナドのうちに入ってくるものは何もなく、モナドは自己内で概念の全体であり、概念固有の発展の程度によって区別されるにすぎない。【↓第一四一〔二四〇〕節付論　二五一頁】

第一四二〔二四一〕節　〔客観の無規定性〕　〔一九四〕

客観は、自体的には概念の統体性であるがゆえに、無規定的な客観であるが、けれどもあらゆる規定を受容するものであり、だがそれと同じようにあらゆる規定に対して無関心的であり続けるものでもある。したがって客観は差異されたものの同一性であるとともに、自己内で差異された多なるものである。すなわち非自立的なものでありながら自立的なものである。そしてこういった概念を欠いた二規定は客観に対しても、互いに対しても外的なのである。

【↓第一四二〔二四一〕節付論　二五二頁】

a　機械論

第一四三〔一四二〕節　〔形式的機械論〕　〔一九五〕

客観は単に自体的にしか概念ではないのだから、概念をさしあたっては自分の外にもっていて、客観のもとではすべての規定態は外的に措定された規定態として存在する。それゆえ区別されたものの統一として客観は合成されたもの、集合体であり、他者に対する作用は押し付けられたものである。――〔これが〕形式的機械論〔である〕。【↓第一四三〔一四二〕節付論　二五二頁】

第一四四〔一四三〕節　〔強制力〕

無規定態は、それが規定態に対立するというまさにその点で、規定態である。それゆえに諸々の客観は、規定された区別によって、反省の相互関係のうちにあるが、けれどもこの区別は諸々の客観にあっては外的な区別である。諸々の客観がこの外的な規定に対して無関心なものとして自己を現示する限り、それらは自立的で抵抗しあうものとして現象してくる。だがそれらが同時にこのように自立しながら外的な規定を受けとるというその限りにおいて、それらは強制力（Gewalt）を受けるのである。

第一四五〔一四四〕節　〔客観の非自立性〕

強制力によって諸々の客観の非自立性が、すなわち諸客観固有の本性としての否定性が顕現する。しかしこれとともに、否定的なものとしての規定態を客観のもとで単なる外的なものにしている反省の相関関係が揚棄されるのである。

第一四六〔一四五〕節　〔絶対的機械論〕　〔一九七〕

この内的な否定性は、客観の内在的な自立性であり、したがってこの自立性は客観の外面性と同一である。自己を自己自身から反発する概念としての同一性は推理を形成するが、この推理というのは、一方の〔項である〕客観の中心的個別性としての内在的な否定性が、他方の項である諸々の非自立的な客観に、諸々の客観の中心性と非自立性を自己のうちで合一しているような媒辞によって関係するという推理である。――〔これが〕絶対的機械論〔である〕。

第一四七〔一四六〕節　〔この推理の三重性〕　〔一九八〕

この推理〔E－B－A〕は三重の推理である。諸々の非自立的な客観においては形式的機械論が生来のものであるが、そうした非自立的な客観の悪しき個別性は、非自立性であるために、個別性であるのと同じくらい外的な普遍性でもある。それゆえにこれらの客観は絶対的な中心と相対的な中心との媒辞である（推理の形式はＡ－Ｅ－Ｂ）。というのも、これらの二つの中心が分離せられて二つの項となり、かつそれらが互いに関係づけられているのは、この非自立性によるのだからである。同様に実体的に普遍的なものとしての絶対的中心性（――同一のままであり続ける重力）は、純粋な否定性としてありながら、同様に個別性をも自己のうちに含んでいて、相対的な中心と諸々の非自立的な客観とを媒介するものであって、推理の形式はＢ－Ａ－Ｅである。詳しく言えば、本質的にはそれは、内在的な個別性という面から見れば、分離するものとしてあり、同様に普遍性の面から見れば、同一的な結合にして何ものにも妨げられない自己内存在としてある。

第一四八〔一四七〕節　〔客観の差異性〕

絶対的機械論における客観の否定性もしくは自己性（Selbstheit）は、まだ普遍的な、あるいは内的なそれである。したがって客観の差異性は依然として無関心的な差異性であり、質的に言えばもっぱら抽象的な対自存在ないしは非対自存在の差異性、自立性ないしは非自立性の差異性である。しかし概念としてはこの差異性は自己を規定し、また概念の特殊化は客観に即した客観的な区別をみずからに与えるのである。【↓第一四八〔一四七〕節付論　二五四頁】

ｂ　化学論

第一四九〔一四八〕節　〔化学的なもの〕　〔二〇〇〕

差別的な客観（das differente Object）は化学的なもの（das Chemische）である。差別的な客観は内在的な規定態をもっていて、その内在的な規定態がこの客観の本性をつくりなしており、またその規定態において客観は現実的存在をもつ。しかしこの客観の本質は概念であるから、それは自分のこうした統体性と自分の現実存在の規定態との矛盾である。したがってこの客観はこの矛盾を揚棄し、自分の定在を概念に等しくしようと努めるのである。【↓第一四九〔一四八〕節付論　二五四頁】

第一五〇〔一四九〕節　〔化学的過程の推理〕　〔二〇一〕

したがって、化学的過程は、その過程の互いに引き付けあう両項が中和したもの（das Neutrale）を産物としてもっており、両項というのは自体的にはこうした中和的なものなのである。概念、普遍的なものは、諸客観の差別すなわち特殊化を通じて、個別性つまり産物と連結する。だがおなじくまたこの過程のなかには別の〔二つの〕推理も含まれている。すなわち個別性もまた活動性であるから媒介するものでもあり、そして普遍もまた媒介するものである。普遍は互いに引き付けあう両項の本質であり、この本質が産物というかたちとなって定在を獲得するのである。

第一五一〔一五〇〕節　〔その第一の過程〕　〔二〇二〕

産物のうちでは、両項が互いに対してもっていた規定された諸々の特性は揚棄されている。だが両項は単に自体的にしか概念ではないのだから、中和的な産物はたしかに概念に一致してはいるが、しかし両項の差別を活性化する（begeisten）原理はこの産物のなかには現存せず、この産物にとっては外的なものである。客観は概念としての概念の否定的な統一に対して依然として無関心的である。言いかえれば概念は客観のなかにまだそれだけで現存しておらず、そのために中和的なものは分離可能なものである。

【↓第一五一〔一五〇〕節付論　二五五頁】

第一五二〔一五一〕節　〔その第二の過程〕　〔二〇二〕

判断する〔根源的に分割する〕原理（das urtheilende Princip）は、中和的なものを差別された両項へ分裂させ、またおなじく無差別的な客観一般に他方に対する差異と活性を与えるのだが、この判断する原理、ならびに互いに引き付け合う分離としての過程は、そのために前述の〔異なった両項を中和的な産物のなかで揚棄する〕第一の過程の外にあり、この第一の過程のもとで特殊な一側面をなすにすぎない。

第一五三〔一五二〕節　〔目的への移行〕　〔二〇三〕

この両過程の外面性のために、この二つの過程は相互に自立的なものとして現象してくる。だがこの外面性は、二つの過程がそのなかでは揚棄されている産物へと移行する点で、この二つの過程の有限性を示している。このことによって概念は、こうした規定態（この規定態のなかでは概念はどちらにおいても同じものである）から、この規定態の区別態（この区別態のなかではどちらも他方を揚棄している）を通じて、また産物のなかでこの規定態を解消することによって、解放され、それだけで客観に対抗することになる。――すなわち目的として〔対抗するのである〕。【↓第一五三〔一五二〕節付論　二五五頁】／【↓第一五三〔一五四〕節付論　二五五頁】

c　目的論

第一五四〔一五三〕節　〔目的は具体的普遍〕　〔二〇四〕

目的はそれだけで〔対自的に〕現実存在する概念である

が、この概念が機械論と化学論との自体にほかならない。目的はそれ自体としてかつそれだけで規定されたもの、すなわち具体的普遍である。この具体的普遍は、絶対的形式であるという点から言えば、規定を自分自身のうちにもっているが、しかしまず先行する前述の諸段階、すなわち形式諸規定が外的実在性をもっている諸段階を経過したものであるという点から言えば、形式諸規定から解放され、普遍的なものとなっている。以上の理由から、目的は内容としての規定態を自己のうちにもっている。だが目的は、形式の区別としては、自分自身にそなわったこうした自分の形式規定態の否定性としての主観的なものである、すなわち自己を客観性に移し入れる衝動なのである。

目的概念が理性概念と呼ばれるのは正当であって、それは抽象的普遍一般としての悟性に、特に因果性の相関に対立させられている。抽象的普遍の特殊に対する関係は、抽象的普遍が特殊性をみずからそれ自身にそなえているのでない限り、包摂（Subsumiren）と解される。しかしこのように解されるために、普遍は一つの抽象的なものなのである。たとえ絶対的なものが純粋存在、第一原因もしくは根拠と規定され、次いでこれらの相関規定に沿ってさらに進んだ知に進展するとしても、絶対的なものは、その本質が目的として把握されるのでない限り、理性だとは規定されない。

——だいたい、理性概念という言い方はたしかに余計なものである。というのも概念とは理性にほかならないし、悟性概念と呼ばれているものはまったく概念などではなく、普遍の抽象的規定、つまりこうした単一な抽象の形式のなかで保持されている個々の内容であるからである。けれども理性概念という表現は、概念が現実に概念としてあり、概念として把握されるという一歩進んだ詳しい意味を表すことができる。その場合、悟性概念というのは存在、質等々、同一性、力、因果性等々のように、それらの内容の点でまだ概念としては措定されていない諸々の概念を意味することになる。しかしながら、もちろん、概念そのもの、そしてまた目的や理性のような、その内容において概念であるものは、普通の論理学が考察する場合の推理のように、形式によって没概念的になりうるのであって、この考察そのものが没概念的なもの、非理性的なもの、単に悟性的なものなのである。——同様に、内容が外から探られ、同じく内容を実在化する活動性がどこか他の場所で探られる場合には、目的の考察が〔悟性的に〕行われている。その場合、内容はもっぱらその有限性の面から、言いかえれば悟性的に考察されているのであって、その概念の面から考察されていないのである。

すでに述べたことだが、目的は、1、絶対的に最初のものとしての自己自身から規定された内容をもっている。このことが実在性という側面をなすのであり、この側面において概念は目的として存在する、すなわち概念の自己へと反省した同一性として、したがって形式規定に対して無関心的なものとしてある目的として存在するのである。このことによって概念は、特殊性および個別性とは区別された、それだけで〔対自的に〕存在する普遍、すなわち目的論的推論全体のなかの一つの項である。このような概念は〔概念と言っても〕、媒介する実在化と対立しており、また個別性というかたちで措定される、実現された目的にも対立している。だが同時にこの普遍は同一性、すなわち、推論のあらゆる名辞（Termini）を通過してそのなかで自己を維持し、それらの名辞の実体であるところの同一性である。

目的は、2、選言的推論（der disjunctive Schluß）である。普遍は直接的に個別性であるが、この個別性と普遍とは分離（選言、disjungiren）されている。一方で、ここで普遍がどのように規定されているかと言うと、形式に対する内容として、単なる差異された内容である他の特殊な内容に対する特殊な内容として、しかし同時に客観的なものに対する特殊な主観的なものとして、対立的に規定されているのである。しかし他方では、分離する〔選言する〕個別性は否定的な統一として同様にこの両者を媒介するものであり、この対立を揚棄する作用であって、主観的なものを客観へ移し入れる活動性である。――概念は、形式的な推論の区別された諸形式を経てきており（第一三〇～一三八節）、それを通じて最初の直接的な実在化が起こるが、概念はまだそれ自身が運動するもの、言いかえればば弁証法的なものとしては措定されてはおらず、ただそれ自体としてはこうしたものであるというにすぎない。しかし、概念が客観を揚棄することを通じて客観性を自己自身のうちに措定し、こうして否定的な自己関係が生じた後で、概念はそれだけで〔対自的に〕存在する概念として、主体的なものとして――つまりそれ自身が実在化という当為であり、内在的な活動性としての弁証法である主体的なものとして、存在するのである。【→第一五四〔一五三〕節付論　二五六頁】

第一五五〔一五四〕節　〔外的合目的性〕　〔二〇五〕

目的論的関係は、最初は外的な合目的性である。というのも概念はまだ直接的に客観に対峙しており、まだ客観を自己から生み出したのではないからである。したがって目的は有限であるが、これによって一方ではその内容に関して、他方では目的が、前提された外的な条件を、みずからの実現の素材（Marerial）として、目前に見出される客観のもとにもっているということに関して、有限なのである。その限りで目的の自己規定は形式的であるにすぎず、主観的な目的のうちに閉じ込められており、実現された目的というのは外的な形式にすぎないのである。

　この有限な目的は外的で有限な理性に属するから、本来的には外的な悟性に帰属する。――またその直接的な諸規定における概念、すなわち悟性判断と推論というのも、そのものとしては或る主観的な悟性のなかの一つの現実存在をもつにすぎない。ふつう目的について抱かれている考えは、単にそのような悟性と目的に属するにすぎない。内的な合目的性という概念によって、カントは理念一般を、特に生命の理念を呼び起こした。[17] 彼が意志の形式的なもの、すなわち普遍性の形式のうちにある自己規定を絶対的なものとして認識したその限りにおいてのみ、彼は実践理性を外的な合目的性から解放したのである。だが内容は無規定的で、そして合目的的な行為は素材によって制約されており、そのためにまた形式的な善のみが成就する、言いかえれば、同じことであるが、手段だけが仕上げられるにすぎない。――アリストテレスの生命の概念はすでに内的な合目的性を含んでおり、したがって近世の目的論の概念[18]をはるかに超えたところに立っているのである。

第一五六〔一五五〕節　〔目的論は推理〕　〔二〇六〕

目的論的関係は推理である、すなわち、そのなかで主観的目的が媒辞を通じて客観性と連結する推理である。この媒辞は合目的的な活動性としては両者の統一であり、目的のもとに直接に措定された客観性としては、手段（Mittel）である。

第一五七〔一五六〕節　〔主観的目的〕　〔二〇七〕

1　主観的な目的とは推理である、すなわち、そのなかで普遍的概念が特殊性を通じて個別性と連結する推理である。この推理は、個別性が自己規定として普遍的概念を特殊化し、一定の内容にすると同時に、自己への還帰であるというように行われる。というのも、個別性は客観性に対して前提された概念の特殊性を欠陥あるものとして揚棄し（第一五四節注解参照）、それによって同時に外へと向きを変えるからである。

第一五八〔一五七〕節　〔概念の威力〕　〔二〇八〕

2　この外へと向きを変えた活動性は、主観的な目的のなかで特殊性（このなかに外的な客観性が含まれている）[19]と同一である個別性として、直接に客観へと関係し、それを手段として自分のものとする。概念とは、機械論や化学論に向かって働きかけるこうした直接的な威力（Macht）である。なぜなら概念はそれらの真理態であり、同時に自己と同一的な否定性であるからである。いまや完全な媒辞とは活動性としての概念のこうした内的な威力であり、客観は手段としてこの活動性と直接に合一されている。

第一五九〔一五八〕節〔理性の狡智〕〔二〇九〕

3　手段を使って行われる合目的的な活動は、まだ外へと向けられている。なぜなら、目的もやはり客観と同一ではなく、やっとこれから客観と媒介されるべきものであるからである。手段は客観としてこの第二の前提のなかで、推理の他方の項、すなわち前提されたものとしての客観性、素材との直接的な関係のなかにある。この関係というのは機械論および化学論の領域にあたるような関係であるが、機械論や化学論と言っても、いまや目的に奉仕するものとなっている。主観的目的は客観的なものが互いに揚棄しあうこうした諸過程を支配する威力であるが、それがそれ自身そうした諸過程の外にありながら、しかもその過程のうちで自己を維持しているというこのことが、理性の狡智なのである。【↓第一五九〔一五八〕節付論　二五九頁】

第一六〇〔一五九〕節〔実現された目的〕〔二一一〕

実現された目的（der realisirte Zweck）は客観的な過程のなかで自己を維持する普遍であり、この普遍は、まさにそのことによって自己に客観性を与えたのである。だが客観性は有限な目的においては前提された、眼前に見出すことのできる素材であったから、遂行された目的もまた、媒辞がそうであったように、自己へと折り返されたものである。したがって成就されたのは、素材に外的にあてがわれた形式、すなわち、手段のみである。また達成された目的もその内容のためにまた偶然的な規定であり、したがってまた再び他の目的のための素材となるのである。

第一六一〔一六〇〕節〔理念への移行〕〔二一二〕

しかし、概念において目的は実現されたのであり、目的の有限性（これは目的の前提された主観性と目的に対する客観の自立性というかたちで存在する）は揚棄されている。目的が実現されたときに起こるのは、目的自身の主観性、そして客観的な自立性という単なる映象〔見せかけ〕が揚棄されるということにほかならない。手段を意のままにすることにおいて概念は自己を、客観の自体的に存在する本質として措定する。機械的ならびに化学的過程においては、客観の自立性はすでに自体的には消失していたのであって、目的の支配のもとで両過程が経過していくなかで、前述の自立性の映象、概念に対するそれの否定的なものは揚棄される。しかし、この否定的なものは、特殊性であり、外への方向であって、この外への方向は、概念が自己に自己規定として与えたものである。このようにして概念は、こうした過程を通じて、否定的な自己関係として、ないしは、客観的なものそれ自体（das Objective An-sich）と同じく、それ自身〔対自的〕になっているところの対自存在的なものとして、自己自身へと還帰している。――このようにして実現された目的が理念（Idee）である。【→第一六一〔一六〇〕節付論　二五九頁】

C　理　念

第一六二〔一六一〕節〔理念の最初の定義〕〔二一三〕

理念は、それ自体としてかつそれだけで真なるものであり、概念と客観性との絶対的な統一である。理念の理念的な内容は、みずからの諸規定というかたちを取っている概念にほかならない。理念の実在的な内容は、まさしく概念の叙述、すなわち、その概念が外的な定在という形式で自分に与える叙述なのである。

ところで、「絶対的なものは理念である」という絶対的なものの定義は、いまではそれ自身が絶対的である。これまでのすべての定義は、この定義に帰着する。――現実的なものが真なるものである限りにおいて、すべての現実的なものは理念なのであり、自分の真理態をもっぱら理念を通じて、理念の力によってだけ得る。個別的な存在は、理念の何らかの一側面なのであり、それゆえこの個別的存在のためにはなお他の現実性が必要である。つまり特殊的にそれだけで自立して〔対自的に〕存立するものとして同じように現れる他の現実性が必要なのである。それらが一緒にまとめられ、関係づけられたとき、実現されるのは概念にほかならない。個別的なものが自分だけで自分の概念と一致するということはない。個別的なものの定在がこのように制限されているということが個別的なものの有限性を形成しており、それを没落させることになるのである。

――さらに、概念が単に規定された概念として考えられてはならないのと同様に、理念も単に何か或るものについての理念だと考えられてはならない。理念は定在のすがたをとるときには、自分の諸契機を個々別々のかたちで投げ出す。しかし、理念はあくまでもそれら諸契機の根拠であり本質であるのだから、それらのなかに存在するのであって、それらの諸契機のなかに存在するものとしては、理念は規定された理念である。だが、絶対的なものというのは、〔規定された理念ではなく〕この普遍的にして唯一なる理念であり、理念そのものなのである。理念そのものとは、〔理念そのものであるのと〕同様に諸々の規定された諸理念の体系でもあり、また諸々の規定された諸理念が還帰していく真理態なのである。

――意識が表象するという領域から抜け出さないで、まだあれこれの表象が交ぜ込まれているような思想しかもっていない場合には、意識は現実存在するあれこれの物を出発点とすることに慣らされてしまっている。また意識がそれら諸物の理念の思想へと高まる場合でも、意識は理念と表象されたもの相互の関係を、あたかも現実存在するものが実在的なものではあるが、しかし実在的なものの理念は主観的な抽象（これは現実存在するものを捨象することによって自分の内容を得る）でしかないものであるかのように受け取ってしまうのである。さらに、いかなる規定された内容をももたず、理念の出発点でありかつ支点となるような現実存在をももたないような理念は、単なる形式的で論理的なものと受け取られることになる。

いまやここではもうそのような〔理念と表象されたもの相互の〕関係は問題にならない。現実存在する物、およびそれの展開された諸規定のすべては真理ではないことが証明されてしまい、それらの究極的な根拠である理念に還帰してしまっているのである。以上のことを通じて理念がそれ自体としてかつそれだけで真なるものにして実在的なものであることは証明されているのである。こうして理念がこれより後にもつことになる内容は何であれ、理念自身を通じてしか理念に与えられることはできないのである。

――また、理念を抽象的なものにすぎないかのように表象するのは誤りである。――理念のなかでは一切の真理でないものが消え失せているという限りにおいては、たしかに理念は抽象的なものである。しかし理念自身に即しては、理念は本質的に具体的である。なぜならば理念は、自己自身を自由に規定し、それによって実在性になる概念[21]だからである。理念が形式的で抽象的なものであるのは、理念の原理であるところの概念が抽象的な統一として受け取られ、その本来の姿、すなわち自己への否定的な還帰つまり個別性として受け取られない場合に限ってのことであろう。

第一六三〔一六二〕節　〔理念は理性である〕〔二一四〕

理念はまた理性としても捉えられることができるし、主観‐客観としても、理念的なものと実在的なものとの統一、有限なものと無限なものとの統一、魂と身体との統一としても、自分の現実性を自分自身に即してそなえている可能性としても、その本性がまさに現実存在するものであると概念把握されることができるもの等々としても、捉えられることができる。(22)というのも、一般に悟性のすべての相関関係は理念のなかに含まれているが、含まれていると言っても、それらの自己への無限な還帰つまり同一性(23)のなかに含まれているからである。

悟性の行う仕事は簡単なものであって、理念について言われるすべてが自己のうちで矛盾しているのを指摘することである。しかし、悟性に対しても同じやり方で臨むことができる。というよりもむしろ、そうした扱いはすでに理念においては行われているのである。——この仕事は理性の仕事であって、もちろん悟性の仕事ほど容易ではない。——だから、悟性が次のようなことを示したとする。すなわち、理念は自己自身に矛盾している、なぜなら、たとえば主観的なものは主観的であるにすぎないのであって、客観的なものはむしろ主観的なものに対立しているし、存在は概念とはまったく別の何ものかであって、それゆえに存在は概念から取り出すことはできないし、同様に有限なものは有限でしかなく、無限なものの正反対であって、それゆえに無限なものと同一ではない、などといったことであり、しかもあらゆる規定を通じてそうなのだということである。その場合、論理学はむしろそれの反対を指摘してみせる。すなわち、主観的でしかないと言われるような主観的なもの、有限でしかないと言われるような有限なもの、無限でしかないと言われるような無限なもの、こういったものはいかなる真理をももちあわせておらず、自己に矛盾していて、自分の反対のものへと移行するということである。そしてこう指摘してみせることによってこの移行、つまりそのなかで両極が揚棄されたものとなり、〔互いに〕映象することが、言いかえれば諸契機になっているような統一が、両極の真理であることがあらわにされるのである。

理念を相手にして取り組むとき、悟性は二重の誤解をしてしまう。一方では、悟性は依然として理念の両極(これらは統一されている限り、どのように言い表されてもかまわない)のことを、あたかもそれらが自分たちの具体的な統一のうちにあるのではなく、統一の外部にある抽象物であるかのような意味で捉えている。たとえば判断におけるコプラ〔繫辞〕は、主語である個別について「個別はまさに個別ではなくて普遍である」ということを言明するのであるが、こうしたコプラの本性といったものを悟性ははじめから見落としているのである。——他方では悟性は「自己同一的な理念は自分自身の否定的なものを、すなわち矛盾を含んでいる」という自分の反省を、理念そのものには属さない外面的な反省だと思っている。――しかし実は、これは悟性に固有の知恵なのではなくて、理念とはこうした否定性であるのだから、理念自身が弁証法なのである。この理念の弁証法は、自己同一的なものを差異されたものから、主観的なものを客観的なものから、有限なものを無限なものから、魂を身体から、永遠に切り離し、そしてこの限りにおいてのみ永遠の創造、永遠の生動性、そして永遠の精神なのである。こうして理念は、それ自身が抽象的な悟性へと移行することによって、また永遠に理性なのであるが、理性であるというのは、この悟性的な区別に自分の本性ならびに自分の諸産物が自立しているという誤った映象（見せかけ）を再び了解させて統一に連れ戻す弁証法であるのと同じことである。この二重化された運動は時間的でもなければ、何らかの仕方で分離され区別されてもいないのだから――そうでなければ、この運動は再び抽象的な悟性にすぎないことになるだろう――、この運動は他者のなかに自分自身を永遠に直観することなのである。すなわちこの運動は概念であり、客観である。概念であるというのは、自分の客観性のなかで自分自身を実現したということであり、客観であるというのは、内的な合目的性であり、本質的な主観性であるということなのである。

――理念を理解するのに、「理念とは理念的なものと実在的なものとの統一である」、「有限なものと無限なものとの統一である」、「同一性と差別との統一である」、などと捉える様々なやり方は、程度の差こそあれ、形式的である。というのも、こうしたやり方は、規定された概念のどれか一段階を指しているからである。ただ概念そのものだけが自由であり、そして真に普遍である。それゆえに理念においては、概念の規定態は〔規定態であると〕ともに、概念そのものにほかならない。〔このような概念の規定態が〕客観性である。客観性というすがたをとるときには、普遍としての概念は自分自身を客観へと措定し続けるのであり、客観というかたちで自分固有の統体的な規定態をもっているのである。理念は無限判断である。無限判断というのは、判断の両側面のそれぞれが自立的な統体性であり、そして統体性であるのは、各側面が自分を完成して統体性となり、他の側面へと移行してしまっているということによってである。[24]――概念そのものおよび客観性だけがこのように自分の両側面において完成された統体性なのであって、それ以外の規定された概念がそのような統体性であることはない。

第一六四〔一六三〕節〔理念は過程である〕〔二一五〕

理念とは、本質的に過程（Prozeß）である。なぜなら、理念が絶対的な否定性であり、それゆえに弁証法的である限りにおいて、理念の同一性は概念の絶対的で自由な同一性にほかならないからである。理念は行程（Verlauf）である。行程であると言うのは、〔まだ〕個別性〔と直接的に一つ〕であるところの普遍性としての〔先に「主観的概念」と言われた〕概念が自己自身を規定して客観性となり、次いで概念を自分の実体としてもっているところのこの〔客観性という〕外面性が自分の内在的な弁証法を通じて自己を主観性へと連れ戻す、ということである。

a 生命

第一六五〔一六四〕節〔生命における三契機〕〔二一六〕

直接的な理念は、生命（Leben）である。概念は、身体のなかで魂として実在化される。〔そこで第一に〕魂としての概念[25]はその身体の外面性によって直接的に自己を自己へと関係づける普遍性であり、また〔第二に〕身体の特殊性でもある。そのため、身体がその身に表現している区別は、ほかならぬ概念諸規定なのである。最後に〔魂としての概念は個別性であるが〕、客観性が、自立的に存立しているというその映象から主観性へと連れ戻されるために、個別性は、一方ではこの客観性の弁証法である。そのために、すべての分肢は相互に手段ともなれば[26]、また、概念の諸規定なのであるから代わる代わる目的ともなる。——他方では、生命は概念の個別性によって生命あるもの（Lebendiges）となる。**【**↓第一六五〔一六四〕節付論　二六一頁**】**

第一六六〔一六五〕節〔1　生命あるものの過程〕〔二一六・二一八〕

〔1〕生命あるものは個体性をもっているが、それは生命あるものの個別性が概念の主観性であるということによってである。こうした個体性は分離不可能な一なるものなのであるが、しかし、客観的な区別項の方は何であってもよいという外面性をもっている。だから、生命あるものとは、本質的にそれの自分自身のうちでの過程のことであり、その諸部分は移行するものとしてしか存在しない。

それだから、全体と部分の相関関係は、生命あるものにとっては最もふさわしくないものである。言いかえれば、生命あるものがこの相関関係に従って考察されるならば、生命あるものは死せるものであると考えられることになるだろう。なぜなら部分とは、自立的な存立をそれだけで〔対自的に〕もっているはずの区別項であるからである。

精神もまた生命あるものである。しかし、精神がもつはずだとされる、それだけで〔対自的に〕働く能力や力が精神のなかに想定される場合には、精神も同じく死せるものとして考察されることになる。その場合には、精神はたくさんの性質からなる物であって互いに無関心に存立している諸規定の集合体だということになる。

同様に、生命あるものを魂と身体とから成り立っているとするのも不適切である。生命あるものの有限性は魂と身体とが分離可能であるというところにあり、これが生命あるものは死すべきであるという性格をなしているのである。しかしただ生命あるものが死んでいるという限りにおいてのみ、いま述べた理念の二側面は、別々の構成要素〔と見られてしまうもの〕になる。

第一六七〔一六六〕節〔2　生命あるものの客観化〕

〔二一九〕

2　この過程は概念のうちにある、言いかえれば、生命あるものの直接性のうちに[27]含まれている。しかし実在的概念の判断〔根源分割〕においては、客観的なものもまた自立的な統体性であり、生命あるものの否定的な自己関係は、生命あるものに対立する非有機的な自然という前提をつくりなす。同様に、この否定的なものは生命あるもの自身の概念契機であるのだから、この否定的なものは、同時に普遍でもある生命あるものにおいては欠如として存在している。客観は自分のことをそれ自体としては空しいものだとして揚棄するが、この〔客観の〕弁証法は、自分自身を確信している生命あるものの活動なのである。こうしてこの自分自身を確信している生命あるものは、この過程のなかで非有機的な自然に対抗して自己自身を維持し、自己を展開し、かつ客観化するのである。【→第一六七〔一六六〕節付論　二六三頁】

第一六八〔一六七〕節〔3　性別〕

〔二二〇〕

3　生きている個体は、その最初の過程のなかでは主観〔主語、主体〕たる概念としてあるが、その第二の過程を通じて自分の外面的な客観性を自分に同化してしまったことによって、いまやそれ自体としては類であり、実体的な普遍性である。そしてこの概念の判断は、主観を別の主観へと関係づけることであり、つまり性別（Geschlechtsdifferenz）なのである。

第一六九〔一六八〕節　〔生命の死と精神の出現〕　〔三二一・三二二〕

類の過程は、類を対自存在にする。この過程の産物は、生命がまだ直接的な理念であるがゆえに、二つの側面に分解する。一方の側面では、最初は直接的なものとして前提されていた生きている個体は、いまでは媒介され生み出されたものとして出現する。しかし他方の側面では、その最初の直接性のために自己を普遍性へと否定的に関係づける生きている個別性は、この普遍性のなかで没落する。こうして理念は自由な類としてそれだけで〔対自的に〕現実存在という姿を取る。個別的な生命体が死ぬことは、精神が出現すること（Hervortreten des Geistes）なのである。【↓第一六九〔一六八〕節付論　二六四頁】

b　認　識

第一七〇〔一六九〕節　〔理念における判断〕　〔三二三〕

理念がその現実存在の境地として普遍性をもつ限り、言いかえれば客観性そのものが概念としてある限り、理念は自由にそれだけで〔対自的に〕現実存在する。理念のなかで揚棄されている個別性は、理念の内部における純粋な区別であり、この同一的な普遍性のなかで自己を保っている直観である。しかしこの個別性は、統体性のこのような個別性であるから、統体性としての自己を〔個別性としての〕自己から突き放し、かつ自己を外的な宇宙として前提するという判断なのである。【↓第一七〇〔一六九〕節付論　二六四頁】

第一七一〔一七〇〕節　〔二つの理念の反省関係〕　〔三二四前半〕

それ自体としては、あるいは生命としては同一であるところのこの二つの理念の関係は、さしあたっては相対的な関係であり、言いかえれば反省関係である。というのは、〔この二つの理念の〕区別は最初の判断であり、前提することはまだ措定することとしてあるのではなく、それゆえに、主観的な理念にとっては客観的な理念は目の前に見出された直接的な世界であり、言いかえれば、生命としての理念は個別的な現実存在という現象のうちにあるからである。

第一七二〔一七一〕節　〔認識そのもの〕　〔三二四後半〕

A　主観的な理念は、普遍性という規定のうちにある理念であるから、それだけで〔対自的に〕理念自身でありかつ理念の他者でもある。それゆえにこの主観的な理念は、自己をそのような〔理念とその他者との〕統一として実在化しなければならないという衝動をもっている。しかし、主観的な理念のなかにあるこの他者は客観的な世界という抽象であるにすぎないし、また主観的理念のうちにおけるこのような欠如、主観的理念に対して存在するものとしての世界である。それゆえに、この最初の衝動は、こうした理念の欠如を自己のうちで揚棄することに向けられ、また客観的なものと理念との同一性の確信を、存在する世界を自己のうちに受け入れることを通じて、真理へと高めることに向けられるのである。この衝動の実在化こそが認識としての認識（Erkennen）である。

第一七三〔一七二〕節　〔有限な認識・悟性〕　〔二二六〕

この認識は有限である。なぜなら認識は、目の前に見出された世界という前提をもっていて、そのためにこの世界と自分との同一性は、認識そのものが自覚するところではないからである。[28] それゆえ、認識が到達することのできる真理もまた有限な真理であるにすぎず、概念の無限な真理ではない。自体的に存在する目標としてのこの無限な真理は、認識にとっては彼岸である。それゆえ、この認識は悟性なのであって、理性を欠いている。つまり認識とは、与えられた客観をその客観の外側にとどまり続ける概念の形式へと受け入れることなのである。【→第一七三〔一七二〕節付論　二六六頁】

第一七四〔一七三〕節　〔分析的方法〕　〔二二七〕

有限な認識がもっているものは、1　それ自身としては〔対自的には〕、形式的な同一性、言いかえれば抽象にすぎない。というのも、この認識は自分に対立する目の前に見出された存在者として区別されたものを、すなわち、外的な自然の事実あるいは意識の事実を前提としているからである。だからこの認識の活動性は、次のことにおいて成り立つ。すなわち、与えられた具体的なものを解体すること、自分の区別項を個別化すること、そして抽象的な普遍性という形式をそれら諸区別項に与えること、言いかえれば、根拠である具体的なものは放置し、非本質的に見えるあれこれの特殊性を捨象することによって、具体的な普遍、すなわち類、言いかえれば力と法則を取り出すことである。——〔こうした有限な認識の様式が〕分析的方法（Analytische Methode）〔である〕。

第一七五〔一七四〕節　〔総合的方法〕　〔二二八〕

2　この普遍性は、そもそも〔普遍的であるのと〕同時に規定された普遍性であり、それの真理は概念である。概念は有限な認識においてはその無限性〔という本来〕のすがたで存在しているわけではないから、概念は単なる悟性的な、規定された概念であるにすぎない。対象をこうした〔規定された概念という〕形式のうちへと受け入れることが、総合的方法(die synthetische Methode)である。【↓第一七五〔一七四〕節付論 二六七頁】

第一七六〔一七五〕節〔定義〕 〔二二九〕

α 対象は認識によって規定された概念という形式を取らされ、その結果として対象の類と対象の普遍的な規定態とが措定されるが、これがすなわち定義(Definition)である。【↓第一七六〔一七五〕節付論 二六七頁】

第一七七〔一七六〕節〔分類〕 〔二三〇〕

β 二番目の概念契機を、すなわち特殊化としての普遍の規定態を提示することは、分類(Eintheilung)である。【↓第一七七〔一七六〕節付論 二六九頁】

第一七八〔一七七〕節〔定理・構成・証明〕〔二三一〕

γ 具体的な個別性においては、対象は区別された諸規定の総合的な関係である。——〔これが〕定理(Theorem)である。区別された諸規定の同一性は、媒介された同一性である。媒介項となる材料を持ち出してくることが、構成(Construktion)であり、また、最初の〔総合的〕関係の必然性を認識に対して出現させる媒介そのものが、証明(Beweis)である。

総合的方法と分析的方法との区別について普通に主張されていることによれば、おおかたにおいては、どちらの方法を使おうが各人の勝手だと考えられている。総合的方法によれば、具体的なものは結果である。そうした結果である具体的なものが前提とされる場合には、抽象的な諸規定は具体的なものから帰結として分析されるということになる。〔しかし〕これらの帰結〔である抽象的な諸規定〕こそは、〔具体的なものを〕証明するための前提と材料となっていたものである。〔たとえば〕曲線に関する代数学的な諸定義は、幾何学の進行においては定理である。そうだとすると、ピュタゴラスの定理(Lehrsatz)は、もしそれを直角三角形の定義として受け入れるならば、幾何学のなかでピュタゴラスの定理に先立って証明されていた諸々の定理(Lehrsätze)を、分析によって生み出すものだということになる。(29)

〔以上のように〕勝手に選択することができるのは、どちらの方法も同じように外的に前提されたものから出発しているからである。概念の本性に従えば、分析の方が最初のものである。というのも、分析は、最初に所与の具体的な素材を普遍的な抽象の形式へと高めなければならないからである。その後になってはじめてこの普遍的な抽象の形式を定義として先立てることができるようになる。

哲学的な認識をするうえでこれらの方法は使用できないということは明らかである。なぜなら、そうした方法は最初の前提をもっているが、そのために認識が悟性に引き下げられ、形式的同一性を頼りにして進んでいくやり方に落とされるからである。

哲学および学においては、これらの方法の形式主義が乱用されてきたが、こうした乱用に替わって最近登場したのは、いわゆる構成と呼ばれるものを乱用する動きである。カントによって広められた考えに次のようなものがある。すなわち、数学は自分の諸概念を構成すべしということは、ここでは数学が何一つ概念をもっていないということを意味しているのではなくて、数学は抽象的な諸規定を感覚的な直観のなかで叙述するということを意味しているにすぎない[30]。こうした考えがカントによって広められて以来、「概念の構成」と呼ばれているのが何であるかと言えば、概念を回避して、知覚から取ってこられた感覚的な諸規定を押し立てること、そして哲学的で学的な対象をある前提された図式に従って一覧表で、しかも恣意的な自由裁量に基づいて分類するという［シェリングとその追随者たちの］形式主義なのである。この場合に根底にあるのは、理念、つまり概念と客観性との統一についての曖昧な表象である。しかし、このいわゆる構成と呼ばれるものの戯れによって概念としての概念にほかならないこの統一を叙述しようとしても、そんなことはできるはずもない。

ちなみに、幾何学が関わるのは空間という感覚的ではあるが抽象的な直観であるがゆえに、幾何学は何はばかることなく空間のなかで単一な悟性諸規定を固定することができるし、そしてそのために幾何学だけが有限な認識の総合的方法を完全な形でもつのである。けれどもまた、幾何学は最後には不可通約性（Incommensurabilität）と非合理性（Irrationalität）とに行き着く。そしてこの不可通約性と非合理性に至ったとき、さらに幾何学が規定を推し進めようとするならば、幾何学は悟性的な原理を超え出るように駆り立てられることだろう（その他の場合でもよくあったことだが、ここにおいてもまた、術語上の転倒が見られる。つまり、いわゆる合理的と呼ばれるものがつまり悟性的なものであり、これに対して非合理的と呼ばれるものがむしろ理性的性格の始元でありかつ手がかりであるということである）。

悟性的に進行し続けてあれこれの限界に突き当たったとき、学問のなかには［幾何学とは違って］安易なやり方で切り抜けるものもある。つまりその悟性的な進行方法を一貫させようとはせずに、自分が必要とするもの、つまりしばしばこれまでとは正反対であるようなことをとり上げるのであり、しかも、表象や私念や知覚から、あるいはまたその他のどこからでもおかまいなしに、ともかく外から採り上げるのである。――有限な認識は盲目であるために、進展していく際に、自分が定義や分類といったものを通じて、概念諸規定の必然性によって導かれているのだということを認識しないし、また自分がどこで限界に突き当たるのかも認識しない。さらにまたこの有限な認識がその限界を乗り越えたときにも、悟性諸規定がもはや通用しないような領域に自分はいるのだということを認識せず、そこにおいてもなお無謀にも悟性諸規定をそのまま使うのである。

第一七九〔一七八〕節　〔意志への移行〕　〔二三二〕

有限な認識が証明において生み出す必然性は外面的な必然性であって、主観的な洞察のためにあるにすぎないものである。それがちょうど規定態が定義においては徴表（Merkmal）であり、分類根拠は何らかの意味で外的な考慮であるのと同じことである。――その理由は、この認識は一般に事柄の概念に対立する形式的な諸概念に固執するからである。しかし、必然性そのものはそれ自体としては概念であり、そして形式的で外面的な媒介の真のあり方は、みずからを自分自身と媒介すること、つまり自立的な主観性である。それゆえに認識であるところの理念は、外的に存在する規定態から、内的な規定態、つまり主観に内在する規定態へと、すなわち意欲の理念（die Idee des Wollens）へと移行するのである。【→第一七九〔一七八〕節付論　二七〇頁】

第一八〇〔一七九〕節　〔善〕　〔二三三前半〕

B　それ自体としてかつそれだけで規定されたものとしての主観的な理念は、善（Gute）である。自己を実在化しようとするこの理念の衝動は、真（Wahre）の理念とは正反対の相関をもち、そしてもはや客観を受け入れてその客観に従って自分を規定するのではなく、むしろ目の前に見出された世界を自分の目的にあわせて規定することを目指している。【→第一八〇〔一七九〕節付論　二七〇頁】

第一八一〔一八〇〕節　〔意欲〕　〔二三三後半〕

この意欲（Wollen）は、一方では前提された客観が空しいという確信をもっている。なぜなら、必然性のなかでは直接的存在は自己を揚棄してしまって妥当しなくなっているからである。――しかし他方では、認識することによって存在を揚棄することが存在の最初の形式的な否定であり、また善の目的がまだ主観的な理念であるがゆえに、意欲は客観の自立性を前提としている。

第一八二〔一八一〕節〔有限な意志の矛盾〕〔二三四〕

それゆえにこの意志（Wille）の有限性は、矛盾である。この矛盾は、客観的世界の矛盾しあう諸規定のなかで善の目的が実現されると同時に実現されないという矛盾であり、目的が本質的なものであるとともに非本質的なものでもあり、現実的であると同時にただ単に可能的であるにすぎないというように措定されているという矛盾である。この矛盾が解消するのは次の点においてである。すなわち、目的とは、それ自体として有限なのでもなければその内容によって有限なのでもなく――というのも、この目的は善なのであるから――、客観性に対してそれが対立していることによってのみ有限なのである。この目的の主観性は、活動そのものによって自己を揚棄して、それによって認識の前提である客観的なものは直接的に存在するものとして自己を回復するのと同様に、善の究極目的に対する客観の対立は消滅しもする〔以上の点において矛盾は解消するのである〕。【→第一八二〔一八二〕節付論　二七一頁】

第一八三〔一八二〕節〔絶対的理念への移行〕〔二三五〕

それゆえに、目的としての善の真理は理論的な理念と実践的な理念との統一である。すなわち、善はそれ自体としてかつそれだけで達成されたのであり、――客観的な世界はそれ自体としてかつそれだけで概念なのである。認識の差異と有限性から自己へと還帰し、概念の活動によって概念と同一になった生命は、思弁的な理念、言いかえれば絶対的な理念（die speculative oder absolute Idee）である。

c　絶対的理念

第一八四〔一八三〕節〔主客統一としての絶対的理念〕〔二三六〕

主観的な理念と客観的な理念との統一としての理念は、概念である。〔どういう概念かというと〕それにとっては概念そのものが対象であり、言いかえれば客観が概念である、そういった概念であって――その客観というのは、すべての諸規定がそのなかへ集約されていくような客観である。したがってこの統一は、絶対的にしてかつ一切の真理であり、自己自身を思考する理念なのである。【→第一八

四〔一八三〕節付論　二七二頁】

第一八五〔一八四〕節　〔純粋形式としての絶対的理念〕

〔二三七〕

絶対的理念というのはそれだけで〔対自的に〕純粋な形式、自分の内容を自己自身として直観するところの純粋形式である。なぜなら、絶対的理念のうちには移行することも前提することもなく、流動的でも透明でもないような規定態もまったくないからである。この純粋形式はみずからにとって〔自覚的に〕内容であるが、それはその純粋形式が自分自身を自己から観念的に〔自己の内部の契機として〕区別する働きである限りにおいて、そして区別されたものの一方が自己同一性ではあっても、その同一性のなかに形式の統体性が規定として含まれている限りにおいてである。この内容こそが論理的なもの（das Logische）である。〔純粋形式である〕絶対的理念にとっては、形式として残るものはこの内容の方法以外にはない。【↓第一八五〔一八四〕節付論　二七二頁】

第一八六〔一八五〕節　〔方法a　始元〕

〔二三八〕

思弁的な方法の三契機は、〔第一に〕a、始元である。それは存在すなわち直接的なものである。始元とは、それが始元であるという単純な理由から言えば、それだけで〔対自的に〕存在する。しかし、こうして思弁的な理念から出発して、概念の絶対的な否定性ないし運動として判断〔根源分割〕し、自己を自分自身〔にとって〕の否定的なものとして措定するのは、いまやこの思弁的理念の自己規定作用である。存在は始元そのものに対しては肯定（Position）として現象するから、むしろ否定である。だが、概念は自分の他在のなかで端的に自己同一的なものとしてありかつ自分自身を確信することであって、存在は概念の否定であるから、それはまだ概念としては措定されていない概念、すなわち〔未展開の〕概念それ自体（der Begriff an sich）である。——それゆえにこの存在はまだ規定されていない概念であるから、また普遍的なものでもある。

始元とは、もっぱら直接的な存在という抽象的な意味においてだけ、直観と知覚から取り入れられるような始元であって——有限な認識の分析的方法の始元である。普遍性という抽象的な意味においては、始元は有限な認識の総合的方法の始元である。だが、論理的なものは存在するものであると同じくただちにまた普遍でもあり、直接的に理念それ自身であるのと同じく理念によってみずからに対して前提されたものであるから、論理的なものの始元は分析的であるのと同じく総合的でもある始元である。【↓第一八六〔一八五〕節付論　二七三頁】

第一八七〔一八六〕節〔方法b　進展〕　〔二三九〕

〔思弁的方法の三契機は、第二に〕b、進展（Fortgang）〔であるが、これ〕は理念の判断〔根源分割〕である。直接的に普遍的なものは、自分自身に即して単一なものなのではなくて、自己のうちで区別されたものであり、言いかえれば、まさにその直接性と普遍性がその規定態となっている。だからそれによって、その直接的に普遍的なものは、始元〔にとって〕の否定的なものである。すなわち、最初のものがその規定された姿で措定されているのである。この最初のものは一方のものに対して（für eines）存在するのであって、区別されたものの関係であり、措定された存在である。――これは反省の契機である。だが、この反省は外面的な反省ではなくて内在的な反省であるから、弁証法的である。この進展は、直接的な概念に含まれているものだけが内在的な反省によって措定されるのであるから、分析的であるが、この直接的な概念のなかではまだこの区別は措定されていないという点では、それはまた総合的でもある。【→第一八七〔一八六〕節付論　二七四頁】

第一八八〔一八七〕節〔進展の諸相〕　〔二四〇〕

この進展は、存在〔論の境位〕においては他者であり、他者への移行であり、本質〔論の境位〕においては対立するもののなかに映象することであり、概念〔論の境位〕においては普遍性から個別的なものが区別されてあることであるが、この普遍性は普遍性として自分とは区別されたもののなかへと連続し、この区別されたものとの同一性としてある。理念においては、この媒辞はすでに第二の否定、否定の否定であり、統体性の生きた魂である。

第一八九〔一八八〕節〔方法c　終結〕　〔二四一〕

〔思弁的方法の三契機は、第三に〕c[31]、終結（Ende）であるが、それは差異が理念のなかでは何であるかが措定されているということである。それは〔一方では〕自分自身のもとにあって最初のもの〔始元〕の否定的なものであり、〔他方では〕最初のもの〔始元〕との同一性としては、自分自身を否定したあり方である。したがって、終結とは、最初の二つのものが観念的なものとして、契機として、つまり揚棄されたものとしてあるような統一のことである。――理念のなかではこの終結は、始元が直接的なものであり終結が結果であるかのような映象が消滅することにほかならず、――〔それはすなわち〕理念が一つの統体性であるという認識なのである。

第一九〇〔一八九〕節 〔方法は内容の魂〕 〔二四三前半〕

以上のように、方法とは外面的な形式ではなく、内容自身の魂であり概念なのである。方法が内容そのものと区別されるのは、内容としての概念諸規定がそれら自身のもとで概念の統体性である限りにおいてでしかない。だが、概念はそのような境位と内容とにふさわしいあり方をしていないから、そうした境位と内容とを揚棄するのである。【→第一九〇〔一八九〕節付論　二七六頁】

第一九一〔一九〇〕節 〔体系的な統体性としての理念〕 〔二四三後半〕

いまや内容は概念を通じて理念へと還帰しているのであるから、理念はみずからを体系的な統体性として現している。この体系的な統体性とは、ただ一つの理念にほかならず、その特殊な諸契機は、一方ではそれ自体として理念であるが、他方では概念の弁証法によって理念の単一な対自存在を生み出す。形式すなわち方法と内容との区別は、その統体性のなかで自己自身を解消するのである。

第一九二〔一九一〕節 〔自然への移行〕 〔二四四〕

したがって、こうしてそれだけで〔対自的に〕理念であるところの思弁的な理念は、無限な現実性である。この無限な現実性は、こうした絶対的な自由のうちにあるとき、単に生命へと移行するにすぎないのでもなく、また有限な認識として生命を自己の内で映象させるのでもない。そうではなくて、自分自身の絶対的な真理のうちにあって決断する（sich entschließen）のであるが、その決断とは、自分の特殊性の契機、言いかえれば最初の規定作用と他在という契機、すなわち直接的な理念を、自分の反映（Widerschein）として、すなわち、自己を自然として自由に自己から外へ解放しようとすることである。[32]【→第一九二〔一九一〕節付論　二七七頁】

Ⅱ 「一八一七年の論理学講義」

論理学と形而上学
ヘーゲル教授による講義
哲学的諸学のためのエンチクロペディーを使用
時　一八一七年夏学期
［於　ハイデルベルク］

フランツ・アントン・ゴート
法学専攻

予備概念

第一二節　付論

1 【開講——一八一七年四月三〇日・大変寒い】論理学および哲学にとって一般に欠くことのできない性格は、この学の概念がこの学自身の最後の成果であるということである。すなわち、現実的な学というのはこの概念の定在、あるいは実在する姿なのである。この定在の真理、あるいはこの定在の最後の成果は、それが自分の概念のなかでみずからを解消し、そうして定在の〔概念という〕この本質が現れてくるということである。自分の概念に還帰したこうした定在は、学そのものの純粋な理念である。なぜなら論理学の内容は純粋な思想であり、言いかえれば、それ自体として概念そのものだからである。

2 従来、論理学が課題として扱っていたのは、「真理とは何であるか」という問いであった。真理とはさしあたり主観的な表象あるいは思想と対象との一致と規定される。ところで思考がまさに対象に対立するものとして表象される限り、思考は対象と自分とが統一されたかたちでは考察され得ず、むしろそれだけで主観的な思考として考察されることになるだろう。そこで論理の学ははじめには思考の学なのである。

3 思考というのは自分の単一な自己同一性のうちにある知、言いかえれば自由な普遍性そのものである。思考の自由と単一性というのが多様性と直接性とを揚棄することである限り、思考とは抽象することなのである。

私が何かある感覚的なものを思い浮かべるとすると、そのとき私は直観している。しかしこれはまだ思考ではない。感覚的なものというのは、様々な対象あるいは徴表のバラバラに並びあう存在である。同一性はいまここにはない。感覚的なものは何かある具体的なものなのであって、普遍的なものではない。しかし思考は統一を、多様なものを集約することを要求する。たとえば私が「人間」と言うならば、私はすでに何ものかを心に思っている。なぜなら私はここでは様々な徴表を意識のうちで結び付けて統一したのであり、私の感官が単にこうした諸徴表を感じているにすぎないのではないから。――抽象をする際には、どんな場合でも私は思考している。たとえば青は直観のうちではバラバラなものである。私が対象の単なる概念を、たとえば動物を動物として把握する場合、私は思考している。思想は自由である。――だから客観的なものとは結び付けられておらず、純粋に主観性のなかへ移行してしまっているものである。【五月二日】――普遍的なものは思考のなかでしか現実存在できない。思考は多様なものを揚棄する。だから思考とは抽象作用であり、バラバラの存在を揚棄する作用、真実なるものの形式[1]だけにしか属していないものを取り去ることである。しかし、真実なるものあるいは本質的なものは、思考によっては揚棄されない。

　直接的なものは思考によって揚棄される。この直接的なものは思考によって他のものになる。いまやこの思考による揚棄を通じて直接態[2]が生じるが、この直接態は直接的なものを捨象することによってはじめて形成されたのである。――思考は自由である。私は私が思考する限りにおいてのみ、自由である。――思考のこの普遍性が論理学の境地になる。この境地は、一切の有限で時間的な諸目的と諸対象とは切り離された純粋な境地である。この境地にまで高まるためには、感覚的なものから精神の、純粋に普遍的なもののエーテルにまで完全に高まらなくてはならない。

4　私は思考する。そして思考とは私の諸々の活動性のなかの一つなのであるが、しかし、むしろ私は思考しているがゆえに存在するのである[3]。

　思考というのは、或るものを「私のもの」(das meinige) にする或る特殊なやり方である。表象と直観を通じて、或るものは私のものになる。――論理学が挙げなくてはならないのは、或るものが私のものになるためにはどれだけの条件がいるのか、ということであり、だから、思考の諸形式を挙げなくてはならないのである。かくて、特にこの頃[4]よく行われている論理学の領域には、心理学も或る程度は入れられている。――考えるべきは、いかにして表象や感覚の正しさを維持できるのか、ということである。というのは、表象や感覚に対しては諸々の対象は「それ自体[5]」〔というありさま〕で生じてくるが、我々はこの状態のなかで魂を維持しなければならないのだから。

　だから思考は、表象作用や感覚作用と同様に、私の活動性であるような活動性となされる。私〔自我〕は絶対的に自由である。私〔自我〕は思考そのもの、最も純粋な抽象なのである。私〔自我〕という言葉では、誰もがある特殊なことを思い浮かべる。しかしその人は同時に、何か普遍的なものを表現しているのである。

なぜなら、ある人が「この人」、「あの人」などと言う場合、それぞれの人が私〔自我〕であるわけだからである。というのも、こうした言い方は誰にでも当てはまるのであるから。神は言い表せないものであると言う人がいるが、そう言い表すことによって〔神は言い表すことができないと言いながら言い表せないものとして言い表しているのだから〕まったく正反対の振る舞いをしているわけである。言い表すことができるのは普遍的なものだけである。しかし神はまさしく最高の普遍性そのものであるから、むろん神を言い表すこともできる。――私は様々な活動性をもっていて、そのうちの一つが思考であるというのではなく、思考こそが活動性そのものである。思考は私〔自我〕そのものなのである。私〔自我〕が一切の規定の本質的なものの地盤なのである。

5　あらゆる直観、表象、欲求、意欲などの作用は本質的には思考である。これらの活動性は自我（私）、すなわち私の私自身への普遍的で絶対的な関係を基礎にもっている。これらの活動性が思考から区別されるのは、それらの内容が私にとって[6]普遍性の形式あるいは「私のもの」という形式をもっているのでない限りにおいてである。

私が思考しているということを私が知らないからといって、私は思考していないわけではない。眠っていて意識を欠いた状態にあるときでさえ、人間はたえず思考している。その場合にはただ思考しているという意識が欠けているだけなのである。[7]

直観することによって、私は私の外に出る。思考することを通じて思考されたものは私のなかで[8]貫かれ、こうして貫かれたものはもはや私に疎遠なものではなく、私のものになっている。

思考は思考されたものの絶対的な基礎なのである。

6　【五月二日・雨、寒い】没意識的な自然の本質も同様に普遍的なもの、言いかえれば単一な思想である。

自然は自体的には理念である。しかし自然は現象しているときには互いにバラバラで並びあう存在である。物（Ding）と思考（Denken）とは、ドイツ語の語法では同系統の言葉である。[9]

自然の諸法則は、論理学に内在的で、論理学の本質をなしている。[10]

7　学的な論理学においては、思考は単なる自己意識的な形態で受け取られているのでもなければ、その外面的な形態で受け取られているのでもない。そうではなくて、思考は主観的でもあれば客観的でもあるというそれの普遍性の意味とともに、それ自体としてかつそれだけで考察されている。しかしもっと詳しく言えば、規定された思考は普遍的なものと個別的なものとの同一性、すなわち概念であり、自分の〔諸〕規定の統体性のうちにあり、そのために一方の側面そのものが概念であり、他方の側面がその概念にふさわしい実在性となっている。だから論理学の内容は具体的であって、一般的に言って理念なのであり、すなわち論理学という純粋な形態における真理なのである。

思考は主観的でもあれば客観的でもあるという意味をもっている。論理学はイデアリスムス〔観念論〕であるとわれわれが言う場合、そのことをわれわれは、論理学はあらゆる存在を自己のうちに包括しているという意味に解している。――思考を概念に対立させるならば、思考は単なる一つの形式にすぎない。しかしながらその本質において理解するならば、論理学は具体的なるものを、しかも最も具体的なるものを扱う。つまり最も普遍的なもの、有限なもののうちにおける無限性、無限なもののうちにおける有限なものを相手にするのであり、こうしたものが本質的なものそのものなのである。こうして思考はもはや単なる形式としての自己を開示するのではないし、また論理学は単に抽象的なるものの学説であるという性格を失う。

或るものを概念的に把握する（begreifen）、或るものを真に理解する（wahrhaft auffassen）というのは、概念、理念――或るものの普遍的なもの――を認識するという意味である。

だから論理学とは理性が自己について知ることである。理性は無制限かつ無限なのであり、思考としての知とは理性自身の無限の形式なのである。だから、そもそも哲学というのは、自分にとってどこまでも彼岸のままでいる真理を得ようとする単なる努力にすぎないわけではない。さらに言うと普遍的な理念は一切の特殊的なものを自己のうちに含んでいる。そして学の有限性は、また理性知一般が程度の差はあってもともかく完成されているということは、もっぱら理性知が有限なもののなかで多かれ少なかれ広がっているという側面に関わっている。

人間の理性には制限があるということを、謙虚の証しとして語る人がいる。しかしながら理性はそれ自体でまぎれもなく無制限である。理性とは絶対的なもの、理念それ自体である。哲学とは制限を揚棄することである。われわれが制限について語るならば、その瞬間に我々はすでに制限を超え出ている。動物は制限を超え出ることはできない。動物は制限されている。純粋な思考としての知は、それ自身が無限である。知は思考であり、知としての思考は制限された場合にのみ、自己を感情、意欲等々として表すのである。純粋な思考は理性の無限な形式である。理性は死んだものではなく、生きているものであり、常に自己自身を運動させる。無限なものとしての神は生きているものである。

知は自己以外のいかなる内容ももっておらず、それ自身が客観である。――われわれが哲学の目標について知っているということによってすでに、この知は彼岸なのである。(11)

「人間は人間よりも高貴な或るもの、すなわち神についてては何事も知ることはできない」と言う人々の主張によれば、理性は自己を何か〔有限なもの〕として知る。(12)それだからこうした人々の謙虚さというものは傲慢なのである。なぜなら彼らはこうしたことを主張するがゆえに、何か特別なものを、すなわちそういう認識が不可能であるという認識を不遜にも述べているのだから。

しかし普遍的なものの認識は、われわれが概念的に把握するところによれば、〔それ自体が〕普遍的なるものであり、だからこうしたことを主張するのは決して傲慢不遜なことではない。

諸々の学はいつでも何か或る有限なものにしか関わらない。そう言うのはつまり、ここでは或る領域にある個々のものは概念に還帰させられ、概念から導出されねばならないからである。どんな学でも哲学的に推進されねばならない。つまり人は哲学をその理念に還帰させ、そして理念から導出しなければならないのである。

論理学上の素材になっているのは、どんな意識にもよく知られている抽象的な諸思想と思考の諸形式である。しかし、これらの思想や思考形式は単にそれらの形式的な規定態および正しさという点で考察されているだけではなく、本質的に、それらが真であるのか否かが考察されているのである。

論理学上の素材は思考の抽象的な諸形式、たとえば存在、可能性などの概念にほかならない。これらの思考形式は万有を支配し万有の本質をなす思考形式である。これらの諸形式は、我々はいつでもそのなかで生きているわけだから、われわれには(13)非常によく知られているものである。普通われわれはこうした諸形式を実在〔本質〕だと思っておらず、単に思考の諸形式であると思っている。存在論や純粋論理学(14)は以前にはこうした諸形式を扱っていたが、しかしそれらを実在〔本質〕そのものとは見なしていなかったし、いわゆる自然論理学(15)は単に理性の感情と、抽象的な諸規定や諸形式と結び付いていただけだった。思考の諸形式が論理学の素材である。論理学においては単に思考諸規定の個々のあり方が研究されるだけではなくて、それらの真理たることもまた研究される。【五月六日・快晴】

こうしたもの〔思考の諸形式の真理性(16)〕はこれまで

は前提されていた。――論理学はわれわれにとっては自然的な形而上学[17]である。思考するものは誰でも〔こうした自然的な形而上学としての〕論理学をもっている。自然論理学は人が論理学の理論のなかで立てた規則に必ずしも従っているわけではない。こうした諸規則が自然的な論理学を踏みにじるということはよくある。だから論理学の意味[18]をもっと詳しく定義すると、以下のようになる。

1　論理学は思考の学、思考の諸規定と諸法則一般の学であり、

2　哲学の〔なかの〕実在的な学〔自然哲学と精神哲学[19]〕ならびにあらゆる諸学の基礎としての哲学への導入（Einleitung）であるが、しかしながら、

3　哲学の外での哲学的思索ではなくて、哲学の一部分、すなわち普遍的部分であるが、しかしまさにそのために、

4　哲学の一部分であるのではなく、学全体の普遍的にして内在的な魂でありかつ成果であり、

5　概念と理念の具体的な普遍性の学、すなわち思弁的な学として、

6　最高の思弁的な学として思弁的神学である。

諸々の法則は現実的なものについての絶対的なもの、すなわち諸物の切り離された普遍的なものである。

もしわれわれが太陽系の法則を知っていたとすれば、たとえ太陽や星たちが現実存在していないとしても、われわれは太陽系の本質を認識したことになるだろう。

論理学は算術と比較されることができるが、算術は尺度（Maß）という普遍的なものを含むにすぎず、あらゆるものの基礎になっているにすぎない。音楽の算術というものがあるが、この算術が音楽の本質となっている。

哲学の外で哲学をしようと、人はいくたびも試みてきた。それというのも、哲学によってはじめて根拠づけられるのではない何ものかを前提しなければならない、そうしてからその前提されたものについて、あるいはそれを通じて哲学的思索を行うのだ、と信じられていたからである。――しかしながらこうして人は知を後退させる道を歩んで行った。

論理学とともに哲学的な思索が始められる。なぜなら論理学は普遍的なものであり、あらゆる思考は論理学にその根をもつからである。論理学を通じてしか思考はおのれの確固たる地盤を得ることができない。

賢明なる精神は普遍的なものを語ることによって、具体的なものを同時に自己のうちに含んでいる何ものかを語ったのである。その命題は長い経験によって信頼を獲得し、吟味され、研ぎ澄まされている。賢明と

は言えない精神も同じ命題を語ることはできるが、ここに含まれているのは具体的なものとは切り離された、単なるこの普遍的な何ものかなのである。

さてこうして、論理学は普遍的なるものを含んでいる。理念は本質的に思弁的なるものである。真なるものがその最高の深みに達したものが神である。しかし神は絶対的に具体的かつ精神的なものを含んでいる。

論理学は絶対的なものの単一な規定で始まる。〔そしてこの単一な規定が様々な諸規定に展開されていくが、〕しかしこれらの諸規定はどんどん凝縮されていく。かくして論理学はまず始めに絶対的なものの本質を立てる。その場合、論理学の成果は純粋に本質的なものについての学である。(20)

第一三節　付論

単に普遍的なものにすぎないような普遍的なものは、まったくどんな真理ももたない。〔普遍的なものが真理をもつと言えるのは〕普遍的なものが同時に一つの具体的なものである場合だけである。

【五月六日・快晴】単一で抽象的な規定態は悟性的なものである。悟性的なものは、普遍的なものとしては、最初の必然的な契機であり、他の諸契機の基礎となっているが、しかし、直接的で規定されたものとしては、本質的に他のものに移行していく。

〔ここで言う〕単一な諸規定というのは、普遍性というまったく抽象的でしかない形式しかもたず、またその内容は、たとえば、青い、家、人間、法、大きさ、肯定的なもの、有限なもの、無限なものなどのように、まったく感性的なものであっても、あるいはまた精神的な内容であってもいいのだが、ともかくこの意味での単一な諸規定は、一方では普遍的な表象にすぎず、他方では抽象的な諸思想や反省諸規定である。これらの諸規定は通常、概念などと言われているが、それは不当な呼び方である。

こうした抽象的な諸規定は本当はいかなる概念でもなく、単に普遍的な規定、あるいは表象でしかない。けれども、概念は本質的には具体的なものである。たしかにわれわれはこうした諸規定を諸概念にまで高めることはできる。〔けれども〕通常考えられているような、単に普遍的で抽象的でしかない諸規定としては、それらの諸規定は概念などとは言えない。たとえそれら諸規定の内実が感性的直観ないしは理性に由来するとしても。こうした普遍的な諸表象に携わるのは、唯一悟性だけである。

たとえば、「神は最高の本質である」とわれわれが言う場合、その神についての表象というのは、神性を抽象的に規定すること、つまり悟性の神にほかならない。けれども、本来の生命性、つまり真の概念は、そこには現存しない。

悟性は、とりわけ反省規定の対立において、たとえば有限なものと無限なもの、肯定的なものと否定的なもの、原因と結果などのものを究極のものと見なす。それゆえに、悟性は一般に二元論的であり、そして、一方の反省規定において他方の反省規定を捨象することを要求する。制限された有限なものが一般に絶対的だとされるわけである。

悟性の性格とは、対立に固執することである。だから、悟性は本質的なものを決して認識しない。悟性はたしかに無限なものと有限なものについて語ることはできる。しかしながら、そうしたものは悟性にとって生きたもの、具体的なものではなく、単に普遍的で抽象的な規定でしかない。

有限なものは、無限なものを抜きにしては把握できないし、その逆も真である。一方が他方を制約する。同様に、原因と結果は交替概念である。

第一五節　付論

［1］弁証法は外的反省のなかにその座を占めるようなものと見られてはならない。そうではなくて弁証法とは、諸物に固有で内的な本性なのである。

通常のイメージでは、弁証法は一つの技術、しかも外的で恣意的な技術だとされている。それはかつては、詭弁を弄すること（Sophisterei）、つまり概念を混乱させるのと同じことだと考えられていた。——けれども、弁証法は詭弁とは区別される。何によって区別されるかと言えば、詭弁が関わるのは真理の映象をつくり出すことでしかないのに対し、弁証法は本質そのものに関わるのであって、決して映象に関わるのではないということによって。

弁証法的なものというのは、制限された有限なものが元々含んでいる否定が措定されることにおいて成り立つ。有限なものは［それが元々含んでいる否定が措定されるという］このことによって、他者への関係であることをみずから示す。言いかえれば、自分自身の他者が自分のなかにあり、そのことによって有限なものは自己を揚棄するのだということをみずから示すのである。弁証法的なものが理性的なのは、それが統体性を叙述するけれども、もっぱら否定的関係において叙述するからなのである。

弁証法的契機とは、それが存在するものの平穏さを引き裂き、肯定的なものから否定的なものを切り離すことにある。

2　弁証法的なものは、一般的に認識やあらゆるものにおける媒介の契機である。すべての理性的なものは——理性的なものは具体的なものだから——媒介を自己のなかに含んでいる。直接知というのは感覚や直観、感性的な知覚一般であり、さらに抽象的な思考、自分の私見（Meinen）に基づく悟性である。つまり、その限りにおいて悟性には自己自身が抽象をやっているという意識が欠けている、言いかえれば、悟性自身が自分を媒介するというそれ自身の活動性を捨象しているのである。

われわれが無限なものの意識に到達するのは、有限なものの揚棄を通じてでしかない。

3　学においては弁証法的なものは、概念が自己自身を規定していく前進運動だという、その規定された本質のかたちで存在する。しかし要するに、外的過程としてあろうと、衝動や欲求やそれ自身の活動性としてあろうと、弁証法的なものは生きて運動している魂である。弁証法的なものは、実在的なものにおいては自己をたとえば時間として、運動として、過程として、そして生きている主体性として現示するが、しかし精神においては、自我そのものが自己規定、痛み、衝動、活動等々として自己を外化させる弁証法的なものである。あらゆる生命体は、内的な矛盾を自己のなかに措定し、かつこれを揚棄するということに基づいている。一般的に言えば、弁証法的なものとは活動する絶対的な威力なのである。

弁証法は、どんな意識あるいは思考のうちにも現れるが、それと同様に、世界のどんな実在のうちにも現れる。たとえば、緑の木の葉は色あせるし、すべての動植物の種属は姿を変え、死滅する。諸事物の死の、そして変化のきざし、これが諸事物の弁証法的な契機である。ただ死んでいるだけのものは非弁証法的なもの、純粋に悟性的なものと言っていい。――機械的な変化というものは、何らかの外的なものに依存した変化である。しかし、実在は、変化させられるべきであるからには、変化することができるのでなければならない。その場合、変化を引き起こすものは何らかの外的なものである。だから、自然のあれこれの変化は、外的な弁証法にすぎないのである。――それから、単なるあれこれのただの変化の方は、自己を規定し動かす実在自身に起因するのであるから、そうした諸変化は内的な弁証法である。理性は、みずからを満たし、規定するはずなのであって、私のうちにある死せるものにすぎないのであってはならない。理性は、外的なものを取り入れ、自己のなかで生かさなくてはならない。それこそ理性の弁証法的な契機である。

時間とは、抽象的に言えば純粋な否定性であり、純粋な抽象である。

だから、弁証法とは運動である。具体的に言えば、たとえば化学における過程がそうである。弁証法がなそうと努めることは、定在あるいは現にあるものを無となし、他のものへと移行させることである。たとえば、化学で言えば、物体の現状が維持されず、物体のいま現在の形式が無にされ、他の形式に移行するといったことである。だが、生命は絶えることのない持続であって、静止状態にとどまることはなく、たえず動いている。生命あるものは自己自身に欲求を起こさせる。

すべての運動は、痛みから発する。すなわち、欲求から発する。欲求がいや増しに増すほど、それだけますます活動は活発になる。

【五月八日・快晴】弁証法的なものは生命一般の拍動である。弁証法的なものが悟性に対してとる態度は、流動（Inconsequenz）が固定（Consequenz）に対する態度と同じである。悟性は制限されており偏狭である。弁証法的なものはあらゆる制限を超え出ていき、何ものにも固執しないから、一般的には、流動として現れてくる。たとえば、木は、はじめにいかなる葉も花もつけず死んだように見えても、やがて、葉や花や小枝などをつけはじめる。しかし、これらは変化し、葉や花は色あせ、枯れて、実や種がそれらにとって代わる。そうして、こういった変化、つまり弁証法は、限界を超え出て、流動するのである。

法が偏狭なのは、それが悟性によって制限のうちに閉ざされているからである。恩赦や赦免といったものは、法の制限を超えたものである。ここでは、制限としての法は停止し、流動が始まる。これが弁証法的なものの発現である。

世界精神は宇宙全体のなかでみずからを現示する。ここでは、弁証法的なものは、歴史においてはそうであるように、至るところで支配的な姿を現す。歴史においては、どんな形式でも変化し交替する。世界精神は、あらゆる制限を超えており、それゆえ、まさに弁証法的である。

だから、弁証法的なものは単なる問答ではないし、映象〔見せかけ〕や欺瞞に基づくだけのものでもない。弁証法的なものの本質とは、制限されたものを否定し制限を破壊して、新しい制限を作り出すことなのである。

弁証法的なものは、否定的なものと捉えられれば、単なる破壊的な、恐るべき威力として現れる。しかしながら、肯定的なものと見られれば、この威力は理性的なものそのものである。

懐疑主義は弁証法的なものにつながっている。

4 懐疑主義は学的弁証法とはいっても、抽象的な学的弁証法であって、この抽象的な弁証法が特に成果として得るものは、空虚な無にすぎない。だが、懐疑主義は、単に疑いは解消されるに違いないという考えや、要求を抱えて或るものの真理性に疑いをかけることにすぎないのではない。むしろ、真理性への絶望、すなわち、堅固であるとされている諸規定もすべて破綻することがありうるという確信なのである。しかも古代の懐疑主義の狙いは、意識にとっては揺るぎない純粋な自己確信はあらゆる規定された存在者や有限なものが揺らぐことから生まれるというところにあったのだが、これに対し近代の懐疑主義の無益な狙いは、神的なものや真なるものの学的認識を無に帰せしめ、翻って真理を経験的な意識の様々な事実に、つまり有限で偶然的な知の領域に制限するというところにある[21]。

　懐疑主義には、空虚な無以外には何の成果もない。古代の懐疑主義は私の前に直接に存在するものを攻撃した。たとえば、懐疑主義は、蜂蜜は甘い、石は固い、火は熱いなどといったことを否認する。懐疑主義者たちはこう言う。「『である』と言うことはできず、『であるように見える』としか言うことができない」と。だから、懐疑主義の成果は無である。しかし、懐疑主義は単なる疑い（Zweifeln）にすぎないのではなく、絶望（Verzweifeln）でもある。疑いの場合には、その疑いは解消されるかもしれないという希望や期待がまだ残っている。――主体がこの希望も期待も失うとき、絶望が起こる。

古代の懐疑主義は、経験的意識にとってはいかなる真理もないという、揺るぎない主張から生まれた。これに対し新しい懐疑主義は、感性的に知覚可能なものを真理と見なし、翻って、感性を超えた精神的なものや神的なものの認識や真理の一切を否認する。その意味で、この懐疑主義は、カント哲学から生まれたという面もある。

　懐疑主義は弁証法的なものの論理的な契機である。

5　懐疑主義はたしかに独断的な哲学に対立させられているが、思弁的な哲学に対置されているのではなくて、思弁的な哲学の内在的な契機となっている。しかしながらまさにそれゆえに懐疑主義は〔思弁的な哲学の〕形式のなかにある[22]。というのも、思弁的な哲学は弁証法的な成果を懐疑主義の[23]規定された真理のなかで摑むからである。

【五月九日・とても蒸し暑い】懐疑主義は、自分が克服されがたいものであるという先入見をみずからもっている[24]。懐疑主義は、独断論にとって、したがって古い形而上学にとっては、克服しがたいものである。

第一六節　付論

1　思弁的なものは、それが自分の規定された区別を含んだかたちで考えられる限り、肯定的に理性的なもの一般である。概念としての概念はどれであれ思弁的なのであって、〔いわゆる〕単純概念そのものなどは存在しない。思弁的な内容は各人の意識の表象のうちに現れてくる。たとえば神は最も思弁的な内容であり、しかも無規定的でありながら明確な意味を伴った内容なのである。無規定的でありながら明確な意味を伴った内容というのは、神は最も思弁的な内容であるはずだ、というのもつまり神のうちには一切のものが含まれ、かつ一切の矛盾が解消されているとされているからだ、ということである。

肯定的に理性的であることとは、ここでは弁証法的なものに対立させられる。しかし否定的なものもまた肯定的に理性的なもののうちに含まれている。肯定的に理性的であるのは、自分の絶対的な形式のうちにある肯定的なものである。だが、人は悟性を欠いてはいかなる理性をももちえない。悟性を捨ててしまったら、いかなる非悟性も〔悟性的に〕理解できなくなる。[26]

思弁的に理解する（Speculieren）とは、概念的に理解する（Begreifen）という意味である。思弁は単に諸々の表象に向けられるばかりではなく、本質と概念にも向けられる。――神は最も思弁的な概念であり、神のうちでは一切の多様性、あらゆる矛盾は一つである。神の同一性のうちでは対立物の一切は解消されて[27]いる。矛盾の解消とは、統一という事態であるが、〔この統一は〕抽象的〔な意味での統一〕ではない。矛盾は、神のなかで何ものかが否定されるということ[28]によって解消されるものではない。食物が消化吸収されて〔統一という事態が生じ〕ても、また腹はへる〔というように矛盾が生じる〕のであって、矛盾とは、吸収するものと吸収されるものとの間で取り除かれる[29]わけではない。或るものを思弁的に考察することは、或るものをその真の姿において捉えることを意味する。

正義とは、有限なものに対する絶対的な威力である。慈悲（Güte）とは、有限なもののなかに絶対的なものが存立することである。[30]

2　しかし表象においてはこのような内容の多様性は或る基体のうえでの単なる相互外在、すなわち並存継起と見なされるか、あるいは、悟性が或る対象を把握する限りで、悟性がこの対象を相互外在的に解体しっぱなしにしているかのどちらかである。そして、対置させられたものは、一方では事柄がそなえている様々な側面であるとされ、他方では矛盾とはおよそ事柄に属するのではなくて、外的反省、思考に属するとされる。しかし、まさにそのためにこの矛盾は思考のうちにある。しかし他の場合はそれと同じくらい矛盾は考えられるべきではないとされるのである。このことは一つの事実として受け入れられる。というのはむしろこの主張そのもののなかに対立した事実が現れ出ていて、矛盾は単一な思想としてこの主張のなかにあるからである。

主観とは、「矛盾は考えられる」というみずからの徴表の担い手である。

3 【五月一〇日・寒】有限なものというのはそもそも、矛盾に耐えることができずに、自分に対立するものが自分のうちに持ち込まれることによって没落する〔根拠に至る〕[31]ものである。しかし生きているもの、自我、精神、神は、主観性として無限な力である。無限な力というのは、矛盾するもののなかで自己を維持し、矛盾するものの同一性であるということである。この同一性は抽象的な同一性ではないし、矛盾は断じて揺るぎない肯定的な存立などではなくて、絶対的な動揺、変化、活動性なのである。この動揺、変化、活動性は主観に帰属するが、主観それ自身はそのなかにあっても変化させられることなく、自己と同一であり続ける。悟性が〔概念的に〕理解できない（unbegreiflich）というこの同一性こそが、まさに概念（Begriff）なのである。悟性はこれに対して没概念的なもの、すなわち一面的な抽象を理解しうるもの（das Begreifliche）と呼ぶ。

強者は、不幸、運命などに堪えることができる。それに対して弱者は打ち負かされてしまう。賢者は惑わされることはない、といった話。

鉄は空気中では錆びて、矛盾に耐えることができない。有機体は、植物、果実などといった養分〔の自立性〕に耐え〔て消化吸収す〕ることができる。有機体は、矛盾に耐え、矛盾を支配する能力がある。矛盾があまりにも大きすぎると、有機体はそれに耐えることができず、矛盾によって破壊されて終わりを迎えるのであり、だからこそ自己が有限なものであることを示すことになる[32]。

生命は自己を維持し、それによって自己が無限なものであることを示す[32]。生命あるものは自己を維持し、繰り返し自己を再生するのであって、生命あるものとしては絶滅することなどあるはずがなく、せいぜいのところ、それが現象する形式だけが変わるにすぎない。自我は異質なものを自己に受け入れることができる。たとえば、私は私にとって感性的な対象、たとえば家、木などを思い浮かべることができ、この矛盾を私のうちに受け入れることができる。

神は絶対的な威力であり、それゆえにまた最高の分裂である。植物は生命といってもまだ弱いもので、この弱い生命は、柔らかくて、弱くて、また油性の資源によっておのれを養っている。動物はもっと強い、——他の植物と動物性の資料を自己のうちに受け入れる。

自我、精神はさらに力がある。思考は有機的自然と非有機的自然のなかに入り込み、矛盾を自己に引き受けて、すべてのものを自己と一つにする。最強のものである神ですら、それ〔自我、精神〕によって思考の対象にされる。

矛盾は動揺である。矛盾を存在として表象することはできない。主観のことを普通われわれは安定したものだと思っているが、そうではない。主観は活動的なものそのものである。

弁証法的なものから思弁的なもの、すなわち肯定的に理性的なものへの移行をもっと詳しく述べると、悟性的なものは、

A　自分の規定態によって自分自身の限界と否定とを自分のうちにもっていて、だから弁証法的なのである。だが、

B　弁証法的なものはそれゆえに最初の肯定的なものへの否定の関係である。したがってこの関係は統体性であり、真なるものである。しかし、この関係のなかには肯定的なものも否定的なものも含まれているのと同じく、両方ともこの関係のなかでは揚棄されている。それゆえに絶対者は「どちらでもない」とも規定されるし、「どちらでもある」とも規定されるわけである[33]。言いかえれば弁証法的なものの成果は規定された無であり、これは或る内容を伴った否定が措定されているということであり、同じことだが、逆にその否定を伴った規定が定立されているということである。

規定されたものは、何らかの制限されたものであり、限界づけられたものである。規定されたものには対立してくるものがあるが、それは規定されたものに対して否定として現象してくるところの何ものかである。

生成のうちには存在と非存在が含まれているが、生成は空虚な無ではなくて、存在一般がそこから剝奪されることのない無である。

運動することとは矛盾を揚棄することであるが、運動することのなかにはまた頑として変わらざるものがある。同一性こそが運動することにおける真なるものである。

このことの実例となるのが、空間の諸々の次元である[34]。

1　点は空間の絶対的な限界、すなわち空間のまったく抽象的なる否定である。したがって、点はまさにこうした否定であるわけだが、しかし同時に本質的に空間の否定としてもあり、それゆえに、点を自分の否定としている、そういう空間は、点の規定のうちにある。したがって、点は矛盾である。つまり、空間の規定を自己のうちにもち、かつ空間の否定であるという矛盾である。成果は、もっぱら懐疑的に表現されるならば、こうなる。すなわち――それゆえに、点とは存在するのではなくて、映象するにすぎないのだ、と。

点は空間の次元ではなく、長さも幅も高さももたない。点は空間の純粋な否定である。――しかし、点は

空間を自己のうちに含む。私は空間なしに点を思い浮かべることはできない。しかし、私は空間において諸々の次元をどうしても思い浮かべざるをえない。だから、点は自己自身において矛盾である。点は、点がそれであるとされるところのものの否定〔空間〕を自己の内に含む。——点は自己自身を揚棄する。

しかし成果は、その真の姿から言えば、点が最初にそうであるとされるところの抽象的な否定としてあるのではなく、点自身の他者として、空間的なものとして、したがって空間のうちで自己を常に揚棄しているものとしてあるということである。それは線である。そのために線について、それは点が流動することによって発生する、とも言われる。

しかし、点のうちには揚棄するという働きばかりでなく、再措定する働き自体もある。点が流動すれば、線が発生する。流動することは運動することである。そこから点の他者が発生し、この他者によって線が成る。たとえば、机、木などの点の他者一般が線なのではなく、点そのものが流動することが線である。線のなかに点が保存されている。人は「線は点から成り立つ」と言う。しかし同じくまた「点は線のうちで否定されている」とも言う。たとえ私が望むがままにどれほど多くの部分に線を分割するとしても、線はどこまでも線のままである。線は無限に分割可能である、ということが意味しているのは、分割可能でないということである。〔線は線にとどまるのだから〕人は再び点に帰ってくることはない。

2　点が、始まりとなる肯定的なものだと捉えられる場合、線は点の他在、言いかえると点の否定である。しかし、そうだとすると、線はそれ自身が自己のうちで矛盾していることになる。つまり線とは、点を自分の原理としてもち、自己のうちでまさに点的に存在していながら、かえって同時に点の他者〔点ではないもの〕であるという矛盾なのである。すなわち、点はそれ自体として〔潜在的に〕はこうした矛盾だったのだが、線はこの矛盾が措定され〔顕在化され〕たものなのである。だから線は自己を揚棄するが、これをもっぱら懐疑的に表現すれば、「線は映象するだけで、存在しない」という命題が与えられることになる。

しかし、線は自分自身を揚棄することであるから、それは［1］第一の単一な空間的規定〔点〕を揚棄することなのであり、したがって、空間をさらに進んで措定することである。——線の変化は、2、面である。面は二つの次元〔縦と横〕をもつ。すなわち、それは一つの空間と二つの規定、空間のなかで他在〔線〕が二度書きされたものなのである。

3　だが、面はこのように繰り返された他在であるばかりではなくて、明らかに先行するものの否定としての否定

であり、したがって肯定である。いまやこの肯定が統体性であり、しかも、

a　規定の三一性（Dreiheit）として、すなわち、

α　否定、

β　否定の否定、

γ　肯定としての否定の否定、すなわち空間の諸次元の三一性、

そして、

b　こうした肯定として空間は、肯定的な空間そのもの、あるいは空間そのものの全体として措定されている。

また、

c　点の否定の否定は、点の回復である。それゆえに空間はまったく規定された、囲まれた空間であり、そして面は囲む表面なのである。――だから幾何学の立体は、

α　普遍的なものとしては、空間一般、

β　特殊的なものあるいは規定されたものとしては、表面、

γ　個別的なものとしては、一定のかたちをとった〔規定された〕立体、

ということになる。

【五月一三日】原因と結果との相関関係は弁証法的である。なぜなら、

1　原因は結果とは別のもの、結果は原因とは別のものであるとされるが、しかし、

2　また同様に結果は原因のうちにあるとされているからである。原因は結果においてのみ原因であり、それゆえ原因は結果と同一であるし、同じく結果のうちに原因はある。だから、これによって矛盾が措定されているわけであって、〔ここから帰結する〕単なる否定的な成果は、因果関係が何ものでもないということだが、しかし真の肯定的な成果は、原因と結果は区別されていて、この両項のそれぞれは、それ自身が原因でも結果でもあるということである。因果関係がこうした真の規定において捉えられたものが相互作用である。

　原因は根源的な事柄を意味する。たとえば神は世界の原因であり、世界は結果である。この相関関係もまた弁証法的である。なぜならこの関係のなかには矛盾があるからである。私が原因としての神について話す場合には、神もまた原因である以上、結果をもたなければならない。同様に、私は原因ぬきで結果を語ることはできない。私は原因を知性のもとに置かねばならず、思想のなかで原因を結果から分離することはできない。私がそれらを互いに分離すれば、再び成果は無になる。

　原因と結果の両者は互いに揚棄しあって同一性のう

ちにある。しかし、成果は、原因は結果のうちで、結果は原因のうちで揚棄されているというように単に否定的なものにすぎないのではない。両者の真の相関関係は相互作用である。——原因として規定されるものは、結果としても規定されなければならず、その逆も真である。その場合に相互作用が成り立つのは、原因であるところのものが結果でもあり、その逆でもあるからである。両者は同一である。この方法を摑んだものは、哲学全体の魂を摑んだのである。

弁証法的なものは外的なものを生み出すことはなく、因果関係のうちに含まれているものだけを展開する。だから、この哲学のあり方はまさに分析的である。

弁証法的な契機によって新たなものが付け加わるが、それは否定的なものが示されるときには肯定的なものも措定されるということである。

したがって、哲学の進展は、何が物に即して叙述され、いかにして物が叙述されるかを静かに観望し、直観することである。

だから、哲学することとは、諸思想を意識のなかに集めることにほかならない。

注釈2付論

或るものは抽象的には、すなわち理念および理論のなかでは、たしかに真でありうるが、しかし具体的には、すなわち現実のなかでは、実践的なもののなかでは真でありえないという対立が表象においては頻繁に起こる。このことは一方では一面的な悟性諸規定および抽象的な諸目的については正しいと言える。そうした悟性規定や抽象的な目的は現実の一場面においては手段を前提するが、それらはそうした現実のなかで自己を見出すことはないからである。しかし他方では理念に対して理念に一致しない現実は、自己自身を破壊する真理ならざる悪しきものであるか、あるいは非本質的なもの、自己を変化させ解消させるものであるところの現象の一面にすぎないかのいずれかである。自己内で具体的な理念が抽象的であるのは、この理念が現実においても永遠に捨象するところの側面を捨象するその限りにおいてである。

近年では、哲学はもっぱら抽象だけを基礎にして空中楼閣を築くだけだという理由で、哲学が実践的に役に立つということは否認される。たしかに、その場合には、哲学は現実のなかでは単なる抽象として真実でない空虚なものとなる。しかしながら、そのようなものが哲学であるはずがない。具体的なものはここ〔哲学〕では抽象的なものと結び付いていて、一体のものとして現れるはずである。これこそが哲学本来の主張である。現実に適合していない理念は自己みずからを破壊する。しかしその場合には、現実における理念とは定在そのものである。

第一七節　付論

論理学の内容になっているのは思考諸規定の体系である。そうした思考諸規定は、

1　客観に対立し客観にとって外的な反省であるような主観的思考という意味において考察されるのではない。さらに、

2　思考諸規定が何であるかということだけが考察されるのでもない。すなわち、それらの或る限定された意味での正しさが、それらに対立する〔思考規定〕を捨象して考察されるのでもない。そうではなく、

3　思考諸規定がそれ自体としてかつそれだけで何であるかが考察されるのである。

【五月一四日・曇】だから思考諸規定は、内容に対立する空虚な諸形式と受け取られるのではなく、

a　絶対的で普遍的な内容という意味で受け取られる。

b　論理的形式は内容そのものである。そして真実の考察とはまさしく形式を内容として、内容を形式として考察するということである。

形式という言葉は或る事柄の外的定在に属する非本質的なものにすぎないと解されることがよくある。ここでの問題はこのような形式ではなくて、本質的な形式である。本質的な形式と絶対的な内容とは次のようなかたちでしか区別されない。すなわち、内容とは単一な形態における形式の統体性、言いかえれば自己自身と合致した形式のことであり、それだから形式(35)という押し付けられた区別には関わりのない同一性としてである、というようなかたちでである。だから形式が内容と同じであるといっても、内容の様々に規定された区別が展開された統体性であるという意味で同じなのである。有限な形式というのはそのような諸規定のうちのどれか一つに固定されているのであって、有限な内容というのもそれ自身が形式規定である。ただしその場合には形式規定が抽象的同一性の意味で理解されていて、自分と対立する〔他の〕形式諸規定との本質的な関係が捨象されている、言いかえれば本質的に具体的なもの（これは自己自身のうちにある形式規定である）が捨象されている。

　内容は形式なしでは思考されえない。形式はいつでもそのつど内容を措定することに結び付いている。だから内容とは同一性と非同一性の同一性である。――たとえば、「神」の概念と言えども顕示（Manifestation）の概念を欠いていれば、空虚な概念である。しかし、顕示の概念は神の必然的な形式であるが、その場合には顕示することは内容そのものである。だから、正しくは「神の子は父と同体（consubstantialis）であ

る」と言われなければならない。

他のあらゆる真実な概念についても事情は同じである。形式と内容は一緒になって統体性をなす。たとえば、有機体においてわれわれは三つの組織、すなわち、反応的、感受的、再生的組織を区別する。これらのものは有機体の諸形式だが、しかしそれら自身が一緒になって有機体を形成する。(36)

また国家に関しても事情は同じである。国家においてわれわれが区別するのは市民と政府とそれら相互の関係、法律や統治機関などである。これらのものすべては国家の諸形式である。しかし、われわれはそれらのものを国家から除けて考えることはできない。もし除けて考えれば、国家は破壊され、揚棄されることになる。そうした国家の諸形式は本質的に現存していて、それゆえに同時に国家の内容を形成している。

悟性の論理学は形式的諸形式を含んでいる。言いかえれば内容が空虚であるのは、この諸形式が純粋な思想であり、また経験的内容を捨象しているという理由からではない。そうではなくて、それらが形式として内容に対立したままであり、すなわち、同時に内容として、言いかえれば、それらの同一性において考察されていないという理由からである。

【五月一六日】論理的なものは一切のものの普遍的な内容だが、しかしまたそれは普遍的なものであるわけだから、特殊的なものに対立してもいる。だから論理学は哲学の実在的な学と区別されている。実在的な学の一つ、自然哲学においては、理念は自由な自己外存在と物質という境地にあるが、しかしもう一つの精神哲学においては、理念はそれ自体でかつそれだけで自己自身に対して存在する(37)という境地、知という境地にある。

普遍的なものは、まったく特殊的なもののうちにあるが、しかしそれはまた特殊的なものに対立してもいる。すべてのものを貫通する規定作用によって、普遍的なものは自己をみずからの一方の側面にする。したがって、こうして論理学はすべてのものを貫通する普遍的な学である。それから次に、論理学は実在的な学から区別される。「実在的」(real)という言葉は、ここでは定在の意味で使用されている。この点では、論理的な学は観念的なものとして実在的なものに対立している。しかし自体的には、論理的なものそのものは絶対的に実在的なもの(38)である。すなわち、理念においては実在的なものと観念的なもの、主観的なものと客観的なものは一つにされて現示されている。両者はそれらの統一において本質を形成する。だがここでは論理学は絶対的な学として考察されるのではなくて、もっぱらそれを通して普遍的なものが具体的なものから分離されて規定されるところの学として考察される。

知の具体的境地は精神である。精神は論理学の普遍的なものでも具体的なものでもないが、しかしそれは普遍的なものでも具体的なものでもある。すなわち、精神は理念であり、両者の同一性である。

第一八節　付論

形而上学という言葉は昔から諸物一般の本質の学、したがって諸物が純粋思想のうちにおいては何であるかについての学、ないしは諸物の論理的本性と理解されてきた。形而上学は一面ではこの論理的なものをそれ自身として含んでいたわけだが、ただし、この論理的なものは本来の概念諸規定には関わらず、主観的思考に属するものとしてしか見なされない概念諸規定には関わらない(39)。また他面では形而上学はこの論理的なものを優れた意味で含んでいるのであるが、それは様々の普遍的な対象がこの思想諸規定に基づいて考察された場合に限ってのことである。

その場合にはこの合理的な考察は経験的な学に、すなわち経験的なものを秩序づけ、それに理由をつける学に対置させられていた。

形而上学という言葉でかつて理解されていたのは、諸物の本質の学、思想の宗教、あるいは万物のなかにある理性的なものである。昔なじみの理念がどういうものであったかというと、人は感性的直観によって或る事柄をそれ自体としてあるがままに認識することはなく、それが現象するありさまだけしか認識することはない、というのも、存在は思想のうち、意識のうちにしか提示されないから、というものだった。したがって、思想だけが真理を含むと人は信じていた。

「形而上学」という名称はアリストテレスの書物に由来する(40)。とはいえ、それ［この名称］について言えば、それが実際にアリストテレスによってはじめて使われたのか明確ではない。それ［この書物］には「メタ・タ・ピュシカ」という表題が付いている。それは思考一般について深遠な諸理念を含んでいる。

神、霊魂、そして世界こそがかつては形而上学の対象だった。形而上学はこれらの諸対象に関する普遍的なものを含んでいる。

しかしその後、形而上学は単なる悟性哲学に堕落した。——フランス人たちの間でそうであるように、つい最近になるまで、形而上学という名称は人を身構えさせ反感を抱かせるものだった。——形而上学が単なる悟性哲学で終わったということは、まことにもっともなことだった。なぜなら、それは悟性にとっては〔概念的に〕把握できないものとして、単なる幻影として現れるからである。

第一九節　付論

形而上学的で普遍的な対象は、その真の姿で認識されなければならない(41)。だからそうした対象は述語〔を付け加えること〕によって規定されることはできない。そうした述語はそれ自身としては真ではなく、つまり有限であって、またおのれの対立物へと移行するものにすぎない。けれども、そもそも或る命題における述語の形式とは、そのような個別的で一面的な規定なのである。

「神は定在をもつか否か」という問いの意味は、神が我々の思想の外に現実存在するか否かということである。人が神について語る場合には、神は定在をもち、したがって人は神に何らかの感性的なものを付与している。すなわち人は神を制限している。たしかに私は「家は私の外に定在をもつ、木等々は定在をもつ」と言うことができる。というのも、定在という言葉で私が理解しているのは、普通は私の外に現実存在するものであるから。

諸々の対象はたしかにそれ自身が有限な側面をもち、この側面はもっと詳しく言うとそれらの対象の限界なのであるが、そうだとしてもそうしたことは諸対象の一つの側面にすぎず、それも否定的な側面にすぎない。この側面から見れば諸対象は絶対的な統体性の契機なのであって、これが本質的な考察である。しかし第一の考察は、いかにして諸対象はそれだけで自立的に真であるのか、すなわち絶対的なものの表現であるのか、ということなのである。

人が物のはかなさと言っているのは、それらの物の限界のことである。だから、はかなくないものは、限界のないもの、持続するもの、確固たるもの、永遠なもの、要するに真なるものだけである。

第二〇節　付論(42)

判断においては一方では、主語たとえば神は直接に表象のうちにある通りに前提されたものである。その限りにおいて、述語の方は主語において与えられた内容を表しており、主語に内属していると見なされる。しかし他方では、述語がはじめて主語の何であるかを言い表すのであって、そうなると主語はそれだけでは空しい前提、単なる名辞にすぎない。すなわち述語を通じて対象は普遍性に、つまり認識作用の形式に高められるのである。このように普遍性に高められることによって対象ははじめてその姿を現すことになる。これとともに前提されたものがとっていた最初の確固たる肯定的な位置づけは揚棄されることになる。むしろ認識作用はそれ自身が次のようなものなのである。すなわち、直接的な前提を揚棄する、つまり形式面では対象自身、たとえば神の単なる表象、内容面では始元となるような規定、たとえば神のもとでの無限なものの規定あるいはまた有限な存在を揚棄する、そして主語が何であるかをこの〔判断の〕運動の述語〔の方〕[43]を通じて答える、これが認識作用である。

　主語は本来の存在である。主語によって、この本来の存在があるということが前提される[44]。だが、判断においては主語の名辞の方は何かまったくの空虚なものと見なされて、述語の方が存在するところのものを含んでいる。われわれが或る普遍的なものの定在を認識したとすれば、そのときになってようやく或る主語の名辞はこのような、主語について言い表されたもののなかで、ようやくはっきり認識されることになる。認識されるのは述語だけなのである。たとえば、「神は無限である」と私が言うとき、私にとっては「神」という名辞は、私が「無限」という述語を認識する以前には単に空しい音にすぎない。だが、私が「無限」という述語を認識した後にはじめて、この「無限」という述語のなかで「神」という名辞は何らかの存在するものとして私に対して提示される。【五月一九日・雨、湿気多】

1　「独断論」および「独断哲学」という表現は、懐疑論に対立して生まれてきたものである。懐疑論にとっては一切の肯定的な認識は、思弁的認識も悟性的認識も、ことごとく独断的である。或る独断的な主張、すなわち〔二つの〕対立する主張のうちの一方を証明しようと思えば、それは当該の対象に対応して[45]与えられている規定から簡単に行うことができる。その場合、一方では、対立している主張に対する反駁もこの規定からただちに引き出すことができる。また他方では、この反駁は対立している主張そのものからすることもできる。なぜなら、この対立する主張の内的な矛盾、言いかえればその主張がみずから自分とは対立する規定を含んでいるということが、この主張に即して示されるからである。けれどもその場合、こうした証明のやり方は両方の主張のどちらにも当てはまることになる。

　懐疑論は探究好きの哲学とも呼ばれた[46]。というのは、懐疑論は映象の運動に到達しただけで、存在には到達しなかったからである。

　独断論はたとえば「神は永遠である」、「世界は有限である」、「魂は単一である」といった主張をなし、次にその主張を証明するが、たとえば物質は無限に分割可能である、それゆえに限界なきものである、あるいは物質はそもそも存在するものであり、空間と時間のなかで共に存在するのだから、制限されている、したがって限界づけられている、といったように証明を行う。

2　真なるものと偽なるものとの対立は、それ自身が悟性の対立である。反省がこの対立を超え出ていく限り、すぐ次にやってくる総合は、こうした諸規定の混合である。つまり命題のかたちで言えば、「どんなものをとって見ても、そこには何らかの真なるものと偽なるものとがある」。たしかに、こうしたことは主観的な知識に関しては言うことができるし、また他の観点を取れば有限なもの一般についても言うことができる。

けれども、理念という真なるものはまったく、そしてそれ自体としてそれだけで真なのであり、すでに述べたように、この真なるものが申し分ないかたちで完成されるのは、個別的なものにおいてそれが成就されるという点に関わっている。しかし偽なるものとは矛盾である、つまり真なるものをたしかに自己のうちに含んでいるが〔真なるものを含んでいないとすれば偽なるものはまったく存在しないことになるだろう〕、しかし偽なるものは同時に真なるものの解消されない反対物にほかならないという矛盾なのである。

悪というのは善の否定的側面である。どんな悪人でもかならず何らかの善さを自分のなかにもっていて、この善さこそが〔善さとはそれ自体で善悪の統一なのだから〕彼のうちの真なるものである。これに対して、悪は〔善の否定的側面にすぎないから〕存立することができない。むしろ悪は自分自身を解消せざるをえない。

第二二節〔付論〕

存在論〔オントロギー〕というのは本質〔実在〕の抽象的な諸規定一般についての論議のことである。アリストテレスは物の諸々の普遍的な思想規定それだけを集成し、カテゴリーに関する専門的な著作を著して考察している。それは『オルガノン』という名前のもとにまとめられた彼の論理学に関する著作のうちの一つである。[47]

【五月二〇日・雨】カテーゴレイン〔述語づける〕に由来するカテゴリー〔という言葉〕＝範疇。

彼はこの著作でこうしたカテゴリーを一〇個列挙している。すなわち、実体〔ウーシア〕、量〔ポソン〕、質〔ポイオン〕、関係〔プロス・ティ〕、場所〔プウ〕、時〔ポテ〕、位置〔ケイスタイ〕、所有〔エ〔ヘ〕ケイン〕、能動〔ポイエイン〕、そして受動〔パスケイン〕がそれである。彼はこれらの一〇個のカテゴリーの後にどういう関連にあるのかについては何も言わないまま、さらに別の規定について語っている。すなわち対立〔ト・アンティケイメノン〕、最初のもの〔プロートン〕、同時〔ハマ〕、そして運動〔キーネーシス〕がそれであるが、運動については六種のものが挙げられている。すなわち、発生、消滅、増、減、変化一般、そして位置変化。

けれども形而上学においては、彼はさらにそのような根本概念のいくつか[48]を考察しており、部分的にはもっと思弁的な仕方で、しかしそれ以外は同じようにまとまりの悪いやり方でその考察を行っている。

一般的に言えばアリストテレスこそ論理学の創始者と見なされなければならないが、彼は論理学の諸形式をいわば自然史的に理解し、記述し、規定した。彼の『オルガノン』に収められている著作は、

1 カテゴリーに関する小著、

2 命題を扱っている解釈[49]についての書、この他には、

3 分析論の二著、前書と後書。推理、論証、方法等について。それぞれが二巻からなる。

4 八巻のトポス論、様々の場所、すなわち或る素材を考察する諸々の規定、観点、関係について。最後に、

5 詭弁論論駁の書。すなわち一般的に言えば諸々の根拠、言い回し、詭弁術とそれらの解明。

アレクサンダー大王はアリストテレスの弟子だった。彼はアジアで戦争を遂行する傍ら、千人もの人間を使って手に入れたありとあらゆる動物を先生に送り届け、アリストテレスはそれらの動物を描写し、分類した。アリストテレスはたしかにこうした諸対象の研究報告のなかではそれら本来の体系的連関を追求せずに、諸々の概念を経験的に取り上げるという始め方をしているが、それでもその際に、自分は単にただの悟性的な規定に足を止めてしまうのではなく、それ以上の観察とさらに進んだ研究をするのだ、という態度を才気あふれる思弁的な仕方で示してもいる。アリストテレス以来の、特に近来の論理学のうえに起こった進展および変化の限界がとりわけどこにあるのかと言うと、これまで継承されいまも生きているそうした思弁的な動因をことごとく取り除き、内容をひどく抽象的で実りのない悟性形式に引きずり落とすという点にある。

第一三節　付論

形而上学が扱った諸対象はたしかに直接的には表象から取り上げられたのであるが、しかしそうした諸対象は単に感覚的な個別態という形で取り上げられたのではなく、思想によって普遍的なものに高められたのである。絶対的な関心の寄せられるこれらの普遍的な対象というのは、魂、世界一般、そして神である。

これまでは魂と精神との区別がどこにあるのかを問われた場合、人々は魂を物だと捉え、その在り処がどこであるのかについて語っていた。精神の方は活動的であるもの、自己を開示するものである。精神は活動しているということの背後にある何ものかなのではなくて、活動しているということそのもの〔である〕。魂についての形而上学においては、精神はその真の姿

で、つまりその活動している様で記述されなければならなかったはずである。

魂についての形而上学[50]のなかでは、とりわけ次のような悟性諸規定と対立とが現れてくる。

1　魂とは多くの諸性質からなる一つの物であり、多くの力をもった実体である。思考とは他の力によっては破壊できない自立的な力であって、魂に対してあるものである[51]。また思考というのは結果をもたらす現象であり、音の調和〔和音〕のように、お互いに切り離された諸々の力や物が和合することである。

【五月二二日・雨】ここで基礎となっているのは、空虚な物と、自分のもっている諸性質および諸々の力から分離されうる実体との間にある反省の区別[52]である。しかし本来の概念から言えば、むしろ自己規定する活動性そのものが存在である。〔そうした反省の区別がある場合と〕同じように現象は或る第三者[53]に対して存在するとされたり、またある第三者のなかに、たとえば現象の外にある或る実体のなかに存在するとされていたりする。だから現象そのものはそれ自体としてかつそれだけでは存在しないもの（ein nicht an-und-für-sich Seyendes）であると言われて、かえってこの第三者の方が注目されることになるのだが、しかしこの第三者は、数多で多様な諸々の力が一つの物体的まとまりをもったもの[54]ではない。

仮に、魂が種々様々な力と性質を備えている単なる物だと見なされるが、しかしこうした力や性質が表に出てこなくてもかまわないようなものであって、〔そうした力や性質を欠いても〕物が物でなくなることはないというようにされるとすれば、われわれはそうした物をそれ自体では現実存在しない単なる抽象であると概念的に理解する。同じくまた、具体的なものを欠く普遍的なものなども、そもそも現実存在することはない。だからわれわれが物である魂に諸性質がないと考えると、そう考えることによって魂そのものまでがわれわれの前から消え失せてしまうの[55]である。――和音から音を取り去ってしまえば、もはや和音から何かを得るということもありえないわけである。――それだから諸々の性質や力を物と切り離して考えることはできない。こうした性質や力が結合されてつくりなすものこそが本質〔実在〕なのである。

表象と表象作用とはたしかに一つの現象にすぎず、思考そのものとは違って真なるものそのものではない。けれども思考をもっぱら繊維のつながり具合から導出しようとすることは、そうした繊維のつながりなしには生命体はありえないとしても、無意味なことであって、和音を単なる物体的な力、たとえば弦から導出するのと同じくらいばかげたことであろう。

２　魂は単一実体であるか複合実体であるかのどちらかである。しかし単一なものそのものは一つの抽象であって、抽象の概念そのもののなかには多様性があり、単一なものはこの多様性が捨象されなければ成立するはずがない。複合的なものは自己に外面的な数多性であって、この数多性は同時に自分とは反対のもの、一つのまとまり、つまり外面的な統一であるはずであって、自己自身を揚棄するような規定である。

> 外面的な統一というものは存在しない。なぜかと言うと、外面的なるものとは外的なもの[56]、つまり並び合うもの、互いの外にバラバラにあるものだからというのがその理由である。われわれが外面的な統一として思い浮かべているものもすべて、まさに諸々の統一から合成されている多重なものである。

３　単一実体と規定された魂が持続するためには「変化」という概念、すなわち、最初の存在者が他のものになり、否定されるということが起こるという概念のもとでも、恒常性の契機、最初の存在者が他のものになっても連続しているという契機が堅持される。こうした恒常性、連続性に従えば、人は「或るものは存在するのを絶対的に止める」とは言うことはできない。これ［この恒常性・連続性の契機］によって、変化というものは無関心な、つまり量的な変化になる。だからカントは魂の存在から非存在への質的な移行を非とする見解に対立させて、意識の度合い（Grad）が無限少に至るまでだんだんと減っていくという見解をもち出したわけである[57]。しかし「度合い」というのも精神の本性にとって許される規定ではない、つまりそれ自体としてかつそれだけで真なる規定ではないのである。

> 【五月二三日・快晴】不死性に与りたいという願いには、現世的な利害も相当部分混ざっている。人が通常願うのは、この現世の利害、すなわち周りの人々も、不死であってほしいということである。けれどもこうした欲求を哲学が満たすということはありえない。
>
> プラトンの向こうを張ってメンデルスゾーンも『パイドン』を書いた。彼はプラトンのこの本を改良するのだと信じていたが、しかし、実際にやったのはその反対のことであった。プラトンがイデアに不死性を添えたように、メンデルスゾーンもこの［不死性という］理念の根底には実体がなければならないと信じ、この実体が不死であることを知ろうとした[58]。

４　だから魂と身体との交流や如何という形而上学的な問いがなされる際には、精神的なものと身体的なものとの絶対的二元論が想定され、感性的質料がそれ自体としてかつそれだけで存在するものとして想定され、したがって魂と肉体との連関が不可解なものとして想定され、そして神が媒介者として想定されたわけである。

哲学に二元論が入ってきたのはとりわけデカルトによる。——魂と肉体とは互いに共通なものをもっていないのだとすると、互いに影響を及ぼしあうこともできない。質料は一つの物自体であり、それ自体で真なる何ものかである、こういう前提が二元論においてはなされざるをえない。

けれども、魂とは普遍的なもの、質料を貫き通すものである。だから、貫き通すことはできないという質料の性格は、魂にとっては貫き通すことができないものではない。

第二四節　付論

1　宇宙論は、世界の形而上学的・普遍的法則を含むものだとされている。たとえば、「自然にはいかなる飛躍もなく、一切の進行は漸進的である」といった法則——これは質的規定に対立する量的規定の主張である——、さらには自然の節約(59)という法則などがそれである。こうした思想をそれだけで抽象的に取り出してみれば、宇宙の本性を認識するにはふさわしくない浅薄な思想なのである。

2　【五月二八日・雨、二月の如し】世界は偶然的なのかそれとも必然的なのか、物質は永遠であるのかそれとも物質そのものが創造されるのか、あるいは物質の形式のみが創造されるのか、——こうした問いは様々な対立を含んでいる。こうでもあればああでもありうる、という偶然的なものの概念のうちに、つまりそのような無規定的なありかたそのもののうちに、偶然的なものの空しさがあり、そしてまた対立したものへの、つまり規定された根拠への移行、必然的なものへの移行が起こる。この必然的なものは、これはこれとして、他のものによって措定され、制約された存在を含むとともに、他の一切の根拠ないし原因を断ち切った無制約性をも含んでいる。永遠の物質とは、無規定的で形式を欠いているがゆえに変化をしない存在という抽象である。この存在は、まさにそのゆえにもはや自己の外にあるのでもなければ他のものをはねつけたりすることもなく、それゆえにもはや物質ではなく、むしろ自己と同一な神的な存在なのである。けれども、この存在を純粋に抽象的なものとして捉えるならば、それ自身が抽象によって措定された否定的なものである。この存在はそのような措定された否定的な存在であるから、否定および規定態を、つまり区別をみずからにそなえている。けれども、この区別は、実際それが区別である限り、まさに形式なのであって、形式といってもやはり物質から分離されることはなく、むしろそれ自身が物質の自己同一的な統一なのである。

偶然は盲目的な宿命だが、しかしこの宿命はそれ自身が再び盲目的で鉄のごとき必然性である。——偶然性とは、存在するにしてもまた別なかたちでも存在しうるような或るもののことである。存在はここ〔偶然性〕においては非存在と一体のものとして措定される。現実的なものはここでは可能性と交替する。

偶然的なものは、それが偶然的であるがゆえに、現実的なものではない。偶然的なものは自分の存在の根拠を他のもののうちにもっている――他のものによって規定され、他のものを通じて措定され、したがってそれ自身が必然的である。

けれども、必然的なものを最後の究極のものだと想定するならば、究極のものというのはそれだけで〔対自的に〕再び弁証法的なのであって、それはいかなる根拠をも原因をももたないがゆえに、やはり再び絶対的に自由で無制約的なものとなる。したがって、まさにここで、必然性と自由の概念が再び一致する。神は、絶対に必然的なものではあるが、それゆえにこそ、絶対に自由なものでもある。

自己と〔一つであるところ〕の単一な本質としての神は、無である。それゆえ、キリストの宗教において「神は世界を無から創造した」と言われるならば、その言い方は正しい。すなわち、物質の形式と存在というのは、どちらも神の外には現実存在しない。それゆえ、物質自体の本質は神自身なのであり、この場合この本質は神的本性の絶対的な契機として永遠である。

――たしかに世界は措定されたものであり、現象の国、変転の国である。けれども、こうしたものこそがかえって必然的なもの、永遠なものとしてあるわけである。世界は偶然性の地盤〔である〕。

それゆえ、「物質は永遠なのか」という問いは、それとは違うかたちで立てられなければならない。

3 これと関連があるのが、外的必然性と内的必然性、単なる因果性と目的関係、および必然性と自由との対立にほかならない。第一の規定〔外的必然性、単なる因果性、必然性〕には、世界の事物の単なる機械的な連関しか見ないような見解、つまり、生命や精神を外的な条件と事情の影響によって機械的に説明するような見解が属する。第二の規定〔内的必然性、目的関係、自由〕には、いわゆる目的因〔究極原因〕ないし目的論的見解が属する。すなわち総じて生命あるものや精神的なものの根底に概念の統一があるのであって、現実存在の外的多様性およびそのメカニズムというものも概念に従属し、生み出されたものにはその概念が先立っている。この合目的性はさらに内的合目的性と解することも外的合目的性と解することもできるが、前者は世界霊魂（Weltseele）というものを表象するきっかけをつくる。けれども、後者は、〔一方では〕生けるものや精神的なものを手段や道具にしてしまい、この手段や道具は自分の概念を自分の外にもって〔失ってしまって〕いるわけだが、また一方では、合目的的なものに外的で偶然的な仕組みという形式を与えてしまうのである。

【五月二九日・雨】自然学（Physik）は、諸現象（Phänomene）をあれこれの外的な原因から、すなわち他の諸現象から説明しようとする。けれども、このような説明の仕方は現象（Erscheinung）のなかに認識されえないような諸原理に繰り返し突き戻されてしまうがゆえに、知られてさえいない或るもの、内的な諸原因（これ自身が謎なのであるが）、すなわちいわゆる諸々の「力」に逃げ場を求めるよう強いられるはめになった。

（スコラ哲学者はこれらの諸力を隠れた質と呼んだ。(60)）けれども、本来の認識はそれによっては少しも救われなかった。こうしたものを認識しようとして、若干の人々はその後再び物質に逃げ場を求め、物質を化学や抽象によって単一化しようとした。

概念の真なる進行は本質的で論理的な段階を含んでいる。(61)存在の最高の反省段階は必然性であり、原因と結果の連関である。しかし、この必然性は自己自身において弁証法的なものであって、概念——絶対的に自由なもの——に移行する。概念は主観的概念としては目的であって、自己を実現し、客観性を自分のものとして措定し、理念でありかつ実在的な自由であるという規定を自己のうちにもっている。

反省が最初に果たすべき課題は、原因すなわち根源的な事柄を問うことである。

作用因（causae efficientes）と目的因（causae finales）とは区別されてきた。

目的因、つまり目的論的な概念が問題とされる場合、そこから生まれてくる見解は外的なものでしかない。——カントは、諸物のこうした目的論的な見解について、有名有益な書物〔『判断力批判』〕を著した。

4　なぜ世界には苦痛と害悪（Übel）があるのかという問題の根底にあるのは、苦痛と害悪とは生命あるものに対立する否定的なものとして、しかも生命あるものの規定に反するものとして絶対に存在すべきでないという前提である。このような考え方に対置されたのが次のような世界のオプティミズムである。オプティミズムとはすなわち、世界はありうる一切のもののなかで最も完全なものなのであって、〔たしかに〕害悪というものはかならず存在するが、〔しかし〕それはただ単に、有限な存在つまり制限をもった自然物があるべきだ〔なくてはすまされない〕からだという考えである。けれども制限ないし否定はあるべきでないものにすぎないのではなく、その真の姿は産出し規定する原理なのである。欲求、苦痛および害悪は形式であって、この形式のもとにあるときにこの産出し規定する原理は、一方では個体的な自然において現象する。この個体的な自然が単に衝動としてあるときには自己のうちにおのれに欠けているものを措定しかつ揚棄し、そしてその限りでのみ生き生きとしている。他方ではこの原理は否定的なものが自己自身のもとで営む破壊の感覚となる。【五月三〇日・雨】

オプティミズム〔楽天観〕はとりわけライプニッツ[62]の哲学に由来する。オプティミズムが主張したのは、現在するこの世界が最善の世界であり、現に生成しえたであろうもののなかで最も完全な世界であること、そして現実存在する不完全なもの、苦痛といったものなどは有限な自然物にとって必然的であることである。けれども、この主張は、より不完全な世界をアタマに描いて、もっとひどいことがあるのだと言って慰めを得るべきだというのならば、非常に退屈なものであり、証明は困難である。仮に苦痛が有限な存在にとって必然的だとしても、そもそもどうしてまさにそのような有限な存在が創造されたのかが問題になる。完全性というのはそもそも空虚な規定である。完全なものと言われるものは肯定的で具体的なものだけを抽象したものである。この形而上学的な問いの欠陥は以前の問いにおける欠陥と変わらない。すなわち、実在性がそのうちに現実存在しないような二個の抽象〔完全なものと不完全なもの〕が想定されていると言わざるをえない。

生命あるものは自己自身に対して否定的なものであり、自分自身の欠陥に耐える力によって現実存在している。死せるものにはいかなる欠陥もない。それは単なる否定的なものでしかない。

苦痛は生命の躍動の否定であり、生命のなかに必然的に根拠づけられている。なぜなら、活動が現に働くのは、ただ、否定的なものが肯定的なものに対置されること、言いかえれば肯定的なもののなかに含まれていることによってだからである。

苦痛はあらゆる活動の源泉である。苦痛は活動の原理である。神の創造はこの苦痛に由来し、それと同じくまた総じて世界における一切の偉大なものは苦痛に由来する。

欲求は芸術、学問についての熟考と探究を生む。

或る絶対的に非理性的な威力、すなわち運命を想定することは、理性的存在者にとって最も恐ろしい思想である。

生命あるものに対しては、生命あるものに戦いを挑む外的な威力としての運命が存在する。けれども、理性に対しては、そのようなものはない。

苦痛に慰めがないのは、有限なものがそれとは違ったかたちではありえない存在だと見なされるときだけである。

5　道徳的害悪、つまり悪〔das Böse〕は自由と関わっている。ここにまず自由と必然性との対立が生じ、そして次のような二つの主張が出てくる。すなわち、人間は自由である、しかも内容抜きの純粋に形式的な意味で自由であるという主張〔自由論〕か、あるいは自由の意識は錯覚にすぎず、自由だと思われる一切の行為は自由の内容となる他の規定にその根拠をもつという主張〔決定論〕のどちらかが生じることになる。しかし内容を欠いた自由というのは、形式的な主観性という虚しい抽象であるだろう。精神の絶対的な自己同一性、自由そのものがむしろ明らかに自由自身の内容であり規定根拠であるのは自明である。その他の外的な規定根拠は有限で制限された表象であって、そうした諸表象は自由の無限な威力のなかで没落し、それらが存在[63]したり規定したりするのは、自由が諸表象に存在を自覚的に与える程度に応じた分だけでしかない。

「人間はまさに自分の力で自己を規定する」と主張した人もいれば、「人間は諸々の外的な対象によって規定されるのであり、この外的な諸対象が人間に快い印象か、さもなければ嫌な印象を与える」と主張した人もいた。

人間が自由であるということ、これを自由の意識から証明しようと試みた人もいる。〔この場合は〕後悔というものでさえ、そのための証明であると見なされた。

決定論はただ内容だけを有効なものと認める。これこれのことが私をその気にさせた、これこれのことが原因であった、という調子で。われわれが内容つまり運動根拠と呼ぶところのものもまた、自由の一つの本質的な契機となる。しかし、私が運動根拠を受け入れてこの運動根拠によって私が動かされるのを望むのか否かという反省を、私はやらない。したがって、自分の意志をいったん〔反省して〕はっきり表明した人は、どんな誘惑手段をもってしても動かすことはできない、ということになる。

【五月二一日・雨】　しかし、両契機〔決定と自由〕は一面的である。

自由は自己自身にとって内容である。

運動の絶対的な源泉は、それ自身が単一なものとしての不動のもの、絶対に安定したものである。この安定したものは、意志の運動のなかでは目的のことである。精神の自由は精神の絶対的な自己同一性、単一なもの、したがって安定したものである。――その次にはこれが活動の始元となる。目的が自己自身から分裂するとき、主観的なものと客観的なものという現象が生じる。この安定、つまり意志の目的あるいは根拠も、分裂、運動も、自由においては必要不可欠な二契機である。

意志は何ものによっても何かを強制されるということがない。なぜなら、どんな外的なものでも意志に対してはいかなる強制も行使できないからである。もし意志が規定されるとするならば、それはもっぱら内面から起こる。意志は自己を自己自身によって規定する。だから人は「意志は何ものによっても規定されない」と言うことはできない。だが、意志を規定するものは意志自身である〔と言うことはできる〕。それが絶対的な自由である。

悪の可能性はたしかに自由とともに措定される。けれども悪の現実性は世界の絶対的究極目的としての善に相反する。しかし悪の必然性は、自己意識には偶然性と責任能力があるという、自己意識の抱く確信に相反する。しかし悪の現実性も必然性も、その絶対的威力から見てもその崇高さから見ても、絶対意志に相反する。悪が善の目的のための手段と見なされるならば、悪の現実性がいつでも先に立つことになる。だから悪は目的であってもいけないし、手段であってもいけないということになる。この場合、善はただひたすらに肯定的なものとして、もっと突っ込んで言えば無垢の状態のような善の自然のままの姿として前提されていて、これに対して悪は、ただひたすら存在すべきでないような抽象的に否定的なものとして前提にされている。

神はどうして悪を容認することができたのか。

自由な実在がある限り、悪は可能である。こうかああか、あれかこれか、という二者択一は自由によって生まれた。こうした対立は、自由という否定的なものから必然的に生まれ出る。「決断する」(Entschließen)ということは、一つの規定された契機を措定することであり、この契機は規定されたものであるからなんらかの対立をもっている。この規定されたものは有限なものとしての有限なものであり、普遍的なものに対立している。だから、「決断する」ということは、自己自身を個別的に規定されたものにすることである。だから、決断することの法則は、自己自身を個別性として押し通すことにある。そうして、そのように自分自身を個別的なものとして押し通すことが悪なのであり、悪が普遍的なもの、無規定的なもの、純粋に活動的なものに対立することになる。

悪は偶然的なもの、あるいは必然的なものである。偶然的なものとしては、悪は絶対的な威力に矛盾している。必然的なものとしては、悪は自由に矛盾している。というのも、それ〔必然的なもの〕によっては、悪は個別的なものを通じて意志の恣意として措定されないからである。

「悪は善を見えるようにするために必要不可欠〔必然的〕である」と言われることがあるが、そう言われてもまだ、「悪はそれだけで必然的である」と言われているわけではない。

しかし、悪がそれ自体としてそれだけで存在することも、手段としても存在することも、あってはならない。というのも、善い目的が悪しき手段によって達成されるはずはないからである。もし、最高の立場においては善と悪とは一つであると言われるならば、これは悟性にとっては腹立たしいものである。というのも、これではまだ悪が悪しきものとして揚棄されてしまっているわけではないからである。善の方はと言えば、われわれの宗教において見られる通り、無垢な状態によって肯定的存在として表象されている。「人間は本性上は善である」と言われるが、昨今では反対のことがこれに対置される。「根源的に純粋な状態のままでいれば、人間は楽園にとどまることができただろう」と言う人がいる。理念が神話のかたちで表象されると、いつでも何か歪んだものが学問のうちに生じてくる。たとえば、善悪の木の伝説は、意識と認識を通じてはじめて、知性、知、ないし自由から悪が生まれたということを言い表している。

けれども、この観点からすれば、「彼〔人間〕はそのような認識の実を食べるべきではなかった」と言う人がいる場合、神話〔のそのような解釈〕はまったく間違っている。というのも、それは、人間は動物にとどまるべきであった、とか、人間は認識、自由を得るべきではなかった、などと言うのと変わりがないから（楽園とは動物園のことになってしまう）。こうしたよくある表象は、実際やはり、「人間は欺かれている」などというところまでいくことになる。[64] ——さらに言えば、それによって人間が神に似るようになることを、神は看て取った。——楽園から追放されることは必然的だった。なぜなら、人間は或る別の本性を受け取り、みずからを動物的なものに対置したのだから。認識と自由によって人間は神に似るようになっている。

【六月二日】けれども、善が意志の目的として善であるのはただ、意志が自分の自由な自己内反省によって、意志が沈潜していく先である自然の直接態を否定的なもの、存在すべきでないものと規定するその限りにおいてでしかない。このようなあり方では自然は悪なのではなくて、自然のうちにありそれにとどまっている意志こそ悪なのである。そしてこの意味で悪は絶対に必要不可欠の契機である。より立ち入って言えば、悪は精神のもつ意志の自由において自己を無限にする個別性、空無なものあるいは有限なもの一般の行き着く極みなのである。有限性は絶対的なものと精神との質料であり自然契機（Naturmoment）なのであるから、悪の概念はあるべきでないものがあるという契機として有限性の概念に還元される。

善は直接的なもの、何らかの自然的なもの、単一なものと捉えられてはならず、意志することの抽象だと捉えられなければならない。けれども意志そのものは分裂である。精神とは、意志がみずからに対立を措定することにほかならない。⑮——けれども、意志は、本質的には、本性から言って悪でもあればまた本性から言って善でもある。そのどちらも真ではない。ここでは「本性」（Natur）というのは二つの概念をもっている。すなわち、本性を本質あるいは概念と捉えるならば、この命題は間違っている。これに対して、〔本性をまさに〕自然（Natur）として捉えるならば、意志は自然的なものであるから悪しきものであり、しかもこの意志は悪として考察されねばならない。けれども、こうした非なる自然的意志は、それ自身が必要不可欠の契機である。悪は必要不可欠ではあるが、ただし存在すべきでないものとして、つまり、善を現実のなかで呼び起こすために、善にみずからを対立させるものとして不可欠なのである。

人間は彼自身の我（sein eigenes Er）によって規定される限りでのみ、行為〔したこと〕を彼〔の責任〕に帰さしめることができる。もし悪人が「オレは悪行をせざるをえなかったんだ、オレの本性が悪いんだ」と言ったならば、その悪人を自然存在として扱わざるをえず、それゆえ害獣扱いにして殺してしまうか、取り除くかしなければならないことになる。

だが、そんなことになったとしたら、その悪人もきっとそれには抵抗することだろう。

けれども、悪人が自分の悪行の根拠として自己の外にある悪しき実在、たとえばサタンを挙げる場合、彼が悪を自己自身から遠ざけ、それを第三者に転嫁しようとしているのはたしかである。しかし、それによってその悪人はまさに自分の自由を表明している。というのも、〔その場合には〕彼は自分の外にあるこの悪を〔自分とは〕異質のものだと見なしており、そしてみずからは自由な存在として、この悪に打ち克つことができるということを認めているからである。

有限なもの、自然ないし物質は、古代人にとっては悪と一体のものであった。同様に光、無限なもの、精神的なものは善であった。

だから、意志の自由は、それ自体としては悪である対立の契機を自己のうちにそなえている。

第二五節　付論

人間は、自分が神と呼ぶ至高なるものについて、感じ、かつ知っている。形而上学の目的とするのは、この感情、あるいはおぼろげな知をもっとはっきりと認識する以外のことではない。

感情そのもののうちには、混乱した認識がある。神の定在を証明する試みは、神の定在についての感情をその意識に高める真の形式である。詩人が人間の感情や情熱を歌うように、形而上学者は神の定在についての感情を叙述しなければならない。

認識すること、そして形而上学が試みること、これは神性についての感情を意識へと、はっきりとした認識へと高めることだけを課題としている。しかし、この意識は悟性的な反省としては歪められて、またしても曖昧なものにされ、それによって神についての感情を意識化しようとする努力は、みずからの目的を見失ってしまった。

神に関する悟性の形而上学は、その本質的な諸契機のなかに次のような動向を含んでいる。すなわち、

1　神の表象が前提されることで、神の概念がはじめに規定されるべきだとされる。しかし概念が自己自身のなかに規定をもたない悟性的な同一性の形式にすぎず、また概念が可能であるということ、すなわち概念が矛盾を含まないということだけが概念にとっての基準であるとされているのだから、神に残されているのは、最も完璧で、最も実在的な本質であるという、否定抜きで受け取られなければならないあらゆる実在性の総括であるという空虚な思想だけであって、それだから至上の本質という純粋な抽象だけが神のために残されているにすぎない。

さしあたって神の概念に前置きされているのは、無限なものの表象、観念である。この表象のうちからは、有限なもの、人間的なもの、たとえば情熱、怒りなどが脱け落ちている。さらに、この神の概念には、実在性がそれ自身で〔対自的に〕そなえている諸規定、たとえば威力、知恵、寛容、正義が添えられている。しかしながら、これらの実在性、たとえば威力と知恵、寛容と正義は互いに制限しあっているのであるから、具体的なものが捨象され、そして神にはただ、いかなる矛盾をも自己内に含んでいないようなものであるこれらの実在性の、純粋で抽象的な概念だけしか認められないということにならざるをえなくなる。しかしそうであるとすると、結局のところどんな実在的なものも得られずに、単なる抽象、すなわち至高存在が得られることになるが、こうしたものが現実存在（Existenz）などをもつことなどありえない。

【六月三日】至高の本質としての神の概念についてまずはじめに採られる考えは、神は認識もできないし概念的に理解されることもできないということである。なぜなら、具体的な認識からこの至高の理念へと移行することは不可能であるから。

2 ところで、〔神の存在証明では、神の〕概念からはいわゆる定在が証明され、可能性からは現実性が証明されるとされていたが、これは二通りのやり方で果たされた。

a いわゆる宇宙論的証明においては、所与の定在――偶然的な世界一般――が出発点となり、また自然神学的証明においては、合目的的な仕組みを示す自然が出発点となって、そこからそれ〔定在と自然〕の根拠および原因としての無限の存在へと推理がなされた。内容から言うと、この進行の結果、根拠としての神の規定として生じてくるのは肯定的な諸規定だけである。そうした肯定的な諸規定は前提されたもののなかにあるものであって、それはちょうど或る力に帰すことができるのは様々の現象が示すような諸性質だけであるが、それらの性質は〔そもそもはじめから〕力が諸現象の内なるものだと想定していたような性質であるというのと同じようなものである。それゆえに、神の規定として出てくるものは、第一の証明においては、絶対的に必然的な本質という規定であり、第二の証明においては、たとえば自然の仕組みが非常に賢明であり、ありがたい等々の性質をもっているという規定であって、どちらの規定も〔あらゆる実在性の総括だという〕前提されていた神の表象にふさわしいものではない。

「定在」とはもともと、有限なもの、そこにあり、この場所にあるものを表している。「現実存在」という言葉もまた、自分の原因である何らかの他者から生じてきた存在を表現している。

だから、神に関して人々は存在だけを認識しようとしているのであって、定在を認識しようとしているのではない。

しかし、神の理念は、カントにおける百ターレルの理念のような単なる想像ではない。「私は百ターレルをもっている」と想像したとしても、だからといってもう百ターレルをもっているということにはならない。神の概念の場合には、事情はまったく違う。神の概念を認識することのうちには、神の存在もまた含まれている。(66)

古いものは古いがゆえに我々にとって尊いというのではなく、それが真なるものを含んであるがゆえに尊いのである。

【六月四日・曇】宗教戦争によって教養と道徳性は衰え、長らく蛮風が栄えた。

神の概念でさえも、単に神の知恵の側面からしか理解されないならば、一面的である。

証明の形式が含んでいるのは推理、すなわちもっぱら肯定的なものとして想定されている前提された有限な定在から無限の存在への推理である。しかし有限な定在は、一面では自分の根拠そして原因として自分と同じ類の別の有限な定在だけしかもっていないはずなのである。その限りでわれわれは有限な定在についての自然的な説明の仕方を要求する。推理といってもこうした仕方で現象の領域のうちにとどまっていて、このような有限な原因を辿って無限進行を続けていく。しかし、他面では有限な定在から肯定的な理念としての無限の定在へと移行がなされるとされている限り、この理念は一方では有限な存在に対立して、有限な存在に対する制限された相対的な関係のなかに現れ、他方では一般に有限な存在に媒介されたものとして現れ、有限なものがこの理念の根拠として現れるということになる。

したがって、ここから得られるのは主観的な認識だけであって、無制約的な神的存在という要請された客観的な認識ではない。――そうした無制約的な神的存在は媒介されたものとして叙述されるべきではない。

けれども有限な存在が、虚しいもの、そして絶対者のうちで揚棄されたものとして規定されるならば、すべてのまったく真なる形而上学がそのような想定をしてきたのであるが、有限な存在があるという前提と推理の悟性的形式とが脱け落ちてしまうことになる。

有限なものは導出されたものとして想定されており、また有限なもの〔にとって〕の第一のものとして想定されるのが、先に挙げた結果〔にとって〕の根源的な事柄、原因である。そこでこれ〔結果〕は、〔結果に〕先立って原因のうちに現実存在するものとして、原因に内在しているものとして、原因によって認識されなければならない。

有限なもの（これの原因こそが認識されるべきものである）は原因と連続しているというこの見解は、現代的なものであり、この見解は、いつでもいきなり神そのものを引き合いに出してくるいわゆる敬虔派の見解に対置される。

力は、規定として受け取られている場合には、自己へと反省したものである。

我々が無限であると考える側面は、有限なものへの相対的な関係にすぎない。たとえば、「神」という概念は、世界と関わっているときには制限されたものとして提示されている。

有限なものから無限なものへの架け橋など存在しないという悟性の格言は、次と同じことを言っている。すなわち、単なる現象から真実のものへと達しようと努めているときには、人は有限なものそのものにも、無限なものそのものにも頼ることは許されず、むしろ両者の本質であるもの、すなわち同一性に頼ることが許される。

b　第二のやり方は神の概念を出発点として、この概念から現存在の規定を導出するというやり方である。つまり、定在の実在性はあらゆる実在性の総括という概念のうちにあるとされていると言えるだろう。しかし逆に、主観的な思想としての概念は端的に存在に対立させられていた。だからまさに存在はこの概念のうちにあるのではない。あるいは、存在が概念のうちにある場合でも、概念のうちにあることによって、存在は常にそれ自身が一つの思想にすぎず、本来そうあるべき思想の外にある存在なのではない。

【六月六日・寒】

あらゆる実在性の総括のうちには、存在あるいは定在が含まれている。というのも、存在が一つの実在性である以上、この実在性である存在もまたあらゆる実在性の総括としての神のうちに存在しなければならないからである。――しかし、存在がすでにあらゆる実在性の概念のうちに置かれているのだとすると、これは導出ではなくて、前提であることになる。したがって〔こういった存在は思想としての存在にすぎず、思想の外にある存在ではないのだから〕「神はあらゆる実在性の総括であるが、ただし存在であるところのものは取り去られている」と言わなくてはならないであろう。しかしながら、そういう言い方によっては、証明そのものが脱け落ちていることになる。なぜならば、カントが言ったように、私は或るものを、それが現実に存在していなくても想像してみることはできるから。私が百ターレルをもっていると信じ、あるいは思い込み、想像するとしても、だからといって私はまだそれをもっていることにはならない。

したがってこの存在論的証明においては、神の存在あるいは定在は、他のすべての形而上学においてもそうであるように、証明されることなしに前提されている。

存在論的証明においては神の存在は思想に対抗させられているが、そんなことなど私には思いもよらない。というのも、そのように対抗させてしまうと、神でないところの何ものかが措定されることになるから。神の存在は他の存在と同等だと認めてしまえば、それによって神の概念は神の概念でなくなってしまう。真の存在は思想の存在でもあるが、しかし真の存在は単なる思想ではない。――両者が同一であることは明らか〔対自的〕である。存在とは直接態、自己自身への単一な関係である。存在は直接的な規定であり、論理学の出発点となるべき第一のものである。

神の定在の証明における真実の根本思想は、次の四点である。

（1）証明の多様性は、絶対的理念の様々な規定の諸段階を表しているが、しかしそうした諸段階は経験的、偶然的に取り上げられるのではなくて、それらの必然的な連関において、相互に導出しあうものとして論理学のなかで認識される。

（2）もっと抽象的なあるいは具体的な存在から始まる諸々の証明は、有限な定在の真理が絶対的な存在であるということを含んでいる。

（3）しかし概念から始まる［証明］は次のことを含んでいる。すなわち、主観的概念の真理は客観的概念であり、客観そのものではなくて（というのも客観は主観に対立させられているのだから）、絶対的理念であるということである。

（4）証明の形式は、総じて絶対的理念の自己との媒介を認識するという理性の要求のうちにその根拠をもっており、さらには主観的で自己意識的な理性自身がこの媒介の契機をなしているという規定された側面のうちにその根拠をもっている。

証明が多様だということは、何らかの欠陥があることを示している。真の証明は単純であるほかない。だから、神の定在を証明する様々に異なった仕方は、人間の様々に異なった認識の諸段階に由来する。

かくして、神の定在に関してたくさんの証明がある。たとえば、偶然的なものから始めれば、そこから必然的なものへと推理する、また生命あるものから始めて、生命へと推理する、などといったことなど。

度量が何であるかを規定する場合、度量は質から導出することもできる。——度量の本質に返っていったならば、神でさえも度量として性格づけられなければならなくなる。

「有限な存在があるゆえに、絶対的な存在もある」と言うことはできない。そうではなくて「有限な存在は虚しいものであるがゆえに、絶対的な存在が真の存在なのである」と言うことはできる。

主観的な概念の真理は客観的概念である。

［証明の］形式は神を認識するという理性の要求に関わっている。——古い形而上学が教えていたように、私は神に対して主観的なものとして関わり、神を客観的なものとして認識しなければならない。それゆえに、人は神をとりわけ自然のなかに求めた。しかしながら、精神としての神は、私の精神のなかでも自己を啓示するものである。したがって、神もまた自己意識のなかに求めることもできるし、また求められなければならない。そして我々にとっては、神は自然におけるより

も自己意識のなかでずっと近くに存在している。

〔3〕【六月六日・快晴】　神の諸性質がどのような規定として現れるかというと、それらの規定のもとでは現世的な、あるいは人間的な定在の何らかの普遍的な側面から始められ、そしてこれらの規定がこの定在の神への何らかの相関関係を表現しているといった、そうした規定としてである。しかし神の概念も空虚な彼岸のうちに共に消え失せたのだから、そうした諸々の相関関係は、それらの客観的な側面と意味を失っていて、未知のものに向かう心の主観的な諸方向に矮小化されてしまった。したがって神学に残されているのは、主観的な感情と心情としての宗教だけである。すなわち、精神としての神は自己意識においては自然および抽象におけるよりもいっそう高いみずからの現実存在をもっているという真理の一面的な契機だけが残っている。

以前には本質（Wesen）というものは性質（Eigenschaften）と切り離されて考えられて、その後にはじめて本質に性質が付け加えられた。

しかし、性質は、静止しているものとしての主観に帰せられているのであって、主観自身の生き生きとした契機として主観に帰せられているのではない。だから「本質にふさわしいのはこの性質だ、いやあの性質だ」などとも人は言うのであり、いわばあたかもそれらの諸性質が外から付け加えられるかのように。本質自身が性質そのものにほかならないというのに。

こうして人は神にたくさんの性質を付け加えたが、そうした性質は、常に至高にして究極のものを含んでいる。たとえば、慈愛、正義、神聖さなど。

神の定在は、最初は自然のなかに認識されていた。そこに自然崇拝の起源〔がある〕。

しかし、その後、神は最高の抽象だと捉えられるようになった。しかし、神は純粋な精神だと見なされることもできるし、次に純粋な精神というかたちで神は自然のなかにも生きている〔と見なされることもできる〕。――さらにまた神は、精神的なものと物質的なものなどの〔対立の〕同一性であることが承認されなければならない。その後こうした反省から自然宗教が発生した。

第二六節　付論

〔近年の〕形而上学は絶対的な理性が関心を向ける様々な対象を、悟性とその有限な諸形式の領域へと引き下げて、絶対に異質なものを解消しないままで結び付けていたのであるが、この形而上学が次の二つの側面へ分解することになったのは当然のことであった。それは、

1　思考の有限な諸形式が投げ捨てられて、理性の欲求

は絶対的なものの感情や予感や直接知へと逃避したということ。

2　理性の内容は放棄されてしまい、悟性は自分自身と有限な定在とを究極のものとし、この究極のものから無神論の立場が、同様に有用性という啓蒙が生じてきたということ。

思考の有限な諸形式は投げ捨てられた。これが〔形而上学の〕一つの側面であるが、他の側面は、無限なものが投げ捨てられて、こうして悟性がみずからを最高のものにしたということである。

これにより、有限な諸々の目的、すなわち有用なものや知識欲を満足させたものが最高の実在に取って代わった。——したがって〔そうした有限な目的というのは〕普遍的啓蒙の時代以降に為された多くの有用な発明品〔と変わるところはない〕。ジャガイモが知られ、広く行き渡り、その後に、避雷針が発明された、などといったこと(67)。

前者〔1〕のとる道は、内容に固執し、認識することに反対して、真理は媒介されたものではなく、それ自体としてかつそれだけで直接的なものだということに執着する。逆に後者〔2〕のとる道は形式に固執する。つまり、真なるものは思考され認識されねばならず、内容に関しては思考に与えられたものではなくて、何がなんでも私によって承認されなければならないし、また私が真なるものを洞察しその概念をもたなければならないということである。それらが一面的でしかないということ、この両側面に関しては、ばならない。

【六月九日・快晴】だが、この両側面に関しては、それらが一面的でしかないということを心得ておかねばならない。

大人は子供のように振る舞うことはできても、半端者になりたくないならば、子供に返ることなどできない(68)。時代というものはたしかに様々にその姿を変えるものである。しかしまったくの昔に戻ることはけっしてない。そうではなく、たとえ時代が後退することがあったとしても、そうなるのはもっぱら、新たに蓄えた力を発揮して、それだけいっそう力強く、再度前進せんがためである。

悟性は、どれだけ無情で、神を見失っているように見えようとも、なおかつ絶対的で本質的な契機を含む。私が何事かを承認すべきだと要求するとき、それが果たされるのは、私がそれを承認しようと欲する限りにおいてのみである。単に権威があれば足りるというものではない。私が承認すべきものは、私の概念から生じ、私の概念と一致するものだということもまた明らかにされねばならない。

両側面に共通なのは、無限なものの認識としての理性の方に向かっているということである。この方向自身が二通りの形式をもっている。一方の形式は第二六節で述べられたもので、それは直接的経験のもとにとどまる形式である。すなわち自己自身についての意識を欠いた悟性が受け入れるような感性的知覚のもとにとどまっているのである。しかしこうした悟性が自己について行った反省によって最初に意識に上るのは、経験が自分の知識に認める必然性と普遍性という両規定は知覚そのもののうちにあるのではなく、この知覚が提供するのは頻繁に生ずる諸現象の継起ないし同時性にすぎず、それゆえにまた諸現象の偶然的な結合でしかないということである〔ヒュームの経験論哲学〕。これに気づいたことから近代の懐疑論は生まれたのであり、この懐疑論は法則の必然性と普遍性を、正当化されていない主観的な表象へと、また習慣へと還元した。この特殊な懐疑論に自覚的に対立しているのがカント哲学である。

近代哲学において立てられた原則は、あらゆる認識は経験を基礎としなければならないというものだった。だから、そこで言われていたことのなかで第一のものは、人は〔感覚によって捉えたものを〕後に概念を通じて認識へと高めようとするのだが、まさにそうしたものを感覚をもって捉えるためには、よく目を開けて注意せねばならないということであった。——この要求には、至るところに精神の現前を要求しているという長所があった。イギリスやフランスの哲学、また部分的にはドイツの哲学でさえも、認識のこの根本要素を拠り所としている。しかしながら、外的なものが本質的なものと見なされる場合、他の側面から見れば、悟性の概念は素材を外から秩序づけるために使用されねばならなくなる。こうした主観的なものこそが〔カントの〕理性批判によって叙述され、また学的に展開されたのである。それでも理性批判が今なおとりわけて重要なのは、反省によってはじめて知（Wissen）と〔知の体系である〕学（Wissenschaft）とが形成されるからである。[69]

経験そのもののうちにはいかなる普遍性も真理もない。ロックが展開したのは、〔われわれが〕いかに知覚し、知覚すべきであるかということであった。ヒュームが示したのは、感性的な把握がわれわれに普遍性をも真理そのものをも与えないのはどうしてかということだった。

ヒュームは、われわれが必然的なものだと認識するところのものの多くは、若い頃に刻み込まれたものにすぎない、ということを示した。

第二七節　付論

批判哲学がみずからの対象としているのは、認識作用を探求することである。批判哲学は、形而上学の普遍的な問いが「それ自体としてかつそれだけで真であるのは何か」ということであるとは解さなかったし、認識作用に関しては「認識作用の真理とは何か」であるとは解さなかった。そうではなくて批判哲学は認識作用を探求するに際して、認識作用およびその様々な側面の心理学的な表象を前提とし、この表象が有効であると認めたのである。(70)

【六月一〇日・快晴】カント哲学が問うたのは、「真なるもの自体とは何であるか」ではなく、もっぱら「認識作用の真なるものとは何であるか」だった。——したがってカント哲学は主として諸々の心理学的な連関へと向かい、それらを規定し、純化しようと試みた。魂の様々な側面と、それらが互いに移行しあっているということ、どうしていかなる側面もそれ自体としてかつそれだけで真理を含むことができないのかということ、これらのことはカント哲学においては示されなかった。

認識能力の批判が自覚的に課題としていることは、この〔認識能力という〕道具が絶対的なものを把握する能力をもっているのかを探求することである。

絶対的なものというのは、さしあたっては無限なものについての空虚な、単に否定的な思想である。しかし絶対的なものを認識しようとすれば、それは絶対的なものの内的諸規定を把握するということになるだろう。この把握は感情ないし直観作用によって外的に受容するということではないのだから、それは絶対的なものの内容をみずから展開させ、絶対的なもののなかに区別を生じさせる理性特有の活動性にほかならない。ところがカント哲学はこのような産出作用と区別作用とを悟性の単なる活動性とその諸カテゴリーとに制限しているのである。

人間の認識能力が単なる道具と見なされ、主観的なものとして客観的なものに対立するとされるならば、そこからは一つの二元論が生じるが、そんな二元論を通じて真理を認識することは不可能である。(71)

しかしながら、認識作用は一方で主観性そのものを含んではいるが、他方ではまた、認識されるもののうちに客観性自体を含んでいるものとされている。

認識作用は規定されていない認識作用〔何ものかを認識しているのではない認識作用自体〕としてはまだまったく空虚で、形を欠いたものであり、ひたすら純粋で単一なものそれ自体である。——知性を単なる受動的なものだと受け取り、真理が初めてそこへと書き込まれるはずのものだと見なすか、あるいは能動的なものだと受け取り、真理をみずからの活動によって自己自身のうちで産出すると見なすか、〔二通りの取り方があるが〕どちらも可能である。ところでカント哲学は、

1　感性的認識を、すなわち感覚や直観を真なるものの根拠とは見なしていない。というのも、感性的認識は個別的なものや偶然的なものしか含まないからである。

2　カント哲学は思考とその規定とを同一性という抽象的形式として把握するのではなく、アプリオリな総合命題という名のもとで具体的なものとして把握する。したがって、思考、あるいは自我〔私〕は自己自身のうちでの規定作用であり、自己自身のうちでの区別なのである。こうした把握を通じてこの哲学は概念の真実の認識のための根拠を据えた。しかし、カント哲学は、

3　概念の有限性のもとに、すなわち規定性そのものの同一性に対する対立のもとに立ち止まっている。しかも、思考が自己意識に属していて主観的悟性として物自体に対立しているという形式のもとに立ち止まっている。

「エステーティク」〔感性論〕というのは、もともとは感受されたもの、美の学のことを言う。――超越的な感性論[72]とは、低いものを超えて舞い上がる一つの感性論であり、それは有限なものへと下落するのではなく、無限なものそのものを対象とする。それだからカント哲学は何よりもまず感性的なもの一般を考察する。――色はどれも質料的なものであるが、形式はどれも観念的なものである。これらの形式は普遍的なものであり、カント哲学はこの普遍的なものだけに関わる。

空間と時間は普遍的なものの基礎となる。しかし空間と時間は主観によって、「私」[73]によって措定されるのだから、アプリオリな認識の対象である。だからこれらの形式は一つの普遍的なもの、一つの無限なものである。

カント哲学は真理を認識のうちに打ち立てなどはしない。【六月一一日・曇】

カントが考慮したのは、「私」が普遍性そのものであり、それだから或るものが自我によってひとたび真と認められるならば、認識そのものは一つの普遍的認識であるということである。

この「私」は、カントによれば[74]、単一な主観性であるから、質料、つまり表象の数多性と対立している。――感性的なものは自己の外に存在するものであり、これが抽象的に把握されれば、空間と時間として現象する。

意識のうちで表象の多様なものを結合する規定された諸形式は、いわゆるカテゴリーを形成する。これらの諸々のカテゴリーが論理的なもの一般を形成する。

第二八節　付論

われわれは知覚を経験から区別する。われわれは知覚されたものの必然性を認識せず、意識に上らせてもいないのに、知覚されたものを真であると認めている。

しかし、経験されたものについてわれわれが「経験されたものは存在する」と言うことができるのは、われわれが経験されたものをわれわれの意識そのものに上らせており、それの真理性について実際に確信しているからである。

私が「何かがある」と言う場合には、この判断は知覚の単なる帰結であってもかまわないが、しかし私が「これは紙である」と言う場合には、私の判断はすでに経験に基づいている。

カント哲学が最初に立てた命題は、理性は……について……〔以下、筆記が途切れる。〕

第三一節　付論

1　無限なものを認識する働きとしての理性を、有限な認識の働きとしての悟性と区別したことは、たしかにカント哲学の最も重要な進展の一歩と見なされなければならない。しかし、カント哲学は無限なものを取り扱う際に忘れたことがある。それは、概念そのものは対立物、つまり他者を自分の外にもつのではなく、自分の規定のうちにもつのだから、自我すなわち自己自身のうちにある総合的な概念は、すでに自分自身のもとで無限なものである、ということである。だからたとえば因果性はなるほど相関であり、［しかも］原因が結果とは違った根源的な存在であるとされている限りでは、有限な相関である。【六月一二日】しかしこのような相関の概念そのものは無限である。なぜなら、この概念は相関の統体性にして統一であり、したがってこの概念のうちでは原因は結果と対立する別なものではなく、結果も原因と別なものではないので、最初に相関であるとされていたその相関そのものが揚棄されているからである。だからその相関は絶対的相関であるために自己原因であると言い表されているが、これこそ概念そのものにほかならない。

悟性はここでは有限なものを認識する能力と受け取られ、これに対して理性の方は無限なもの、しかも肯定的に無限なものを認識する能力と受け取られている（つまりまだ否定的に無限なものがあるにはあるが、これは無限な抽象にほかならない）。しかし肯定的に無限なものという言葉を、われわれは絶対的なものそのものと解している。

仮にカント哲学が、「自我とは端的に無限なものである」という概念を［もっていたならば］、カント哲学は「神はまったく認識不可能なものである」という結論に達したりはしなかっただろう。むしろ「無限なものとしての自我は認識においては自我自身の対象にほかならないから、自我は自己内で統体性であり、自己内で完成されたものである」[75]、「この自我は、自己自身を認識しつつ〔それによって〕、〔自己を〕絶対的なものそのものとして認識する」という結論に達したことだろう。

　神は自分自身の原因にしてかつ結果、すなわち自己原因であり、このようなものとして概念である。概念は普遍的なものであるが、活動的なものとしての、自己を措定するものとしての普遍的なものであり、このようなものとして自己自身を措定する単一な現実的なものである。しかもこの現実的なものは反省であり、普遍性のなかで措定する一者――つまり措定するものと措定されたものの統一なのである。だからこれによって概念の概念が認識される。論理学においても概念について論じられるが、人は通常は概念のことをただ抽象的なものだとしか思っていない。〔しかし〕抽象的なものそのものは一面的なものでしかなく、いかなる実在性も自己のうちに含んでいない。

　理性は無限なものと規定されており、人はカント哲学にならってこう主張していた、すなわち、理性はカテゴリーに従って認識するのではなくて、カテゴリーを飛び超える〔超越する〕のだと。[76]

　カントによれば諸々のパラロギスムス〔誤謬推理〕はもっぱら次の点に成り立っている。[77] すなわち、私は思考することによってしか存在しないということ、私はいかなる定在をもたないということ、私は私が存在するということだけを知っているということ、けれども、こうしたことについて私はいかなるカテゴリーをも先取りすることがないということ、こうした点である。カントは言う、自分は私に関してはわずかばかりの概念ももたない、と。――ところが、これはあらゆる主張のうちで最悪のものである。というのは、私が私を認識するならば、まさしく私のうちの活動性は概念そのもの、自我だからである。したがって私とは私の意識の自由な活動性である。カントが前提としているのは、私の自我の本質は実体だということである。つまり私はこの実体については何も知ることはできず、[78]自我が認識することはただ、私は私であること、したがって、私は単に意識のうちの私の定在を知るということ、このことだけである。カントは、実体という述語は自我にとってはあまりにも立派すぎると信じ込んでいる。何しろ実体は確固として不変たるものなのであるから。

　しかしながら、むしろこの〔実体という〕述語はさらに不適切なものである。

　自由なものとしての自我はもっとすぐれたものであり、有限な述語だと見なされている「存在」と比べられてはならない。

2　理性のアンチノミーに関するカントの思想も、それに劣らないほど重要である。この思想によれば、これらの矛盾は単なる詭弁的な錯誤ではない。というのは、理性はむしろ自己自身によって必然的にそうした矛盾に陥るからである。すなわち、理性は無限なものの能力であるために、定在の諸現象を総合して統体性へと高め、無制約的統一の原理をこの諸現象に通用させなければならないのだが、そのくせ他の側面では、理性がもっぱら反省に止まる限り、有限なものを自分の素材や内容として基礎に置き、したがってこの二つの原理〔無制約的統一の原理と反省の原理〕の関係のなかでただそれらの矛盾しか表現しないがゆえに〔矛盾は理性にとって必然的であって、詭弁的な錯誤ではない〕。

これらのアンチノミーがとりわけ重要であるのは、それらがそもそも諸カテゴリーの内容に基づいていて、諸カテゴリーが自己内で必然的に抗争することに関わっているからである。カントが言うところの「解決」の正体は、これらのアンチノミーにとっては解決されない抗争こそが究極のものだとする点にある。〔しかも〕これに補足して言うところによれば、解決不能の抗争の舞台になっている諸対象は現象であるということ、しかしこの抗争は物自体には関わらないということ、すなわち外的な物がそれ自体でかつそれだけで、みずから必然的に混乱するもの、矛盾するもの、現象するものなのではなく、もっぱら理性が、そしてまた精神の認識作用だけがそのようなものであるというのである。(79)

【六月一三日・快晴】アンチノミーという言葉を人はこう解している。すなわち、それは形而上学的な二つの見解であって、それらは互いに対立してはいるが、そのうちの一方は他方と同じくらい立派に証明されることができるものである、と。たとえば、物質は諸々のアトムから成っている、あるいは物質は無限に分割可能である、というように。

したがって、これらのアンチノミーが生ずる理由は、一方では理性は無限なものを認識する能力であるのに、他方では悟性の対象は有限なものであるからなのである。

したがって、諸々のアンチノミーは一方では同一性、無限なものを表現しているが、他方では制約されたもの、有限なものを表現している。だからこうして抗争が生じる。――本質的なことは、有限なもの自身も、無限なもの自身も真理を含んでおらず、真理は、両者を超えて、単一な具体的なもの、両者の統一のうちにある、という点にある。

物というのは現象なのであり、諸物のうちには真理はなく、真理は精神のうちにある。しかしながら人が主張していたのは、まったく逆のことである。

第三三節　付論

カント哲学は主観的な認識ならびに思考の抽象的な同一性をその究極のものとしているという点で、理論的なものに関しては啓蒙および有用性の原理のうちにあって、悟性の哲学にとどまっており、悟性の哲学を方法の上から仕上げたものにすぎない。

それにもかかわらずカント哲学は、意志に関しては理性が自己から自己を規定すること、理性の自由ならびにこの自由という絶対的な究極目標を是認している。

物自体とは、主観的認識に対して存続し、認識することができないとされているものだが、むしろ簡単に認識できるものであることが明らかである。というのは、物自体とは対象のあれこれ一切の内容を捨象した後も残り続けるものだと規定されているのだから、抽象の究極かつ空虚な産物と同じものであって、この抽象は悟性が神学において至高の本質と見なしてそこに達するに至ったのと同じものである。

【六月一四日】理性に関しては、カント哲学は或る別の概念を立てた。すなわち理性は意志の普遍的なものであり、理性の性格は絶対的な普遍性だが、しかし同時に無制限の自由でもある。理性は無規定態を揚棄し、[80] そうして一切のものを完全な抽象に仕立てることができる。

だが、理性はすぐれて認識することと意志することのうちにある一なるものである。理性は〔区別される場合には〕理論的であるか実践的であるかである。しかしこうした〔理論的、実践的という〕指標は従属的な規定でしかなく、統一であり普遍性である理性の本質とは関わりがない。理性は自分の対象に関わるのと同様に自己に関わる。だから理性は理性認識の客体である。したがって、同時に理性を養うことなく情を養うことができるとか、あるいは、情を養う妨げになるから理性的教養を身に付けることには気を付けなければならないなどというのは間違っている。

「或るものそれ自体」(Etwas an sich) というのは、それが思考のうちに、反省あるいは抽象のうちにある様を言う。絶対的なものはそれ自体としてかつそれだけで〔存在するの〕であって、自己自身を認識し考察する。最初の場合には自体が客観であり、自我が主観である。それ自体としてかつそれだけで〔存在する〕ものとは、それ一つで思考するものでありかつ思考されたものである。

この物自体にカントは非常に大きな敬意を払っている。しかし彼はこの物自体を認識できるということを認めていない。けれども物自体というのはいつの場合でも一つの前提されたものだから、問われているのは「前提されている物自体とは何なのか」ということだけである。そうしてその場合、物自体というのは、私があらゆる規定されたものを捨象したときに残るところのものである。たとえば、私が私を認識の対象とし、一切の規定態、たとえば記憶、感情、姿形、個々の心の能力などを捨象するならば、それはまったく空虚なもの（抽象の残滓[81]）、抽象の極み、すなわち物自体である。だからその場合、物自体というのはまったくの規定を欠いたもの、純粋に悟性的なものとして認識されてよい。

　だから物自体というのは空虚で形式的な同一性である。

　カントによれば、経験の対象になるのは経験されうるものだけだから、外部感覚によって認識される外的なものだけでなく、感情などを通じて経験されるものもまた経験の対象になるが、絶対的なものや神性のようにいかなるやり方でも経験できないものは、経験の対象にはならないことになる。

第三四節　付論

カントの立場、あるいはまたいわゆる懐疑主義の立場に対して反駁する際には、本当の反駁がいつでもそうであるように、次のようなやり方で行わなくてはならない。すなわち、その立場がまったく認められ、そしてその立場そのもののなかに含まれているものがそれだけで固定され、そこからこの立場が自分の諸規定であるとされるものと反対のものを直接に含んでいるということが明らかにされる、というやり方が採られなければならないのである。これについてはもっと詳しく次のように言っておく。

　1　認められなければならないのは、自分の外にある物自体［に］関係するような認識は有限な認識であり、諸々の現象にしか関わらないのだということである。

　2　この認識が自分のうちにはいかなる真理もないのだということをみずから述べるということによって、認識は本質的に或る他者への関係であると表明され、そうして真理の基準が立てられて、それとともに認識能力を孤立させて批判するという考えに反駁が加えられる。

　3　認識が含んでいるのは諸々の現象だけであり、それだから認識は或る内容の同一性、言いかえれば区別された諸契機の同一性であって、理性の思考が結果から言えばそうであるとされているような空虚な同一性ではない。

　弁証法とは、反駁抜きで主張を受け入れて（反駁することにおいては、受け入れられた主張は「その主張に即してではなく」自己の側で分裂させられているにすぎない）、主張されたことのうちにかえって主張されたことと反対のものが含まれているのを示すことである。それゆえに懐疑的な立場は単に一時的にばかりでなく、真の意味で認められなければならないが、しかし懐疑的な立場を究極の立場であると思ってそれで事足れりとすればそれでよいというわけではない。この点に、つまり究極にして最高の立場であると信じているということに、あらゆる哲学の争いと真理からの逸脱がある。どの哲学も何ほどかの真なるものを含んでいるが、含んでいるといってもそれらがただ自分の立場で理解され、その立場において認識されたその限り、その程度でしかない。しかしそれらが究極にして最高の立場を捉えたと思い込み、だから他の一切の哲学は何の意味もないものだと説くならば、そうした哲学はただちに誤りとなる。

だから、懐疑的な立場は認められなければならないとはいえ、主要なことはそのなかで言い表されているものが何であるかを認識することにある。

4 【六月一六日・快晴】 認識の内容は諸々の現象、すなわち一つの揚棄された定在である。これによって現象は存在と非存在との統一として言い表されている。

5 こうして思考のうちにある多様な感覚的存在は現象としてあるのであって、このような存在の真理はそれが現象であるということ、そのことにあるとされている。それだから、感覚的存在の真理は思考のうちにあることになる。

意識が諸々の現象について知っているということ、それは意識の事実である。認識されるものだけがここで考察されるならば、われわれは真理を得ることになる。現象は無ではなく、一つの定在である。しかし他面では現象は一つの非存在、存在が揚棄されていることである。だから「現象」という言葉で語られているのは、存在と非存在である。理性の現象とは思考のことであり、それゆえに思考のうちに感覚的存在の真理［がある］。――感覚的存在そのものの方も、それが現象であるという以上の真理をもっていない。真理は思考の外部にはない。

6 けれども思考は主観的なものとして固定されているわけだから前に述べたような、思考の概念と思考のうちにある存在の概念とは捨て去られており、認識の外にある物自体が真なるものであるとされる。しかし前に示された概念に基づく思考が単に現実存在しているばかりでなく、そして確実性に関して言えば、意識という最も確実な事実が存在しているにすぎないのでもなくて、私の外にあって私の思考とは別のものであるとされている物自体もまた、それ自身がこの私の思想のなかに存在しているのであって、私の外に存在しているのとまったく同じく私の外には存在しない。

直観のうちには単に主観的なものが存在するにすぎないのではなくて、主観的なものと客観的なものが統一されて存在している。だから思考とは統一なのである。意識はそのために最も確実なものである。私が「私」と言うとき、私は私を見つめているわけだから、私自身を私の認識の対象にしている。石は私の外に存在する。私が「物自体」と言うとき、私が理解しているのは私のうちに存在する何ものかである。——観察が行われさえすれば、統体性、現実に目の前にあるものが観察される(82)。

7　同一性が前提されているために、私は思考のこうした現実性を忘れ、物自体は私の自己意識と思想のなかにあるのだということを捨象するはめになる。

だからすべての規定態をこのように捨象している物自体は、肯定的なもの、自己同一的なものであって、他者のうちに他者によって措定されたものではないとされるわけである。

しかし物自体はこのように捨象されているためにまったくの否定的なもの、捨象によって措定されたものになり、また現象しないものだとされる。ところがこの現象しないものというのは他者に対して、すなわち私の感官に対して現象することであるとされている。

8　この観点からはさらにこう思う人もあるかもしれない。すなわち物自体が真なるものであるのは、物自体によって規定されている私の感性的な感覚のうちの一つに物自体のうちの一規定が対応しているからなのだ、けれども私はこの規定が物自体においてはどういう性質のものであるのかさえ知らないのだ、と。では物自体について私が知っていることに関して言うと、

a　私はたしかに物自体について、それがまったく無規定なものとされているが、しかしこの無規定なものは同時にそれ自体としてかつそれだけで規定されているということを知っている。だから私はここではたしかに物自体についてはそれ以上のことは知っていない。なぜなら私はこの究極の抽象の周りをさまよっているにすぎないからである。

b　さらに詳しく言えば、私の経験のうちにある規定態ではなく、物自体のうちにある規定態は感覚的な規定態とは違う規定態であるはずだということを私は知っている。しかし、感覚的なものと違うものというのは、それ自身がここでは思考であると言われている。だからこういう言い方の帰結はこうなる。すなわち真なるものは抽象的に同一的なものだとしても、その規定態あるいは内容の面からしても思考に属するものでもあるが、しかしそれだからまさしく思考というのも主観的なものではないのであって、同

一性と非同一性の同一性なのだ、と。

【六月一七日】 真なるものは物自体である〔とされている〕。物自体は「私の外で」物自体であるのではなく、「私のうちで」、思考のうちで思想そのものなのであり、思考の同一性、すなわち思考自身と思考の外に〔あるもの〕との同一性である。――この物自体というのは純粋に肯定的なものであり、あらゆる外的なものを捨象している。物自体は自体的であるとされていて、自体的であることが物自体の肯定性を表している。――自由は純粋な対自存在であり、自己自身を摑んでいる純粋な否定性である。捨象するというのは一つの活動であって、この活動によって物自体が措定される。

物自体とは、現象しない、それ自体としてかつそれだけであるような物であるとされている。物自体は我々の感情と思想のすべての根底にあるけれども、しかしそのものとしては、みずからわれわれの感情や思想のなかには現象しないものだとされている。

反省の言うところはこうである。「あらゆる現象は私に明らかであるが、物自体だけは私から隔てられたもの、認識不可能なものである」。

だから物自体は思考の純粋な同一性、純粋な思考、純粋に思考されたものである。

諸々の主観的な規定は物自体に属することはできない。たとえば私が対象を青だ、緑だなどと見るということは、物自体においてあるのではないとされる。〔だが、主観的な規定は含んでいないとしても〕物自体は私が何かを青あるいは赤などと見るということについての根拠は含んでいると言われている。

私に対して現象してくる白いものは、それ自体としてかつそれだけでどういうあり様をしているのかと誰かが私に問う場合、私はこの白いものを、それがもつ連関のうちで、それの統体性のうちでしか捉え説明することができない。――しかしそういう場合こうした対象の研究は自然研究の役割である。自然哲学ないしは自然学は、色の概念と色の本質とを説明し叙述しなければならないが、それはすなわち諸々の色が概念のいかなる位置を統体のなかで占めるのか、色のそれ自体としてかつそれだけであるものが何なのかを示すことである。

世界自体は経験とは別の世界、すなわち思想であり、規定されたものと対立している無規定的なものである。一面では真なるものはまったくの抽象的なもの、純粋に同一的なものである。しかし他面では真なるものは最も具体的なものそのものである。われわれが神を物自体と呼ぶか、至高実在と呼ぶか、純粋に同一的なもの等々と呼ぶかということは、すべて同じことであり、文字や音声によって惑わされることがあってはならない。【六月一九日〔判読難・ゼル版には無記載〕】ヤコービは「われわれはみな信仰のうちに生きている」と言っているが、メンデルスゾーンはこの考えに反対している。(83)――知というものは感覚的な諸対象に関わる場合には直接的な知として現れる。しかしながら現実には直接的な知ではない。だからたとえば紙の上に打たれたこの点は直接的ではなく、他の点や他の対象と結び付かなければ現存しない。〔他の対象と言うのは〕点はそうした対象からできている物質の上に打たれる〔からである〕。――だからわれわれは、感覚的な認識でさえも最高度に媒介された認識である、と言わなければならない。

意志と認識もまた互いに分離されない。(84)

第三六節　付論

論理的な学が唯一前提しなければならないのは、それが純粋思考の学でなければならないということだけである。それはたとえば植物が植物学の対象であるのと同じことである。この前提からすれば、この論理的な学の対象である思考以外の何ものも現存してはいない。(85)もし思考というものが抽象によって生じた対象だと捉えられるならば、この対象はわれわれが至高実在あるいは物自体と見なした〔のと同じ〕ものになる。だから抽象を事とする反省哲学のこの帰結あるいは真理は、論理学の始元、純粋に悟性的なものである。この純粋に悟性的なものの弁証法も同じくすでに考察されている。(86)

第三七節　付論

1　【六月二〇日・快晴なれど酷暑】この区分に関しては、論理学の概念の場合と同様に、心しておくべきことがある。すなわち、区分といってもそれは先取りであり、そしてそう区分するのが必然的であるならば、内容の展開は、内容の異なる三部門において、内容自身に即して明らかにされなければならないということである。

2　論理学の三つの部門の関係をより詳しく述べると、第三部門つまり「概念」あるいは「理念」が第一に真なるものであって、これに対して最初の二つの契機である「存在」と「本質」とは単独ではいかなる真理も現実性をもたない。この二契機は、一方では契機であるから、概念の諸契機を抽象的にかつ概念の外にあるものとして固定する主観的思考のうちでしか現実存在しない。しかし他方ではこの二契機は形式なのであって、概念は、それが外化されたときには、すなわち自然および有限な精神としては、この二形式のもとに定在〔規定されて存在〕する。いかなるものにおいても二つの側面が、すなわちそれ自体でかつそれだけで存在する自分の概念と、それの定在という二側面が区別されなくてはならない。

哲学においては、有限なものに関して常に内的なものだけが認識される。すなわち現実存在へと歩み出るものが、そのあるがままの姿で認識される。しかし、〔内的なものに〕相応しない現実存在は、[87]〔概念諸契機の体系であるとはいっても、そのうちで〕外的な契機としてあるような概念諸契機の体系である。だから最初の二部門の諸形式は規定された諸概念、すなわちそれ自体でかつそれだけで概念であるとしても、しかし概念として措定された概念ではなく、ある規定された姿で現実存在している概念なのである。

諸々の質、諸々の量、および度量は、一般にそのものとして現実存在しているのではなく、それらの現実存在はただ主観的な思考のなかにしかない。それらは客観的真理を含んでいない。それらが現存しているところにあるのは、単なる思想だけである。けれども、概念、理念そのものは現実存在する。概念はそもそも自己自身を超え出なくてはならないし、それ自身が弁証法的契機である。概念は内的なものである。自然および精神のなかでは、本質的なものは内的なもの、したがって概念である。けれども、現実存在は外的なものであり、諸物の量と質を含む。

客観的論理学がそのうちに含んでいるものは、一つの外面的なものである。主観的論理学がそのうちに含んでいるものは、内的なものである。両者が一緒になってはじめて統体性を形成するのであり、その統体性のなかで本質は〔はじめて〕存立するのである。[88]

3 最初の二部門は概念の発生を叙述する。概念あるいは理念、これを主観的に表現すれば知的直観であるが、これを始元に置くことはできない。なぜなら、哲学というものは思考そのものの境地における理念の現実存在としてあるのだから、時間のなかで生起するものだが、始元は直接的なものでしかありえないからである。

論理学の場合には、始元すなわち直接的なもの、根源的に最初のもの、絶対的なものでしか始めることができない。かつては、人は定義で始めていた。〔たとえば〕スピノザがそうしたし、シェリングなどの人たちもそうだった。[89]「絶対者は有限なものと無限なものとの同一性である」という定義をわれわれは直接に知り、われわれの内に直観し、この定義を心の底から確信するのが当然だと言われている。しかしながら、そうすると、個々の主観に何ものかがただ単に要求されるだけのことであって、まずその何ものかというのが何であるかが主観に対して証明されるということがなくなってしまう。〔それにもかかわらず〕いまや人間である限りの人間すべてに向かってこの要求がなされる（シェリングはそう説いている）。

思考のなかにある直接的なものは、純粋な存在である。だから、論理学の場合にはこの純粋な存在で始めなくてはならない。しかし、この純粋な存在は、後に明らかにするつもりだが、真なるものではない。

絶対的理念は端的に純正な・確固とした[90]統一である。ここでは一切が共にあるだけでなく、あらゆるものがあらゆるもののなかに[91]もまたある。こうした理念が神なのである。けれども、神はただ単に死せるものでしかないのではなく、生きているものである。だから、永遠の創造は神性の本質に必然的にそなわっているのであって、その創造の帰結が有限性なのである。だから、有限性は必然的にして本質的かつ永遠なる契機である。——理念を認識する働きが哲学の対象である。だから、哲学はただ単に抽象の残滓でしかないものを自分の客体にしているのではなく、絶対的に生きたもの自身を客体としているのである。

絶対的理念は一なるものであるというのが絶対的真理である[92]。しかし、哲学においては絶対的真理が一つの進展（eine Evolution）として叙述される。だから、［一方では］「哲学の対象は永遠ではない」と言われる。だが、他方では、それと同じく「哲学は永遠である」とも言われる。なぜなら、この進展は永遠なものそのものの必然的な契機だからである。

4　こうして第一部門は直接的なものとしての絶対的なものを含んでおり、存在の領域をなしている。ここでは、諸規定態は互いに対して他者として存在する。それゆえに、諸規定態の弁証法、言いかえれば概念の同一性は、それら諸規定態のもとでは変化と移行として現れる。第二部門は反省されたものとしての絶対的なものを含んでおり、本質および映象の領域をなす。本質における諸規定態は直接的なものなのであるが、ただし直接的なものであるといっても、あくまでもその直接的なものを超え出て他者との関係としてあるのであって、自己への反省でありながら同時に他者への反省であるところの反省、すなわち相関なのである。弁証法的な側面は、相関自身のなかにすでにある。概念は相関のなかでは当為として映象するが、当為は第三部門、概念においては存在と同等なものになる。すなわち、存在の単一な同一性のなかに受け入れられた相関、あるいは、自己自身の内で映象し、自分の他者のなかで休らい、しかも他者と調和している存在になる。

〔物事を〕認識する場合には、最初にある対象が直観され、次に反省がその対象を超え出て、最後に直観されたものが理念ないしは真なる概念のなかで再び思想と結び付けられて一つになる。こうしてわれわれは、認識の三相（Trias）を得る。

【六月二三日】当為のなかには二元論があり、これはまだ調停されていない。

概念は相関であり、相関でありながら一なるものとしてあり、〔つまり〕統体性である。

直接的な神は自然――存在としての神――、ヤコービの言うような「神なるもの」（das Gott）である。[93]――自然のなかから登場してくる概念、あるいは自己のうちに入っていく自然は精神であり、純粋に理念的なものとしての神、すなわち反省である。自然と精神との統一は自身が三位一体、つまり概念における神である。

〔第一に〕この自然は理念であり神ではあるが、純粋存在という形式、抽象的な相互外在の形式をとって現実存在する理念あるいは神、〔言いかえれば〕存在の枠内での純粋な直観である直観、そうした直観の諸形式[94]として現実存在する理念あるいは神である。

第二に、反省の立場に立つ自然は、物質一般の立場である。物質一般とはすなわち物理学の対象。

三番目の段階は、生命、つまり自然が至りうる最高のものである。

精神は、第一に、直接的な存在としては魂、世界の魂、宇宙という魂に満ちたものである。

二番目に来るのは、反省の段階、本質の段階における精神であり、これは現象するものである。

三番目に来るのは、精神としての精神、つまり絶対的に自由なものとしての精神、概念としての精神である。[95]

自然は現実存在であるから必然性の配下にあるが、精神はこれに対して以上のような立場をとって、絶対的に自由なものとして登場する。

論理的なものの全体は推理である。推理とは、存在が相関、すなわち媒介を介して自己を概念と連結させるということである。[96]理念を叙述するのはこの全体である。最初の二部門で実在性が、第三部門で概念が叙述される。けれども最初の二部門〔で叙述されるの〕は、実在性と言っても、まだ概念のなかで措定されていないものとしての実在性、すなわち、概念の規定態ではあるけれども、自分の同一性あるいは観念性の外にあるものとしての概念の規定態なのである。

したがって第三のものは、概念に還帰した実在性、理念的であるような存在と相関、言いかえれば、それ自身が推理の全体であるところの概念のうちにある存在と相関である。それゆえに概念のうちにはたしかに最初の二つの部門中にあるのと同じ諸規定があるが、しかしそれらは自分たちに対立するものと調和し、変化と交代を脱していて、単独では一面的な契機でしかないような規定になっている。

概念は二つの端項の同一性である。それゆえ概念は統体性を含む。存在と概念が両端項であり、思考と存在なども同様。

推理は磁石の両極の中点と同じである[97]。反省自体はわれわれにとってはたしかにこうした統一だが、しかしそれ自体としてかつそれだけでこうした統一であるのではなく、概念がはじめてそうした統一である。概念は諸契機をもはやバラバラに分離したかたちでもつのではなく、同時に自己のうちにもつ。存在と本質は概念のなかでは一つにされている。存在と相関とは繋がりあって実在性を構成している二つの端項であり、それに次ぐ第三のものが概念である。

概念は存在と相関を、それらが真にある姿で含んでいて、このことが真の理念である。

【六月二四日】概念はまた存在でもあり、相関でもある。概念は自己と一つになった単一なものである。だが、概念はまた区別されたものとの連関では統一であり、そういう統一でありながらまた相関でもある。

どの概念諸契機も存在を表現している、しかし反省の対立のなかにある存在だけを表現しているのではない。主観は根底にある単一なものである。概念のどの側面も一つの存在ではあるが、それらの側面のどれが存在と呼ばれるかはどうでもよい。ここでは存在とはもはや単なるカテゴリーと見なされるのではなくて、カテゴリーの特殊な性格はここでは揚棄されている。

普通、概念は、それが本来あるのとはまったく別なかたちで受け取られていて、表象からその名前を取ってきている。――だがその場合には、概念は各人の視点に従ってまったく主観的に規定されてしまう。

概念の立場から言えば、存在は第一のものでも直接的なものでもなく、またこうした〔存在という〕始元から出発するだけの反省でもない。そうではなくて、存在と反省とは概念によって措定されており、概念の理念的な二契機なのである。だから、概念が決断する[98]のは、自分の内在的な諸規定を解放して自由で自立的なものにして、それらの諸規定に直接的な存在と相対的なもの、あるいは映象という抽象的な規定を与えることなのである。なぜなら概念自身は絶対的に自由だからである。概念の諸契機がもっているこうした自由のゆえに、どの契機も自体的には概念の統体性であり、一つの体系である。この体系は自己に集中し、他の領域を自分のもとにおいて叙述し、こうした内在的な統体性であることではじめて自分の制限を自分の本質にそぐわないものとして揚棄し、さらに優れた次の領域に移行してゆくのである。

東洋人は神を多くの名前で呼んだ。

事柄を絶対的なものとして考察する限りにおいてのみ、その事柄の捉え方は的を射ていると言える。——ある領域の最高のものはただちにもっと高次のものの始元となる。なぜなら、最高のものは完成されたものだからである。制限として現れているものが、絶対的なものの運動する境位をつくりなしている。この制限と境を接しているのが統体性である。だから、完成された絶対者はこの制限を打ち破り、さらに高い段階へと突破していく。

第Ⅰ部　存在論

A　質

a　存在

第三八〔三九〕節　〔付論〕(1)

論理学の対象である単一な思想は、その単一な直接態において捉えられるならば、存在である。

存在論には三つの部分がある。存在自体は概念であるから、それはそのまま否定性あるいは制限を自己のうちにそなえた存在である。それゆえ〔次の三部分がある。〕

1　規定態あるいは質。すなわち存在と直接的に統一され、かつ存在と同じ範囲をもつ規定態。

2　反省された質が量である。すなわち、自己を超え出たものとして、あるいは揚棄されたものとして措定された質である。

3　質と量の統一が度量〔である〕。これは概念として措定され、それ自体としてかつそれだけで規定された存在である。

存在とは直接的な思想である。〔直接的な思想とは違う〕他の思想であれば、存在を別の何かと解することもできよう。だが、存在するところのもの、それは自己自身によって存在するのであり、そしてそれは直接的であり、直接的であるゆえに抽象的なものであり、論理学の唯一の抽象であり、同時に具体的なものなのである。なぜなら、直接的なものよりも具体的なものはありえないからである。この概念はごく簡単につくりだせてしまう。なぜなら、この概念を得るためには、〔直接性以外の〕他の一切のものを取り去るだけでいいのだから。

【六月二五日・快晴】存在とは質、すなわち、肯定的なものと否定的なものとの統一である。質は規定された存在であり、存在と一つである。

量は、自己自身を超え出ていった質である。量は反省の契機であり、この反省が働いたとき、存在とその否定との間に分離が生じることになる。質の場合には規定態が変化すると、存在もまた変化することになるが、量の場合にはそうではなく、量においては大きさが変化しても、たとえば「家」等々の概念の〔場合に、家が大きくなっても小さくなっても不変である〕ように、概念はもとのままである。われわれはこうした概念にふさわしいドイツ語をもちあわせていない。なぜなら、幾多の概念がひしめきあっている場合に、ドイツ語で或るものを特徴づけようとすると、そうすることでその或るものは一つのドイツ語の言葉によって一面的にしか表現されないことになってしまうからである。そこで〔たとえば〕われわれ〔ドイツ人〕は人倫(Sittlichkeit)と道徳性(Moralität)を区別する。人倫は外的な法則性を表しており、また実体的なものである。そして、人倫にかなうように行動する人が徳のある者だと言われる。道徳的なものは反省された人倫を表しており、主観性だけに基づいている。

度量には限界があり、質的なものという本性をそなえている。

質はもっとも直接的なものであるから最初のものである。そして質の後にはじめて量がそれに続くことになる。

質は三つの規定あるいはカテゴリーを含んでいる。

1 無規定なものとしての、言いかえれば普遍的なものとしての存在、

2 特殊的なものとしての存在、すなわち定在、そして、

3 個別的なものとしての存在、つまり対‐自‐存在、端的に規定された存在という抽象。けれども、対自存在つまり完成された質は、存在の直接態が揚棄されたこと、言いかえれば質が自己自身を揚棄することであり、これは量へと移行することを意味している。

存在は普遍的なものであり、定在は特殊的なものであり、個別的なものとしての存在は端的に規定されたものである。神とは純粋な存在のことである。神は定在である＝神は直接態としての世界である。また、神は対‐自‐存在である＝神はアトムである。対自存在とは理念的なもの、否定性、存在の直接態が揚棄されたこと、言いかえれば質が自己自身を揚棄することである。

存在については言えることは何もない。存在は純粋に無規定なものである。存在について何かを言うや否や、それはもうすでに存在ではなくなっている。もし我々が存在について「存在は直接的なものである」と言う場合、こう言うことは〔もし私が〔その発言に含まれている〕直接的なものとは反対のもの、つまり媒介的なものを、思想のなかで取り去るということさえもしないならば〕すでに一つの反省なのであって、もはや

存在そのものではない。

純粋な存在とは、自己自身への純粋な関係であり、光と同様に、同一性である。光は絶対的に広がっていくものであり、自己からその外へ超え出ていくものでありながら、たえず自己に等しいままであるものである[2]。神は純粋な、絶対的な直観であり、そうした直観として存在である。〔神が〕世界を直観する限り、世界は神の思考であり、純粋な存在である。神、言いかえれば絶対的なものは、純粋な存在である。

古代〔ギリシャ〕人たちが神々について語るとき、彼らが語っているのは「原理、アルケーとはかくのごとく規定されうる」ということにほかならない。

実在性とは定在のことを意味する。――そこから制限を捨象してしまえば、われわれに残されているのはもはや純粋な存在でしかない。存在としての存在とは、神のことである。

哲学の純粋な始元が歴史的にはどこに求められるべきかというと、エレア学派の主要人物であるクセノパネス、とりわけパルメニデスによって、絶対的なものが存在として言い表されたというところである。というのも、それによって純粋な思想が取り出されて、以前のように水だとか火だとかいった外面的な定在の形態、またたとえばカオスだとか他の神々とかいった表象の形式を持ち出す必要がなくなったからである。ちなみに、パルメニデスが語ったのは「真なるものとは、あらゆる定在のなかの存在のことである」と言ったのではなく、断固として激しく「ただ存在のみが存在するのであって、無は決して存在しない」ということである[3]。

ギリシャの神話は、諸物の本質、すなわち存在を表現しようとする試みである。それゆえ、ヘシオドスはカオスから始めた[4]。――アモルは最初の神として描かれる。愛と過剰が世界生成の根拠となる。欲求、衝動は欠如を前提とする。――こうした諸形式が語っている諸表象[5]は、どれもこれも、時には美しく、時には醜く描き出されているが、常に何か歪んだものを含んでいる。タレスは「絶対的な原理は水である」と言ったが、原理は空気であると言う者もあれば、火であると言う人もいた。ピュタゴラスは数が第一のものだと考えた。しかしながら、こうしたいろいろな根源的元素(Urelemente) はどれもまだ思想によって抽象されたものではない。たとえば、数はひとつの一〔として諸物の原理〕であるが、次にはまた一が、さらに一がというように〔諸物の原理がいくらでもあるということになってしまう〕といったことなど。――それゆえ、これらの哲学はすべて何か歪んだものを自らのうちに含んでいる。

これに対して、パルメニデスは人間を表象から引き離し、こう言った。「ただ存在のみが存在するのであって、無は存在しない。それ〔存在〕以外のいかなるものも真理をもたない」。これは、思想を純粋に解放するための最初の一歩である。これこそが哲学における巨大な一歩であって、それゆえにパルメニデスを最初の哲学者と見なすことができる。彼はエレア学派の創立者だった。だから、パルメニデスは物自体をもって始めたのである。存在は思考に対置されると、客観的なものという形式をとる。カントによれば、自由は人間の純粋な存在である。——キリスト教においては、人間は絶対的なものと同一であり絶対的に〔一つ〕である、という思想が言い表された。そうすることで、今度は、主観は高められてその純粋な位に就けられた。それゆえ、奴隷制に対してキリスト教の観点から生ずる闘争と、そして人間の主観性をおとしめることに対する凄まじいばかりの憎しみ〔とがある〕。

もし神という言葉を純粋な存在〔以外〕の何ものとも解さないならば、純粋な存在の証明——いかなる実在〔本質〕のうちにも自分とは反対のものがあるなどといったような——は、なされている。

フィヒテ哲学はカント哲学をその純粋で一貫した形式で捉えたものであるが、それは「自我＝自我」あるいは「私は存在する」を、自我は絶対的な確信であるがゆえに、第一の基礎たるものと定め、哲学を知識学〔に〕仕立てた。これは、哲学を真理についての学説としたというよりも、知についての学説としたということを意味している。だが、自我は自己のうちでの絶対的な媒介なのであって、直接的なものであるにすぎないのではない。さらに、その直接態において捉えれば、自我とは特殊な個人の個別的で経験的な意識である。自我が直接的なものとして学全体の基礎とされ担い手とされることによって、〔フィヒテの〕主観的観念論が成立した。そして〔フィヒテの主観的観念論においては〕、自我はその直接態の姿で捉えられ、対立のなかに置かれ続けられてしまい、その対立の最高の解消はただ反省の立場の当為にまでしか至らないということになる[6]。

二〇〇年前の最初の近代哲学者であるデカルトにもまた「我思う、ゆえに我あり」という根本命題があった。フィヒテは、「私は自分の意識について知っている」という認識から始めた。つまり私は意識を客観とすることができるうえに、それについて知っているということが最初のものだとされている。

しかし、真なる始元は自我ではない。自我は、自己のうちに媒介をもつはずであり、純粋な直接態そのもの〔である〕はずがない。関わり（Verhältnis）としての自己意識において、われわれは主観的なものと客観的なものとを区別する。たしかに「自我＝自我」、「A＝A」〔という始元〕はあるが、しかしこれはすでに一つの媒介を表現している。

それゆえに、自我が基礎に置かれるならば、私は常に客観〔主観〕にとどまり[7]、たえまなく矛盾が生じることを避けることはできない。だから私は〔「自我は自我である」以外に〕「自我は神である」などといったことを言わなければならなくなる。このような誤解がまた、フィヒテを無神論として咎める原因となった。たしかに、私が人格としての神について語るならば、このことはまた「神は自我である」ことを意味する。しかしながら、この自我はフィヒテの言う自我とは別のものである。

フィヒテの非我は自我に対する一つの関係でしかない。

すべての哲学はたしかに観念論ではあるが、しかし、フィヒテのそれは独特の観念論である。なぜなら、自我は流動化することなく、個別性というかたちをとって硬直しているからである。

かくして、対立は解消されない。

シェリングの哲学はスピノザ主義をよみがえらせ、絶対的なものを主観と客観との、あるいは普遍的なものと特殊的なものとの絶対的な無差別とする定義から始めた。けれども、シェリング哲学には個別性あるいは形式が欠けているし、また定義は区別されたものの統一を含むのだから、定義そのもののなかに媒介の要求があり、また次のような規定がある。つまり、絶対的なものはただ単に直接的なものであるにすぎないのではなく、本質的に運動であること、区別されたものそのものは自分たち自身に即して自分たちの他者へと移行することであり、そして自己を統一のなかで揚棄するということ、こういう規定である[8]。

【六月二七日・快晴】絶対的な実体は、シェリング哲学によって、もっぱら反省によってこれまで以上に豊かにされたが、しかしその本質から言えばパルメニデスの存在と同一である。

シェリングの哲学の欠陥は、彼が次のようにしか言わない点にある。すなわち、「神は絶対的な無差別である。これに対して自然は、普遍的なものが自然のなかで構成される限り、特殊的なものである。自然とは絶対的なもののなかの形式である」。そのように言ったとしても、それは単なる断言、主観的に措定したことでしかなく、そんなものに対してはどこの誰でも、また別のものを対置させる権利をもっている。だから、こうした叙述に欠けているのは形式である。しかし、もし主観的なものが何であり、客観的なものが何であるかが規定されるならば、ここに一つの形式がもち込まれていると言うことができる。その両者が一つであるというならば、このことはただ単に断言されなければならないというだけでなく、それぞれがそれ自身としては何であるのか、そしてどのようにしてそれぞれのなかで対立が自己によって揚棄されるのかが示されなければならない。

第三九〔四〇〕節　付論

1　存在は最も貧しく、きわめて乏しい規定である。この規定は直接的な単一性にほかならない。〔それに対して〕概念そのものは単にこのような直接的な単一性であるにすぎないのではなくて、この直接的な単一性は概念が含んでいる最低限のものなのである。さて、存在の弁証法は次のことを言う。すなわち、存在とは、それ自体としてかつそれだけで、我々が物自体と見なしてきたまったく空虚な抽象であって、直接的なものそのものではなく、むしろ一切の内容を否定することを介して成立した〔ところのもの〕だということである。存在がこうした純粋な否定でないならば、存在は存在があるべきところのものではない。すなわち、存在は本質的には純粋な無にほかならない。存在と無との対立は絶対的である。これは、両者どちらも、他方のなかにあって自分が反省ないしは映象するということがないことを意味している。それゆえに、存在と無との対立は、これ以降登場するすべての対立、たとえば有限なものと無限なもの、主観と客観などの対立の抽象的な基礎となっている。ただし、これらの諸規定は自己自身のうちで具体的である、すなわち、それらの内容面から言って〔それぞれが〕存在と無との統一になっている。言いかえれば、一方の規定のなかにも顕在的に他方の規定が、そして他の規定との関係がすでに措定されているのである。

パルメニデスは「存在が存在するのであって、無は決して存在しない」と言った。しかしむしろ、「存在が存在するのであって、存在は無である」と言うこともできる。

物自体とは、あらゆる制約とあらゆる制限とを欠く存在だとされているが、そうだとすると、最高の抽象である。したがって物自体とされているものは、否定によってのみ存在する。それだから、存在とはまったく空虚なもの、まったく無規定的なものである。純粋な光は闇である。純粋な光のなかでは、私はまったく〔何も〕見ることはない。だから、純粋な存在は純粋な無である。

われわれが論理学のなかで述べるであろうことはすべて存在と無に基づいていて、〔それゆえに〕具体的なものである。

〔非存在を欠いては〕世界のなかに何ものも存在し

ない。人が自分の望むものを手に取ってみたらよい。手に取ることができるならば、それは肯定的なもの、すなわち制限されたもの、有限なものである。このことによって措定されているのは、非存在である。

私の前にある紙は白く、これだけの大きさで、このように折れている云々。こうしたすべてのことが、紙の限界である。あれこれの限界は存在の否定なのであり、それゆえにそれ自体としては何ものでもない。なぜなら、存在だけが存在するからである。

神はそれ自体としてはあらゆる存在であり、絶対的な実在性である。しかし、われわれの認識作用にとっては神は無であり、神の無はわれわれの認識作用のうちにしかない。――「神はあらゆる存在である」と人は言うが、これは不適切な言い方である。というのは、「あらゆる」という言葉をわれわれは諸々の個別態の総括だと解していて、かくして知らず知らずのうちに制限を言い表しているからである。

もし、存在という言葉を物質のことだと考えようとはせず、そうして具体的なものに介入する必要がないとされてしまえば、存在と無が互いにどのように違ったものであるかについては、言うことはできない。

【六月二八日・快晴】客観的なものは主観的なものによって無だとされている。そして、かくして客観的なものは無である。[9]

存在と無と同様に、空間と時間は互いに違ったものである。時間は無である。しかし無でありながらも不断の活動性なのである。

存在は通常、或る特定の内容と結び付けられるが、その場合には非存在との間に大きな矛盾があることに気がつく。たとえば、家があるのかないのかは、大きな区別である。知覚の脈絡においては、これは現実に大きな違いである。しかしながら、私はここで目的を存在と取り違えている。とはいえ目的というものは存在と区別することができるだろうし、目的の内容に至っては、精神に対するどのような価値ももつことはない。家そのものの存在・非存在は、精神にとってはまったくどうでもよいことである。

私はみずから命を断つことができる、ということによって私が証明するのは、私にとって存在や非存在はどちらであってもかまわない問題だということである。

2　存在と無との対立は、その対立の抽象性のゆえに、ただの私念された対立にすぎない。なぜなら、存在と無を区別するそれぞれの別個の規定が、もはやこの純粋な二規定を表現するものではないからである。だが、対立が主観的なものでしかなく、真なるものでもないのと同じくらい「存在と無とは同じである」という命題も一面的である。

というのは、この統一は、一面的な存在、すなわち存在と無の対立を捨象することとしか表現していないからである。存在が無であるということがかえって対立を含んでいる。その対立がどういうものであるかというと、〔存在は無であるという〕この直接態のなかにありながら、一方の側面が他方へと絶対的に転回するという現象のことである。第二に、「存在と無の統一は無である」という命題にも、同じ事情がある。この命題は抽象的な統一の弁証法的契機、言いかえればその統一もまた私念されたものであるということを表現しているのである。

この命題ではまたしても抽象的な無にとどまることにしかならないだろう。こうした抽象的な無もやはり〔抽象的な存在と〕同様に、単一な自己同一性、直接的な統一、言いかえれば存在なのである。

哲学的な真理を一つの命題で言い表すことはできない。というのも、哲学的真理は、それが措定されるというまさにそのことによって、同時にまた揚棄されてもいるからである。

熟考（Nachdenken）は、いまわれわれの思想のうちにあるものをつかんで離さない、という点でのみ成り立つことができる。

物自体は、真に思考する理性にほかならないし、それ以上のものでもない。

われわれが「絶対的なもののうちではあらゆるものが一つである」と言うのに対して、人々が「それならば家も木も絶対的なもののうちでは一つなのか」と問い返した場合には、われわれは次のように答えなければならない。すなわち、「われわれはこのようなやり方ではわれわれの表象によって制限されたものをもつにすぎない」、「家と木が家と木として存在しているのではなくて、家と木における存在だけが存在するのであり、両者におけるこの存在が一つなのである」、と。

無は直接的な統一であり、統一であるからこそ存在なのである。「存在と無の統一は無である」と私が言うとき、私はそれによってまた「無は存在である」ということを表現してもいる。こうして、このような反省のすべては解消されて一つになっている。

「存在と無は異なっている」と私が言うとき、私はどちらについても同じことを、すなわち、「異なっている」ことを表現している。だから私は存在と無について同じことを、したがって、両者の統一を表現している。

3 【六月二八日・快晴】 物質の永遠性は、以前の形而上学においては「無から無が生じる〔無からは何も生じない〕」[10]という命題に還元された。この場合には、存在者は根源的に不変で永遠でなければならないことになる。

この命題は、自己自身のうちにみずからの矛盾を含んでいる。というのは、生成というのは同一のものに移行することではなくて、何らかの他のものへと移行することであるからである。だから、〔「無から無が生じる」という〕命題は、「無は無である」というトートロジーだけを言い表さざるをえないということになってしまう。

しかし、この命題はまた〔次の意味でも〕空虚である。つまり、生成したもの、すなわち存在するものも同様に、単に無から端的に他なるものへとこのように移行したものであるだけではなくて、存在ではあっても同時にその存在が移行運動であるところの無であるような存在である限りにおいても、この命題は空虚なものなのである。

古い形而上学においてはとりわけ、それが物質の永遠性を主張するのか否か、ブルッカー[11]の述べるところの「無から無が生じる」〔無からは何も生じない〕という命題を是認するか否か、あるいはむしろその反対を主張するか否かを追求した人たちがいる。

少し考察してみればすぐ分かるように、「無から無が生じる」という命題は矛盾として現れてくる。というのは、生成とは存在が他になること、移行することであるが、〔ここではしかし〕この移行することは、それ自体としては移行することでなくて、自己自身のうちでの運動でしかないからである。私が「ＡはＡである（Ａ＝Ａ）」と言うとき、それで言い表されているのはただ〔自己〕同一的な運動だけであり、区別の方は表現されていない。だからこの命題は「無は無である」と表現されるしかない。そうなるとこの命題は単なるトートロジーでしかない。「神は世界を無から創造した」という言葉をどう理解すべきかが問われるならば、ここでは、無から或るものへの移行が措定されている。言いかえれば、この移行は、「神は世界を自己から創造した」ということを意味する。その場合にはこの無は、単一な根拠、絶対的な同一性、絶対的に肯定的なもの、言いかえれば、神そのものである。

しかし、ここでは単に神的な主観性が措定されているにすぎないのであるが、神的な主観性というのは、われわれがここで無として呈示するところのものである。そのことによってわれわれは、神を欠陥のある存在として、神の〔主観性だけを取り出した〕抽象態として呈示してしまっているのであって、神をその真なる姿で呈示しているのではない。またわれわれは「神は世界を物質から創造した」とも言うことができる。しかし、まさにそう言うことによってわれわれは、再び区別を神のうちに措定し、物質を主観性に対立させているのであり、再び真理から脇道へ逸れてしまうことになる。区別は純粋に活動的で自由なものであり、そしてそれ自身の価値をもっている。しかし人々が区別された諸々の事物について語る際に問題になっているのは、もはや存在と生成ではなく、〔存在と生成に達しない〕抽象である。

自然においては、すべてのものは並立的で互いにバラバラになって存在している。これに対して精神、生命をもつものにおいては、概念はまだ分離されていない。概念的に把握することが難しい理由は、われわれはあらゆるものを互いにバラバラに並立することに慣れているが、これに対して概念はすべてのものを圧縮して、一なるものとして呈示するからである。存在と無というのは、一方から他方へと直接的に転回することであり、これは思考や直観も同じである。私が神について「神は純粋な思考である」と言うならば、私はそのことによってまた「神は純粋な存在である」とも言っていることになるし、また逆のことも言える。私が「点は一である」と言うならば、私はまた「点は延長したもの、そのものとして多であり、したがって一でないものである」と言うこともできる。

悟性は常に自分は一方はもつが他方はもたないと思い込んでいて、まさにそのことによって悟性は悟性である。なぜなら、〔一方と他方を〕相互に引き裂き、分離するのが悟性だからである。

われわれが存在と生成の表象をもたないというのは真ではない。あらゆる表象は生成である。「万物は生成する」ということは、われわれの認識のうちの偉大な思想の一つである。生成は存在と無との統一である。神は生成であり、移行であるが、これはまた同じ程度に自己内存在でもある。生成のうちには、存在と非存在がある。しかし、存在と非存在とが互いに移行しあうことというこの媒辞は、存在と非存在との間の統一であり、これが生成である。悟性は存在と生成との区別を措定する。だが生成そのもののなかには区別はすでに措定されている。

論理的なものを純粋な始元で始めようと思えば始めることはできる。始元の思想だけがただ最初のものであることができる。しかしながら、思想としての始元は純粋に直接的に最初のものではなく、その純粋に直接的に最初のものが、純粋な存在である。そこでわれわれはこの純粋な存在から始める。発生においては非存在が最初のものであり、これに対して消滅においては存在が最初のものであるが、〔このように言えるのは〕われわれがこのことについて反省してみた場合のことである。オリエントの人たちは、これを特に次のように言い表している。たとえば、「誕生の日が死の始まりであり、死ぬ日が生の始まりである」というように。

【七月一日・快晴】生成は存在と無の空虚な統一ではなくて、両者の規定された成果である。存在と無とは一つである。というのは、存在とは純粋な抽象であり、したがって無であり、無とは純粋に抽象的な存在であり、したがって無は肯定的なものであり、それゆえに存在であるからである。私は無を言い表すことはできない。存在がなければ無を考えることはできない。存在と無との統一の言葉とは、どのようなものか。その答えは「生成」である。この概念は存在と無との統一であり、それ自体としてかつそれだけで存在する。人はふつう言葉で始めて、それから概念を認識しようとする。だが、われわれはここでまず概念から出発し、その後で概念にふさわしい人間たちの特徴づけ〔言葉〕を探すのである。

哲学の歴史においては、ヘラクレイトスこそが、単一な存在の立場、言いかえれば規定されていないものの立場を捨て、生成へと進んでいき、次のように言った人であった。すなわち、存在は無と同様にない、言いかえれば、万物は流転する、すなわち、万物は生成の只中にあるのだ、と。[12]

概念とはいわばモグラであって、内なるものの只中を掘り進んでいく。——ヘラクレイトスは、古代人から「暗い人」〔難解な人〕（スコテイノス）と見なされた。けれども実のところ、その中心思想はたいへん明快である。キケロ〔のような知識人〕でさえもヘラクレイトスを理解できなかったのはたしかだが、それは彼がまったく思弁に迫ることができず、悟性の立場にとどまっていたからなのである。

ヘラクレイトスは言う、「パンタ・レイ」〔万物は流転する〕、すなわち生成だけがある、と。

「生成」が「定在」へと移行するわけは、次のとおりである。存在と無は生成のなかでは対等にあるが、しかしまさにそうであることによって〔どちらも〕揚棄されているのであって、生成というのはこの両者の単一な統一のことであり、それゆえに存在という形式をとった全体そのものなのである。〔ただし、「存在という形式」とは言っても、この場合の〕「存在」というのは、すでに非存在を自己のうちにもっている。言いかえれば、生成の両区別項は揚棄されているのと同様に存在してもいるが、しかしどちらも同時にこの統一のうちにある限り存在しているのである。それために、こうした統一のうちにある存在としての存在が定在となるのであって、いまやこの定在に対しては、最初の無規定的な存在は規定態へと落とされてしまっている。

生成から、生成したものである「或るもの」が生じる。これは生成の概念のなかにある。生成とは過程であり、生成の成果が定在である。生成したものにあっては、〔運動としての〕生成は静止し安定する。存在はそれだけで考察されれば無規定的なものであるが、だが非存在に対立するものとしては、規定されたものである。規定された存在は、いまやわれわれが定在と呼ぶところのものとなる。――だから〔別な例を挙げれば〕無限なものは、有限なものに対立する場合には、規定されたものになる。

懐疑主義は常に一面的であるがゆえに常に真実ではなく、かつ空しい。規定されたものとしての無は内容をもっており、内容をもつものであるから肯定的なものである。

規定態は否定である。「すべての規定は否定である」(Omnis determinatio est negatio)とはスピノザの言である。(13)

これまで話題にしてきた無は、規定された無のことであり、したがって否定として、無の無として肯定的なものであり、それゆえに存在である。

【七月二日】本来の質とは、存在的な規定態のことである。特殊性とは、概念の規定態のことである。たとえば私が緑色について述べる場合、それによって私は色の概念を制限している。しかし、たとえ私が色から緑を消し去ったとしても、そのあと私に残されるのはまたしても一つの色である。

定在は次の主たる三契機を通って進行する。すなわち、

1 質、
2 限界あるいは有限性、
3 変化。

［1］質は存在と規定態との直接的な統一である。だから質的な区別はそれ自体としてかつそれだけである区別なのであるが、そのために、区別されたものの各々の規定態(14)がそれの存在をつくっているのであって、量的区別の場合のように、外的なものを自分の身にまとっているだけなのではない。

質にあっては、存在は定在である。限界は無あるいは有限性である。質的変化は無への移行である。

量的区別はただの外面的な区別にすぎない。量の変化の場合には、基体はあくまでも同じものである。たとえば、或るものが大きかろうが小さかろうが、そのことで本質的なものに変化が起こったりはしない。シェリングの哲学にあっては、絶対的なものは量的無差別と規定されている。そのために一切のもの、たとえば善と悪、神と世界、精神と自然などは量的にしか区別されないとされている。

こうした誤解が生じる理由は、最高の概念のなかではあれこれの区別されたものはたしかに自立的なものとしてではなく、揚棄されたものとしてあるということ、この点にある。だが、区別されたものが揚棄されていることを量的

な規定で捉えてはならない。すなわち、外面的で、或る第三者のうちにあるようなもの、言いかえればそのうちでは区別がそれ自体でかつそれ自身それだけであるのではないようなもの、そのような規定で捉えてはならないのである。

無差別とは、無関心的であることを意味している。すなわち〔無関心的であるというのは、どれもが〕一なるものと〔してあると同時に〕他なるもの〔でもあるということ〕、――「ヘン・カイ・パン」〔一にして全〕のことである。どの要素も他の要素と等しい。諸要素は差異性のもとでは量的に、バラバラになって登場する。つまり一方の要素が〔他方の要素〕より強かったり弱かったりするが、これは病気の場合と同じであり、またどちらも〔互いに〕等しいこともあるが、これは健康の場合と同じである。

絶対的なものにおいてはあれこれの区別は揚棄されてしまっていて、諸区別の本質とは、絶対的なもののなかでの存在である。

絶対的な区別とは、質的な区別のことである。

2　直接的に存在する規定態として措定された場合には、質といえどもやはり自分自身の契機として非存在をそなえていて、そのことによってのみ規定態になる。そこで質とは、

a　限界（Grenze）、あるいは制限性（Beschränktheit）である。

b　しかし質は、存在するものとしては、自分のこうした否定から区別されていて、自分の限界に対峙するものとしては、自己へと反省している。だから質は実在性（Realität）である。しかし実在性とは、本質的に言えば抽象的な否定に対立しているというよりは、むしろ観念性（Idealität）に対立している。すなわち、揚棄されたものとして措定された規定態に対立している。揚棄されたというのはつまり、消失して空しくなってしまうのではなく、規定態の内容に従って保存されてはいるが、しかしもはや存在する自立性においてではなくて、契機として措定されたということである。

質もやはり規定態を含んでいるが、そうしたものであるために質は一つの非存在、一つの限界でもある。この限界によって質は自己自身を揚棄する。したがって、質を質にするその当のものによって、質は存在しなくなる。

三角形は三本の直線を限界とする。だからその三本の直線が三角形を三角形にしている。私がその三本の直線を取り去ってしまえば、三角形はその現実存在を失ってしまう。しかし存在が制限されたものとしてこの三角形に帰属しているわけではない。

【七月三日・快晴】だから、実在性とは質であると

ころのものである。ただし、より進んだ反省を伴った質である。実在性に最初に対置されるのは否定である。――実在性とは固定した非存在である。闇は光の否定であり、輝きの影でもある。それゆえに闇とは光の欠如である、等々。しかし、闇という実在的なものは、たとえば家の瓦礫などのような実在的なものそのものに対しては、純粋に欠如的な他者である。この欠如的無(nihil privativum)こそが、実在性に対立しているものである。

実在性は真なるものの必然的な契機である。概念は一面的なものである。そこで概念は自己を実在化しなければならない。世界のなかにあるあらゆる契機は自己に根ざしていて、直接態という形式をもっているが、この直接態という形式こそが実在性なのである。だから、実在性とは存在の無限の充実である。それこそが存在自体である。しかし、実在性は普通の意味では形式にすぎない。われわれが「家がある」、「家が実在性をもつ」などと言う場合、実在性という言葉でわれわれは形式的なことを理解しているにすぎない。しかし、「実在性」という言葉は別な意味でも使われる。しかももはや単なる形式ではなくて、本質と存在とを表現するような意味でも使われる。だからわれわれは「理性は実在性であり、この思想、この概念等々は実在性をもつ」と言うのである。

実在性はまた観念性にも対置される。理念〔観念〕(Idee)はプラトンの場合には普遍的なものという意義をもってはいるが、現代哲学におけるような概念という意義、たとえば真、美、善という意義をもっていない[15]。観念性は一つの思想にすぎないのではない。それはそれ自体としてかつそれだけである理念的〔観念的〕なもの(das Ideelle)である。それは揚棄されたもの、契機であるが、しかし単なる抽象的なもの、「欠如的な無」ではない。観念性がもつ意味は、揚棄することであり、それはまた何らかの保存されたものだということをも意味している。そしてここでは観念的〔理念的〕なものというのは、このような意味で捉えられている。観念的(ideell、理念的)であるところのものは契機であり、逆に言えば、契機であるものは観念的〔理念的〕である。〔契機=モメントという〕この表現は力学に由来する。また化学においては単体を意味している。力学においては、たとえば梃子の場合にはそれ〔契機=モメント〕は、触れることのできるもの、重力、物質的なもの、そして空間的なものを意味する。たとえば、梃子の一方が長くて、他方が短いとき、長い方の梃子の場合には、それに加わる重量が比較的小さなものであっても、圧して押し下げることができるが、短い方の場合には、もっと多くの重量を加えなければならない。空間はそれ自身では重さをもたないにしても、この場合にはやはり重さに作用している。したがって、ここでは何らかの観念的〔理念的〕なものが作用しているのであって、この観念的なものが契機なのである。

距離だけでは、重量そのものと同様に、いかなる均衡も生み出さない。距離と重量は一緒に作用しなければならない。これが梃子の力学的モメント〔契機〕である。したがって観念論とはどのような哲学的見解かというと、存在するのは唯一の生命にして理念（Idee）であって、いかなる規定態も本当に直接的な、あるいは存在する質としてあるのではなく、契機としてある、という見解にほかならない。主観的観念論はどこで行き止まりになるのかというと、或るものと諸々の質はもっぱら特殊な意識としての私のうちで揚棄されている、すなわち諸々の表象にはなっているのであるが、しかしそうは言っても、これらの表象はその内容から見れば、言わば一つの空間としての表象においては、互いに自立的に離れ離れに置かれているというところにおいてである。

一神論は観念論にほかならないが、こうした観念論は神が世界に対置される場合には、二元論によってだいなしにされてしまう。

主観的観念論が主張するのは、あらゆる区別はわれわれのうちにあってわれわれの外にはないということ、すべてのものは私のうちなる表象にすぎないのであり、私は私の外なる実在性には到達できないということである。

この主観的観念論は、何か質的なものを、すなわち私の直接的な特殊性を存立させている。

だが、真実の観念論はあらゆる特殊性を揚棄する。私は自分の特殊な人格を忘れることによって、はじめて真に思考のうちにあるのであり、またその時にはじめて実在性のうちにあるのであり、その時はじめて理性的な存在者として生きるのである。ここでは私の特殊な人格は、他のあらゆる質と同じく、一にして全なるものへと解消されている。

これはライプニッツのモナドの概念と一致する。

表象は私のうちで揚棄されたものであり、私のうちにある契機である。だが、表象は内的なものでもあって、〔そして内的なものでありながら〕外的なものを自己のうちに含んでいる。表象においては、互いに外的なものは互いに内的なものである。外的なものというのは、自我の〔うちにある〕揚棄されたものを表現している。だが、表象のうちでは互いに外的なもののこの集合は、なお自己のうちで完全なものであるという〔自己内に閉ざされた〕統一性[16]にとどまっていて、このような統一は無限の拡がりを自己のうちに含んでいる。

3　質の否定は、質の限界においては質の実在性から区別されている[17]。この質の否定は、非存在がもはや抽象的なものではなくて定在であるがゆえに、それ自身は質の非存在ではあっても、その非存在というのは存在する非存在、つまり他の質なのである。限界において両者〔質と他の質〕は互いに分離されているが、限界は分離させるのと同じくらい他のものの他のものへの関係をつくっていて、一方も他方もそのなかに存在する。

実在性は限界をもつが、限界は実在性の否定である。実在性の否定は実在性から離されなければならない。この否定は非‐定在とは違うもの、すなわち他の質である。

第四三〔四四〕節　付論

【七月四日・〔スイスの〕ザルガンス〔で〕激しい雨】「或るもの」とは否定の否定である。それは実在性であり、他在が揚棄されてあることである。

第四四〔四五〕節　付論

「或るもの」はまだ限界から離れておらず、限界によってのみ或るものは或るものなのであって、それゆえに変化というものは或るものにとって本質的である。限界は質の弁証法的契機をなしている。限界そのもの、実在性、或るものと他のものといったものは、限界の様々な反省諸規定にほかならない[18]。定在においては定在の規定態はそのまま存在と一つなのであるから、或るもの、あるいは実在性というものは、悟性がこだわっているようなそれらの限界の外にあるのではなく、むしろまったく限界のうちにあり、まさに限界のうちで他の或るものなのである。したがって実在的なものはそれ自身が他の存在なのであり、そのために実在的なものが有限で変化するということは、変化の空虚な可能性ないし偶然性にすぎないのではなくて、変化の必然性なのである。

悟性は、非存在、否定を実在性と分離しようと努力する。だが、悟性はそれによって同時に実在性をも消し去ってしまうが、それは悟性が実在性の概念を非存在へと解消するからである。「人間は性格をもつ」と言われる場合、それによって人間は制限される。しかし、その場合に限界は人間を真の人間にしている。なぜかと言えば、人間は特殊な実在であり、特殊な実在として自分を認めてもらわなければならないからである。性格を欠いた人は何ものでもない。そのような人は実在性などもたず、どんな形式でも受け入れてしまうような、ありきたりの人間である。

数、たとえば3は限界である。〔また他の例をあげれば〕畑は限界をもつことによってまさしく畑なのである。そうした一定の限界がなければ、畑はただの空間でしかない。

だから、限界とは或るものであり、限界によって或るものはそれがあるところのものとなる。しかし限界はまた、或るものが或る特定の他のものの他のものであるということの根拠でもある。限界によって、或るものは他のものを自己から排斥する。生きているものにとっての他のものは、どれもその生きているものの外に存在するものである。だがまた、生きているものの外に存在するものとは、非有機的なもの、生きていないもの〔或る生きているものと有機的に関係していないもの〕でもある。

悟性にとっての他のものとは、悟性の限界である。

ラテン語を話す人たちは、「一方のものが他方のものへと移行する」と言おうとする場合、さらに特徴的な表現をする。つまり彼らはその場合、一方のものに関してであろうが他方のものに関してであろうが、「他のものが他のものへ」(aliud in aliud) という言い方を使ってそれを表現するのである。[19] 他のものと他のもの[20]は単に質的に区別されていないだけでないどころか、むしろまったく区別されていないものである。質的な区別というのは有限なものと無限なものの区別のことであり、それゆえに質的な変化というのは、有限なものの無限なものへの変化のことなのである。

「変化は無限に進む」という表現が使われている場合には、ある他のものがある他のものになる、という形式的変化が根底に置かれたままになっていて、無限なものは措定されてはおらず、ただ外部に、私の主観的反省のうちに、言いかえればいまだ現在していない彼岸として措定されているにすぎない。だから無限なものと言ってもこうした場合には、空間や時間、原因と結果の連鎖に沿って、あるいは物質的なものの諸部分などのなかで進行する表象のうちに捉えられているのであって、数学で言う無限級数にとどまっているのである。

有限なものを超え出ようといくら努力しても、われわれが〔有限なものを超え出ると〕同時に無限なものをも捉えることができず、無限なものをもっぱらわれわれから遠く隔たったところに見つけ出さなければならないとすれば[21]、そのような努力はやはり惨めな跳躍でしかない。

〔そうした悟性的な努力においては〕無限なものはわれわれの反省のうちにしかない。かりにわれわれが天空全体を数に書き換えて、数で大きさと寿命とを理解したとしても、そのことによってわれわれは、それはさながら1に留まり続けるようなものだから、無限性の概念に一歩たりとも近づくことはできないであろう。

第四六〔四七〕節　付論

【七月五日・雨】有限なものははじめには、それにふさわしい或る一定の本性に従って、すなわち或るものを或るものにしているところの規定態が限界であるということに従って措定されている或るものである。これによって定在は統一として存在するが、この統一の両契機はいまやこの統一にあっては同じ仕方で措定されている。それ自身のもとにありながら他の存在としてあるという有限なものは、自己を揚棄する。このような単なる否定的側面ないし単なる単一な否定がかたくなに維持されたとき、悟性が捉える普通の意味での無限なものが現れ、それが有限なものに対立することになる。しかし、すでにここに無限なものの弁証法それ自身が現れている。つまり、無限なものが有限なものに対置され、有限なものを条件としてもっていて、互いに必要としあう二つのものの一方であるにすぎないということ、まさにこのことにおいて、無限なものそれ自身が有限的なのである。それだから無限なものは、自分自身と有限なものとの統一をおのれの真理とする。あるいは、無限なものの内容に従って無限なもの自身[22]に即して考察してみよう。その場合には、無限なものは単一な、あるいは最初の否定的なものにすぎないのではない。有限なものそのものははじめから否定を伴った或るものであるが、これに対して無限なものは有限なものの否定、それゆえにこうした否定の否定なのであるから、無限なものは単に或るものの非存在であるにすぎないのではなく、揚棄された否定、つまり肯定、自己との肯定的な同一性なのである。

悟性が言わなければならないのは、「思考は一定の規範に基づいており、それゆえに有限なものである。しかし、有限なものによっては無限なものは把握されえない。したがって、無限なものはまったく認識されえない」ということである。しかしながら、悟性が無限性と見なしているものは存在しない。それは悪しき無限性であり、有限なものの単なる否定であり、単なる抽象にすぎない。

真に無限なものは「有限なものの」外にあるわけではない。悟性が無限なものだと見なしているものは、結局のところ、有限なものにすぎない。

有限なものは限界づけられている。有限なものの質的限界は無限性であって、「有限なものを」有限なものによって限界づけることはできない。なぜなら、もしそうであれば、それはすぐまた有限なものになるわけなので、他のもので「ある」ところのものと同じになってしまうからである。「他のものが或る他のものになる」と誰かが言うことがあっても、そうした言い方は間違いである。なぜなら、この他のものはすぐまた以前のとおり他のものになったのだから。

無限なものは有限なものがなければ存在しない。それは有限なものとの本質的な関係のうちにある。有限なものが存在しないところには、無限なものもまた存在しない。というのは、有限なものを超え出るということが、まさに無限なものの性格をなすものなのだから。

私が神に、真の純粋な思考に、自我に到達するのは、私が有限なものから出て、有限なものを超え出ていくときだけである。こうして無限なものは有限なものの否定的なものとなる。

私が有限なものを超えて高まるやいなや、私は無限なものに到達する、あるいは少なくとも、無限なものを見ることになる。

しかし、無限なものはその本質から見ればそれ自身が有限なものであり、そして有限なものは無限なものであって、両者は同一であり、そしてこの同一であるというまさにそのことが真なるものなのである。無限なものから有限なものへと移行することはもはや許されず、同じくまた有限なものから無限なものへと移行することも許されない。——ここではどちらも揚棄されたものと考えられている。〔ただし〕「有限性というあり方で存在しているような諸物は、無限なもの〔である〕」〔という命題で両者の同一性を表現するならば、〕この命題は間違った捉え方をしていることになるだろう。[23]

私は無限であり、私はまったく直接的にある。反省を通して私は私自身を対象とする。しかしそのことによって私は私を他のものとするのではない。私は私である。それゆえ、私は無限なものであるが、それは同時に有限性であるところの無限なものなのである。有限なものが自己自身を超え出るならば、それは抽象的無限性、すなわち欲求となる。

生命はそれだけで〔対自的に〕無限である。

無限なものは端的に存在する。それは直接的な存在ではない。

人間は自然状態では自由であると言われる。それは国家が制限であることを言っている。しかし、否定的なものは真の意味では自然状態、恣意の状態であり、そしてそうであるからには制限である。

国家は制限でもあるが、しかし国家が制限するのは不正な恣意だけである。だから法は国家によってだけ制定される。だからこのような制限は絶対的な肯定である。

無限なものはあらためて有限なものになるのではなく、永遠に自己のうちで有限である。有限なもののうちでの無限なものの進行は抽象的なものにほかならないが、それは無限性から有限性へ、有限性から無限性へといつも移行が起こっていなければならないような抽象的なものである。

たとえば、人間は休みなく進んでいけば当然前に進むことになる。――ここには或る一定の空間を超え出る場合と同じ事情がある。たとえば人がある土地を超えて出ていったとしても、われわれはまたしても新しい限界に突き当たり、それがいつまでも繰り返されることになる。

【七月七日・快晴】悟性が固執しているような無限なものは堅固なものではなく、単に否定的な無限性でしかない。数学者たちは無限の和をそのように表現する。すなわち、無限な大きさを無限級数によって、たとえば、分数としての数を小数のかたちで表現する。(24)――否定的に無限なものは彼岸であり、そのような表現ではそこには達しえない。しかし無限なものに達することもあるが、それは、無限なものが超え出られる場合や、無限なものが単なる否定的なものだと承認される場合である。或るものというのは、すでに何らかの他のものである。たとえば最初のものは他のものであり、第二のものもまた他のものである。したがって、最初のものが第二のものへ移行するならば、最初のものは自分自身とは違う他のものへと移行するわけではない。というのは、最初のものが自己を超え出るやいなや、それはまた自己へと還帰しているからである。――同様に、無限なものもまた彼岸ではなく、それは或る他のものへと移行する他のものにほかならない。

有限なものが或る他のものへと移行するならば、それもまた元どおりに自己自身へと還帰する。(25)だから探すこと、たえず超え出ていくことによって無限性を見出すことはできず、むしろ自己内へ入ることによって見出すことができる。プラトンの言には「有限なものは過剰と欠如の子供である」とある。(26)

人が自然を捉えようと欲し、〔そのために〕顕微鏡を使ったり分解したりすることによって自然をよりいっそう細かくしなければならないと思い込むとしても、それはまったく無駄な努力というものであろう。というのは、そんなことをしたところで自分の目標が達成されることは決してないであろうから。内なるものにこそ、真理は求められなくてはならないのである。

他のものとは自己自身への単一な関係であり、他のものの他のもののことである。私が或るものをそれ自体としてあるがままに考察するならば、他のものとは或るものの外にあるようなものではなく、或るものは同時に自己自身の他のものでもあるということが分かる。

対自存在が質の第三項である。

第四八〔四九〕節　付論

1　肯定的な無限性のなかでは他のものは揚棄されたものとしてあるが、こうした肯定的無限性としての対自存在は、先に観念性と呼ばれたものと同じものであって、それはさしあたっては、否定的ではなくてもっぱら直接的で肯定的であるはずの質としての実在性に対立している。しかし、観念的〔理念的〕なものは揚棄されたもの、抽象的なもの、ないし普遍的なものにすぎないのではない。むしろ、

a　無限性〔観念性〕は本質的に肯定的な自己関係でもあるわけだから、やはりまた実在性でもあって、両者は消失する規定にすぎない。

b　真に無限なものとしての観念的なものは、自己自身へと関係する自分の否定性のために、本質的に対自的に存在するもの〔それだけで存在するもの〕、あらゆる自己規定の抽象的原理なのである。この原理は、後には概念かつ主観〔主体的概念〕として自己を規定するのであり、この原理が概念かつ主観と違うのは、次のことによる。すなわち、概念かつ主観においては、区別は普遍的なものと特殊的なものとして規定されていて、その両者の無限な統一が個別的なもの、あるいは主観であるのに対して、対自的に存在するものにおいては〔この区別は〕まだまったくどのような規定をももたない、ということである。その限りにおいてこの対自的に存在するものは、無から無へと超え出ることによって自己自身に至る運動にすぎない。だから、対自的に存在するものの三契機は次のとおりになる。

α　前提されてはいるが、直接的に空無である直接態、

β　抽象的に超え出ること、反発、そして、

γ　この無規定的な超え出る運動の純粋な自己内存在、言いかえれば自己自身に等しい存在。【七月八日・快晴】

概念もまた無限であり、対自存在であるが、しかし対自存在においては様々な区別がまだ措定されていない。私が「私は私に対して〔自覚的に〕ある」（Ich bin für mich）と言う場合、ここには超え出ていくいかなる前提もない。私が「私は私に対してある」と言う場合、この表現は、私が或る他のものであるということを言い表しているのではなく、それ自体としてかつそれだけで〔即かつ対自的に〕規定されたもの、すなわち自己規定であり、直接的なものなのである。〔これに比して〕決定（Beschluß）というのは、直接

的に規定するものなのではなくて、あれこれの可能性の否定であり、それらを超え出る最初の運動であり、それらを反省することであって、この場合には、私はこれらの可能性によって規定されてしまっている。

［「決定」に対して］自己規定（Selbstbestimmung）の場合には、私の規定の制限となるものでさえも、私自身によって規定されている。その場合、このように自己を規定することは否定の否定である。私は制限を超え出ることができ、自由であり、そして、私を縛る紐帯などはない、私は私自身の制限づけをいつでも揚棄できるのだという意識をもっているのである。

2　この［肯定的］無限性がもつ区別を欠いた否定［のために］、この無限性の自己への関係はまだ直接的関係であり、存在の領域内にとどまっている。だからこの無限性は崩壊して直接的な一となり、一になるがゆえに否定性はただちに外へと向かうことになるが、これを言いかえれば排斥的であるということであり、否定性は無限に多くの一を措定するという、自己自身からの反発となるわけである。しかしこの措定する働きは直接態のかたちを取る際には消失し、そのために「無限に多くの一がある」という命題へ移行していく。

一は原理であり、まったく没概念的なもの、対自存在であり、超え出ていきながら自己へと還帰することであり、それゆえ自己自身に向かう存在（Sein zu sich selbst）である。一方の方向は反発であり、他方は牽引である。しかし、外と内への相互作用となってはじめて、一の本質ができあがる。

一とは反発であり、無限に多くの一を措定することである。これらの一は直接的に、対自的に［それだけで］存在するものであり、したがって対‐自‐存在するものでもある。だから人は「それらは措定されているのではなく、存在する」と言うことができるのである。一は究極のモメント、すべての生命とすべての精神の抽象的モメント、跳躍点（punctum saliens）、究極の抽象体、対自的に［それだけで］絶対的なものである。

反発する際には一は自立的存在という形態をとる。一は一を排斥する。主観とはいつでも自己自身からの排斥である。諸区別は他の直接的なものとして措定される。このことによって、一はその自己への無限な関係のなかにあって自己を維持する。

一の概念によってわれわれは多を得る。表象において一と多は自己のうちにあって互いに排斥しあうが、反発そのものにおいては排斥しあうことはない。というのは、われわれが「多」と言う場合、そう言うことによってわれわれが得るのはただ、第二、第三、第四、第五〔の一〕[27]等々の多くの一でしかないからである。そのどれもが多の一（Eins von den Vielen）であり、したがってすべての一、したがって他で［ある］ところのあらゆるもの、そしてすべての一〔は多の一なの〕である。[28]だから、それらのもののなかにはいかなる区別もない。

――反発とは、多が生成することである。一が〔第〕二〔のもの〕によって第二のもの〔多〕へ移行するのと同様に、反発によって第二のもの〔多〕は一へと還帰する。「なぜにこれほど多くの星などがあるのか」とわれわれは驚く。しかし、そういった繰り返し、そのような多性は無限なものをよりましなものとするわけではない。これらの多はすべて一にすぎない。

――反発とは多が生成することであるが、このことによってそれらの多の牽引でもある。すべての一は互いに牽引しあう。一は自己へと関係することによって、すべての一を一へと関係づけるのであり、こうして反発と牽引は一である。われわれが反発をどこまでも首尾一貫したものとして表象したとすれば、反発とは飛び散ることにすぎず、それでわれわれが得るものといえば、空虚でしかなく、反発の概念は混乱する。――したがって、牽引は一に至るための本質的な契機である。【七月九日・曇りなれど暑し】一は思考に必要不可欠な契機である。だが、一とは精神的一であって、それは同時に無限に多である。原子論的哲学において一は分割できないものである。

3　質的存在から量へと移行することによってただちに対自存在そのものが形成されるのであるが、それは対自存在そのもののうちで存在が規定態と、すなわち無限な規定態としての規定態とまったく等しいものにされている限りでのことである。反発と多くの一によって対自存在の定在が形成されるのであるが、それは要するに一が直接的な規定態というかたちをとった対-自-存在である限りでのことである。その場合、一が他の一において自己自身に同一的に関係しているということが、回復された存在としての量なのであるが、しかしこの回復された存在においては一の無限な規定態は存在しないのではなく、揚棄された規定態として存在する。

私が私に対してある（Ich bin für mich. 自我をもつ）のは逃れ去って他のものに対置されているものとしてである。しかしそうだとすると、私は完全に依存的なものであり、まったく制限されていることになる。単なる個別的なものが真に対自的に存在するのではなく、全体を自己のうちに含む限りでの個別的なものだけが存在するのである。

一はアトムである。このことに基づくものが原子論的哲学である。だがアトムは思想でしかない。アトムを見たり、聞いたり、味わったりしたものは一人もいない。アトムとしての一は思想のうちにしか現実存在しない。

「一あるいはアトムは運動する」と人は言う。一あるいはアトムのうちには措定する働きがあり、この措定する働きが運動である。諸々のアトムという実在的なものが存在して目に見えるようになるのは、それら相互の関係による。

諸々の一は互いに区別されない。

この原子論的哲学は国家にも影響を与えた[29]。

そこから社会主義的で法治主義的な国家体制が「生じる」。

社会主義的な国家体制が表していたのは、私人としての市民こそが国家の関わる究極のものだということである。道徳はそれを示唆している。国家における個人は良心を通じて国家のなかでの生活の指針をもつ。

個人はいわば全体のなかのアトムとして現れる。

自然学では諸々のアトムは無限小の分子と見なされ、物質の重さと密度はそれらの凝集の大小に基づいて説明される。――だから、われわれにこの微小な分子が見えないのは、われわれの感覚器官と器具とがまだ十分に精密ではないからだと思われていた。しかしまた別の生命体となるならば、われわれにはこれら微小な分子が見えるだろうし、そして物質の本質を認識するようになるだろう、と。このような見解がきわめてつまらないものであり、間違っているのは、統一が本質であり、多様性が現実存在しないからである。

とりわけケプラーの時代になると、さらに牽引という見解がこの原子論的見解に付け加わった。しかし人々は多くの場合、これをきわめて大雑把で唯物論的に捉えてしまったので、それによってもっと細かいことが学問的な「問題となる」ということはなかった。――人々は次のように言った。「ある人をあちこちへと引き付けるところのものがあるので、彼はもっぱらそちらへ向かう。動物はあちこちへと引き付けられるから、まさにそのように動くのであって、それと違ったように動くことはない」。しかしこれは外面的な説明方法にすぎない。

反発と牽引は、反発力と牽引力という形式において表象される場合には、通常は、〔この両力とは〕別にそれだけで自立した物質に移植された諸力と見なされ、またそうした物質に対しても互いに対しても偶然的である諸力と見なされる。

カントはいわゆる力動的な自然学を基礎づけたが、何によって基礎づけたかというと、物質ないしアトムを根源的なものとして受け入れないで、逆に先述の〔牽引と反発という〕両規定あるいは両力を根源的なものとして受け入れ、それら両規定あるいは両力をさしあたっては物質の本質的な契機として捉え、物質の方をそれらに基づいてはじめて概念把握されなければならないものとすることによってであった[30]。しかし同時に彼はそれぞれを他方の自立的な規定ないし力に対立するものとして受け入れた。

力動的な見解はいまや医学で応用されることが多くなっている。——以前に支配的だったのは原子論的見解だった。この見解に従って人々は、病とは身体の諸成分に起因するが、それは身体の諸成分があれこれと有害な仕方で混じり合っているからである、などと言っていた。力動的見解のもとで想定されているのは、病は身体のなかの諸力を不適切に刺激したり大事にしたりすることに起因する、などといったことである。

カントは物質をアプリオリに構成しようと試みた。彼が言うには、物質はそれ自身が牽引と反発という二つの要素の産物であり、第三のものである。

【七月一〇日・快晴】人間の社交性に対する性向は、物質の引力のような単なる自然的な牽引にすぎないのではなくて、この性向はそれ自身が人間の精神的なもののうちに根拠づけられている。牽引と反発との関係は、存在と非存在との関係と同じである。存在と非存在がその本質を同一性、生成のうちにしかもたないのと同じく、この両力のどちらも片方だけでは現実存在をもたず、それらの本質はまさに統一である。どちらも互いに移行しあう。反発は牽引なしには存在せず、牽引は反発なしには存在しない。カントが言ったのは、反発力は表面にしか作用しないのに対して、牽引力は空間を貫いて作用するということであった。しかしながら、こんな区別などはない[31]。人はこうした諸概念を天体システムにも転用した。そして、太陽には牽引が、諸惑星には反発が帰属するなどと言う。しかしむしろこう言わなければならない。太陽と諸惑星は互いに同等に引き合い反発しあう、すなわち、牽引と反発という力は両方のなかで作用するのだと。その場合にさらに人はこう言う。すなわち、偏移つまり星々がどんどん遠ざかったり近づいたりすることは、いずれかの力の作用の大小に起因するのだ、と。——しかしながら、これらの力のうちのどちらかが他方よりも大きいと想定されることはありえない。なぜなら、そのように想定されてしまえば太陽系は破壊されてしまうことになるだろうから。

両力が等しいということは、常に同じであるということが現実存在するためには絶対に必要で欠かすことができない。

B 量

a 純粋な量

第五一〔五二〕節 付論

「大きさ」（Größe）というのは、何らかの規定されているものにすでに関係してしまっている〔場合の言い方なのだ〕から、純粋な量ではない。大きさとは増減しうるものだと言われるときには、大きさはまだ定義されてはいない。なぜなら、何かが大きかろうが小さかろうが、大きさをもつことに変わりはないからである。――青いだとか赤いだとかの内包量の場合でも、事情は同じである。

質的な限界とは、或る対象をそのものたらしめるものである。たとえば、三角形の質的な限界と言えば、三本の直線ということになる。この場合には、三角形の量的な限界になっているのは、三本の辺の長短である。

自我のなかには様々な表象がある。私のなかにはたくさんの表象からなる一世界がある。だから自我は白紙〔タブラ・ラーサ〕などではない。自我とは闇を貫く一筋の道であって、無限の思想や理念はこの道を通って展開されることができる。

第五二〔五三〕節 付論

まとめあげることができるのは、連続〔しているもの〕だけである。どの一つをとってみても同一種のうちの一つであるというのでないならば、同じ仲間に入れることはできないし、同じ仲間に属するものとして、たとえば百個のサクランボだとか百個のナシだとかいうように、ひとまとまりの数にすることはできない。だから空間というのは連続量なのである。空間を点や限界や線によって限ることはできない。「ここ」というものは存在せず、空間を中断することはできないのである。時間もそうであって、いつまでも途切れることなく流れてゆく。時間のうちに「いま」というものは存在しない。

空間は諸々の空間点から成るのか、時間は諸々の時間点から成るのかということが問題になったことがある。これらの問いはこうした問いのなかの一面的な諸契機に依拠しているのである。

第五三〔五四〕節 付論

〔1〕 純量〔純粋な量〕が規定されると、定量になる。なぜなら純量が自己のうちに含んでいる規定態は、単一な直接態としての純量にあっては、それ自身が最初は単一な否定、言いかえれば第一の否定として、すなわち規定態と

してあるからである。

【七月一一日】量も統一を自己のうちに含んでいるが、この統一は統一でありながら数多性をも自己のうちに含んでいる。

だから絶対的な空間も、通常は制限された空間に対置されるものであるとは言え、また一つの規定されたものである。絶対的なものと言っても、ここでは単に抽象的なものという意味しかもっていない。〔しかし〕絶対的なものそのものは単なる抽象ではなくて、むしろそれは具体的である。

〔2〕定在が「或るもの」になると、量を定量にする規定態はさらに直接的で否定的な自己内反省となって、定量は大きさ一般ではなく、或る一なるもの（ein Eins）となる(32)。その定量の規定態はそのことによって他の定量と量的に区別されるという形式をそなえるようになっている。

だから規定態というのは定量自身の規定態であり、したがって定量自身の区別が定量のもとで措定されているということなのである。それゆえに、定量のなかでは一なるものが数多となって別々に出てくるだけではなくて、制限された数多性としての集合数（Anzahl）と或る特定の単位（Einheit）との区別がはっきりと出てくることになる。

それぞれの数（Zahl）は、どんな数であってもかまわないが、たとえば十（Dekade）や百（Hundert）といったように、再び単位にすることができる。

定量の規定態が一なるものとして質的に捉えられることによって、定量は一定量（ein Quantum）になる。定量の諸契機は単位（Einheit）である、しかも多くの一なるものである。これらの一が数多性を形成する。定量の第一の契機は数多性であり、第二の契機はこの数多性が複数の単位から組み立てられていることであり、第三の契機は単位と数多性との統一（Einheit）である。単位としての一なるものは数ではない。なぜならそのなかにはいかなる限界もないからであり、いかなる限界もないというのは、ここでは単位は連続性だからである。しかし一なるものとして数多性に対置されれば、一なるものは一つの数と呼ばれなければならない。というのは、1は2…〔3、4…〕ではないのだから。

3　算術的に(33)演算するということが数える（Zählen）ということ、つまり多くの一を一つの数にまとめ、次いでこの一つの数を分解して一にすることである。演算の区別は、集合数と単位から見てもっぱら数えられるべきものが互いにどのように関わるかに基づいている。したがって演算には三種類あるが、それぞれのなかにさらに正と負の演算が含まれている。

1　最初の演算〔加減〕では、数はもっぱら対立のない様々な集合数と見なされており、その単位となるのは、一である。

2 第二の演算〔乗除〕では、数は集合数と、集合数とは区別された、それ自身が一つの数であるところの単位との比例関係（Verhältnis）というかたちで登場する。

3 第三の演算、すなわちべき乗では、〔第二の演算と〕同じく、数は単位と集合数との比例関係というかたちをとるが、しかし〔べき乗の場合は〕同時に単位と集合数が等置［されていて］、一方〔単位〕が他方〔集合数〕と同じ集合数であるというかたちになっている[34]。

数を数える際の原理は、それ自体としてかつそれだけで規定されたものとしての一、すなわちそれ自体としてかつそれだけで存在するものである。数えるということは、複数の一なるものをまとめること、一つの数にすることである。「数えることは一つの計算則である」とも、またさらに「計算則ではない」とも言うことができる。

足し算の基礎は記憶のなかに留めておくことにすぎず、これは一なるものを数え合わせることに基づいている。

掛け算には、たとえば5×6といったように、いくつかの単位といくつかの数多性が必要である。この例では、5が単位、6が数多性とされていて、その場合掛け算の仕事は、この一なるもの〔単位〕が数多性と一つになるとき、そこから現れてくる集合数を求めることである。数を逆にして6を単位とし、5を数多性にすることもできる。

次に、掛け算とは逆のやり方で、これらの数を再度分解してそれらの単位にすることもできる。その場合は割り算になる。

また、単位をそれらの「べき」にすることが問題になると、そこから平方が生じる。――これらの計算則のそれぞれが正と負に二重化されて取り扱われると、それによって六つの計算則が生じる。

われわれが「五番目」という場合、最後の〔五番目の〕単位だけが考えられているのではなくて、この〔五番目という〕限界を作るには、五つの単位のすべてが不可欠である。

第五五〔五六〕節　付論

【七月一四日】定量は、最初は外延的、すなわち、自己のうちで多重になっている大きさであるが、しかしその大きさの数多は単位に、しかも規定された一としての単位に、すなわち限界としての単位に集約される。単位と集合数の相互の外面性はこれで揚棄され、定量は対-自-存在の形式をとって内包量としてあることになる。けれども内包量の〔示す〕大きさの規定態と、それから区別とは互いに移行しあう形式規定態を示すにすぎないから、外延量としてあるものも、外延量であるに劣らず内包量としてもあり、また逆のことも言える。後者〔内包量〕は前者〔外延量〕のもとにそれが当然もつべき定在をもち、また外延量によってしか測ることはできない。

外延量と内包量とはどちらも形式にすぎない。外延量として現存するものは、内包量としても現存する。たとえば温度は一つの感覚であり、内包的である。感覚が測られる場合、われわれは外延、目盛などを測る温度計を必要とする。強さ、たとえば意志や性格の重さや大きさを測る場合も同じである。この場合内包的な意志は最も広い、最も外延量のある意志である。外延量は時間や空間などを数えることによって測られるのが普通だが、そうするとそこでは時間や空間などは内包量である。〔この内包量が度と言われるものだが〕度は自立的に存在する定量である。

第五六〔五七〕節　付論

度というものはどれでも或る一定の度であって、たとえば二〇度というように、他のあらゆる度を自己から排斥する。〔二〇度といったような〕こうした一定の度というものは他の一切の度を自己から排斥するのであって、もっぱら自立的に存在することになる。しかし、度はこうした規定態を他の度を介してしかもたない。度はそれが自己から排斥したものを介してしか、その度たりえないのであり、かつもっぱらそれが自己内でそれであるところのものを介してだけ〔その度は他の度を排斥する〕。

だから、以上のような具合に度というのは絶対的な矛盾である。度の内面性は度の外面性であり、度の外面性は度の内面性である。

数というものは思想であり、直接的な直観ではない。だが、関係を欠いた、かたまった一なるものとしては、一なるものは同時にまた表象でもある。

ピュタゴラスは、絶対的なものは数によって表現されうると信じていた。

1　ピュタゴラスは絶対的なものを数として、またあらゆる物の特定の本質を数として言い表した。このことは、

a　こう解されなければならない。すなわち、絶対的なものはなんらかの普遍的なものであり、思想としてしか真に現存するものではない、と。

b　数の規定態は概念の内的な区別〔を表す〕のために用いられているが、しかしこの区別は数〔によって区別するという仕方〕においては最も外的で、概念を欠いたやり方で現存していて、せいぜいのところ最初に出てくる〔1、2、3といった〕いくつかの数において、もっと限定され

たやり方で、概念の内的な区別により適合的になっている程度である。近来の哲学においては、数学的なポテンツを概念の契機全般の特徴づけに用いる者もあり、その区別を第一ポテンツ、第二ポテンツ、第三ポテンツと表した。しかしながらポテンツというものがその概念から言えばいかなるものであるかというと、それは数学においてはむしろ哲学から前提されたのであって、哲学のために数学からとられて前提されたわけではないし、諸契機のすぐ次の区別のためには、再び数の区別が利用されることになる。

　ピュタゴラスは金属を鍛える際に音の調子に注意を払い、感覚の内包量を外延的に規定しようとした。

　だが、イギリス人[35]がプラトンの言うイデアは現実に存在しているのだと信じているような具合に、絶対的なものを現実存在する数と見なすことは許されない。

　ピュタゴラスの徒はこう言う。「絶対的なものはモナス（不可分の一）、統一〔単位〕であり、二たるものは質料である。

　三者性、三つ組（Trias）は統一、絶対者を、そして二者性は質料を、自己のうちに含んでいる」、と[36]。

　しかしながら1と2とは合成されるものにすぎない。この合成は人工的でしかない。2のうちには1が二つあるにすぎない。両方ともお互いに同じもの[37]だから、外的にはたしかに二つの1であるが、内的には単に1であるにすぎない。

「ポテンツ」という言葉で「位相」を表すというやり方をはじめて用いたのはエッシェンマイヤーであり、その後シェリングがこれを採用した[38]。

ポテンツが表現しているのは、概念の諸契機一般、つまり、可能性しか含んでいないような本質的規定である。

【七月一五日・雨】ペスタロッチの教育方法論では算数が主要な契機となっている。この方法は感覚的な諸対象しか問題にしなかったその他のどんな方法よりもはるかに優れている。なぜならこの方法では非感覚的なものに注意が向けられ、それによって思考がいっそう鍛えられるからである。

しかしながら、数としての数そのものもまた死んだもの、概念を欠いたもの、機械仕立てのもので、こうしたものはその限りにおいて精神を形成せず、せいぜい機械になるしかないが、実際にも機械仕掛けの計算機が発明された。

2　現代の数学（Zahlwissenschaft）は算術そのものとは違っている。算術が取り組んでいるのは単に所与のものであるにすぎない数の外的な結合の仕方であるが、これに対して現代の数学は数相互の外面性を無視して、数のもとに示される普遍的な諸規定と法則を探す。例を挙げれば、或る所与の数よりも小さくて所与の数に対して素数であるところのすべての数から〔どれでもいいから一つを取り出して、その取り出した〕所与の数で割ったときの結果が、正か負かの一を余りとするというような法則である。(39)

単位〔統一〕と数多性とが数の基礎である。

ゲッティンゲンのガウスはヨーロッパの最初の数学者の一人。(40)

絶対素数は積として表すことのできない数である。たとえば、1、2、7、4、11、13、マイナス14、マイナス896,896÷15などで、〔896,896÷15は〕1が余りとなる。12、45、7、8は相対素数。(41)

奇数の平方はどれも、4で割ると、余りが1になる。3で割れば、余りは2になる。(42)

比（Verhältnis）というのは、度が措定されていることである。内包量は単に外延量としてあるばかりではなく、本質的に比としてある。比において定量が自分の規定を得るのは、質的なものの役割あるいは単位の役割を果たすような他のものを通じてでしかない。しかしこの他のもの自身が定量なのであるから、逆に言えばやはりそれも自分の規定を他のもの〔はじめの定量〕のもとにしかもたない。その限り比は自己内で無限である。けれども、定量は比においてもなお干渉し合わないものを基礎としているから、比は無限性を当為としてしか含んでいない。

度はどれでも一つの比である。たとえば温度はいつでもある対象、たとえば空気の温度、水の温度、鉄の温度などに関わっている。

力の比〔相関〕等。人は「この機械によってこれだけ持ち上げることができる」と言うことはできず、ただ「この時間内にこれだけ持ち上げることができる」と言うことしかできない。たとえば3と4といった二つの数をもった比を考えてみよう。この場合には3は3ではなくて、4と見なされなくてはならず、同様に4も4としてではなく、3と見なされなければならない。(43)——これが比の本性である。——分数では一方の数が単位であり、他方の数が集合数となる。たとえば3分の17の場合は3が単位で、17が集合数である。どんな数の場合でもかくの如し。【七月一六日・雨】

定量を度量にする質的なものは、さしあたっては、外面的なかたちをとっている定量が自分の概念との間に成り立たせているそれ固有の同一性のことである。しかしこの規定態は単一な自己関係でありながら本質的に他のものによって媒介されているから、度量においてもまた質の規定は量の規定と区別される。そしてその限りにおいて質の規定は、或る量によって自分の定在を得る何らかの特殊な質なのである。

定量は或る他のものによって規定される。しかし、この他のものはその定量自身の本性である。

大きさは或る他のものによって規定される。この他のものは規定である。大きさの規定が質を作る。「絶対的なものは度量である」という絶対的なものの定義も、いくらかの真理をそのうちにもつ。ソフィストたちは「人間は万物の尺度〔度量〕である」と述べた。

数学は自然の度量〔均整〕の学であると言われている。しかしながら、われわれはかろうじて個々の度量を経験的に知っているにすぎず、そうした個々の度量がさらに一つの系列をなしていて、たとえばケプラーが楕円を問題にしたように、普遍的な定式というかたちをとっていることは知らない。――多数の度量のなかには個々の規定がある。たとえばワインやブランデーなどの度数を測るためには度数表というものがあるが、それは普遍的な定式ではない。自然の度量をこのように研究することが数学に一番ふさわしい使命であろう。

一気圧の大気のなかでは水の温度が沸点以上になることはありえない。蒸気そのものが再び元の水に返るというのであれば話は別だが、そのためには密閉容器がどうしても必要になる。氷点の場合も事情は同じである。レオミュール〔列氏〕は沸点を八〇度に設定した。

ローマ国家はその膨張によって、どうしても当時の関係〔比〕にあってはそれ以上高い次元に上ることのできないような定量に達していた。だからまた純粋な民主制というものも、小さな国家でしか育つことができない。

第六一〔六二〕節　付論

量の変化によって或る質が他の質へ移行するということが、量の比に対応した進行系列を生み出す。ちょうど結節（Knoten）のような、この量の比のうちのどれかにあれこれの質は結び付けられ、それらに基づいて質は姿を現すわけであるが、それでいながら〔質と他の質の〕間にある量の比例関係のなかには、いかなる質的変化も現れてはこない。

【七月一七日】金属を酸化させるためには、一定量の酸素が必要である。それだけの定量がなければ、酸化は起こらない。だから或る決まった度合いがあって、その度合いに従って或る一定量（%）の酸素が金属の或る特定の色を発色させ、変化を引き起こす。音にも同じ事情があって、音も同様に一定量の空気とその動きによって音色が決まる。

度量を欠いたもの（das Maßlose）は計り知れないもの（das Unermeßliche）で、そのなかには何らかの無限なものがあると人は信じてきた。しかしこうしたものは或る特定の定量を欠いた定量自体にほかならない。これに対して真に計り知れないものというのは、度量である。というのも度量というのは、それを質的に捉えようとするときには、まさしく計り知れないものだからである。数とは計り知れないもので、数を超え出て行くことはいつでもできる。だからまた度量をも〔超えて出ていくことができる〕。

質的な移行を媒介し説明するために持ち出される通常のイメージが、進行の漸進性である。しかしこれでは質の変化は前提されてはいるが、量的な進行が徐々に進んでいくことによって目には見えなくされているということしか言われていない。

人は個別的なものの奥深くに入り込み、一切をだんだんと最小のものにまで移行させていけば、事柄をもっとよく理解できると信じている。しかしながらその場合でも、量的に最小のものでさえも質的なものへと飛躍することは依然としてあるのであって、そういうやり方によって説明が容易になるということはまずない。

水は蒸発したからといって薄くなるというものではなく、蒸気は水とは別ものである。水が凍るときには、氷は徐々に厚くなっていくのではなく、一気に凍る。胚は誕生するときに非存在から存在への無限の飛躍をする。だからこうした種別化（spezifizieren）によって質的なものを説明することは決してできない。——むしろここではまったく逆のことが起こっている。すなわち人はもっと大きなもののなかで考察を行い、大きなもののなかに本質を摑むべきなのである。

第六二〔六三〕節　付論[44]

質的なものと量的なものとの統一である度量は存在の統体性であり、すでにそれ自体としては本質（Wesen）である。度量そのものはさしあたって統一の定在であるが、その場合統一というのは、その統一のどれをとってみても、そのなかでは区別は質と定量相互〔の区別〕として規定され、両者の関係は姿を現しているが、しかしまた両者の相互移行と同時にそれぞれが他方において自己自身と一致しているということも姿を現している、そういった統一である。だから存在、すなわち単一で直接的な自己関係は再興されており、この直接的なものは、それが一つの直接的なものであるがゆえに、自己を或る他者へと関係づけるのであり[45]、したがって媒介されているわけである。けれどもこの他者——いまの場合は量——は、自己をも揚棄し、それとともに媒介そのものも揚棄する。媒介から生まれてきたこの存在、あるいは同じことだが、この新たにされた存在が本質である。

還帰が存在するところ、すなわち第三のものが存在するところではどこでも、無限性が存在する。

存在のもっとも純粋な内面性は無である。なぜなら両方ともまったく抽象的なものだからである。度量においてはこの抽象的なものは量と質という進んだかたちをとっている。本質は存在［である］ところのものと同じものだが、しかし本質は存在を純粋な媒介と規定したうえで自己のうちに含んでいるのであって、かくして第二の領域、媒介の領域となる。概念はといえば、存在と本質の真の、絶対的な媒辞であることが明らかになるだろう。

度量のなかに質と量は根づいていて、ここに両者は自分たちの存在をもつ。

本質における諸規定は、折れ返り、反転した諸規定であり、それだから諸々の反省である。

【七月一八日・曇り、湿気多く雨模様】本質の領域は自己に歩み入った存在の領域である。自然においては反省の領域は物質で始まる。これに対して意識においては、それは本質で始まる。

本質は純粋な存在であるが、直接的な存在ではなく、否定を介して自己のうちで否定されている存在である。――ここでは否定的なものは単に揚棄されたものとして、単なる映象として措定されている。

差異的なものとして措定された否定的なもの、規定態としての否定的なものはもはや単に否定的なものではない。

第Ⅱ部　本質論

第六四〔六五〕節　付論

1　存在〔の領域〕においては、〔最初は〕規定態ないし区別は直接的なもの、他者一般であり、先へ進むと一となり、定量となる。定量はたしかに反省、すなわち他のものへの関係を含んではいるが、しかし他のものに対して無差別であるとされたままである。本質〔の領域〕においては、区別されたものはもっぱら映象だとされ、自分自身に即していながら他のものに対する関係として規定されていて、変化はすべて「措定すること」(Setzen)[1] になる。だからここ〔本質論〕では存在に代わって——存在は概念〔の領域〕に入ると再び登場する——「もつ」(Haben) ということが差異づけられたものそのものと主観との同一性として現れる。そしてさらに、それゆえに概念はただ本質の領域のなかでは映象するだけであり、また当為としてあるにすぎない。なぜなら反省の統一も、相関あるいは差異あるものも、まだ概念の絶対的統一のなかに取り入れられておらず、本質というものが一般に、その普遍的な規定においては、ようやく直接態の第一の否定であるにすぎないからである。

　われわれはここでは諸物を、それ自体としてかつそれだけである様で考察する。つまり、どのようにして絶対的なものは諸物のなかに反映[2]されているのかを考察する。反省は一切のもののなかに登場する。だからわれわれは反省を定量のなかで考察した。

　「全体」においては、全体はもっぱら部分から成り立つということがあり、「部分」においては、部分は全体のなかでしか現実存在しないということがある。肯定的なものは否定的なものを前提とし、同様に否定的なものも肯定的なものを前提とする。

　間接的なものは措定されたものである。根拠は措定するものである。——だが、根拠の所産は措定されたものである、すなわち、存在するものではあるが、直接的にあるのではなく、自分の根拠を他のものにもっている存在するものである。措定されたものにあっては、「もつ」が「存在」にとって代わる。われわれがもっているものは、それ自体としてはたしかに自立したものであるが、しかし、われわれがそれをもっている限り、それはもはや自立したものではない。「存在」と「もつ」とは単なる助動詞にすぎないのではなく、もっと高い次元のものを表してもいる。

「もつ」は多くの場合、完了時制に関係づけられている。――存在は理性のなかでは再び概念として、自立したものとして姿を現す。理性のなかでは一切のものが現在的である。概念は存在の領域ではまだ内的なものである。しかし本質〔の領域〕においては、概念は姿を現す。

だから本質とは、存在が自己のうちへ歩み入ってしまっているが、同時にまた本質から再び外へ歩み出ている、そういったものなのである。

2 本質とは一般に、抽象的に直接的なものではなく、媒介を揚棄することによって自己に媒介された直接的なものなのであるが、こうした本質一般は、

a 自己自身のうちにおける映象の統体性である(3)。本質はそれの映象が否定的に自己自身と〔統一している〕統体性、ないしそれだけで〔対自的に〕存在するものとしては、本質は根拠であり排斥作用（Grund und Ausschließen）である。また、

b 本質は同時に自己の外に映象しており、自己への反省でありながら他者への反省である。――そして本質は媒介されたものとしての存在、現実存在へ移行する。この場合本質は現象（Erscheinung）である。

c 現象はその統体性としては、現象のなかにあって自己と同一的な本質、すなわち現実性（Wirklichkeit）である。

第六五〔六六〕節 付論

1 本質は自己内での三重の映象である。すなわち、

α 直接的な単一態としては、〔まず〕本質はそれ自身が自分の映象、つまり自分自身の最初の規定、存在でしかないが、しかし自己自身への関係としては、同一性（Identität）である。

β 〔次に本質は〕無であるが、ただし〔αと〕同様に否定的なものの自己に対する関係としてはまさに映象としての映象、すなわち区別（Unterschied）である。そして、

γ 〔最後に本質は〕自己を取り戻して同一性となる区別、すなわち、それ自体で規定された本質、根拠（Grund）である。

これらの諸規定が、通常、論理学において思考の根本諸法則と呼ばれているものを与える。

絶対的なものは本質である。すなわち、ユダヤ教で

描かれているような絶対的なものである。それは〔また〕キリスト教で描かれているような、関係しあう三つの映象〔神、子、聖霊〕である。すでにプラトン〔において〕、さらにそれ以前にオリエントにおいて、神についてのこうした考えが支配的であった。ユダヤ教においても神には様々な性質が添えられるが、しかし、これらの性質はただ何らかの外的なもの、たとえば義、善などとの関係で想定されているにすぎない。

本質は同一性であり、存在と一つである。ただ、存在は、先に考察されたように、まったく直接的なものでしかない。本質はたしかに全体の統体性である。しかし、この全体の統体性だけにとどまっているならば、得られるのは抽象物でしかない。

けれども、本質は決して抽象の残滓ではなく、根拠である。本質は自己自身において一なるものである。本質の諸区別というのは映象することでしかない。

2　非有機的な自然は本質の段階にあり、非有機的自然のかたちをとる本質は質料である。そして、そもそも自然は相互外在という規定のうちにあるのだから、質料の映象、すなわち質料の反省諸規定は、同じく外的に、離れ離れになって現存していて、しかもさしあたってはまったく自立的な形式をとっている。すなわち、「自己同一的な映象作用」＝「光体としての光」、「差異づけられたもの、すなわち、それにとって反省の区別は外的であるような、それだけで〔対自的に〕存在するものそのもの」＝「月としての脆くて硬直したもの」、「対立、それも自立的なものとしては作用とその還元、すなわち中立的な所産である対立」＝「彗星」、最後に、「こうした映象の全体が自分の根拠として還っていくところの地球」。――個体的なものであるこの最後のもの〔地球〕のもとで〔質料の映象である反省諸規定が〕結び付けられると、統体性は自己同一的な抽象の元素として、つまり空気、次に火と水の対立、そして再び地といった四元素として現れる。

生命は概念の段階にある。自然的な本質は、われわれが質料と呼ぶものである。質料は自己内で映象する。質料は本質的に規定されている。

純粋な自己内反省としての質料は光である。質料の最初の映象は光である。映象の対立は二重＝単なる差異性と対立そのものである。

月は脆く、硬直したものである。――月に関するわれわれの知識すべても、それを指し示している。対立としての区別は絶対的な動揺、たえず自己を他の何かに追いやろうとする努力――彗星的な自然――であり、この努力は他面では中立的なものとしても表現される。古代の人は、彗星についてもっと正確に、彗星は流星のように飛散すると言った。もっとも、〔彗星の〕多くが一定の期間の後に再び元の位置に戻ることを人は知っている。

【七月二九日・快晴】 抽象的な普遍性は同一性である。たとえば、私が「精神」と言うならば、これは抽象的な規定であり、それによって同一性が措定されている。

もし私が花から個々それぞれの色、個々それぞれの性質だけを取り出すとすれば、それによって私は具体的なものを得たことになるが、しかし、「花一般」と言うならば、ここでは個々の徴表を取り去ることになり、ただ一般的なもののみが把握されていることになる。したがって、ここにあるのは抽象〔捨象〕である。たとえば、青いものそのものは具体的なものである。ニュートンによれば[4]、各々の色は自体的に考察されたものとしては単純なものである。しかしながら、ニュートンの色彩論の全体が理に合わないものであり、はじめから経験と矛盾している[5]。

一切のものは自己同一的である。もし私が「いい天気はいい天気だ」と言うならば、私は真理を語ったことになる。けれども、ある人が真理を常にそのようにしか言わないとすれば、その人はまったく退屈な奴だと見なされるにちがいない。人が何かを言うとき、そこで求められているのはいつでも区別である。けれどもこの区別のなかに再び統一が措定される。たとえば「動物はすばらしい」など。

3　生き生きとした精神的なものは具体的である。単なる感性的な把握というものは、それだけですでに抽象的な把握である。なぜなら、感性は直接的で、自己自身に外的な自然性であり、そして各感官は様々な側面、たとえば色、音、匂いなどに分かれたものである具体的なものに対して抽象的な態度で関わることだからである。抽象的な同一性に固執する悟性はまさに有機的なものをこうして非有機化し、生き生きとした精神的なものを殺してしまう。それゆえ、「AはただAであるのみで同時に非Aであることはできない」という命題は、感性的に存在するものに当てはまる。たとえば、「青は同時に赤ではない」、「私はヨーロッパとアメリカに同時にいることはできない」。なぜなら、こうした領域においては、区別されたものはただちに外面的な他のものとして存在しているからである。同一性の形式は区別されたものに本質性および自己自身への関係という空虚な形式を与える。規定態はこの空虚な形式によって包み込まれていて、他のものに対するこの規定態の関係から取り除かれるべきでもあり、またこの規定態が内的な区別として立てられることもない。だから、この法則は思考の法則であるのではなく、むしろ感性の法則であり、感性の段階に自己をおとしめている反省の法則なのである。

感官が個別的で規定された印象だけしか把握できないのと同じく、悟性もまた個別的なものしか把握できない。「AはAである」という命題は本来的な思考の法則ではなく、感性の法則でしかない。感性の領域においては、どれもがかくかくしかじかと規定されたものでしかなく、それ以外のものではない。たとえば、青は赤とは違う。だが感性的な仕方でしかこれは区別されえない。だから、人は赤い上着をもっていなくても、青い上着をもつことはできる。しかしながら概念の中では、赤なくして青はない。色はすべて出揃ってはじめて一つの統体となる。どんな区別されたものでも何らかの他のものをもっている。無は自己に関係することによって、否定性である。(6)

われわれが青について語るならば、青を黄や赤などから区別するものについて語っていることになる。しかし、この区別するもの自身はもはや青ではなく、青を青となし、かつ青を他の何ものかから区別する徴しである。だから、これこそがある他のもの、区別なのである。この区別は直接的な区別である。

差異性というのは第三者の比較のなかにしかなく、自己のうちに矛盾を抱えている。たとえば、この家がこの家であって他の家ではないということは、この家〔の規定〕のうちにあるが、その区別は私のなかにしかない。したがって或る他のもののなかにしかない。

【七月三一日・曇、前に雨少し降る】われわれが「二つのものは互いに等しい」という場合、われわれが他方のものが一方のものに等しいと置くのか、逆なのかはどうでもよい。というのも、そのように等置したところで、どちらもやはりそれだけでそれがあるところのものにとどまるからである。

純粋数学はもっとも簡単な学の一つである。なぜなら、純粋数学は悟性の学問であり、悟性の学問はただ抽象的なものにしか関わらないからである。――これに対してもっと難しいのは高等数学である。

ライプニッツが宮廷で言ったと伝えられる命題「いかなる物も完全に他の物と等しいということはない」(7)は、ひどく凡庸で取るに足りないものである。――一枚の木の葉はその本性から言って、他の一枚と同じものである。というのも、一匹の毛虫が或る葉っぱから或る部分を食いちぎったなどといったことはどうでもよいことだからである。また、一方の葉が右に他方の葉が左についているといったことなどもどうでもよいことである。なぜなら、こうしたことは思考に対してはいかなる影響も与えないから。

第六八〔六九〕節　付論

或るものに差異がつけられるのは相対的な仕方、すなわち或る他のものに対する関係のなかでのことである。この他のものに対する関係は比較することであり、そのために対象自身に関わらないが、それと同様に、差異性は対象に関わることはない。けれども、差異性というものが対象にとって本質的であるならば、相対性そのものは対象に属していることになる。すなわち、対象はただ単に自己自身に対して同一的に関係しているにすぎないのではなく、本質的に他のものに対する関係をも自己自身のうちに含んでいる。だとすると、このことは最初の同一性の命題に矛盾することになる。差異性のなかでは規定態もしくは区別は、再び質であり対自存在であると見なされている。そう見なされるとすれば或るものは他のものには関係しないはずであるが、しかし差異性のなかにもこの相対性はやはり含まれている。だからこそ差異性は以上のような直接的な矛盾なのである。

「すべてのものは差異づけられている」という命題は同一性の命題に矛盾している。差異をもたされたものは、第一に自立的であるとされる。

第六九〔七〇〕節　付論

同一性が同等性であるならば、それはただ外的な統一でしかないわけだから、そこではすでに、比較されたものがそれ自体でかつそれだけで区別されているということが前提されている。同様に不等なものは、ただ外的にしか区別されていないはずだから、比較されたものが等しいことを前提としている。

したがって、同等性と不等性は互いに関わりあわない規定であるのではなく、相互に関係しあっていて、一方は他方を前提としている。だから、そもそも区別というものは直接的なものではなく、むしろ媒介されたものであって、本質的には対立なのである。

1　すべての教養一般と同じく、学的なものにおいて第一に最も本質的なことは、諸対象をそれらの規定された差異性〔ある特定の相違点〕の相で把握し認識することである。けれどもそこに立ちどまってはならないし、規定された差異性がそれだけで自立した一つの観点と見なされてはならない。その観点とは、たとえば動植物の類や種、学問芸術の種類のもとに、また個別的な事物のもとにも現れるけれども、そのためにそれら〔差異づけられたもの〕は対立や過程に移行することはない、そういった観点なのである。規定された差異性はさしあたって次のことを含んでいる。すなわち、区別されたものの一方の本質自身のなかに契機があり、その契機を通じて一方のものが他方のものへ関係づけられるのであり、したがって他方のものというのも、一方のものから区別された一方のもの〔にとって〕の区別であるということである[8]。そうしたことによって、おのずと明らかになるのは次のようなことである。すなわち、区別を考察する際のその区別とは、たとえば酸をカリから区別することなのであって、星や馬や道徳の法といったものから酸を区別することではないということである。そして逆に、差異性から対立への移行ということに反対して例が挙げられて、酸はたしかに星などに対しては差異づけられたものであるが、だからといって酸と星が対立するわけではない、すなわち、ただ単に一方がそれ自身において他方に否定的に関係している限りにおいてのみ対立するわけではないと主張されるということが明らかになる。[9][10]

【八月一日・晴】酸そのものと区別されたものはカリ、炭酸カリウムである。この区別は偶然的で恣意的ではなく、本質的である。この場合に私の主観的な思考が問題になっているのではなく、区別はこれらの素材そのものに基づいている。——机はたとえ星が存在しなくてもありえるのであって、両者は相互に制約しあうことはない。[11]

2　まさに自然および感性的定在のなかでこそ、対立したものは互いに外的で没交渉な現実存在として現れ——これは概念においては過程の一段階にすぎない——、自立的な類ないし種として現実存在する。

酸とカリは互いに求めあう。塩は両者の中間物である。酸の諸性質は本質的に差異づけられているのではなく、規定的にのみ差異づけられているにすぎない。一方が他方を制約する。

第七〇〔七一〕節　付論

酸は、もしそれがカリと対比されて捉えられているのでなければ、いかなる意味をもたないだろう。同じく光もまた闇を自分の他者としているのであり、地球は太陽を自分の他者としているのであり、その逆もまたしかり。だから、或るものは、それが自己へと他者を反省させて〔関係づけて〕いる限りでのみ存在する。

もし神について「神は絶対的な善である」と言うならば、これは単なる抽象でしかない。神のなかには否定的なものもまたあるということこそ必然的である。なぜなら、第三のものだけが真にして本質的なものなのであって、存在も〔無も真にして本質的なものではないからである〕。

肯定的なものと否定的なものにおいては、区別そのものは同一性に対抗している。つまり、肯定的なものは自己と同一的なものであるが、否定的なものは媒介されたものであり、媒介されたものは自分の規定のなかにそれ自身の他者をもつ、ということになっている。けれども、両者は一緒になってそれ自身が区別の全体となっている。区別をそれ自身として見れば、さしあたっては区別なのであるから、同一性すなわち区別されないものではない、ということになる。けれども、区別がそれ自身としてある限り、区別はただ自己自身からしか区別されえないのである。

区別されたものには二つのものが属する。どちらも区別されたものにほかならないのだから、一方は他方であるところのものなのである。だから、一方は区別されたものそのものであり、他方はその反対物、すなわち同一性である。それゆえ、同一性は区別そのもののなかにある。区別は、それがひたすら区別そのものであるべきだということによって、〔区別は区別である、というように〕自己と同一的に関係している。区別と対置されたもの〔同一性〕も同様であって、自己の外へ出てしまっている。区別は自分の反対物へと向かって広がるのであって、自分自身と自分の他者との同一性なのである。

【八月四日・曇】もし神が自己自身において矛盾していないのであれば、神は世界の創造者ではありえない。善は悪なくしてはありえず、逆もまたしかり。どちらもその真の姿を両者の同一性のなかにしかもたない。それらの対立は、東方人がそう捉えていたごとく確固不動の対立でも永遠の対立でもない。それらの対立は没落し根拠に至るのであり、その真理は根拠である。

第七一〔七二〕節　付論

われわれの使う言語〔ドイツ語〕では、「揚棄する」という表現の場合と同じく「根拠に至る」(zu Grunde gehen)という表現においてもまた、次のような二つの側面が一つにされている。すなわち、或るものは自分の根拠においては自分がそれであったところのものではなくなること——これが矛盾の単なる否定的側面である——、しかし同時に、或るものは同様に、しかもその本質において保存され維持されているという肯定的側面〔という二つの側面である〕。

根拠は本質の統体性、反省の統体性であり、みずからの本質性における映象である。

根拠とは、規定されたものとして措定された本質である。本質は自体的に真なるものであり、根拠を欠いた本質は一面的な同一性、反省である。根拠は同一性および反省から区別されていなければならない。「どんなものでも自分のための十分な根拠をもっている」と人が言う場合、それは「根拠はみずからの本質である、つまり、この肯定的なものは自分にとっての否定的なものを自分の本質としている」ということと同じことを意味している。

根拠は或るものを根拠づける。すなわち、根拠は自分自身にとっての否定的なものである。

十分な根拠〔充足理由〕ということでライプニッツが考えていたのは目的である。(12)

存在は直接的な存在であり、現実存在は外に立ち現れた存在である。存在という言葉は概念に関しても使われる。「概念が在る」と人は言う。だが、そうはいってもその思想はまだどんな現実存在をももってはいない。「出現する」(Hervorgehen) という言葉は最近の哲学ではごくありふれた表現になっている。だがこれはまだ概念ではなく、それによって表現されているのは運動の直接性である。

第七三〔七四〕節　付論

根拠は本質の対立が揚棄されたものであり、したがって、本質が自己との同一性を回復したものである。しかし、対立は本質の反省をなしている。したがって、根拠は同時に、こうした反省が揚棄されたものである。言いかえれば根拠は同一性なのであるが、もはや反省され、媒介された同一性としての同一性ではなく、直接的な同一性としての同一性なのである。

さらに根拠は、自己を揚棄して直接態にするところの、自己を自己と媒介する本質態であるから、同時に他のものへの移行でもある。根拠のなかで本質の真なる規定態、すなわち存在に対する本質の関係が再び登場する。けれども根拠は、最初はかろうじて存在と本質の自体的に存在する同一性でしかなく、まだ同一性として措定されてはいない。すなわち、同一性は「本質態と直接態との区別」からまだ分離されておらず、それゆえに、区別に対置された、自己を自己へと関係づける統一としては、つまり内容としてはまだ規定されていない。同様に先に述べた移行もまだ空虚な形式として規定されているわけではない。【八月五日・曇】 現実存在というものは、この区別一般のために、この区別が差異性と見なされる限り、現実存在の根拠とされているものよりももっと広いまったく別の内容をさらにもつことができる。その限りにおいて、根拠は差異性の何らかの側面しか含んでいない。さらに、根拠のなかにはまだどのような必然性もない。根拠の根拠づけが必然的なものである場合、そうした根拠はまず「原因」である。原因は現実的なものであり、自発的に活動するものであり、そしてまた内容と直接的な存在から見れば「結果」と同一のものである。

一軒の家の根拠〔土台〕は、その家が重さをもち質料である限り、真なるものである。

差異づけられたものの数多性としての多様なものは様々な側面をもち、それゆえ、様々な根拠をもつことがありうる。だから、一つの行為には多くの根拠がありえる。

たとえば、人間は闘いのなかで自分の生命を守るべきだとしよう。人間がこの根拠を主要な根拠と捉えるとすると、この根拠はこの〔闘いの〕状況のなかでは率直ではあるが非本質的な側面である。〔しかし、闘いとは〕別の状況のなかではそれは主要な根拠であってもよい。——当の根拠が本質的になるような状況が現にないとすれば、人は立派な諸根拠から最悪のことをなすということもありうる。

根拠そのものは活動的なものではない。人は他人に対してある行為をするための十二分な諸々の根拠を挙げることができる。しかし、その人がその行為をなそうとするか否かは、その人の主観にかかっている。〔これに対して〕原因（Ursache）は事柄（Sache）でもある。だが、原因は第一の事柄であって、そのなかには結果がすでに含まれている。内的なものと外的なものはここでは根源的に一つである。ここでは、本質が自己を規定したのである。根拠においてはそうではない。

根拠はそれ自体としてかつそれだけで規定された本質であり、媒介を揚棄することである。媒介が揚棄されているものそれ自身が現実存在（Existenz）である。

第七四〔七五〕節　付論

根拠は内的なもののなかにいつまでも留まり続けるものではない。もしそうだとすれば、根拠から現れ出てくる現実存在するものは根拠の外にあることになってしまうが、そうではなくて、根拠は現れ出てきたとしても自己と同一なままなのである。根拠は、自己を揚棄して直接態にするのと同じくらい直接態の姿をとった媒介でもある。それゆえに、現実存在はこのような根拠の規定の統体性なのである。

根拠とは、自己への反省と規定とが分離することである。根拠の規定全体は、直接態、現実存在に移行する。

それゆえに、現実存在するものは、

1　物としてのこの全体そのものであるが、この全体はさしあたって特定の諸性質を伴っており、他者への反省の側面としてのこれら性質に対して、全体の方は物自体として規定される。差異性の面から見れば、物は自立した質料から成り立っているが、しかし、これら質料の規定態は、対立しあっているという点からすると互いに揚棄しあって自分たちの根拠へと還帰していくことになる。ところでこの根拠は、抽象的で、それ自体としてかつそれだけで存在するので同時に無規定的であるが、しかしどんな規定態にもなりうる物性、すなわち質料（die Materie、物質）なのである[13]。質料はそれ自体としてそれだけで規定されたみずからの存在において同時に無規定なものとして、自己において形式を欠いた差異性である。

物は、最初には様々な諸性質と諸質料からなる物として規定される。第二〔の規定〕は、物が純粋で抽象的な質料と形式〔形相〕から成り立っているということである。第三は、質料の形式への移行、そして形式の質料への移行である。

現実存在するものは、このような本質をあらわに示す。現実存在するものは、第一に物として認識されなければならない。しかし、物そのものは、自己のうちに数多くの差異性をもっていて、これらの差異性が区別と他者への反省をつくっている。これらの差異性が物の諸性質である。これらの諸性質が映象したものこそが、むしろ物なのである。あれこれの性質は単独で現実存在するものではなくて、物が様々に自己に反省することである。物は諸々の性質の担い手である。この一面的な反省規定における物こそが物自体、現実存在するもの自体なのである。

根拠は、直接態に移行する。物自体は根拠である。根拠とは、それによって媒介が措定されるということである。

しかし、物の諸性質は、すぐさま自立化する。それゆえ、ここでは物はもはや担い手ではなくて、これらの諸性質がここではむしろ担い手である。

【八月六日・晴】統体性という規定は直接的な存在と同じであり、ここでは統体性の現実存在においての

み考察される。――このような仕方で、質料は無規定なもの、形式を欠くものとして登場し、それゆえにその直接態というかたちをとった質料として考察される。現実存在するものの諸規定は、自己内での区別である。自己への反省と他者への反省は一つである。だからこそ、諸性質そのものが質料なのである。根拠は根拠づけられたものと対になったとき、自己への反省となる。――色は電気的質料、臭いがする質料などをもつ。音を出す質料、光の質料というものを想定した人さえいる。非有機的な諸物は、こうした反省の観点にある。しかしこのような現実存在は真ではない。血液をリンパや水素などに分解することはできるが、しかし、このように分解されたものはもはやその時点で血液ではない。

諸々の性質の規定は対立のうちにある。――質料はそれ自体としてかつそれだけで規定された存在でもあるが、規定されたものではない。質料はあらゆる規定態にとっての胚にあたる。

われわれは質料を、すべてのものの出現の母体となる無限の複合体として思い浮かべる。しかし、質料のなかではこのような多様なものは差異をもっておらず、それゆえに質料の連続性である。

2　ところで、物を分けた場合、質料、そして表面的な

規定態の全体性、すなわち形式〔形相〕になる。この立場から述べられる原則は、質料はいつまでも変化せず、一切の変化は形式にある、ということである。

通常、質料は、たとえば机の材料となる材木のように、形なきものと言われる。しかし、材木も特定の形をもっているから、通常の質料は相対的な〔意味で〕質料であるにすぎない。純粋な質料なるものは潜在的であり、まったく無規定で形をもたず、だからこそ人々はまた純粋なエーテルを純粋な質料として想定した。だが、純粋な質料というのは反省のうちでしか現象することができない。

3 ところで、形式は、何らかの規定態であると同時にまた――すべての規定態は支えを欠く反省規定であり、形式にすぎないわけだから――他の規定態への反省であり、〔したがって〕諸規定態の統体性なのである。しかし、こうした統体性としては、形式は自己のうちで崩壊する区別である。単一な、全体という純正堅固さ、すなわち質料とは、逆に形式を欠いている質料であり、空虚な抽象、言いかえれば、現実存在の自己との同一性である。したがってそのような質料は、こうした反省規定というかたちでしか措定されない全体であって、それ自身が形式の一方の契機でしかないわけである。現実存在の絶対的変化は、このような形式と質料とが相互に移行しあうことであり、統体性として措定された映象であって、〔これがすなわち〕現象である。

形式とは、質料の諸規定の全体という〔意味での〕統体性である。質料とは、反省のうちにある統体性全体であって、それもまた同じく形式である。だから、両者は互いに移行しあうのであって、両者の真の姿は、このように一方から他方へと移行してゆくことなのである。――われわれが「それは形式にすぎない」と言う場合、それによってわれわれは規定態が消え去っていることを言い表している。そのように消え去っている場合に形式は、自己を自己のうちに還元することによって、自己のうちで崩壊し、根拠に至るのである。

このように〔規定態が〕消え去ることは、形式の自己のうちでの純粋な同一性であり、それによって形式は質料に移行する。同様に質料もまたいつでも形式に移行している。質料という思想物のなかには形式がはじめからある。というのも、質料のなかには形式の可能性が措定されているからである。しかし、この可能性は同時に現実性である。というのも、質料が形式を欠いたものとして規定されることによって、質料のなかには同時にはじめから形式が措定されているからである。

自我、純粋な形式は、絶対的な質料であり、この自我は、純粋な突き離し、分割、判断である。その場合、形式が質料へと移行すること、そして質料が形式へと移行することは、現象である。

　同一性に対立しているのは映象である。現象は質料と形式とは別のこうした第三のものである。――現象は映象が実在化されたものである。

第八〇〔八一〕節　付論

【八月七日・快晴】現象とは実在化された本質である。反省規定というのは自己に反省した統体性であるから、質料的には直接的な存立であると同時に、本質的な存立でもある。その限りにおいて本質は現実存在の体系としてあるが、しかし、この〔現実存在という〕質料化された規定態は同様に本質の契機、映象、自分の他者へと反省したものにとどまっている(14)。本質そのものによって現実存在の体系があり、したがって現実存在の体系は本質的に現象的なのである。

　宇宙とは、われわれが世界と呼ぶところのものである。言いかえると、限りなく多様なもの、延長されたものであるが、しかしまだ現実存在するものではなくて、なお直接に自己のうちにあり、依然として本質の契機である。本質は現実存在の体系であり、現実存在は本質によってのみある。現象するものをそれ自体として考察するならば、それは本質ではない。

第八一〔八二〕節　付論

　媒介と直接態との統一、より詳しく言えば、質料と形式との統一、それら両項のどちらもそれ自身ですでにこのような統一であるような統一は、本質的な存立であり、本質的な存立とは自己のうちにおける諸規定態の統体性である。本質的な存立においては、二つの区別は揚棄された両契機である形式と質料であり、この存立はそれらの区別に対して自己へと反省した、形式と質料の無関心な統一としてある。現象の自己自身とのこの同一性は、現象の内容であり、内容の本質的で、抽象的な規定態から見れば、この同一性は現象の法則（Gesetz）一般であるが、しかし、法則は本質的にそれ自身が現象する媒介、相関関係であって、自分の規定態のなかに措定され、質料化された形式、同一的な内容の形式なのである。

　内容について語る場合、われわれは、たとえば本を話題にする場合そうであるように、内容を形式と質料〔素材〕から区別する。絶対的な内容は規定態の統体性であり、その内容は形式そのものを自己のうちにもち、また質料をもつ。法則とは形式一般である。しかし、形式は本質的に質料である。――法則のうちには単に二つの区別されたものがあるだけでなくて、相関関係がある。相関関係とは対立しあう現実存在の一つの内容である。犯罪は刑罰と同一の内容をもち、逆に刑罰は犯罪と同一の内容をもつのであり、犯罪と刑罰の同一の関係こそが犯罪と刑罰との区別である。

内的なものと外的なものとの相関関係のなかに、われわれが相関関係と呼ぶところのものがある。

第八三〔八四〕節　付論

諸々の部分はそれぞれが自立的であり、全体にとっては、全体がこれらの部分をもつか否かはどうでもよいことである。

このことを正しく理解することが可能になるのは、全体としての全体が絶対的な意味で話題にされる場合だけである。なぜ〔ここで正しく理解されないの〕かと言うと、ここではまだ、全体の量も全体の質も問題にすることはできないからである。

第八四〔八五〕節　付論

1　【八月八日・快晴】全体と部分との相関関係が含んでいる矛盾が措定されるならば、この矛盾は力（Kraft）とその発現（Äußerung）との相関関係、すなわち自己に反省した統体性としての全体である。この統体性は自分のうちにありながら自分自身の反対である、すなわち、無関心的で直接的な差異性を含むのであるが、しかし、統体性としてはこうした差異性を自分の外にもっている。

どのような部分でも再び全体と見られなければならず、そうしてできた全体は再び部分から成り立っているとされて、それによって無限進行が措定される。

2　それゆえに、力のなかには関係（Beziehung）があり、しかも依然として、最初の相関関係〔全体と諸部分〕の互いに無関心な二つの側面の否定的な関係として措定されている。しかしこの最初の関係のなかにもなお同様に、二側面の無関心性が現にある。したがって、力とその発現は同時になお違ったものとして措定されているわけである。力すなわち自己内反省したものとしての統体性は、発現とは別のものと見なされる。

力は最初の関係[15]、最初の否定的関係、制約された関係であり、それゆえにまだ無関心的で、空虚で、非本質的である。第三の関係になってようやく本質的になる。

したがって、この相関関係〔全体と部分の相関〕と力は一般になお有限である。

3　反省的認識は精神と自然の諸現象を諸々の力、究極のものに還元し、諸々の力、究極のものから説明し、こうしたやり方によって力の概念で満足するのであるが、満足できるのは次のところにおいてである。

a　この相関関係によって、直接的な現実存在のもとで停滞するのではなくて、現実存在が自己へ反省するものとして、したがって、それの観念性においてあるものとして考察されるというところ〔においてである〕。

ここでつくられる観念性の始元はまたしても、観念的なものは内的で、知られざるものであるという意味で受け取られる。

力は、恒常的なもの、自己と同一的なものである。力の形式は観念性の形式を含む。金属の凝集は一つの力である。観念的なものというのは、しかじかの重さを支えることができるということ等々である。

b　こういった〔力という説明の〕根拠は素朴なもの（natürlich）であって、つまりこの根拠は現実存在の規定態全体を現実存在の内容に従って自己のうちに含んでいて、現実存在と同様に有限である。したがって説明は有限なものを超え出ていくことはない。

c　そのために、力は制限されており、悟性によって力の有限な内容のなかに固定されている。この有限な内容は流動的な反省の契機と見なされず、それゆえに自然と精神の諸々の力は自立して対立しあい、理性的な体系をつくりなすことはない。

d　【八月一〇日】それゆえに、力〔という根拠〕から説明をするということは形式主義であり、空虚な同語反復にすぎない。というのは、現実存在が力から、逆に力が現実存在から認識されていて、理念の契機として認識されず、したがってそれだけで必然的であると認識されるということがないからである。

第八五〔八六〕節　付論

自己へと反省したものとしての力と、他者へと反省した存在としての発現という両項にはなお無関心性と差異性とが現存し前提されている。力の発現とは、それ自身がこうした無関心性と差異性を揚棄すること、すなわちこの相関のうちにまだ残っている媒介を揚棄することであり、そして力の有限性一般を揚棄すること、言いかえれば、力の概念をつくりなす統一を措定することなのである。それゆえに二つの区別はもはや自立的な契機としてあるのではなくて、内的なものと外的なものとの相関のうちに措定された形式の純粋な両契機としてである。このような仕方で自己と同一である形式はまさにそのことによって内容と同一であり、この同一性が現実性であり、現象の真理であり、自分の現実存在において肯定的に自己と同一である実在的本質なのである。区別のこうした肯定的な同一性のうちでは、存在の領域に属する生成あるいは移行、そして本質の領域内にある対立物を通じて媒介された存在は消滅する。こうした同一性が生まれるのは、対立と相関の両側面につき、その各々がそれ自身で自己を全統体性として規定してしまったということによってである。——この同一性はまずは現実性、すなわち、その直接性おける現実性であるが、しかし、それ自体としてはすでに概念なのである。そして現実性が自己のうちに含んでいるものをさらに先へと展開させていくことは、概念を措定することにほかならない。

　力は、原因とは違って自己自身による活動性ではなく、他のものによって、すなわち何らかの刺激によって誘発される必要がある。つまり、たしかにそれ自身が力のなかにあるにもかかわらず、外的なものとして存在する刺激によって誘発されなければならないのである。発現は力によらずして存在せず、力もまた発現によらずしては存在しない。どちらも他方なくしては存在しない。内的なものと外的なものとの相関こそ、力の真相である。両方とも、それ自体としては空虚な契機でしかない。

　真に内的なものは、直ちに外的なものである。力という思想のなかには、はじめから発現があり、全体という思想のなかには、はじめから諸部分がある、云々。だからこれにより、両者の同一性はすでに措定されているわけだが、しかし同時にまた、矛盾も措定されている。というのは、一方は他方を前提としており、一方は必然的に他方に関係するからである。

　力とは同一性を措定する運動であり、相関が措定された同一性である。だから諸部分は全体においてしか、全体によってしか存在しない。だが逆に全体もまた諸部分によってしか存在しない。力によって措定されるのが、両者の同一性である。——そしてその場合、措定されたものは、相関によって呈示される。

「現実性」（Wirklichkeit）という言葉は、結果（作用、Wirkung）という言葉に由来する。〔この言葉が意味するのは〕本質と現象との第三者として定在しているものである。

第九一〔九二〕節およびそれ以降への付論

【八月一二日・晴】現実性というのは直接的な存在のことではなくて、本質的な存在として、存在の自己自身への反省の統体性のことである。現実的なものの区別は、以下の三種の規定にある。

　1　形式的には、言いかえると、直接的な抽象のかたちでは、現実性は自己との抽象的な同一性、言いかえれば内的なものであるが、しかし、一つの空虚な様態として措定されているにすぎず、このような空虚な様態として措定されたものが可能性（Möglichkeit）である。これによれば、可能的であるものはまだ現実的ではない。なぜなら、この内面性、すなわち自己内反省は空虚な抽象と見なされるからである。しかし、現実的であるものは、可能的である。つまり、現実的なものはそもそもこの〔可能性という〕契機を本質的に自己のうちに含んでいる。現実的なものは、このように可能なものに対置されたときには外的なものであり、これもまた一つの空虚な様態としてある。こちらの空虚な様態は、偶然的なもの（das Zufällige）である。

可能性とは内的なものだが、単なる空虚な様態として、措定された存在として、空虚な形式としてある。可能性はこれでは何らかの非本質的なもの、ただの抽象的なものにとどまる。カントによれば、様相というのはもはや客観的なものではないとされる(16)。可能性と現実性はそのような様相であるが、必然性はそうではない。

自己自身に矛盾するものは不可能である〔ありえない〕と言うとすれば、すべてのもの、すなわち神、空間、世界などは不可能である。たとえば、「空間は分離体であり、また連続体である」と言うならば〔空間というものはありえないことになる〕。

空を飛ぶ馬は不可能ではなく、考えることはできる。空気と関わるからには、馬が馬のまま空を飛べる、などということはありえない〔不可能である〕。したがって、ここにもまた不可能性がある。

2　相対的な同一性から見れば、可能的なものと偶然的なものは、様式（Art und Weise）にすぎない二形式として、自分たちの本質態を自分自身の他者のもとに直接にもっている。しかもそれらはその本質態をはじめには自分たちの単一な同一性、すなわち内容のもとにもち、その次に可能的なものと偶然的なものは同時に、差異づけられたものとして〔ありながら〕相関関係のうちにあって、それゆえに媒介されている。可能的なものは外的なもの、すなわち偶然的なものによってのみ存在し、また偶然的なものは他の偶然的なものによってある。

或るものが可能であるか、また偶然的なものが現実的であるか否かは、そのものの内容のほかに、外面的で、それ自身偶然的で、単に可能的でしかない諸々の事情にかかっている。

可能性と偶然性はまた互いに区別されもするが、内容は両者の実体的な統一にほかならない。――それゆえにこの側面から見れば両者は区別されており、相関関係を介して媒介されている。

偶然的なものが現実的であるか否かは別の偶然的なものにかかっている。それらの別の偶然的なものも再び可能的であるから、偶然性そのものは、再び可能性に依存している。

3　だが、絶対的な相関は両者〔可能的なものと偶然的なもの〕の対立が規定されたものであり、それらがそうした対立に移行していることである。この移行はただちに自己自身と合致して静止し、現実性の自己との肯定的な同一性に、すなわち、必然性（Notwendigkeit）に転回する。偶然性に引き下げられた現実性とは、すなわち単に措定されたものでしかない現実性のことであり、したがって、自己のうちへ反転している、言いかえれば直接的な現実性としての自己のうちへ、そして内的な可能性としての自分の本質性のうちへと反転しているのであって、〔この内的な可能性は〕前者〔措定された現実性〕とは別の対立している内容となっている。――しかし、この可能性は内的なものそのものとしては媒介されたものであり、しかも、先述の直接態、すなわち、直接態である点でこの可能性の前提であり条件であるところのものによって、媒介されたものなのである。これらの区別されたものの絶対的な統一は、可能性と現実性との統一であり、一方と他方の否定性であるが、この否定性は外的あるいは偶然的な現実性およびこの現実性の内容そのものによって、区別されたものとして措定された、形式の統体性、すなわち活動性であり、この活動はそれゆえにやはり現実性の特殊な形式のなかに現象する。

【八月一三日・曇】現実性は、内的なものと外的なものとの間で直接的に発現する。――可能性と現実性は互いに対立しあいながら映象する。――可能なものは、自己へと反省して自己を他のものに関係づけるが、この他のものが現実性である。可能性は現実性を前提としており、このように前提することが条件である。可能なものそれ自身を否定するものは、活動するものである。現実性は活動性である。可能性と現実性との統一は、活動性である形式の統体性であり、第三のものとしてある。

ところで、この活動性は自己に反省した現実性としての内的な可能性の側に立ち、まだ偶然的でしかない外的な現実性に対して暴力として現象するが、この現実性は自己内で反転し、空無であり、揚棄されており、それにとって代わって、内的な可能性として控えていた新しい現実性が生み出されることになる。しかし、この現実性は、諸条件の統体性としてそれ自身がまた事柄の内容を含んでいて、さらに自己のうちで空無なものとしてもまた、事柄そのものの否定性を生み出すという活動性を含んでいる。それだから新しい現実性は、それが取って代わるところの現実性においてやはり自己自身と合致し、自分が生成へと移行していく運動を、自己との肯定的な同一性において揚棄するのであり、そのため新しい現実性が生み出されることは、純粋な顕示、すなわち必然性にほかならない。

現実性とは条件そのものの統体性である。活動性は形式の統体性である。

第九六〔九七〕節　付論

したがって、

1　ある事柄のすべての条件が実際に整うならば、その事柄はかならず生起しなければならない。つまり、諸条件は事柄の内容を含むと同様に、生み出すという活動性、そして現実性という規定をも含んでいる。また、

2　必ず生起しなければならないことは、必ず生起しなければならない。つまり、必然性とは同一的で同語反復的な自己自身との関係なのである。

　諸々の条件は偶然的である。——ある事柄のすべての条件がそこにあるならば、その事柄は必然的に存在する。——存在するところのものは、存在しかつ必然的である。

「しかじかの条件がなかったならば、このことは起こらなかった」というように言えば、これは同語反復というものである。なぜならば、これはせいぜいのところ「これが起こらなかったならば、それは起こらなかった」ということしか言っていないからである。なぜかと言えば、諸条件とは生起そのものを引き起こすところのものであるから。——一つの理念に染め上げられているような民族は、精神を欠いた民族になる。なぜなら、その民族においては可能性と現実性が統体において必然性になってしまっているからである。

　ローマの共和制はたえずその発展の頂点を追い求め、目的としていたが、いざそれを迎えたとき、共和制は今度は自己自身の内部から崩壊せざるをえなかった。建物全体の要石をなした者は、カエサルという個人だった。しかし彼は、彼において統括された新しい精神全体の器にすぎなかった。彼自身が空虚な統一であった。必然性はそこにあった。カエサルは、激変を引き起こさざるをえない新しい精神の道具であった。偉大な出来事というものはすべてこれと事情を同じくするのであり、もし人々がこのような偉大な出来事を単なるエピソードに還元しようとするならば、それはまことに愚かなことである。キケロはこの原則そのものを知らなかったので、キケロの雄弁、時代に対するこの抵抗の努力は、それがこの〔原則の〕光のなかで考察されれば、ただの無駄話に見える。

【八月一四・晴】絶対的なものは必然性である。必然性は最高の規定であり、すべての認識の領域における究極の概念である。必然的なものは、媒介されたものではなくて、究極のものであり、それ自体としてかつそれだけである存在である。

第九七〔九八〕節　付論

必然性は自体的には概念なのであるが、まだ内的なものとしてあり、この内的なものの両側面は自立的な現実性という形態をもっていて、またそれらの関係は対立するものへと移行することであり、必然性の概念のうちに含まれているものを措定することである。また必然性が概念そのものへ、言いかえれば自由へと移行することは、実体性、因果性、相互作用という三つの絶対的相関を通って前進する絶対的なものが開示されることである。

第一の〔相関〕、その直接性というかたちをとった必然的なものは、全体と部分という反省の相関に対応しているが、しかしその対応の仕方は、諸部分はもはや自立性をもつことなく、実体の方こそ区別されたものを存立させることであり、区別されたものはすべて実体から生じて実体において消滅する偶有としてあり、実体が諸々の偶有の統体性であり絶対的威力である、というかたちになっている。

スピノザは絶対的なものを絶対的な実体と把握した。しかし絶対的な実体は、自分の質や量などによってのみ存立するあらゆる有限な諸実体とははっきりと区別されなければならない。

スピノザの哲学は、われわれが出発点にできる真の立場である。

実体はたしかに諸々の偶有と区別される。しかし諸々の偶有は実体がなければ本質的に考察されることはない。だから実体はそれらの本来的な同一性〔である〕。

実体は〔諸々の〕偶有の統体性であり、それ自体としては絶対的な威力である。

威力は実体的な否定性である。

実体だけが世界のなかで威力をもつ。或るものが威力をもつのは、ただ実体的なものにのみよる。あらゆる思想、あらゆる理念、あらゆる法則、世界において力を振るうすべてのものは威力にほかならず、この威力が実体である。

すべての現実的なものは絶対的実体の形式＝契機である。実体が自己にうちで統体性であるように、実体はまたあらゆる偶有と外化の統体性でもある。

有限なものは現実的であり、そして有限なものは現実的であることで無限なものである。かくして有限なものは威力の形式によって実体的なもの自身へと移行する。

スピノザ主義はいつまでも実体にとどまっていて、そのために一面的なものになる。

自己自身に関係するだけではなく、外的なものへも移行する実体は、一切の外的なものの根源である。

或るものを真に（永遠の相のもとに）認識しようとする場合には、われわれはすべてのものを永遠なるものの外化として認識しなければならない(17)。

諸々の偶有は消失していくものであり、形式の諸契機にすぎない。実体は作用するものであって、自分の実体性において自己自身と関係するものである。実体は自分の偶有性のなかで自己自身へと還帰している。

第二の〔相関〕、すなわち因果性は、力という反省の相関と対応しているが、その対応とは次のようなものである。つまり、原因とはその自己への反省において〔力という反省の相関と〕同様に現実性（Wirklichkeit）全体であり、かくして自己から出て、現実を自分の結果（Wirkung）として措定すること、しかも原因がそのなかでは自己と同一であり続けるような空虚な区別として措定することである。

実体は作用する原因（Ursache）、根源的な事柄（ursprüngliche Sache）である。この根源的な事柄は本質的に自己のうちで作用し、自己を規定して偶有的な現実性とするのであって、実体が自己のうちに否定性をもつという理由で他のものから孤立させられるということはない。――自己に反省したものとして実体は本質的に相関である。

【八月一六日・雨】実体はまた自己自身への反省を揚棄する働きであり、結果であるが、しかし揚棄されたものとしての結果である。――神は絶対的な原因である。だが神は活動的なものでもある。偶然的なものは神のうちなる神自身の契機である。結果の内容は原因と結果の同一性である。原因の根源性は現実性において揚棄される。結果をもたない原因は原因ではなく、自分の結果を出すことではじめて原因は現実的になる。たとえば角材で〔何かを〕衝く場合、角材が角材である限りは原因ではなく、それが〔何かを〕衝く限りでのみ原因である。衝く強さは衝かれたものに達し、衝くものの力は衝かれたものへ移行し、したがって同じ力がいまや衝かれるもののうちにある。「雨で湿気る」という場合、湿気そのものが雨である。しかし、雨が原因だと言われるのは雨が最初のものである限りでしかなく、雨は次には湿気であるから結果だと言われるのである。

さらに有限な原因について言えば、有限な原因はわれわれが原因を結果のなかに固定するということから出てくる。また原因が有限なものと見られるわけは、原因が有限な形式をもつからである。

原因を有限なものと取るならば、無限進行に陥ってしまう。というのも有限なものと捉えられたことによって、原因は再び他の原因の結果となり、それが無限に繰り返されるからである。――だが、このことによって人は再び最初のものへと帰ってゆく。こういう仕方で結果を説明すれば、最初のものが繰り返されることになるだろう[18]。

第一〇二〔一〇三〕節　付論

第三の［相関］、すなわち相互作用は、内なるものと外なるものの相関であるが、それは次のようなものである。すなわち、外なるもの、言いかえれば結果は原因として措定されており、逆に内なるものは一方では直接に自分自身のもとで、作用する事柄として措定され、他方では同様にその区別された規定態に従って結果として措定されているのである。これによって両者の関係は移行として規定され、しかも同時に自己自身への同一的な還帰として規定されていることになる。相互作用は最初には反省の相関としてしか把握されなかったが、相互作用のうちでは二つの実体は互いに対立しあっているとされる。しかしそれらの実体性は両者が規定しあうこと、すなわち自己内での突き返しの統体性にほかならず、この突き返しこそが顕現した必然性、すなわち概念なのである。

前提された直接態が原因である。最初のものと捉えられた原因はもはや真の原因ではない。——神に関して「神は最初の直接的なものである」と言われる場合、これは「神は受動的なものである」という意味である。結果が原因に向かって無限に進行していくことは、きわめて悪しき進行である。——相互作用は、さしあたってはこの進行の真理である。

直接的なものとして措定された原因そのものが受動的原因である。なぜなら、この直接的根源性が措定された存在そのものだからである。

あらゆる作用は反作用である。作用するものが作用するのは、それが自己のうちで満たされておらず、否定的なもの、〔あるいは〕「だけ」（Nur）〔と言うべきもの〕、不完全なものであるという理由によってでしかない。【八月一八日・晴】

実体はスピノザ主義の場合には単なる肯定的なものとして考察され、実体の否定性は無視されてしまったが、実体性が活動的であるのは、その否定性によってなのである。

第一〇四・一〇五〔一〇五・一〇六〕節　付論

因果性はすでに現実性から概念への移行を含んでいる。というのも、原因は偶有性あるいは措定された存在と実体的に緊密であるという、自己のうちでの否定的統一としてあって、この統一はすでに必然性としての現実性であるが、直接的な統体性としてあるのではなくて、その結果のうちで——というのも自己を措定された存在とするのだから

──自己へと反省し、そして原因であるからである。相互作用においてはさらに次のようなことが規定されている。

1　措定された存在もまた原因であって、統体性全体であるということ。さらに、

2　原因そのものの最初の直接態および根源性は一つの受動性であって、〔一つの〕措定された存在であるということ。いまや概念は、概念の措定された存在あるいは形式規定そのもののうちで自己へと反省していることにほかならない。だから、形式の各契機そのものが概念の全体でありながら、しかし規定された概念なのである。このことが概念の実在性、言いかえれば自己との自体的に存在する統一をなしている。そして、概念がこうした統体的な形式規定の統一であるということ、このことが概念のそれだけで〔対自的に〕存在する統一、言いかえれば理念的、形式的統一なのである。それぞれの契機はそれだけで統体性として構成され、そしてまた溶け合って統一されたものとして、契機として措定されているということ、このことが概念の自由なのである。

「原因が結果を生み出す」と言うとすれば、これは真でもある。だが、原因が存在するのは、もっぱらそれが結果を生み出すことによっており、原因はこの措定されたものそのものである。この突き返し、この措定された存在、この運動そして〔この〕自己自身のうちでの円環は結果へと引き下げられた原因、すなわち、強固なものが溶けること、自己‐内‐存在、自己への反省、概念にほかならない。──実体性は全体としてのみ存在し、そして必然性は現実性である。──原因は結果に溶け込む。それゆえに措定された存在としての結果は、それ自身が根源的な事柄である。契機はここではそれ自身が統体性である。

原因が直接的なものであること、すでにそれだけで原因はもう措定された存在、結果である。

無限なものは最初から一つの有限なものであり、一つの直接的なものとしての原因である。[19]「無限なものは有限なものへ移行し、原因は結果へ移行する」と人が言う場合、この移行すること、この生成することはむしろ有限なものを揚棄することである。生成する無限なものはそれ自身がすでに有限なものであり、さらに無限なものが生成することは措定された存在そのものを揚棄することである。したがって、概念から現れ出てくるところのものはすでに概念のなかに含まれており、すでに直接的に措定されている。

概念は自分の諸契機のなかで自己を区別するのであり、各契機は概念の形式である。だが、また各契機はそれ自身が概念でもある。シェリング哲学においてこのことが「自然は精神であるところのものと同じものである」と述べられていた。──磁石の場合、どちらの極も両極の統一によって担われている。どちらも他方が存在する場合にのみ存

在する。光の場合も〔また同様である〕[20]。精神が自己のうちで自己を区別し、自己を知るときの精神の諸形式は、ちょうど自然において諸形式が措定されるように、精神において措定されている。

内的なものと外的なものの「自体」は精神において必然的に認識される。

絶対的な観念性は実在性と一つである。

存在するのはただ一つの全体、一つの統体性だけである。対立しているもののどちらも契機であり、規定された存在であるが、この規定された存在には自己が伴っている[21]。

概念だけが自由であり、このことは概念の無限の善(die Güte)である。概念の公正さは、個別的なものが概念のうちでは並存することができるということである。それらの同一性は、これらの個別的なものが互いに溶け合い、そしてこうして一つに溶け合って全体となることにおいて各々が自分独自の存在を保持するということなのである。

運命の真理は自由である。現実的な必然性の強固さは絶対的な自由と統一されていて、溶け合って一つになっている。

本質とは、自己自身のうちで映象することである。それぞれの契機が自己のうちで実体性をもつということによって、個別的なものの実在性が措定される。

存在から概念が展開してくるのは、自分の根拠から展開してくるのと同じである。存在は自己自身へと深まり、概念という中核に達する。

シェリングによれば、神は自分がそこから現れ出る根拠として世界をもたなければ、存在しない。完全なものが不完全なものから出てくる。しかし、神とは、自然というこの前提となっているものそれ自身である。神は自己自身から現れ出てきているのであって、不完全なものをはじめから切り捨ててしまっていると定められているような完全なものがあるとしたら、それはそれ自身が不完全なものである[22]。

【八月一九日】流出の体系に従えば、光が最初のもので、そこからすべてが出てくる。それが最も完全なものであり、そこからそれより不完全なものがたえず現れ出てきて、最も不完全なもの、闇に至る。

存在が概念に比べてより不完全なものである限り、我々の哲学によれば、より完全なものはより不完全なものから出てくる。完全なものという概念は、特にヴォルフの哲学において〔重要な〕役を演じていた。

不完全なものが完全なものから出てくると人は言うことがあるが、〔流出論における〕そういう概念は間違っている。というのは、それが正しいとすれば、不完全なものは完全な根源のうちにもあることになり、したがって――完全なものそのものが同時に不完全なものであるということにならざるをえないのだから――完全なものは完全ではありえないということになってしまうからである。だが、同じことがその逆のこと〔シェリングの場合〕についても言える。

第一〇七〔一〇八〕節　付論

概念は思弁的なものである。われわれが〔「論理学」の〕第一四・一五・一六節で論じた、論理的に区別された諸契機、つまり悟性的規定態、弁証法的契機、肯定的理性的契機はこの思弁的なものにおいてはそのまま一つである。

概念とは何であるかということ、そして概念は絶対的真理であるということ、それはこれまでのことの結果であり、言いかえれば、これまでの行程はその証明である。概念がこの証明を必要とするのは、概念がそもそも区別されたものの統一だからである。ここで言う区別されたもの、まだこの証明された統一のうちにないものとしての区別されたもの、〔すなわち〕存在と本質は、(23)概念の観念的、抽象的諸契機であり、概念が再びこれらの契機へ解消されることはない。しかし、いまや概念のうちにある二つの区別されたものは、概念の両契機としてである。言いかえれば、それらの区別されたものは概念の統体性として、同時にそれらの規定態に従って両契機として措定されている。

概念は成果でなければならない。概念は、それが何であるかが証明されていなければならない。つまり成果であるところのもの、それをわれわれは概念と呼ぶ。だが「概念」という語はさらに、たとえばあれこれの抽象的なものや表象といったもう一つの意味ももっている。(24)近年では概念という言葉を単に抽象的に規定されたものとしての悟性的なものと取り、直観をより高いものと位置づける者もいた。

しかしながら、概念としての概念そのものは具体的なものであり、理念と一つになっている。

われわれがこれまで考察してきたものは、すべてが自分たちの究極の真理である概念へと還元される諸規定である。――概念は証明されねばならなかった。それは必然的に成果である。存在と本質は概念に必須の二契機である。

この二契機の移行先が概念である。概念の両契機はいまや区別されたものであるが、しかし存在と本質といったように〔区別されているの〕ではなく、〔互いに他の〕契機に関係しつつ〔区別されている〕。〔存在と本質という〕先の抽象的な両契機は、概念がそれらの成果である限り、概念に先行しており、概念の基礎となり前提となっている。しかし、反対にそれら抽象的な両契機はむしろ概念自身によって措定されている。というのも、概念はすなわち純粋な知あるいは純粋な思考として実現されていて、この抽象的な観念性において自己を規定するからである。それゆえ、先の両規定は抽象的な思考のうちにのみ現実存在する。しかし一方では、われわれが具体的で感覚的な素材を相手にしているからまさに具体的に思考しているのだと思い込むことはあるにはあるが、その場合に我々がもっているのは具体的な表象にすぎないし、そして思考は具体的な表象を相手にしている場合には抽象的である。他方、そのような諸規定のうちに現実存在しているのは、自然と精神の有限性なのである。(25)

純粋知の最初の規定は純粋存在である。われわれが「家がある」と言う場合、そこでわれわれは具体的感覚的な素材をもっているのであるが、だからといってこの表象が具体的思考であるわけではない。なぜなら、「ある」は表象のうちでは抽象的にしか現れないからである。具体的思考は感覚的なものではない。精神が自己のもとに、自己のうちにある場合にのみ、純粋な具体的思考は現存する。

太陽は個別的な、自己へと反省した全体であるが、そう言えるのは、自然との関わりのなかでだけである。抽象だけが自然の全体となっている。太陽系全体だけが生きた全体として現実存在している。

第Ⅲ部　概念論

第一〇八〔一〇九〕節〔付論〕

フランス革命の自由は、無規定的で、抽象的な幻にほかならなかった。

第一〇九〔一一〇〕節〔付論〕

【八月二〇日・曇】契機それ自身が概念の統体性であるわけだから、概念においては質的な変化も他者を介する媒介も起こらない。まさにそれゆえに契機は同時にまさしく契機として、言いかえれば観念的なものとしてあり、まだ実在化されていない単一な概念のうちでまさに契機としてあるのであって、いわゆる生得観念の場合にそう想定されているように、あるいは前成的な胚という表象において、また有機的な産物や世代に関して言われるいわゆる入れ子説においてそう想定されているように、存在するものとしてあるのではない(1)。

世界のうちにある一切のものは発展にほかならない。樹木の種子はすでに樹木全体へ成長していく胚を含んでいる。本質的なもの、つまり実、葉、枝という組成（Formation）はあらかじめ胚のなかに含まれて［いる］。この組成が概念である。胚から現れ出るものは他者ではなくて、同じ一つのものである。だから問題になるのは概念である。私の認識するあれこれのものは私のうちにあり、私のうちからしか発展してこない。それゆえに「生得の」（angeboren）という言葉は不適切である。なぜならこの言葉は有限なものを表すものであるから。入れ子説というのは、次のような考えであった。——現れ出てくるものは他者のなかにあらかじめ含まれていなければならず、それだから産出されたものは産出するもののなかにあらかじめそういうものとして現存していなければならない。そして産出したものもまた自分以外の他者のなかに現存していなければならず、この関係は無限に続く。だがそうだとすると、実際に同じ類に属するすべての樹木は第一の樹木のなかに元々現存していたのであって、ただそこではすべての樹木は量的に無限に小さかったにすぎない。

この考えは間違っている。その理由はここで問題になっているのが存在でしかないからである。たしかに将来現れ出てくるすべての世代は、概念に従えば、原初的なものに含まれているわけだが、そうは言っても単に観念的に、概念に従って含まれているにすぎない。

第一一〇〔一一二〕節　付論

直接的にある概念は形式的である。つまり、それの諸契機は形式規定でしかなく、同時に概念全体の自立的な自由に従って措定されていない[2]。「客観」においては、概念は、諸契機にとっての単一な統体性でありかつ自立的な直接態全体であるという契機に達している。これに対して「理念」においては、概念は自己自身に対して〔自覚的に〕(für sich selbst) 存在しており、その真のあり方をきわめたところでは、概念は純粋な概念それ自身 (reiner Begriff für sich) として存在する。

概念は形式的である。すなわち、概念の諸契機はまだその一つ一つが概念の統体性として措定されていない。形式的な概念に対する実在的な概念は客観である。つまり、客観は概念だが、けれども各契機そのものが概念の自己内に歩み入った統体性として措定されているという意味で概念なのである。けれどもこの実在性は一面的でしかない。主観と客観が概念の統体性をなしているが、理念は第三のもの、絶対的な真理態である。

哲学は通常言われる真理とはまったく違う真理を要求する。

第一一一〔一一三〕節　付論

Ⅰ　概念の三つの形式は、以下のとおりである。

1　その普遍性のうちにある概念、言いかえれば概念そのもの (der Begriff als solcher)。

2　概念内部での概念の規定された区別における概念、言いかえれば概念の特殊性における概念。だから諸契機はたしかに抽象的な自立性をもつが、しかしまだ互いに対して個別的なもの、言いかえれば客観としては存在しない。すなわち、判断 (Urteil)。

3　その個別性における概念、すなわち判断の区別のなかにあるのと同時にその普遍性のなかにある概念。この場合の普遍性は自分の特殊な諸契機の統一、あるいは判断の統一として措定されている。すなわち、推理 (Schluß)。

媒辞の「である」(Ist) を介する判断は悟性的なもの〔であったが〕[3]、推理は理性的なものである。

概念は自己のうちにおける普遍性、たとえば光である。特殊性が否定の契機をなしている。

Ⅱ　概念の三契機は、基礎から見れば、本質における映象と同じ契機である。ただこの映象はいまや概念すなわち不可分の一者のうちに［あり］、どの契機も統体性であって、他の契機を自己のうちに含んでいる。

【八月二一日・雨模様】 普遍性は同一性であるが、普遍的なものが他の二契機である特殊的なものと個別的なものとを自己のうちに含んでいるという意味での同一性である。特殊性は規定態であり区別であるが、それ［特殊的なもの］は個別的なものを、そして同じく統一をはっきりと自己のうちに含んでいるという意味での規定態であり区別である。だからそれは第三のものであって、対立を免れていると言われる。個別性はこの二契機の自己内反省、それだけで存在する形式であり、この形式によってはじめて先の二契機そのものが措定され区別されることになる。個別性は自己を規定する根拠であるが、この根拠は他の何ものをも根拠づけたりせず、それ自身が現実存在である。或るものを概念的に理解するということは、その或るものにおいてこの三契機を区別し、それらがどういう具体的な形態をその或るもののなかでもっているか、言いかえればその三契機が自分を形態化するなかで何をつくりなしているのか［を捉え］、そしてその或るものがこの三契機の統一であることを認識するということである。悟性概念というのは、単に抽象的で単純なその普遍性に固定された、何らかの内容の規定態である。だから悟性は、普遍性そのものでさえも、〔当然〕特殊性そして個別性をも、そのような孤立した規定として維持しようと思うのである。

普遍性のうちにある神は論理的なものであり、特殊性のうちにある神は自然であり、個別性のうちにある神は精神である。このように固定するという点に概念は成り立つ。神経系は普遍的なものであり、筋肉系は特殊的なものであり、生殖系は自己自身を養い、自己自身を再生産する個別的なもの、自分自身に働きかけるものである。

概念は単に当為であるにすぎないのではなく、直接的な「である」（Ist）である。

第一一三〔一一四〕節　付論

判断は、

1　自己を理解可能〔悟性的〕にする概念である。それは概念のなかに含まれている否定を最初に抽象的に措定することであって、言いかえれば概念の有限性である。そうするとどうなるかというと、

a　〔概念の〕三契機が分離して現れることになる。つまり、各々が互いの外にあってバラバラの状態で、そしてそれらの普遍性が或る抽象的な普遍性として、すなわち存在として〔現れることになる〕。自体的には三契機は概念の統体性なのであるが、それらは概念の統体性としてはま

だ措定されてはいないから、三契機の自己関係は悟性に基づいて孤立した自立性としての存在である。だからここでは自己を規定して存在となす概念があることになるが、しかしこの存在は抽象的な普遍性であるというそれにふさわしい意義しかもっていない。この存在は契機としてあるにすぎないが、それとともに同時にまた、

b　反省が措定されている。すなわち主語が述語をもち、この二つが相関関係のうちにあるという反省である。判断の二つの面には「主語」と「述語」という名が付けられているが、これは正しい。なぜならこの二つは互いに対して個別的なものであり普遍的なものであると規定されているにすぎないのではなくて、諸規定の統体性全体それ自体でもあるからである。したがってそれらの区別もまた一般的に言って或る規定されていない区別なのであって、その区別の全面的な外面性の面から見れば、多かれ少なかれ特殊的なものの量的区別にすぎないからである。けれども、

c【八月二二日・快晴】また単なる相関関係は揚棄されてもいる。主語と述語とは「である」によって互いに関係づけられている。言いかえればむしろ概念の統一がある。しかしそれとともに判断の弁証法もまた判断自身に即して措定されているのである。

これによって何が言われているのかというと、個別的なものは普遍的なものであるということ、主語は、たとえば「バラは赤である」[4]というように、述語であるということである。だから我々は判断そのものを通して矛盾を語っていることになる。

2　判断は、普通は二つの概念相互の主観的な関係だと思われているが、そうではない。そのわけは以下のとおりである。

a　主語と述語というものは判断のなかでは概念として措定されているわけではないから。

b　だから二つの概念があるのではなく、判断の全体が〔意味しているのは〕一つの概念が措定されているということにほかならないから。

c　その一つの概念の二規定が単に一般的に関係づけられているのではなくて、概念が自己のうちにもっている区別に従って本質的に関係づけられているから。

私が「神は正義である」と言っても、そう言うことによって私はまだいかなる概念をももっていない。というのは「神」だけが、あるいは「正義」が概念を成り立たせるのではなくて、その二つの統一だけが一つの概念だからである。概念というのは単なる一規定ではない。

判断とは世界の抽象的な分割である。

或るものは、それが一つの判断であるということによって、真なるものであるのではない。主観と客観との両者は同一的なものとして措定されてはおらず、一方が普遍的な

ものとして、他方が特殊的なものとして措定されているにすぎない。どんな命題のなかにも真理でないものがある。「である」は概念の本性に属する。それによって概念の自己との統一と同一性が措定されている。

カントは「神とは、その魂と身体とが永遠に融合しているものである」と言った。(5)

第一一七〔一一八〕節　付論

主語と述語は自体的には同一である。主語は個別性としての全体であり、述語もそれ自体としては同様〔に個別性としての全体〕である。主語は普遍性と特殊性との統一であるが、しかしこの統一は普遍性という規定態をとっている。だからこの規定態は主語が含んでいる否定性に対して、判断の形式に対して、関わりをもたない。そのために、内容は判断の形式から独立している所与のものとして現れてくる。この所与の独立したものは判断としての判断には属さない。けれども内容は全体を含んでいるから、判断が自己を規定して進んでいくということは、内容に即して行われる。こうした自己規定は次のような段階を経て進んでいく。すなわち、述語の内容が、

1　直接的な質であり、
2　反省の特性であり、
3　絶対的な反省関係の規定であり、
4　概念である。

【八月二三日・快晴】この形式規定の目標は、主語と述語との直接的に措定された抽象が揚棄されて、両方の同一性が、すなわち判断そのもののなかで依然として外的な内容、特殊性として現れているものが措定され、それによって判断が理性的なものに、したがって推理になるということにある。

主語は個別的なものであるから、直接的に具体的なものである。主語と述語は繋辞〔コプラ〕によって一つのもの、同一のものとして措定される。すべての述語が単に普遍的なものにすぎないわけではなく、一つの特殊性でもある。たとえば赤は別の色に対置されるし、金属は別の対象に対置される。けれども特殊性はすでに個別性を超え出たもの、たとえば種といったものである。形式区別の統一が内容である。だから述語は一つの特殊性であるがゆえに、内容でもある。

主語は個別性としての統一の全体であり、述語は特殊性としての統一の全体である。――内容としての内容、内容に関する論理的なものは判断においては本質的である。――判断が自己規定を進めることによって、同時に判断の内容が自己を規定する。

内容が判断における二つの概念の統一として措定されると、内容は推理である。それによって内容は単に

外的なものとして措定されるにすぎないのではなくて、現実に内的なものとして措定される。――内容は直接的な質である。この直接的なものは自己を揚棄し、かくして反省規定になる。だから第二の判断は反省の判断である。第三のものは相互作用であり、第四のものは概念である。内容の例〔は以下の通り〕。1〔については〕「バラは赤である」。2については、「それは必然的である」、「その人は幸せである」。3については、たとえば、「金は金属である」。（金属は実体性、類である。）4については、人間が「この行為は正しい、善い、悪い等々」と言うことができるならば、この判断がようやく本来の判断である。

これら規定に関しては、もっと詳しく述べる必要がある。

論理学のなかで見られる命題は、どれでも定義として挙げることもできるだろう。しかしそこではどんな時でも述語が内容である。その場合「神」と言っても単なる名にすぎない。「神は必然的なものである」と人が言うならば、その場合神について言われているのは、神が必然的であるという〔一面的な〕ことにほかならない。それ以外のすべての述語はまだ神と結び付けられてはいない。――神は具体的なものである。一つ一つの述語は一つの特殊性にすぎず、しかも直接的な特殊性として単一性という形式をとり、そしてまさにそれゆえに一つの質としてあるのであって、形式の統体性としてではない。しかし統体性のうちで措定された場合にのみ、概念は真なるものである。だから述語の概念は具体的なものとしての主語にふさわしくない。

第一一九〔一二〇〕および一二〇〔一二一〕節　付論

1 **【八月二五日・晴】** 直接的な判断においては、主語は個別的で直接的なものとして本質的で基礎となるもの、したがって述語の基準であり、この判断のもとで生じるより進んだ規定は、述語のもとで繰り広げられることになる。

2 判断が直接的であるがゆえに、判断の内容は直接的で与えられたものとして現れる。なぜなら判断の形式はまだ自己自身と同一的なものとして、すなわち内容として措定されていないからである。だから内容は述語のもとでは述語の形式、すなわち普遍性と分離してしまう。そのため判断はこの二重の側面に基づいて考察される必要がある。

主語に帰するのは、述語（これは普遍性である）に対する規定態である。

判断の進展は規定態の概念を措定することである。――ここでは内容は所与の内容である。述語はその形式から見れば普遍的であるが、しかし述語はやはりバラの赤のような或る特殊な、規定された内容をもっている。だから判断は二重の側面から考察されなければならない。

すなわち一方では〔A〕判断は述語の形式に対する主語の関係として、そして次に〔B〕述語の内容に対する関係として［考察されなければならない］。直接的な判断は以下のとおりである。「個別的なものは普遍的なものである」、言いかえれば、「E＝A」。

A　形式から見た場合、

α　「個別的なものは普遍的なものである」：肯定判断。

β　「しかし個別的なものは普遍的なものではない」：否定判断、「そうではなくて、個別的なものは特殊的なものである」。しかし、

γ　「個別的なものもまた単に制限されたもの、あるいは特殊的なものであるにすぎないのではなくて、具体的なものである。個別的なものは一なるものである」：肯定的無限判断、言いかえれば同一判断。

B　内容から見た場合、

a　「個別的なものは特殊的なものである」、〔：肯定判断〕。個別的なものの述語は何らかの質である。しかし

b　「個別的なものは特殊的なものではない」：否定判断。ここで言われる否定は、内容としての特殊性に関わっているがゆえに、所与の対象に依存しているように見える。けれども内容はここでは特殊的なものであり、しかもそのうえ、質的に規定されている。個別的なものは具体的なものであるからそのような特殊的なものではなく、したがってまさに一つの普遍的なものである。〔つまり〕否定判断においては、たとえば単に赤といった特殊性が否定されているにすぎないから、依然としてたとえば色という普遍的な領域にとどまっている。けれども

c　「個別的なものはまた普遍的なものでもない」、こういうわけであるから、ここでは特殊性と同時に普遍性が否定されていて、そのために主語は述語と共通のものをもたなくなる：否定的無限判断。

　個別的なものはもはや判断ではない。それは同語反復、つまり1＝1であり、言いかえれば自己に関係する個別的なものである。判断の内容[6]から見れば、たとえば「バラは赤である」というように、個別的なものは普遍的なものに関係づけられる。個別的なものとしてのバラはここでは普遍的なものとしての赤に関係づけられている。ところで、バラは具体的なものだからそのような特殊な赤にすぎないのではなくて、別な何かでもある。だから判断を通じて私が語るのは真理ではない。なぜなら判断は一つの否定を措定するにすぎないからである。――どのような判断もそれ自体では真理ではない。判断が正しいということはありえるが、

述語の主語との同一性は現存していない。

「バラは赤ではない」と言われる場合、それによって述語はまったく否定されていると思われている。だがそれは違う。というもの普遍的なもの、すなわち色はまだ残っており、したがって「でない」は述語を全領域にわたって否定したのではなくて、一つの特殊性に関して否定したにすぎないからである。——真なる概念においては特殊的なものも普遍的なものとして措定されているか、あるいは否定されていなければならない。[7]

否定判断も無限判断も本来は判断ではない[8]。なぜなら、たとえば「精神は象ではない」という判断を考えると、ここでは象そのものが否定されているだけではなくて、この判断そのものがどこまでいっても〔述語の〕全領域と無関係のままであり続けるからである。述語は完全に抜け落ち、反省に残されるものはもはや何もない。

C 定在の判断の客観的意義は以下の点にある。すなわち、ここでは主語とされていながらまだ主語としては措定されていない或るものが質的に規定されるが、〔規定されると〕それは自己を変化させ、そのために単にそれの質ばかりでなくそれの直接的な自己関係も、どちらも虚しい抽象としてバラバラに分離し、その両方のなかで概念は揚棄されてしまったがゆえに崩壊する、という点にである。けれどもこの崩壊は同時に概念の自己への反省であり、判断が今このように規定された結果、全体あるいは内容は反省された規定になっているのである。

いまやこの新しい判断〔反省の判断〕においては、述語は本質的な規定として基礎となり続ける。そして判断に関するもっと進んだ規定は主語のもとで繰り広げられる[9]。

【八月二六日・雨】

第一二二〔一二三〕節 付論

1 単称判断、たとえば「この人は幸せである」とか「この物は有用である」といった判断は、主語の述語との関係を通じてただちに、

2 特称判断へ移行する。それは「幾人かの人は幸せである」、「いくつかの物は有用である」といった判断である。こうした肯定判断はそのまま自分自身〔に対して〕の否定的な〔判断〕、すなわち「幾人かの人は幸せではない」といった判断である。そしてどちらも同じくらい正しい判断である。

したがって特称判断は、

a まったく無規定的である。

こういう問いがただちに立てられる。「いったい誰が幸せなのか、等々」。

個別的なものを特称的なかたちに拡張することは、

b　また一つの制限された拡張である。こうした制限された拡張によって個別的なものは他の個別的なものと並び立ち、〔自己を〕相関関係の一方の項に引き下げる。

二つの規定によって主語の規定態と述語の規定態とは等置され、等置されることによってさしあたっては同一判断あるいは同語反復的な判断が与えられる。たとえば「幾人かの人は幸せである、すなわち幸せである幾人かの人は幸せである」といったものである。この判断はもはや判断ではない。つまり、この判断によっては主語と述語とは単に抽象的な特殊性の面からしか理解されておらず、また主語はその個別性の面から理解されておらず、述語はその普遍性の面から理解されていない。

a　述語がその普遍性の面から主語の規定態として措定されるということは、諸々の個別的なものが個別的なもののまま、すなわち外的に、普遍性を自分たちのもとにもつということであり、全称性（全部性、Allheit）、すなわち特称性〔部分性〕の無規定態を、個別性を通じて絶対的に制限すると同時に絶対的に拡張するということである。〔これが〕すなわち経験的普遍性、言いかえれば演繹の普遍性[10]〔である〕。

全称性とは個別性と特称性との統一である。全称性とは個別的なものの普遍性、すなわち経験的な普遍性である。演繹するとは[10]、多くの個別的なものから普遍性を導き出すことである。

b　しかし、全称性は述語の外的な普遍性にすぎないのではなくて、それの反省された普遍性であり、また主語の個別性と同一的に措定され、それ自体としてかつそれだけで規定された、自己内で具体的な普遍性、すなわち類（Gattung）なのである。あらゆる個別的なものに属するものは、それら、すなわち類としてのそれら個別的なものに必然的に属する。これが直接的な帰結であり、この帰結が外的な普遍性から内的な普遍性への移行を引き起こすのである。

【八月二七日・雨】個別的なものは相関関係のうちにある。なぜなら個別的なものは何らかの述語をもち、もつことによって特殊的なものにもなるが、この特殊的なもののうちには排斥された他の特殊性があり、その二つが全称性を作りなしているからである。

一つのもの〔個別的なもの〕のうちには諸々の他のものの概念があり、諸々の他のもの、あるいは幾つかのもの〔特殊的なもの〕のうちには普遍的なものの概念、類の概念がある。

第一二四〔一二五〕節　付論

反省の判断が概念のうちにある反省の相関であるように、

必然性の判断、すなわち定言判断、仮言判断、選言判断は、概念のうちにあるものとしての、実体性、因果性、相互作用という絶対的な相関である。

一番目〔定言判断〕は、主語は自分の類あるいは自分の普遍的で実体的な本性である。たとえば「金は金属である」、「人間は理性的である」など〔の判断である〕。

二番目〔仮言判断〕は、類の絶対的否定性の契機であり、その具体的な統体性のかたちで措定されており、主語は或る別の主語との同一性において現実的なものとして〔措定されている〕。そのために主語があることは他の主語が在ることだから、両方が等しく概念に従って揚棄されたものとしてあることになる。Aがあるなら、Bがある。

三番目〔選言判断〕は、この二つの判断の統一である。これは類であるが、この類はそれ自身が互いに排斥しあう自分の特殊的なもののうちにある否定性としての類であり、また種として現れるそれらの特殊的なものの統体性としての類である。AはBであるかCであるかDであるかのいずれかである。それによって概念の統一それ自身が一つの措定されたものであり、おのれの措定された区別のうち、すなわち特殊化のうちにありながら、自己を自己自身に関係づけるものとしての普遍的なものである。いまや概念の統一が判断の内容を作りなす。

一番目のもの〔定言判断〕に関して言えば、たしかに偶有性は実体を含んでおり、述語がそれ〔偶有性〕の類になっている。しかし実体は偶有性のなかで制限されておらず、依然として実体である。個別的なものとしての主語はここでは述語に適合せず、類はこの個別性に対して関わりをもたない。実際、金はまだ自分の述語に従って措定されていない。——付論2[11]　ここに根拠と帰結、条件と条件づけられたもの、原因と結果の相関が〔属する〕。根拠が在ることは根拠が在ることではなくて、他の何ものかが在ることである。だから原因が在ることは結果が在ることである、云々。こうしてここに相関の必然性が措定される。

原因と結果という直接的な相関は、原因を結果として成り立たせる。

選言判断においてAは特殊的なものというそのかたちのまま統体性として措定されており、したがってBかCかDのいずれかである。——ここでは一方が在れば他方が在る。

第一二五〔一二六〕節　付論

概念の判断における述語の内容、つまり措定された概念は、主語とその普遍的本性ないし類との適合性を含んでいる。たとえば良い、正しい、適切な、美しい、などである。

概念の判断は、直接的な判断としては、

1　実然的判断である。概念の同一性ははじめのうちは依然として内的なものの内容として規定されていて、まだ形式の区別のかたちで措定されてはいない。したがって、〔主語と述語との〕直接的な合致はその限り、主観的であり、断言なのであって、そうした断言に対しては、それと反対の断言も同様に成り立つ。(12)つまり、直接的な合致というのは、本来は偶然的なのである。直接的なものとしての主語はみずからの概念と合致することもありえるが、しかし合致しないこともありうる。したがって、判断は、

2　蓋然的である。蓋然的なものはただ主語だけにしか関わらないから、蓋然的なものが主語の偶然性つまり主語の外的な性状となっている。この外的な性状が、いまや、主語が概念と合致するか否かの根拠となっている。

3　確然的判断。

「この行為は良い」、「この絵は美しい」などと人が言うならば、それこそがようやく真なる判断である。なぜなら、そのように言う人は「真の」とか「美しい」という概念を当然自己のうちにもっているからである。これに対して「このバラは赤い」という判断は、本当のところまだ真の判断ではない。

それゆえ直接的な概念の判断は実然的判断であり、「その行為は良い」、「存在するところのもの、存在すべきものは、すべて良い」といったものである。

この判断は一つの断言であり、主観的に表現されており、それゆえ実然的である。

実然的判断はどの主観（Subjekt）においても同じくらい真である。主観的に理解することは断言することであって、そうした断言は特定の主観のものでしかなく、他の主観的理解はその正反対のことを真だと認めることもできる。もし私が「この行為は良い」と言うならば、別の人はその正反対のことを主張することもできる。【八月二八日・曇】

蓋然的判断においてようやく述語が主語と合致するか否かが問題となる。真なるもの、善は蓋然的ではなく、それは概念そのものである。――蓋然的なものは主語〔主観〕のものでしかない。この主語はこうでもあればああでもありうる。だが、こうした外的な性状が、或るものがかくあるか否かを決する。そうなればこれは確然的判断である。「その家はかくかくの性状をそなえている」〔という場合〕、この性状のなかに真理の根拠がある。

もし私が「この行為は良い」と言うならば、それはたしかに断定的でしかないが、この判断のなかには同時に根拠も措定されている。だからそれは確然的判断である。

たとえば「その家は頑丈ではない」などと言うとき、

ここでは家が普遍的なものであり、述語の方は個別的なものである。それゆえ、たとえここではこれ〔個別的なもの〕が述語に見えるとしても、述語の方が本来は主語なのである。したがって、いずれの判断においても主語と述語とは判断の全体である。

第一二七〔一二八〕節　付論

主語の外的な性状はさしあたって主語と述語との根拠あるいは連関である。[13]なぜならその外的性状は主語自身の存在であり、しかも同時に他のもののうちへの主語の反省だからである。このことがさしあたって主観的根拠ないし反省の根拠となる。けれども、確然的判断においては、両側面である主語と述語とはそれだけで〔対自的に〕すでに自分の両契機のなかで措定された概念の全体である。したがって、根拠そのものは媒介一般の形式的側面でしかなく、概念の実在的統一によってその根拠は充実される。〔これが〕すなわち推理である。

判断のなかで主語と述語が一つのものとして措定されるということによって、判断は推理となる。判断の媒辞は「である」、すなわちコプラである。しかし、コプラとしての「である」は空虚なものでしかない。概念は個別的なものと普遍なものとの統一である。推理は理性的なものであり、すべての理性的なものは推理にほかならない。概念は生けるもの、つまり、分離するものでありしかも同時に統一を措定するものである。神は推理であり、すべての理性的なものは推理にほかならない。法、真理といったものは推理以外の何ものでもない。法則は最初には単なる定理でしかない。それが理性的になるためには、何によって概念と判断の調和が示されなくてはならないのか[14]がまず証明されなくてはならず、次に何によって推理が目に見える形で登場するに至るのかが証明されなくてはならない。

磁石そのものが推理を原初的に表すものにほかならない。N極とS極はそれらの合一点、つまり推理のなかで合一される。――こうして、自然全体のなかでは理性的な形式、すなわち推理以外のいかなる形式も存在しない。化学においては二つの極である酸と塩基があるが、これらはたえず互いに求めあい、合一に至ろうとする。

第一二九〔一三〇〕節　付論

悟性推理は次のことを表している。すなわち、一つの主語が何らかの規定をもち、その規定そのものにもまた第二の規定が属しているならば、この第二の規定もまた始めの主語に属するということである。E〔個別〕はB〔特殊〕である。ところでBはA〔普遍〕である。それゆえEもまたAである。あるいは、もしBはAに包摂されるが、EはBによって包摂されるならば、EはAによってもまた包摂される。二つの関係ないし判断、つまり「EはBである」と「BはAである」という判断――これらは媒辞を含んでいるが――は、前提、前提命題と言われる。しかも後者〔BはAである〕は大前提と言われ、これは普遍的な項、すなわち結論の述語を含んでいる。

それに対して、前者〔EはBである〕は小前提と言われ、これは他方の項、すなわち結論の主語を含んでいる。小前提自身は「Eは〔B〕である」で表される。

【八月二九日・快晴】メディウス・テルミヌス（medius terminus）というのは〔論理学における媒辞のことであるが、それればかりでなく〕訴訟中の各当事者の証明、国家の力、防衛のための境界、健全な財政といったことを指す。どんな場合でもそれなりの数の媒辞がある。だから、同じ対象についても様々な推理をすることができる。そこで、たとえば刑罰について言えば、問題となるのは、その際どのような媒辞――たとえば報復、矯正、威嚇など――を適用しようとするのかである。

これはアンチノミーの根拠でもある。もし私が形而上学において一方の対象を媒辞とするならば、他方の対象を媒辞とするときはまったく別のことが帰結する。たとえば私が世界についての媒辞を「世界は今あり、此処にある」としたならば、私はその推理において世界の始まりと空間性と終わりを得ることになる。もし私が反対の媒辞〔「世界は永遠にある」〕を置くとすると、私は反対の結果〔「世界には時間的・空間的に始まりも終わりもない」〕を受け取ることになる。(15)

世界のなかには善と悪とがある。もし私が前者を媒辞と取れば、私は神の善意と英知という結果を得る。反対の名辞をとれば私は別の結果を得る。――意志を考えてみても同様である。私が意志を自由なものとして媒辞とする場合と、その逆の場合。

一個の天体が太陽に対して重さをもつものとして媒辞とされるならば、それら〔の天体〕は太陽に向かって落ちていくという結果になる。もし私が天体の遠心力を媒辞とするならば、天体は太陽から遠ざかるという結論になる。だから、どの場合においてもこのような一面的な媒辞を想定すれば、一面的結論と誤りが生まれる。

第一三三節　付論(16)

悟性推理においては、さしあたっては特殊性が連結する媒辞となる。けれども、特殊性が個別性と普遍性との統一であるのは、ただ自体的あるいは抽象的にでしかない。しかし、この二つの他の契機〔個別性と普遍性〕も自体的にはどちらも同じように他の二つの契機の統一であり、それゆえにまた媒辞でなければならない。ここから推理の他の二つの格が生まれる。けれども、その二つの格はさしあたり「EはBであり、BはAである」という〔特殊性を媒辞とする〕悟性推理の図式に対抗しつつも、それらが悟性推理の形式に還元されえる限りにおいて、悟性推理の意味で正しい推理を容認するにすぎない。

もし「金は黄色い。金は水の十九倍の重さである」ということから「ゆえに、水の十九倍の重さのあるものはすべて黄色い」などといった結論を引き出そうとするならば、こうした命題は、誤りであろう。

同様に、たとえば「金は黄色い。真鍮も黄色い。ゆえに真鍮は金である」という第三格についても事情は同じである。(17)

けれども、私が「銅は黄色い」と言い、次に「黄色くないものは銅である」と言うならば、私は述語を主語にしたか、あるいはむしろ前提を交換したにすぎない。

これらの格の理論は精緻に仕上げられた。というのも、証明され認識されうるものはすべてこうした悟性推理によってのみ証明され把握されることができると信じられていたからである。しかし、他の論理学においては第二格と第三格が逆になっている。

【八月三〇日・晴】推理においては、存在を普遍的なものとして、それに対して概念を特殊なもの、具体的なものとして想定することができる。けれどもまたその逆でもある。——だが、本質的なものはそれら両者の統一である。そして存在と本質の同一性であるこの第三者が概念である。もっとも存在と本質は自体的には同一である。したがって、存在は普遍的なものとしての、結合するものとしての本質である。

神が神であるのは、神が自然のなかにみずからを啓示し、しかも再び自己へ還帰することによってだけである。

第一三三節と第一三四節において示されたのは、推理の個別的な各部分のなかで他の部分がいかにして反復するのかということだった。その場合の帰結は、普遍的なものが個別的なものによって特殊的なものと連結しているということである。

それゆえ、各々の概念が他の概念の位置を通過することによって、名辞の差異性が解消されている。

第一三五節　付論

数学的な推理は大きさ（Größe）にしか関わらない。それゆえに、そもそも諸項の質——ここではそれは概念の規定態である――を捨象する。だから、数学的な推理の関係はいかなる判断でもない。数学的な推理の通常の表現は、「第三の大きさに等しい二つの大きさは互いに等しい」といったものである。

この数学的推理のなかで私が実際に手にしているのは、自己自身に等しい一なるものだけである。

第一三六節　付論

反省の推理、言いかえれば現象の推理においては、媒辞、すなわち特殊性が、それが本来あるような姿で措定されている。すなわち同時に区別された二契機でもある個別性と普遍性との統一として。だが、この統一はさしあたってそれ自身が措定された、あるいは外的な統一でしかない。

1　「すべてのBはAである。EはBである。それゆえEはAである」という全称性の推理は、悟性推理の完全な定式と見なされる。というのは、媒介者であるBは、もはや抽象的で特殊な規定ないし個別的な質としてあるのではなく、大前提において具体的Bの総体として措定されているからである。したがって、〔この総体としての〕Bを通じて〔主語Eが〕その後に現れる述語、具体的全体として主語Eに属しているわけではない述語〔結論のA〕に一面的に連結されることはもはやあってはならないことである。(18)しかしながら、「すべての個別的なBはAである」という命題が妥当するということは、すでにあらかじめ、結論であるはずの「EはAである」という命題が妥当していなくてはならない、ということである。というのは、Eは個別的なものとしてのBだからである。それゆえ、大前提は結論を直接的なものとして前提としている。

たとえ私が「すべての寛大さは一つの徳である」と言うとしても、だからといって寛大さ＝徳とまで言っているわけではない。だから、「Aは寛大である」と言うとしても、まだ私はその人〔A〕に徳一般を帰することはできない。というのは、この性質はAのもっている、徳とは別の特性によって再び帳消しにされるからである。(19)だが、もし私が「すべての寛大な人は有徳である」と言うならば事情はまったく別である。

もし私が「すべての人間は死ぬものだ。ガイウスは一人の人間だ。それゆえガイウスは死ぬものだ」と言うならば、ほんとうはその死ぬものだという性格は、私が「それゆえガイウスは死ぬものだ」と結論づけることなしに、ガイウスに帰されなくてはならない。

だから、これらの推理の大前提は結論をはじめから前提としている。

それゆえ、この推理が本来含んでいるのは、完璧に集められた個別的なものを通じて普遍的なものが述語に連結されるということである。だから、この推理は、

2　経験的な推理、帰納の推理を前提としている。F、G、I、K等々と続く無限の系列はBという規定をもち、それらが一つになってAという種ないし類を成す。したがって、AにBが属することになる。けれども帰納は完全ではありえない。というのは、個別的なものは、直接的には個別的なものでありながら、同時に普遍的なものでもあるべきだとされるがゆえに、無限に進行するからである。

それゆえに帰納は、

3　類比の推理に基づく。

【九月一日・快晴】類比推理とはすなわち、個別的なものがある述語をもつ場合、その述語がまた他の諸々の個別的なものにも帰属し、その他の諸々の個別的なものと最初の個別的なものとが同じ性質ないし性状をそなえている、という推理である。けれども、性質ないし性状は、むしろ諸々の個別的なものを互いに対して特殊的なものにし、差異を与えるものである。ところで、諸々の個別的なものの個別性のなかには媒介がある、つまり、個別的なものがそのなかで同一であるようなものがあるはずだから、個別的なものの特称性（Partikularität）はそれによってむしろ互いに揚棄され、個別的なものの個別性そのものが普遍性として、したがってそれ自体で具体的な統一、類として措定されているのである。それゆえに類比推理は、類に属するような性質ないし特殊性を個別的なものが必然的にもっていること、つまり定言推理、必然性の推理に基づいている。

もともと、法則や真理を見出すためにすべての事例を知る必要などまったくない。なぜなら、個別的なもののなかに全体が含まれているからである。だからこの個別的なものを正しく把握し認識しさえすれば、すべての事例に対しても等しくあてはまる真理あるいは法則を認識したことになる。

類比推理はたとえば、「地球には住人がいる。月、太陽、星々などは地球と同じような種類の物体である。それゆえ、そこにもまた住人がいる」といったものである。——だがこの推理はひどい。なぜなら、ここで言われている普遍性からは特殊的なものなど帰結しないからである。

第一三七節［付論］

本節の意義は次のことにある。すなわち、反省の推理から必然性の推理への移行を叙述し、それによって、媒辞が映象する媒介にほかならないこと——なぜなら、個別性と普遍性とはその媒辞のなかでは外的にしか結合されていないから——を明らかにすることである。けれども、両端項は直接的なものとして措定された、概念の諸契機である。ところで、両端項それ自身が概念の諸契機の規定のなかで、すなわち反省の三つの推理のなかで次々に措定されるわけだから、そのなかでは媒介は直接性と同一なものとして示されることになる。

けれども、もっと厳格に規定すれば、この推理は直接性に対して媒介があるべきだということなのである。潜在的には媒辞そのものは両者である。けれども、媒辞が媒介でも直接性でもあるのは潜在的でしかないのだから、反省推理のそれぞれの結論が表しているのは、結論とは一つの直接的な命題でもあり、推理が媒介するものであるにもかかわらず、推理による結論の媒介は〔媒介であるのと〕同様にいかなる媒介でもないということである。それによって媒介は、それ自身が媒介であるような直接性に、すなわち類の具体的な統一に基づくものとして自己を規定する。

「それゆえに、月には住人がいる」という先の推理の結論は、むしろ、各前提が自立的であるのと同様に、閉鎖的な孤立した命題である。

第一三八〔一三八a〕節　付論[20]

【九月二日・晴】必然性の諸推理は正真の悟性推理であって、それらは別々にそれだけが自立したものであると見なされる限り、また単に主観的な意味で受け取られているにすぎないその限りにおいては、まだ悟性推理であり、言いかえれば一面的なものである。

1　必然性の直接的な推理、つまり定言推理においては、個別的なものは類によって何らかの性質と媒介される。けれども、特殊性は単にある性質という質的な意味しかもたないわけではなく、そもそも推理がもっているのはただ次のような普遍的な意味であるにすぎない。すなわち類においては、

a　個別的なものは、「自己を‐自己へと‐関係づける、それ自体としてかつそれだけで‐規定されたもの」としてあり、

b　同様に、「自分の規定態から区別されたものであり、かつ類という普遍的なものによって特称的なものへと引き下げられたもの」なのである。

類としての類は普遍的なものにとどまるが、個別的なものとの関係においては、特殊的なものになる。たとえば、動物をとって見れば、これは抽象態としてではなく、個別的なものとしてのみ現実的に存在する。それ〔類〕は個別的なものにおいて自分の定在、自分の現実存在をもつ。したがって個別的なものは類であり、類でありながらもそのまま個別的なものでもある。

2　仮言推理はさしあたりこう述べられる――「もしAがあるなら、Bがある。Aがある。それゆえにBがある」。個別性が類によって規定されると特殊性になるが、この特殊性はそれ自身において普遍的な特殊性である。この普遍

的な特殊性に基づいて、特殊的なものとしての個別的なもの〔A〕は他のもの〔B〕の存在でもあり、またこの媒介はみずからを揚棄するわけだが、〔その結果〕自分の自己内反省ならびに他のものの自己内反省と直接的な現実性〔現実に存在するものとしてのB〕が存在することになる。

3　媒介は、こうした統体性に基づいて措定されると、主語を与える。この主語は普遍的な実体ないし類としてもあれば、また自分の特称性の統体性としてもあり、そして排他的な個別性ないし現実性としてもある。これを表しているのが選言推理（die disjunctive Schluß）である。すなわち「AはBかCである。AはBである。それゆえAはCでない」、あるいは「AはBでない。それゆえそれはCである」。

三つすべての判断において主語となっているのはAである。しかもAの排他的個別性も次の点で揚棄されている。すなわち、Aの普遍性つまりAの「～も～も（Sowohl-Als-Auch）」が措定されているのと同様に、特称的な規定のどれがAにおいて措定されれどれが排除されているかはまったくどうでもよい、という点においてである。

第一三九〔一三八b〕節　付論

推理の三つの格はE＝B＝A、A＝E＝B、B＝A＝Eであるが、それらのもとには推理の三つの種類である定在の推理、反省の推理、必然性の推理があり、さらにその各々には三つの特殊な推理がある。これら推理の三つの格は次の三点を含んでいる。すなわち、

1　個々それぞれの名辞すなわち概念契機はいずれも媒介する媒辞になること、そして、

2　それぞれの格のなかでは、直接的な二つの前提のうちの一方が他の前提と媒介されていること、したがって三つのすべての格によって媒介は完全になること、しかしまさにそのために個別的な格のそれぞれが他の媒介を前もって措定〔前提〕しているが、それとともにまた自己自身を揚棄されたものとして前提としていること。

3　特殊な推理の各々は概念を自分の規定態の一つのかたちで表現しており、したがって概念契機のどれもがそれ自身で推理の全体なのである。したがって、概念は媒介の円環として、すなわち各々が概念規定の三重性である推理の、そのまた三重性として完全に実現されている。これらの推理が真に規定された姿をとったものが、必然性の〔三つの〕推理〔定言推理、仮言推理、選言推理〕であって、推理のこうした三重性が、展開されて現実的統体性となった理性的なもの一般なのである。

【九月三日・快晴】「神とは、その概念が自分の存在を含むものである」、こうデカルトとスピノザは言う。[21]

――直接的な直観、直接知を彼らは信仰と呼んだ。

第一四一〔一四〇〕節　付論

1　概念は自己を展開して客観性となる。概念はこうした不可分の同一性である。それゆえに概念の諸契機は、それらが〔全体とは〕区別されていても、概念の全体であり続ける。ところで、客観というのは、自分の区別のなかにある概念、すなわち概念の措定された存在である。したがって、概念は客観としてある場合、自己との単一な統一であるが、それは、諸契機の各々が、本来あるところの姿で、統体性として措定されているということによる。けれども、このことがまた概念の措定された存在、言いかえれば「概念の」規定態ないし概念の他在なのである。なぜなら、この統一は自己のうちに対立をもっていないからである。概念はその限り客観へと移行してしまい、客観のなかに消えてしまっている。概念は客観のなかでは実在的であるにすぎず、観念的なのではない。概念の展開は〔「展開」と言いながら〕こうした移行という側面をもっている。なぜなら概念は、最初はそれ自身が直接的な概念としてしか存在しないから、言いかえれば、概念は実際はまだ主観的な概念として規定されていないからである。理念になってはじめて概念は客観に対して自立的に現実存在する自由な自己統一となる。この統一は自己を客観性と規定するが、ただしこの客観性を観念的な客観性として規定し、そのなかにあって自立的であるような統一なのである。

2　客観性はほかならぬ概念をみずからの実体としているのだから、客観のさらに進んだ定在は概念の規定そして概念の形式の規定のうちにある。そして客観自身は概念の直接的な現示であり、したがって概念の現象の段階なのである。それは、ちょうど現実存在がほかならぬ本質の現象であるのと同様である。だから世界を客観的なものとして把握することは、世界を現実存在ないし現象の一つの世界として把握することよりも高い次元に立つ観察の立場なのである。客観的な現象は三つの形態をもつ。それは、

a　直接的な現象、つまり自己自身に対する概念の外面性である。概念の諸区別はそのまま統体性であり、関係に対しては没交渉であって、言いかえれば諸区別それ自身が諸々の客観なのである。かくしてこの現象は機械論 (Mechanismus) である。

b　機械論の没交渉的なあり方は客観の差別へ移行する。すなわち、諸客観の特称性と相互関係を作りなしているものは、固有の否定と規定態である。〔これが〕化学論 (Chemismus)〔である〕。

c　しかしこの否定態は、概念の直接性に対して、本質的には自己を自己へと関係づける概念の統一である。だからいまや否定態は、概念が自由に、自立的に現実存在する

あり方にほかならず、こうして概念は目的として規定される。〔これが〕目的論（Teleologie）〔である〕。

第一四二〔一四二〕節 付論

【九月四日・晩、六～七〔時〕】先に述べた客観性の概念に従えば、客観性は直接的に、二重でしかも対立した意味をもっている。

1 「客観的」の意味は、たとえば法則の客観性、或る芸術作品の客観性というように、それ自体としてかつそれだけで存在一般ということである。つまり、そのままで、まったくの普遍的なものそのものであり、偶然性に一切関わりをもたない、事柄としての概念であって、合目的なものといったような、単に概念に適っているだけでしかないような現実存在ではない。〔この意味での客観的なものに〕対置されたものである限りでの主観的なものは、形式上の区別に囚われて、偶然、恣意および外的な定在に属しているようなものである。

2 けれども、客観的なものは、直接的なものになったものとしての概念であるから、それはまた外的なもの、自己を欠いたもの、有限なものであって、それゆえに客観的世界、すなわち自由な自己意識に対立する客観なのである。これに対して、〔この意味での客観に対置されている〕主観的なものは無限なもの、自己のうちで必然的で自由なものである。客観とは、こうした二つの〔1と2との対立した〕意味をそなえている直接的な矛盾である。なぜならそれ自体として客観的なものとしての概念は、二つの否定性によって、外面性あるいは措定された存在としての客観性と同一のものとしてまだ措定されていないからである。

ここでは客観的なものとは直接的なもの、それ自体としてかつそれだけで存在する理性的なものという意味である。だから、人が法則を客観的だと言うのは、法則が概念そのものであり、単に何らかの主観的なものであるわけではないからである。真なる芸術作品は客観的であるが、芸術作品における主観的なもの、すなわち芸術家の特別な作風、彼のご機嫌などを表現しているものは悪しきもの、取るに足らぬものである。もし私が私自身を客観とするならば、私は私を自己を欠いたもの、まったく自由でないものにしているのである。同様に、もし私がある人を単なる客観として利用するならば、私はそれによってその人を奴隷にしているのである。

第一四三〔一四二〕節 付論

1 形式的な機械論は、相対的な諸客観に関わり、そして機械的世界においては、一切の規定は相対的な、別の一つの客観によって無限に措定され続ける規定でしかない。

たとえば、生命を機械的に捉える見解に従えば、血液の循環、消化等々の有機的な諸機能は、合成物から分離したものと分離物の合成との結果であり、さらにいろいろに圧力をかけ、押し出し、送り出すといったことの結果である。同じように機械的な心理学は諸々の印象と影響の相関関係に基づいており、この相関関係から精神の諸機能と特定の性格を説明する。この意味において、或るものを説明し理解させるということは、それを機械論が想定している諸形式に還元することを意味している。

自然のなかでは、ありとあらゆるシステムはバラバラにされている。天体の運動は自然の機械論に基づいている。デカルトは世界を機械論的関係として考察し、こう言った。「私に物質と運動を与えよ。さらば私はお前たちに世界を創造してみせよう[22]」と。――機械論においては、すべては諸条件に基づいている。だから、たとえば指の感覚は指の脳までの距離という条件に基づいている、等々。機械的なものは合成されたものである。たとえば血液は合成されたものである。だから近頃の医者たちは、血が腐敗した場合には体液を分離して、良い体液は残し、悪い体液は捨て去らねばならない、などといったように考える。

脳に関してもまた同じような機械的な考え方ができた。脳が無数の多くの球から成り立っていると信じられていたことで、人々は心の作用がこうした小球が衝突して、最後の球が魂そのものに触れることに依存していると思っていた。ここではまた神経の緊張という考えも出され、この考えから魂の諸機能が演繹された。

2　客観は、最初はあまねく存在する、言いかえると、一者である。しかし、客観とは、それが無規定的で、一にして個別的なものとして規定されているのが本質的であるのと同じくらい、数多的で特称的なものとして相互に規定されている。それらの〔数多的で特称的な〕ものの相関関係はいまや、

a　区別に対してそれらが絶対的に無関心であること、言いかえれば、区別のない普遍性であり、そして

b　同様に、それらの統一に対してそれらの区別が絶対的に無関心であることであり、そして個別的なものとしてのそれらの自己への反省、こうしたそれらの諸関係を措定することである。したがって、機械的過程は、次の二点を含んでいる。

α　規定態の伝達がただちに行き渡ること、そして、

β　客観の自己内にとどまる無関心さと、規定されながらも客観が自立性を維持していること。

人間は、人間の普遍性を介してのみ理性的である。諸々の客観がそれら自身でそなえているこうした矛盾は、それらが被る強制力というものである。この矛盾は諸客観

の本性がもつ固有の否定性である。というのは、この矛盾はそれら客観の規定された概念であるからである。ところで、諸客観のこの概念は、概念の諸規定に従って、中心性としての主観性の項と、非自立的な集まりへと解体される、自己を欠いた普遍性の項へと分離される。——その場合に、この両契機はそれらの統一のなかにあって同時に同一的なものとして措定されている。【九月五日・晴】

第一四八〔一四七〕節　付論

絶対的機械論のなかで立てられる諸区別は、たとえば重さや理性がそうであるように、端的に自己のうちで同一的な客観性というかたちをとっている。したがって、それらの諸区別は観念的であって、諸客観は、特殊なものでありながら、静止的で〔他のものと〕対立もせず、普遍的なものというかたちで存在している。けれども、この普遍的な客観性こそが客観性の概念なのであり、そうであるがゆえに、この普遍的な客観性に対して諸客観自身が自分自身の自立的な差異性を主張することなどできない。むしろ諸客観の特称性は諸客観のこの概念規定に帰属していて、それゆえに諸客観にとって内在的なのである。諸客観の特称性は客観的で直接的な特称性として、質的な否定ならびに対立をそなえていて、そのうえに特称的なものとして存在するが、しかし、客観のもと、概念の統体性のもとで、概念と同一であり、措定された矛盾と活動性であって、〔これがすなわち〕化学論（Chemismus）〔なのである〕。

第一四九〔一四八〕節　付論

化学的な活動性は自分の現実存在に従って制約されている。なぜならば、それ自体で概念の統体性であるところの客観は、差別をそなえたものとしては、たとえば、酸のように、あるいは有機的なものの場合には両性の一方のように、自分の現実存在のなかに対立と規定の一方の契機しか含んではいないが、中和されたものとしては、たとえば水あるいは塩のように、そして無差別的なものとしては、たとえば金属のように、むしろ揚棄された、措定されていない差別、すなわち無規定態であるからである。この特称性と被制約性のために化学的な活動性は一つの前提をもち、それだけで放っておいても消滅してしまい、自己自身を再び自力で盛り立てることはできない。

【九月五日晩六〜七〔時〕】化学論はそのままで過程である。——化学論における両項が互いに引き付けあうのは、もともとどちらのうちにも概念全体が存在していて、その概念全体によってそれら両項は精神的な両力のように互いに関係づけあっているからである。たとえば、濃縮度の高い酸がアルカリ液に浸されると、それによって互いに一体になろうとするので、双方が自分の対立物を求めることがないように〔それぞれを〕隔離しておかなければならない。

第一五一〔一五〇〕節　付論

硝酸すなわち分金液、そして苛性カリすなわちソーダ石の例。

第一五三〔一五二〕節　付論

【九月六日・快晴、暑い】化学的な三契機、無差別なもの、差別的なもの、および中和されたものとは、

1　過程のなかで前提されたもの、言いかえれば過程のなかにある直接的なものである。しかし、

2　これらは同じくらい産物、すなわち媒介されたもの(23)である。それゆえに、産物のなかで活動が消滅するということは、規定態すなわち自体的差別を措定することであり、それゆえにこの自体的な差別は過程に抵抗する。無差別的で中和的な諸条件は、それ自身がこのような本性をそなえている。これらの諸条件は、全体の個別的な諸契機でしかなく、それゆえにこの全体は過程の円環であり、気象学的な過程の本性のうちに見られる、絶対的化学論（der absolute Chemismus）である。

対立を通じて無差別的なものは緊張に移行する。それは大地のごときものである。大地は第三者、たとえば雲を生み出し、雲はさらに緊張の緩和によって再び大地に返り、大地を潤す。性的関係についても事情は同じである。性的関係においても緊張から第三者が生じる、云々。民族に関しても事情は同じ。ここでも過程は一目瞭然である。

しかし、精神的なものにおいては、この化学的過程のみが注目されるだけではいけない。この過程は決して究極最高のものではなくて、ここ〔精神的なもの〕にはまた〔化学的過程〕より高いもの、すなわち目的が根底にある。たとえば、諸民族相互の関係、および戦争と平和における諸民族の交渉と妥協点は、単に外的なもの、化学的関係と見なされてはならず、より深部にあるものが同時に考察されなければならない。たとえば、目的、そして次いで、理念となるところの相関関係。

第一五三(24)〔一五四〕節　付論

機械論と化学論の産物は、そもそも過程の始元とは別のものである。化学論も従っている機械論的な必然性と盲目的な偶然性は、〔産物と始元が異なっている〕その限りにおいて同義のものと見なされるが、それに対して、絶対的機械論と絶対的化学論は形態化の、そして自己への還帰の統体性である。なぜなら、両者は自分の概念の自由な現示で

あるからである。しかしながら、絶対的機械論と絶対的化学論の諸契機は一つの主体に還帰することはない。それらには、この自己と単一に同一的な還帰が欠けているからである。有限な機械論と化学論でさえもそれらの結末においてはたしかに自分の成果と産物とをもつ。しかしながら、前者〔絶対的機械論と絶対的化学論〕においては、概念は単に内的なもの、言いかえれば自体的に存在するものにすぎない。そこにあるものと言えば、互いに外面的な諸条件と諸事情の円環である。具体的な成果は、単独には全体の統一として現存しない。これに対して目的というのは一個の主体的なものとしての概念の定在であって、この主体的なものは客観性をも自己のうちにそなえており、そのために成果が活動性の根拠であり、産物において概念の自己自身のうちへの還帰が措定されている。

　目的は何ものかを産出するが、産物とは目的自身がそれであるところのものである。機械装置もまた何ものかを産出するが、しかし目的としてではなく、盲目的な偶然として産出する。機械装置の始元は、この活動性の始元と根拠ではない。たとえば、屋根から石が落ちてきて、誰かがそれにあたって死ぬ場合。――化学論では違う。酸は自体的に酸でありかつカリである。しかし全体〔酸であり、かつカリであること〕はあらかじめそこにあるわけではなくて、そこにあるところのものは、一方のものとしてだけそこにある。〔――〕天体の運動において、終わりが常に始まりであるように、気象学上の物体においても、終わりが常に始まりである。有限性というのは、個々それぞれのものが全体の一契機だけを含んでいる、言いかえれば、一定の活動が全体の一部分にすぎないという点に成り立っている。

　外面的であるところのものは、具体的なものなのではなくて、互いに対して外的に〔バラバラに〕なっているものにすぎない。概念とはさしあたっては無関心的である。目的もまた概念であるが、しかし、〔客観に対立する〕一つの主観的なものとして措定されている。〔だが〕目的は主観的なものであってはならない。こうした目的の客観は理念的なものにとどまる。

　実在性というのもそもそも、もはや抽象的なもの、普遍的なものではなくて、定在するもののことである。

【九月八日・快晴】

第一五四〔一五三〕節　付論

目的とは概念である。どのような概念なのかというと、客観的な外面性から出てきながらそれに対立し、それゆえに主観的なもの、現存在するものとして規定されているが、そこにおいて客観性は〔対立しているのと〕同じくらい揚棄されてもいて、つまりは理念的〔観念的〕である、そういった概念である。したがってこの概念は自由かつそれだけで〔対自的に〕自立的に存在する主観性として規定されている。

目的は、

1　普遍的なものであり、自体的に客観的なものでもあれば主観的なものでもありながら、かつこの〔主観と客観の〕区別に無関心的なものであり、〔主観と客観の〕両規定において自己をかたく維持しているもの、〔すなわち〕内容である。この普遍性は特殊的な普遍性、すなわち形式の内容に対する区別であり、また単一なものとして措定された特殊性、すなわち内容規定である。

2　しかし、特殊性はまた判断〔根源的分割〕でもある。けれどもこの判断は自分の両側面としてもはや抽象的な概念諸規定をそなえてはおらず、統体性をそなえている。〔この統体性は〕一方の側面では目的全体を統一してもつ主観的な統体性であり、他方の側面では概念をその外面性のかたちでもつ客観性〔なのである〕。

3　個別性の契機は、一面では、規定し分離〔選言〕するものであり、他面では、主観性と客観性を関係づけるものであり、しかもここではさしあたって相関関係に従って外面的な合目的性としてある。普遍的な内容のなかで規定されて主観性となった場合、この主観性[25]は自己に反省もしており、この反省によってこの内容には自己規定の契機がそなわってもいる。こうしてこの普遍的内容は、目的、不動のものでありながら運動を引き起こすものなのであるが、それは自己の規定された存在がまだやっと抽象的でしかなく、客観的な統体性としてあるのではないがゆえに、自己を特称的なものへとおとしめる。こうしてこの普遍的な内容は、主観的な定在としての目的であって、この定在は主観的なものと客観的なものとの同一性であるという自己の概念に矛盾しており、それゆえに、

a　当為、〔すなわち〕制限を伴ったものとしての普遍的なものである。ただし、この制限は本来的には空無なものとして規定されている。

b　普遍的内容は、それがそれ自体としてかつそれだけで〔本来そうあるべきであるように〕自己を措定する活動であって、この活動は、主観性にとって客観性が理念的〔観念的〕であるのと同程度に主観性を理念的〔観念的〕なものにするのである。このことによって、

4　二重のもの〔主観と客観〕が一つのもののなかに現存することになる。すなわち、

a　活動によって主観性は揚棄され、目的が実現され、遂行され、それによって客観的になる。

b　それによって客観性が措定される。だから、客観性は〔主観性と〕同様に理念的〔観念的〕なものにとどまっ

ている。言いかえれば、主観性はそれ自身が揚棄されているにもかかわらず、自己に還帰もし、維持されてもいるわけである。こうして客観化された目的の内容は、成果において、活動において、始元あるいは主観的な目的において同じ一つのものなのである。(26)

概念としての概念は目的によってはじめて現存在をもつ。すなわち、概念は目的によって主観性から解放されるが、同様に主観性に対立しもする。

目的によって概念は特殊な内容を維持している。

目的そのものは、単一に自己と同一なものとして、不完全な目的、抽象的なものであるがゆえに、自己自身を客観化しなければならない。目的にとどまるということは概念のあり方に矛盾している。

【九月八日六～七〔時〕、ゼル版には記載なし】それゆえに、直接的な活動である定言的な当為は――主観的なものを揚棄する働きとしてある。それによって目的は客観的なものに移行し、そして措定されたものはそれによって概念に適合するようになる。目的はそれだけで存在する概念である。こうして、目的によって主観性は揚棄され、自分と対立するものに移行するが、それと同じく客観性も理念的な、措定された客観性となる。ここでは主観的なものと客観的なものという二重の映象(27)が姿を現している。活動は自己自身を否定する形式であり、したがって主観的なものと客観的なものとの統一である。

目的が形式的にのみあるということは、目的が私の自己規定によってしかないということである。

「世界は合目的的に設定されている」とわれわれが言う場合、それは、外的なものの世界は反省する内的な悟性に対応しているということを意味しているのであって、合目的性は総じて、ここで想定されている二元論によって規定されている。目的性の他の諸規定、たとえば神についての規定に関しても事情は変わらなかった。ストア主義とエピクロス主義はこの二元論に基づいている。

目的という規定は、フランスの唯物論者と自然主義者に哲学的探求と体系の素材を与えたものでもあった。したがって、目的は、すでに述べたように、一つの悟性概念であると同時に理性の限界である。

目的概念は、たしかに二元論とは対立している。とりわけカントが再び自然の内的な目的に従う自然の考察に目を向け、それゆえに有用性という何の変哲もない合目的性を高い次元に引き上げた。(28)――人はたいてい常に或る目的を他の目的に関連づけて、それによって最高のものに繋げて終わっていたのであるが。

個別性とは、普遍的に自己内で完結していることである。

　内容は、形式に対立したものであるから、それ自身がかえって形式である。目的とは内容であり、私の目的においては自己規定である。しかし、自己規定であることによって、目的は必然的に一面的なものである。――不動のものとしての目的は、普遍的なものとしては特殊的なものに対立しており、したがってそれ自身が特殊的なものである。

第一五九〔一五八〕節　付論

【九月九日・快晴】目的とは客観を理念的にし、契機にすぎないものにしている普遍的で否定的な統一であるから、客観を直接的に奪取しているが、それと同様に、目的と客観とはまったく異なったものである。したがって、両者の合一のためには、一つの媒介が、すなわち、目的と客観がそのなかでは同一であるような第三のものなどを、主観的目的と、目的にとって手段となるべき客観との間に無限に新たに割り込ませることが必要になる。この第二の関係は、目的論的な推理の全体において第二の前提をなしており、この第二の前提においては、機械論と化学論は、両者にとっては外面的であるところの両者の規定態を目的のもとにもっている。

　自己を自己にのみ関係づける概念としての目的が欠陥あるものなのは、目的が主観的であるにすぎず、それによって主観的なものとしてしか自己を措定しないからである。――これによって目的の他者が否定されるが、このことが目的の狡智なのである。目的は自己の手段を犠牲にし、自己を自己自身に関係づけて還帰させる。目的の主観性は目的の制限であり、目的の否定であるが、それゆえにそれは目的の真の客観性でもある。

　客観においても目的はたしかに措定されている。たとえば、機械論において。だが、客観はあらゆる目的に対して無関心でもある。

　したがって、自己自身を実現する諸々の目的は、その内容から見れば、常にそれ自身が有限的である。

第一六一〔一六〇〕節　付論

外的な、言いかえれば有限な合目的性においては、それ自身が客観であるところの手段が外面的な客観へと関わりをもつ場合、機械論は統体的に自立した二つの客観の相関関係であると想定されている。しかし、この相関関係はもはやいかなる真理をももたないし、客観はそれ自体が理念的であって、自分の本質である概念に対して、自己を欠く外面的な存在という意味での客観、つまり映象にすぎない。言いかえれば、目的によるこの客観の否定は、客観の第一の否定ではなくて、客観の第二の否定である。そしてこの第二の否定によって、客観の観念性が辛うじて顕わに〔対自的に〕なるわけである。【九月九日・快晴、六～七〔時〕】それとともに自己自身への無限の還帰が、すなわち、一つの媒介が措定されている。この媒介は、それ自身が客観のなかにある、目的の直接的な同一的存在であり、この同一的存在は、抽象的な仕方では、直接的な奪取という第一の前提のかたちであったものである。

「理念はかくかくしかじかのものである」と言われる場合、こうした言い方は本来はおかしい。というのは、「理念とは～である」とは本来言うことはできないからである。なぜかと言えば、そういう言い方では、語られているものはすでに一面的になっているのであるから。理念がそれ自体で自立的なもの、真なるもの、真理であるのは、通常の意味においてではなく、哲学的な意味においてである。哲学的な意味ではそれ自体で自立した真理、神的なもの、それ自体で自立した統一なのであって、比較における真理にすぎないものではない。

人々が考察したものについて「それは～である」と言うところのものは、現実には理念でなければならない。

諸物は概念の一側面にすぎず、一時的なもの、無常なものにすぎないのであるが、われわれがそうした諸物の存在について語る場合、本来的でない仕方で語っているのである。この考察においてわれわれが諸物について言うことができるのは、「それらは～になる」ということだけであって、「それらは～である」ということではない。

「この国家体制はひどいものだ」と人々が言うとき、国家にあるひどさとは一時的なものなのであって、それは存在しない。だが、たとえ不完全で、単に抽象的な仕方でしかなくとも、理念に一致するものを現実にもたない国家というものは、存在しない。したがってどんな国家と言えども本来やはり理念を現示し、それゆえに現実的なのである。

理念は外にあるのではなくて、うちにある。「物の理念は〔物の〕外にあり、このもの、物の『である』〔ist〕は外的なものである」と言うことはできず、むしろ「これは物においてのみあり、物そのものである」〔と言わなければならない〕。「物は現実のなかにはない。それは一つの理念にすぎない」と言うならば、その言い方はまったく間違いである。というのも理念は単なる抽象なのではなくて、現実的なもの、現実性そのものにほかならないから。現実的でないものは無常性に属しており、一時的であり、それゆえに、空無

料金受取人払郵便

山科局承認

1447

差出有効期間
平成30年9月
30日まで

郵便はがき

6078790

（受　取　人）

京都市山科区
日ノ岡堤谷町1番地

ミネルヴァ書房
読者アンケート係 行

◆ 以下のアンケートにお答え下さい。

お求めの
書店名＿＿＿＿＿＿＿＿市区町村＿＿＿＿＿＿＿＿＿＿＿＿＿＿書店

* この本をどのようにしてお知りになりましたか？ 以下の中から選び、3つまで○をお付け下さい。

A.広告（　　　　）を見て　B.店頭で見て　C.知人･友人の薦め
D.著者ファン　E.図書館で借りて　F.教科書として
G.ミネルヴァ書房図書目録　H.ミネルヴァ通信
I.書評（　　　　）をみて　J.講演会など　K.テレビ･ラジオ
L.出版ダイジェスト　M.これから出る本　N.他の本を読んで
O.DM　P.ホームページ（　　　　　　　　）をみて
Q.書店の案内で　R.その他（　　　　　　　　）

書名 お買上の本のタイトルをご記入下さい。

◆上記の本に関するご感想、またはご意見・ご希望などをお書き下さい。
文章を採用させていただいた方には図書カードを贈呈いたします。

◆よく読む分野（ご専門）について、3つまで○をお付け下さい。

1. 哲学・思想　2. 世界史　3. 日本史　4. 政治・法律
5. 経済　6. 経営　7. 心理　8. 教育　9. 保育　10. 社会福祉
11. 社会　12. 自然科学　13. 文学・言語　14. 評論・評伝
15. 児童書　16. 資格・実用　17. その他（　　　　）

〒
ご住所
Tel　（　　）

お名前《ふりがな》　年齢　歳　性別　男・女

ご職業・学校名
（所属・専門）

Eメール

的なものであり、理念ではない。――理念は永遠である。したがって、諸物において現実的であるものは真なるものであり、理念なのであって、一時的なもの、諸物のもとに現れる単なる映象でしかないものは、空無的であって、理念ではない。――有限なものと無限なものとはただの抽象であり、理念こそ両者の統一、両者の本質である。

概念という言葉で人々は単なる抽象的なものを考えることはできるが、これに対して物という言葉では現実的、個別的、具体的に現実存在するものを考えることができる。――そうだとすると、理念はここでもまた両者の統一を形成している。

理念は硬直したものではなくて、経過であり、生命であって、自己を特称的なものに引き下げようと努めている。理念は永遠に変遷する。諸物は存在するのではなくて、生成する。諸物は、自己自身を焼き尽くす不死鳥であり、炎の尖端が主観的なものである。ここでは東洋的な契機は、諸物が死からのみ生まれるということであるが、他方西洋的な契機は、活動が支配的な原理であり、この活動から現実存在が繰り返し生まれ出るということにある。認識は理念を自分の目標としてもち、それはただひたすらの努力である。

【九月一〇日・晴】人々が理念について「それは～である」と言う場合、それによって「理念は生きている」ということを言っている。だが、理念とは絶対的統体性である。

第一六五〔一六四〕節　付論

こうして、理念ははじめには直接的、言いかえれば、存在的であり、それでありながら生動的であるが、こういうことは、さしあたってはわれわれの反省である。この直接性は同時に理念によって措定された規定としてあるわけではない。だからこの直接性は次のようなかたちで理念のうちにある。すなわち、活動としての理念の主観性は、区別されたものとしての客観性に関係づけられるが、しかしむしろこう関係づけられることによって理念固有の規定態を揚棄し、自体的に他者と同一であり、あるいはむしろ、自己を自己に関係づける活動として、客観的なものの自分自身における弁証法なのであって、この弁証法によって外に向かう活動と媒介が揚棄され、直接的な統一として措定されるというかたちでである。生命の直接性を通じて存在するのは、次のことである。

1　われわれにとってのみある理念は、顕在化した理念(Idee für sich) としてあるのではない。

2　生命の客観性ないし直接性は、機械論、化学論、そして外的合目的性という外的客観性の現象であり、これら外面的客観性の否定的統一と内在的で内的な威力は生命の主観性であり、生命は、ここではまだ美としては存在していない。

理念の真の形態は、理念そのものである。ここにあるのは絶対的な認識、神的な知、理念そのものである。理念はこの立場にあっては、もはや単なる規定されたもの、たとえば化学論等々として自己を現示するのではなく、絶対的なもの、無規定なものとして現示する。

われわれは生命あるものにあっては客観性を身体と呼ぶ。魂は生命あるものの概念であり、身体の普遍性である。魂を介することで身体の諸々の個別性は大きな統一へ解消されている。――葉、幹、芽などといったものは、どれをとって見ても、それ自身が一つの全体であり、一方は他方の土台にほかならない。植物はまことに部分をもつが、動物はもたない〔で、分肢をもつ〕。

統体性は概念である、再生は特殊性の全体である。相当数の動物が単なる再生である。感受性は統一それ自身である。

魂は通常そう思われているよりも思弁的である。魂と呼ばれるほどのものは、思弁によってしか説明されず、認識されない。突然の登場、発展、主観的なものからの生成のこうした頂点こそ生命である。

生命は生命あるものとしてのみ現実存在する。生命あるものは推理の三位〔一体〕性でもあるが、それらの推理はもはや推理という名前をもっておらず、むしろ過程と呼ばれる。理念においては推理とは、もはや諸契機が相互に単に緩慢に関わりあうことではない。

第一の過程は形式的な過程であり、個体のうちに閉じ込められている。

第二の過程は実在的過程であり、個体の他の諸個体に対する関わりのうちにある。

【九月一一日・快晴】生命は真に個別性である。生命は拍動の真の統一である。――このことは恒常的な過程である。(29)――生命の諸部分は移行していくものにすぎない。――生命あるものの諸部分は、自立的なものではないために、死に取り憑かれている。

有機体の分肢は、他の分肢を食べて生きていて、それで全体を破壊する。すべてのものがここでは全体の手段であり目的である。

生命のある個体が病気になると、この個体はそれ自体で消耗していき、〔他の個体と〕隔離されていってしまう。

生命あるものは、分肢を備えたものである。部分とは、それだけで取り出してみれば、有機体のもとでは死んでいる。たとえば指、手などの肉体の諸部分は、非有機的なものにおける〔部分〕とは別のものである。

魂は概念にほかならず、身体は概念の客観的なものである。「人間は魂と肉体から成る」と言ってはならない。というのは、その場合両者は互いに分離されているのだから。生命あるものの有限性は、魂と身体が分離可能であるというところにある。

存在の直接態は理念の定在の様式である。理念は〔そこでは〕ただそれだけで自立して〔対自的に〕あるにすぎない。理念の形態は存在、自然である。理念はそこではそれだけで自立して〔対自的に〕はない。

第一六七〔一六六〕節　付論

非有機的な自然を相手にする生命あるものの過程は、観念論あるいは思弁的理念を展開的に表現する。この場合の観念論とは生命のことであり、また思弁的理念とは生命として形式に従う外的な現実存在をもつものである。

1　生命あるものの個別性、すなわち排斥的ではあるが直接的な個別性は、自己を否定的な存在として規定する。しかも、直接的に現前し、それゆえに外的で非有機的な自然として規定する。この非有機的な自然というのは、生命あるものにとって他の自然であり、その規定に従えば存在における否定的なものである。

2　生命あるものはこの否定的なものを自分自身のうちに含んでいる。この否定的なものは分裂しており、一方では非有機的な自然として、他方では生命あるものが自己自身において肯定的同一性のかたちをとって映象することとしてある。この映象は欠如と欲求の感情を成している。同様に先に述べた同一性は、〔非〕有機的な自然[30]のなかでは自分自身のもとでの〔非〕有機的な自然の過程として、〔非〕有機的な自然の内的な概念として映象する。一般的に言えば、〔非〕有機的な自然の存在は自体的には空無なものである。すなわち、〔これは〕反省の立場でありかつ両者の相関の立場である。

3　非有機的自然の自立性の内的な空無性が現実存在するのは、生命あるものの活動性、定在する否定作用、先述の奪取と同化、活動性としてである。この活動性は自体的に存在する過程、および非有機的自然の弁証法であるのと同様に、またここ、生命あるもののうちでは、この概念の現実存在は概念の主観性、対自存在なのである。まさにそれゆえにこの対自存在は本質的には外へではなく、自己自身へと向かっていて、自分固有の否定的なものの否定的なもの（das Negative des eigenen Negativen）、自己と合致することである。ここに思弁的なものが登場する。

非有機的なものは生命である[31]。

否定的なものは生命あるものそのもののうちに映象する。それは自己自身への肯定的な関係であるが、この否定は生命あるものそれ自体でもある。この現象は我々が欠如や欲求と呼んでいるものであり、生命あるもの一般の衝動である。

非有機的な自然は自己自身において矛盾しており、自己を滅ぼして反対のものへと移行するように努めている。非有機的な自然は生命のうちで映象するが、その反対でもある。生命は非有機的自然を揚棄して、非有機的な自然を自己と同一化しようと努める。しかし両者はいまだ互いに対立しており、第三のものは活動性である。生命あるものは活動性をもっているが、この活動性は外的なものである。生命は機械論においては、一時的な契機として自己を外に表す。化学論においても同様である。

機械論ならびに化学論としての非有機的自然は、自分たちの活動に矛盾していない諸概念である。

生命は非有機的なものの弁証法である。生命は諸々の区別されたものの否定的統一であるが、それらの区別されたものは、それ自身が統体性である。

第一六九〔一六八〕節　付論

【九月一一日】類の過程は第一のものと第二のものとの統一、つまり「生命の自己への単一な関係」と「生命が自己のうちで生命に対して自立的である世界へと分裂すること」との統一である。一般的に言えばこの過程の成果は、理念が直接態（この直接態は生命としての理念である）から自分を純化し解放するということである。生命が二重化しているのは、生命自身がその直接態のうちに二重の規定をもっているからである。生命は〔第一に〕、生命自体あるいはその普遍的な概念における生命であり、第二に、個別としての直接態というかたちをとっている生命である〔という二重の規定である〕。第一の側面によれば、生命の経過のもつ成果は生命の個別性、言いかえれば直接的なものだと想定されていた生命あるものが表れ出る（hervorgehen）ということである。第二の側面によれば、成果は類であり、この類のうちで直接的個別性は没落する。しかしこの成果は自己への否定的な還帰でもあるわけだから、個別性はそこにおいても維持され、自己と合致しており、したがって普遍的なものとしてある。言いかえれば、それだけで存在する類、理念の自由、認識が現れ出てきている。認識の対自存在は、類が二つの性に分かれているように、二つの理念に分かれている。

第一七〇〔一六九〕節　付論

【九月一二日・快晴】しかし、自由な理念はもはや直接的個別態という直接態をもってはおらず、概念を、そして、はじめは概念の普遍性を自分の現実存在の形式としてもっている。このような自由な理念こそが知（Wissen）である。

概念は内容をもっており、その内容の否定されたものがそのまま揚棄されたものとして普遍的な思想なのである。定在を一般的にもっているものは概念自身である。なぜなら観念性のなかでは客観が目的となっているように、ここでは概念の普遍性は形式として、それだけで独立に存在する普遍性として自己を規定しているからである。さらに概念は満たされた目的であり、もはや単なる形式的な目的にすぎないのではなく、内容としての自己自身で満たされており、またそれ自体で生命の統体性、理念で満たされている。さしあたってはこの同一性は抽象的なもの、言いかえれば形式から区別されたものとしての同一性である。内容は抽象的普遍性という形式しかもっていない。その限りで具体的統体性は（内容はそれ自体としては具体的統体性なのであるが）、一つの他者として、直接に存在するものとして規定されている。したがって、認識は自分を具体的な内容で満たしているところの知なのであるが、それはさしあたって客観的理念との相対的な同一性にすぎない。認識とは一つの努力であって、客観的理念との同一性は目標である。この同一性に対して知が対立しているということが同時に否定的なものとしても規定されているのであるが、それは知がそれ自体としては絶対的理念であるからである。

　概念は自分の絶対的形式であるような内容をもっている。――内容は普遍的なもの、すなわち思想である。――区別されたものは普遍的なものである。――純粋な思考と純粋な直観とは一個同一のものであり、自己のもとに、かつ自己のうちに存在する概念の抽象、そこではいかなる他者も存在しない純粋な自我、自由で純粋な認識である。純粋な概念は純粋な理念である。したがって内容は揚棄されたものである。――概念は直接的なものとしてはまだ定在をもたない。われわれとは概念自身であり、それゆえに概念とわれわれとの統一は根拠づけられている。――客観の観念性に由来する概念は揚棄されたものである。

　しかしここで話題にしているのは生命としての概念である。主観的理念とは自分自身の確信である。抽象的であるにすぎないこの確信は自分自身を揚棄しようと努める。認識とは知を満たすことである。知とは自己との抽象的同一性である。知が知るのは自分と客観的世界との統一である。【九月一二日】知の真理が有限な真理にすぎないのは、制限が揚棄されていない場合である。認識は、主観的であり続けねばならない主観的な知として立てられている。認識は客観的なものを自己のうちへ取り入れることができないものだということになる。

第一七三〔一七二〕節 付論

存在する理念、言いかえれば眼前にある世界が理論的な理念である認識にとってそれ自体でかつそれだけで存在するものだと見なされているが、それは、認識は直接には抽象的な普遍性にすぎないのに対して、存在する理念あるいは目の前にある世界は具体的な統体性として規定されているからである。だからこの内容は認識にとって次のような内容と見なされる。認識はこの内容を、

1 それがあるがままに自己のうちに取り入れねばならず、そして認識はそのなかへ真理を措定する。だが、

2 認識はいつでも自己のうちで具体的である自分の概念の必然性によって駆り立てられているので、そうした内容をそれが直接にあるがままの姿で真と見なすのではなく、ひたすら受動的に受け入れるというように振る舞う代わりに、むしろその内容を概念の諸規定へと転化させる。その結果として、認識の活動性は無意識的に概念の諸契機の必然性によって進展していくことになる。

知とは自己自身の確信である。世界の「存在」(Das Ist der Welt) は抽象的なものである。しかし世界が「存在する」という言葉で理解されているのは単にこうした抽象的なことではなくて、世界の内容に満ちた存在である。認識に起こっていることは、認識は知らず知らずのうちに概念の諸規定を世界のうちに置くということである。

認識がたどる第一の道は、直接的、個別的かつ分散した存在で始まり、その存在を普遍性という抽象的形式へと転化させるが、これは分析の道である。というのは、認識はこの活動性を何か主観的なもの、個別的なものの外面的な否定、除去すること、捨象としか見なさず、この普遍性の規定された諸形式、論理的な諸形式を素材 (Stoff) から受け取ることだと思い込み、そして与えられたもの、直接的なもの、個別的なものを普遍的なものの真理の根拠だと捉えているからである。

分析の道は一般に特殊的なものから始めて、これをたえず普遍的なものへと転化させる。総合の道は規定された普遍的なものから始め、規定された具体的なものへと進む。

思考は自己を捉え、こうした多彩なもののもとに留まり続けることなく普遍的なものへと向かって、そこにおいて自己を求める。他の諸科学は経験的素材を具体的に把握し、それを普遍性へと、抽象的なものへと作り上げ、次にこの抽象的なものを哲学に委ねるのであるが、哲学はこの諸科学に対して恩知らずなことをしているわけではない。

分析の道が或るものを真と見なすのは、個別的なも

のが真理を示すという理由からである。というのは、むしろこの道にとっては抽象的なものは真ではないものだからである。

ケプラーが見たのは、彼がこの点でもまた過ちを犯したということである。というのは、この〔分析の道の〕うちには真なるものの根拠はないからである。哲学が認識するのは、個別性ではなく法則が真なるものであって、真なるものは経験とはまったく違う根拠をもつということである。

個別的なものは、種のための根拠を与えない。たとえば動物の場合がそうである。類とは自由な概念である。個別的なものは良くも悪くもありうるのであり、人は個別的なもののもとではまだ概念をもたない。したがって人は個別的なものから普遍的なものの思想を把握することはまったくできない。個別的なものはそれ自身が自分の個別性の否定である。弁証法とは個別性そのものの捨象である。

第一七五〔一七四〕節　付論

【九月一三日・快晴】分析と逆の道は総合の道である。総合の道は、自分自身の普遍的で単一な内容の規定態を伴った普遍的なものから始め、その規定態を展開して認識の必然性として叙述することへと進む。

普遍的なものはまだ無規定なものである。この普遍的なものが空虚な普遍的なものであるならば、それは物自体ということになるだろう。しかしながら、総合的なものは物自体からではなく、概念の諸規定から始まる。しかしながら、それはまだバラバラの概念諸規定態であるにすぎない(32)。それゆえここで話題になっているのは、有限な認識にすぎない。だから総合的なものは普遍的なもので始まるのであるが、普遍的なものの規定態は普遍的なもののうちで措定され、与えられる。それゆえこの普遍性は規定された普遍性である。それぞれの諸規定もまた必然性というかたちで目の前に現れているが、しかし互いに結び付いて一つの統一をなしている。

定義とは普遍的なものである。

第一七六〔一七五〕節　付論

1　定義が含んでいるのは以下のことである。

A　個別的な対象、表象に直接与えられた対象、

B　対象の類、具体的で、実体的な統一、

C　対象の規定された特殊性、種別的（spezifisch）な差別、外的に区別するための徴表である。定義はこのような仕方で、しかも外的に、対象を概念諸契機のなかにおいて叙述する。

2　対象とその定義は必然的なものではなく、前提されたもの、直接的に想定され断言されたものである。確証は分析の道という帰納のうちにある。帰納は、

A　決して完全ではありえないし、

B　いつも個々の事例の裁定の場を提供している[33]。個々の事例は表象に従って定義の普遍的対象に属している。しかし、普遍的対象のこれまでに見出された諸規定を欠陥のある形で表現するか、あるいは個々の状態においてはまったく何も表現していないか〔のどちらかである〕。

　数学の場合、自然学の叙述と法則が前提されている。自然学もまた自分の前提となるものをもっている。定義のうちにはすべてのものがある。概念の個別的なものと類とは定義のうちに表現されている。――概念のすべての契機は定義のうちに現れている。けれども、目の前にあるのは、普遍的な概念、概念の素材だけである。人が概念に気づき、概念を区別するのに使わなければならない徴表は、ここでとりわけ強調される。だが、概念は常に前提されており、所与のもの、前提されたものと見なされている。だから、たとえば権利や義務等が定義されなければならないという際には、権利や義務等ははじめから前提されている。しかしその場合には異議が唱えられることがある。それは、これらの諸対象は主観のうちにのみ現実存在するということ、反対にそれらは客観的には存在しないということである。たとえば、権利が恣意的な規定にのみ基づき、義務が教育にのみ基づき、神は思想像にのみ基づいているのであって、それ自体としてはそれによって何も現実存在しているのではない。たとえ私が他の人に対して、私の表象のうちにはこれらの対象が実際に現実存在していると断言するとしても、それに対して他の人は自分の主観に基づいて反対のことを主張することだろう。

　このような規定に対してもまた、かならず裁定の場がある。たとえば、ある国で或るものが権利と見なされるとしても、他の国ではその正反対のものがそうであるということがある。たとえば、自由はあらゆる人間の権利である。物を奪うことは禁じられている。国によっては奴隷をもつことが許されている。〔ところが、これとは正反対に〕ラケダイモン〔スパルタ〕の国々では事情によっては物を奪うことが認められていた。

　人によっては、たとえば、動物とはみずから或る場所から他の場所へと動くものであるというように、動物に関する様々な規定が挙げられる場合もあった。しかし運動をしない動物もいる。動物とは消化するもの、栄養物を外部から摂取するものである。人形は栄養物

を摂取しないし、自分を生産しない。

第一七七〔一七六〕節　付論

分類が要求するのは以下のものである。

1　分類の根拠。これは経験的に取り上げられた、事柄の一側面であり、事柄はそれより多くの側面をもっている。さらに、

2　諸々の種ないし側面の完全な枚挙。これも同様に経験的である。

たとえば、三角形は角ないし辺に基づいて分類される。角と辺が分類の根拠である。権利と義務にはもっと多くの諸側面があるから、権利や義務の分類はいくらでもできる。――一般に多くの分類根拠があり、人々はそれについて、どれがその場合の本質的なものであるかを論争している。なぜなら、たとえば自然や自然の諸対象を分類する場合、往々にして偶然や状況が重要な役割をもつ。完全性はよりいっそう経験的である。だから、例を挙げれば、七十四種のオウムが発見されたりする。その後もさらに多くの数のオウムが発見されている。この手の探求は劣悪、無益である。

定理は媒介を要求するが、この媒介が証明である。

【九月一五日・快晴】たとえば直角三角形の斜辺の平方の定理が表現しているのは、この平方が他の二辺の平方と同じ大きさであるということである。――これには一つの架橋が、すなわちそれによって定理を解明することができる媒介が必要である。

作図は証明のために必要とされる。ここではまったく盲目的に直線が引かれなければならない。その場合、作図によってはじめて証明が成り立つ。――それゆえ、作図は証明のための媒介であって、証明に先行しなければならない。作図は定理に特有のものである。

もともと証明というのは諸々の媒介の系列を明示することである。――かつてはこの〔数学的あるいは幾何学的〕方法は非常に大きな権威をもっていた。それは総合的な認識のための絶対的方法と見なされていた。それは悟性にとっても絶対的方法である。この方法は哲学的認識にとっても絶対的方法と認められていた。デカルト、スピノザ、そして今日ではシェリングもまたこの方法に従っている。彼らはいろいろな定義、定理、結論などを並べ立てている。

しかしながら、この方法は哲学的認識には不都合なものである。というのも、この〔並べ立てるという方法〕はかならず或る前提されたものをもつからである。知的直観が第一のものであり、絶対的なものないし神以外の内容をもたない。その際基礎づけあるいは確認というものは、単に主観的なものそのものにすぎない。

証明というのは、結局は天才の行う偶然の産物である。

必然性は〔ここでは〕たしかに外的必然性である。だが、それは自分の本質を概念のうちにもっている。

第一七九〔一七八〕節　付論

理論的理念は、抽象的で、それゆえ自己にとって外的な理念なのであるが、概念の諸契機の系列を主観的形式として自己から生み出すというように、認識において自己を実現する。しかしこのような、外的な相関ならびに直接に与えられたものを受け取るだけのことは、証明の必然性のうちで消えていく。この必然性において認識が自分のうちにもつのは、最初には形式的である同一性でも、また同一性の外および互いの外にある概念の諸形式でもなくて、認識のうちでの客観的同一性なのである。それゆえ、認識が直観するものは概念の形式であり、またそれ自体でかつそれだけで規定された存在という原理ないし自己自身のうちにある具体的なものという原理なのである。〔これが〕意欲(Wollen)の理念〔である〕。

必然性は区別されたものの同一性を同一性として含んでいる。これが概念の形式、概念の規定である。——認識は知としてはもはや単に対象に対する形式的同一性だけではなく、具体的同一性を対象としてもっている。こうして知は意欲へと移行する。

意欲を通して人間は認識を内容に則して自分のものとする。

第一八〇〔一七九〕節　付論

【九月一五日】知は実践的理念としては善の概念というかたちで抽象的客観性を自己自身のうちにもつのであるが、その客観性はいまだ主観的であり、まだ実在化されていない。なぜなら認識における知はようやく自己自身と客観的なものとの自体的に存在する統一を生み出したにすぎないからであるし、言いかえれば、顕在的〔対自的〕には両者の単なる形式的な同一性を生み出しただけだからである。この形式的な同一性の外部で客観的世界はそれ固有の規定態をもつ、あるいはむしろもつように見えるにすぎない。善の実現という目的は次のことを含む。すなわち、

1　知は自己を端的に自己自身から規定するように振る舞い、直接的な存在はこの知によって措定された存在であるということ。

2　善の単なる自体存在は揚棄され、善は直接的存在に達し、したがって知の行うこうした措定する活動性そのものが自己を揚棄するということ。

知において主観的なものと客観的なものの統一が想定される。けれども、この同一性は一面的な同一性で

しかない。主観はなるほど外的世界を自己のうちへと取り入れはするけれども、世界がそれ自体として存在するようにしか取り入れない。しかし、この「存在する」(Ist)はここでは外的なものでしかない。

第一八二〔一八二〕節　付論

善を生み出すはずの活動性が主観的行為として前提され、また善が主観的目的として前提されていて、同じように前提された、善にとって疎遠な、固有の法則に従って存立する自然に対して固定されている限り、善を生み出すはずの活動性といえども、善を実在化することはできない。

しかしこれは外面的で有限な合目的性の立場である。この立場はここでは消失している。善の理念のために活動を行う意志は、それ自体としてそれだけで規定された理性の知、意志が自己自身のうちに含む客観的な目的の知なのである。意志は、外的客観性に対抗する活動性として、意志に抵抗できない客観性とともに、自分の主観的な姿勢、すなわち外部世界に対立する戦いと敵意ある傾向という自分の意図をもまた揚棄し、世界の客観性のうちでむしろ自己自身と合致する。すなわち、意志は絶対的な究極目的がそれ自体としてそれだけで実現しているのを見出すのである。したがって、意志の活動性は自分の真の姿においてある客観的なものに向かうのではなく、客観的なもののもとで頭をもち上げている偶然性だけに向かう。すなわち、客観性に対する敵対的な姿勢を意志にとらせることになる、まさにその立場に向かうのである。したがって活動性がもっているのは、かの絶対的実在性から障害を遠ざけるという形式的目的のみである。その目的はその実在性を自立的なものとして登場させることにあり、またこの実在性をそれがあるがままのかたちで維持する、そのためだけにある。

【九月一六日・雨】したがって活動性とは、絶対的理念が自己を疎外するための媒介者なのであるが、疎外が自己を揚棄するための媒介者でもある。

生命あるいは主観的理念は自己を自己の外へと投げ出す。理念はいつまでも自己のうちに閉じこもることはできず、自己を自己自身の外に措定しなければならない。

人間は世界〔世間〕のうちで活動的になりはじめる。人間は自己の外では自分のうちに抱いているようには善が実現していないことを洞察しながら、世界との戦いに歩み入る。しまいには人間はこの戦いをあきらめて、世界に屈伏する。あらゆる小説はこのことを描いている。人間が最後に認識することは、自分が外なる世界とではなく、自己自身と戦わねばならないということである。したがって、人間は世界と和解している。われわれはこの外に向かっての戦いの放棄を精神的に活動的な人たちのところにも、たとえば瞑想的な人たちのところにも見出す。

精神は活動的なものにして、唯一自由なるものである。

精神は自己を解放しなければならない、ということが示しているのは、精神の内的活動性は単なる抽象的理念ではなく、充実した理念そのものであるということを意識しつつ、客観的な世界のうちで自己自身のもとにあらねばならないということである。外へ出て行くということ（Hinausgehen）は意図を期待してのことである。精神は自己自身をこのように解放することによって世界を解放し、自己自身を世界のうちに直接的な存在として見出す。——精神は、本質に従って考察すれば、客観的なものがそのままそれ自体としてそれだけで存在するものであるという認識に至る。

意欲とは、主観的な理念と客観的な理念との同一性を産出することである。

絶対的理念は、あたかもその他のものが非本質的なものであるかのような意味で本質なのではなく、絶対的理念は産出するもの、準備をするものそのものであるという意味でのみ本質である。

第一八四〔一八三〕節　付論

真理とは、主観的なものと客観的なものとの一致である。概念が対象とするのは自己自身にほかならない。概念にとってはそれ以上の内容はない。概念は真理であり、自己自身を思考する理念であり、絶対的な統体性である。知の最高の段階はこうして自分自身を絶対的理念として思考することなのである。

ここには流動的でない、透明でない規定態は現前していない。形式と内容は一つである。内容とは形式にほかならない。〔先行する〕最後の〔段階の〕真剣さは意志の真剣さであったが、それは依然として善を目的としてもっていた。理念のうちには純粋な形式そのものが自己と同一的なものとしてある。疎遠な客観はもはや現前していない。

絶対的理念の統体性はそれ自身が絶対的な形式そのものにほかならない。

理性の純粋な知、純粋な光はここでは理念と一つである。

第一八五〔一八四〕節　付論

絶対的方法とは、自分の形式規定の統体性というかたちをとった概念である。ただしそれは、知が概念こそ自分固有の行為あるいは運動であることを知っており、しかも同様に自分の内容の固有の進行あるいは〔固有の〕規定であることを知っているその限りでのことである。

その限りでは絶対知というのは、直観すること、あるいは単なる形式的把握、純粋な、自己のうちで同一である普遍的なもののことである。この普遍的なものは自己のうちで自己を区別する具体的な内容をそれだけで自立したものとして投げ出し、その内容を静止的、受容的に沈思するという振る舞いにすぎない。〔これが〕分析的側面、実在論的見方〔である〕。しかし同様に絶対知は概念そのものの活動性であって、この概念にとって内容そのものは抽象的で空虚な同一性にすぎないが、この〔内容〕は自分の規定態のすべてを知的活動性から獲得する。〔これが〕総合的側面、観念論的見方〔である〕。ここでは両側面は端的に一つになる。つまり、方法はもっぱら普遍的な形式と見なされなければならず、実際この普遍的な形式のもとで形式と内容との区別を揚棄するということ自体もおのずと生じてくる。

【九月一六日・午後の時間帯、六〜七〔時〕】目的とは本質を純粋にただ単に叙述することであって、形式である。絶対的な目的とは絶対的内容と一つである純粋な形式である。ユークリッドの数学上の方法は一つの本物の技巧と見なすことができる。そこではすべてのものは静止的に平板に進行する。つまり、そこに現にあるような諸形態や諸形式は必然性を基礎にしている。しかしそれにもかかわらずこの認識は、抽象的で空虚な客観を基礎としてもっている単なる有限な認識にすぎない。なぜなら〔この認識は〕自我からではなく、単一な同一性から始められるからである。

方法はただもう単一な形式と見なされなければならない。主観的行為は絶対的同一性のなかでは客観的なものと一つである。思弁的な同一哲学においては絶対的な活動性は客観的な存在と一つである。

それこそがそれ自体でかつそれだけである概念〔である〕。

第一八六〔一八五〕節　付論

或るものが直接的であるということ、ならびに、或るものが概念それ自体であるということ、これらのことは理念においては同じことを意味している。そしてこの統一こそが抽象的理念そのものなのである。存在するもの、直接的なもの、感性的な生命あるものがそれ自体で概念であるということは、感性的な知に対立する理性の思想なのである。また反対に、もっぱら概念それ自体が、言いかえれば一般に自体的であるところのものが存在の規定態にすぎず、否定にすぎないということ、このことは同様に反省的で有限な知に対立する理性の思想である。反省的で有限な知は概念を存在というかたちに、しかも自体存在というかたちに固定するものなのである。存在を、言いかえれば自己との直接的な同一性を認識することは、哲学的には思弁的な思考である。方法のこの最初の契機においては、この思考は二つの側面をそなえたものとして、われわれと自体存在、言いかえれば普遍的なものと存在するものとして区別されている。理念はこの両契機を含んでいる。それゆえに始元において理念の区別がまだ措定されていない限りでは、区別そのものは自体的にあるいはわれわれのうちにしかない。

感性的な知は肯定的〔実定的・事実的〕なものを拠り所にしている。感性的な知にとっては、生命は存在の形式をもつ。思弁的な知は概念を堅持するということである。反省的な知は外的なもののうちにとどまるばかりではなく、自己のうちへ、内的なもののうちへ入り込む。この場合、反省的な知にとっては、この内的なものはただ単に肯定的なものだと思われており、外的なものは単なる現象だと思われている。

反省的な知は相対的なものを自分の前にもっており、単なる有限な知である。なぜなら反省的な知は単なる媒介としてそこにあり、絶対的同一性は常にこの知から逃げ去るからである。

様々な事柄のもとではこの両側面は外的な現象である。【九月一七日・本日晴】

分析的なものは、経験のうちに与えられているような存在のもとで始まる。これに対して総合的なものは抽象的なものから始まる。分析的な認識の場合には根拠は外部から取ってこられるのであって、その場を動かない。総合的な認識の場合も同様である。しかし理念は進展そのものであり、理念は判断、つまり自己自身のうちで区別された概念である。進展は理念においては内在的である。それゆえに始元は始元として措定されており、何よりも否定的なものなのである。この否定的なものはそれの規定態というかたちで措定された最初のものそのものなのである。

総合的進展の原理は区別であり、抽象的なものではない。

第一八七〔一八六〕節　付論

最初の普遍的なものは前提された定義（Definition）である。それが定義であるのは、理念を通じて普遍的なものが自分の規定をもつ限り、言いかえれば普遍的なものが結果である限りでのことである。しかしまたこの普遍的なものは本質的に自己自身を定義する、すなわち自己を規定する。〔その場合〕特有の内容をそなえた規定態がこの最初の普遍的なもののもとで生ずるということはない。というのも、その規定が成立するのは、かの最初の普遍性そのものが――それは自体的に概念なのであるから――むしろ一つの特殊的なものであり、無規定態そのものがこのような規定態である、ということにおいてであるからである。ところで、規定態は普遍的なものとしては単純な否定、分類根拠である。しかし、区別自体としての規定態はそのまま区分化（Partikularisation）であり、それゆえに定義はただちに分類（Einteilung）である。分類は普遍的なものそのものを特殊的なものへと自分で引き下げること以外のものではなく、その結果として最初の普遍的なもの自身が自分の分類の一つの項となり、他のものは普遍的なものの否定的なものとして措定されているにすぎない。概念の自体存在は、この契機においてはそれがあるところのものとして、すなわち否定的なものとしてはじめて登場する。

　この第二の契機は、抽象的に受け取られるならば、肯定的なものの否定的なものへの関係であり、有限性一般の強固な立場、言いかえれば反省、他のものが他のもののうちで映象するという強固な立場なのである。ところで思弁的なものが反省の立場と袂を分かつのはここにおいてである。より厳密に言えば、思弁的なものはいまやすでに現前しているところのものの把捉（Auffassen）である。すなわち肯定的なもの、直接的な存在、普遍的なものとして措定されているところのものはすでにそれ自体としては否定であるがゆえに、第二の契機はそれ自体としてはすでに第三のものであるばかりではなく、肯定的なものの否定的なものへのこうした関係のうちにおいてもまた否定的なものとして措定されて［いる］ということ、このことの把捉である。思弁的なものがこうした把捉であるために、無限な同一性はすでに現前して（vorhanden）いるのである。この進展は内在的な構成であり、内在的な証明である。より高い哲学、すなわち哲学［思弁的な哲学］[34]のみがこのことを可能にする。

　学の始元は前提されたもの、純粋に直接的なもの、ただし、自分の規定を理念のなかにもっているようなそうしたものである。それはちょうど、存在に関して存在が理念の純粋な否定であると示されていたのと同様である。絶対的に前提されたものなどは、けっして存在しない。感性的なものは存在を前提としている。定義（Definition）は終わり（finis）に生じる。定義はギリシャ語ではホロス、限界に由来するホリスモスのことを言う。――定義は規定態である。

　普遍的なものは自体的には概念である。真なるものは一面的な過程にすぎず、偽りは単に弁証法であり、揚棄することにすぎない。普遍的なものは自体的には概念、統体性である。しかしこの自体存在は普遍的なものを同時に否定となし、そのことによって特殊なものとする。
　反省が有限性のうちにとどまるのは、反省のうちでは肯定的なものと否定的なものとが相互に対立したままだからである。

第一九〇〔一八九〕節　付論

【九月一七日・晴】方法は〔自己を〕知る形式である。――概念諸規定は、それらがそれ自体で概念の統体性である限りにおいて、内容である。

　終わりは先行する観念的な二契機の同一性としてあるが、それはそれらの同一性でありながらその二契機に対して、すなわち形式に対して、無関心であって、内容は措定された概念である。内容は〔内容であると〕同時に概念そのもののうちにある形式であると規定されているが、〔そう規定されるのと〕同様に、すぐさま自己を区分して分類する。この分類は実在的（reell）である。諸契機は、内容に即して措定された契機、あるいは観念的な契機として存在する。第一の観念的な推理が、第二の、実在性の推理に移行してしまっている地点はここである。この第二の推理のなかで対立の二側面は――それらが採っている観念的な規定態のままで――同時に概念の統体性としてある。言いかえれば、方法との関係で、対立の両契機が内容そのものに基づいて現象してくる点が存在する。この内容は規定態に対しては不動のものであるが、規定態のなかで措定されているのであって、動きを促すものであり、活動性であり、おのれに内在していると同時に措定されてもいる弁証法なのである。これによって現れている二重のものがある。それ〔の一つ〕は観念的な諸規定から、言いかえれば媒介から、その諸規定の同一性が立ち現れるということである。そして〔もう一つは〕それと同時にこの同一性、概念、両側面の唯一の内容が直接に自己と合致し、それゆえに自己が過程の結果であることも、普遍的で、不動で、根源的なものであることも顕現してきて、そうしたもののなかでは単一な、自体存在と同一的な対自存在へ向かう運動は自己を揚棄しているということである。これは概念が自己を理念に帰着せしめるということであって、だから理念というのは必然性を免れた、自己自身をそなえた自由な過程、つまり第三の推理なのである。

　光と闇は観念的な契機であり、それらの統一が色である。色はさらに分類される。そのように存在と本質は観念的な契機であり、概念がそれらの統一である。概念は、すでに述べたように、さらにまた分類される。

　自己を知る形式としての方法はもはや内容と異なるものではない。概念は矛盾であるから活動性である。活動性が何かを引き起こすのではなくて、引き起こされるべきものは、すでにそれ自体でかつそれだけでそこにあったのでなければならないのである。活動性というのは、陰なるもの、映象であって、この映象から顕現〔Manifestation〕は立ち現れる。

第一九二〔一九二〕節　付論

思弁的な理念、自己を知る理念は、あらゆるものを真なる本質としての自分の普遍性のうちに含む、一なる理念でもあれば、真理の絶対的な形態、言いかえれば純粋な、自己に対して現在する真理そのものでもある。しかしこの理念は同時に自己を引き下げて次のような形態にする、すなわち、自分自身の一方の分肢として存在し、抽象的普遍性のうちで自己を自分の直接的な前提となすという、すなわち自然、直観する理念あるいは直接的な理念であるという形態である。しかしそれ〔この形態〕はまた結果であり創造であり、そうである限りでのみ、それ〔理念〕をそれだけで〔対自的に〕生成させるはずの根拠なのである。というのはこの根拠はそれ〔理念〕の自由の契機であり、それ〔理念〕はこの根拠の直接態のなかでも自分自身を失うという状況のなかでも自分自身を絶対的に信頼しているからである。

精神的な本質は絶対的理念そのものである。自己を直観する理念としての概念は自然である。

このように自己に合致することは単にわれわれにとってのみあるのではなくて、それはみずからを分けるべく決定をし(35)、自己自身を規定し、措定する理念である。

絶対的理念は直接的に自然である。自然としては、絶対的理念は自然が受け入れる根拠であり、自己を高揚させる脈動である。

措定された存在としてのこの直接的な理念はまた再び自分自身の一契機、自由の一契機にすぎなくなる。

自己を知るこの理念は論理的な自己（Selbst）である。だから、われわれの出発点であったこの自己でもってわれわれはまた論理学を閉じなければならない。

一八一七年一〇月一七日終講

訳注

Ⅰ 『哲学的諸学のためのエンチクロペディー要綱』

著者序言

（1） 哲学が本質的に「エンチクロペディー」であり「体系」であるべき点については、本書第六節から第八節を見よ。論理学の内容が理念であり思考諸規定の体系であることに関しては、本書第一二節および講義録第一二節付論、第一七節付論に説明がある。またヘーゲルの言うところの「証明」とは、内容そのものがもっている弁証法的運動を叙述することであるが、それについては『大論理学』の「第一版序文」、「緒論」および、『精神現象学』序文（証明との関連では特にHW3: S. 61f.; 金子訳上六三頁以下）でも示されている。

（2） 「外的合目的性」（eine äußerliche Zweckmäßigkeit）とは、事項の配序や章立てなど外形的な構成を整えておさまりをよくするだけで、概念相互の内的必然性は顧慮されない、の意。本書第一〇節を参照。

（3） 内容と方法の一致については、本書第一七節、第一八五～一九一節、講義録第一七節付論および第一八四〔一八三〕節～一九〇〔一八九〕節付論を参照。

（4） ヘーゲルの言う「進展」（Fortgang）については、本書第一八八〔一八七〕～一八九〔一八八〕節および講義録第一七三〔一七二〕節付論を見よ。

（5） GW版の注（GW13: S. 722, Anm. 5, 20-21）によれば、ここで槍玉に挙げられているのはシェリングの信奉者・追随者たち、たとえばカトリックの文筆家・政論家・思想家のゲレス（Johann Joseph Görres: 1776-1848）、哲学者ヴァーグナー（Johann Jakob Wagner: 1775-1841）などである。

（6） この „die ernstliche Liebe der *höheren Erkenntnis* unbefangen ...“ という部分について、これまでの邦訳では der を二格と解しつつも方向・対象の機能を添加して、「より高い認識への愛」としている。本訳でもひとまずそのように訳出したが、der が zur とされていない以上、むしろ der を三格としたうえで „der *höheren Erkenntnis* unbefangen“ をひとまとまりの成分と見なし、「〔真に学的な哲学を志向する〕真面目な愛好心がより高次の認識というものに対して／について、こましゃくれた態度をとるほどに擦れてはいない／凝り固まった先入見にとらわれていない」と解する方が適切かもしれない。

（7）無媒介な直接知や感情を無二の前提と思い込んでいる時点では、哲学的関心もいまだ哲学知の境位に達していない。したがって、直接知の見地も概念的把握の「成果」としてはじめて体系のうちに位置づけられうる、と悟るまでには至っていない。ヘーゲルにとって、哲学的関心もはじめは真理の概念的把握を「見くびって歯牙にもかけていないように見える」ゆえんである。けれどもこの関心は直接知や感情に飽き足らず、理性的な洞察をいっそう推進し深化させていく。そしてゆくゆくは、（『精神現象学』の「序文」にあるように）「概念の努力を自分で引き受ける」（die Anstrengung des Begriffs auf sich zu nehmen〔HW3: S. 56; 金子訳上五六頁〕）営みがとどのつまり直接知の見地を受け容れる下地ないし「条件」になっている、との視座を獲得するようになる。哲学的関心はこうした局面において自身を駆り立てている力すなわち「衝動」を最も鮮明に映し出す、とヘーゲルは観察しているのである。概念的把握の意義については講義録第一二節付論七も参照せよ。

緒論

（1）一応第三版第一節に対応しているとしたが、実際には冒頭数行に本説の冒頭数行が流用されているにすぎない。初版第一節では哲学以外の諸学が表象の立場であることが述べられて、いわば「からめ手」から哲学へのアプローチがされているのであるが、第三版第一節でははじめから哲学の無前提性が強調されている。

（2）原語は„an und für sich“であり、「即かつ対自〔向自〕的」という従来の訳語であったが、寺沢恒信氏が『大論理学』の訳書で「それ自体で自立的に」と訳し、成功しているのを受けて、同じように、もしくは文脈に応じて「それ自体としてかつそれだけで」などと訳している。なお、„an sich“は「即自的」という訳が定着しているが、本訳では「それ自体で」、「それ自体として」、「自体的に」と訳している。したがってAnsichseinも「自体存在」とする。「即自」よりも「自体」の方が、言葉としてなじみがあるからであるし、他の言葉にも応用が利く。たとえばカントの„Ding an sich“は「物自体」と訳される。また„für sich“は「対自的」あるいは「向自的」と訳されているが、こちらは文脈に応じて「それだけで」、「単独で見れば」など、訳し分け、必要に応じて〔対自的〕と補った。ただし、Fürsichseinについては、むしろ「対自存在」の方が術語として表現しやすいので、そのままにした。

（3）「ああだこうだと探す」という訳の原文は„um bei sich und anderen zu suchen“。これを直訳すれば「自己のもとにも他者のもとにも探す」となる。ヘーゲルにおいて„bei sich sein“——「自己のもとにある」というのは、主体のあり方を示す積極的な用語であるが、ここではそのような意味には取れない。「自己と他者」が何であるかということを考えると、①「自分と他人」と解する場合には経験的方法を「相互主観的概念の形成」だと解釈することになる。さらに②「主観と対象」と取って主客の同一性を求めるあり方として、また③「挙げられたあれこれの規定」と解して共通概念の形成として取ることもできるが、いずれも分かりづらい。本訳ではいずれの解釈の可能性もとらず、単なる熟語的表現と解して本文のように訳した。

（4）『純粋理性批判』B八三三が出典である。GW13の注ではさらに以下の書が指示されている。Immanuel Kants Logik, ein Handbuch zu Vorlesungen [hrsg. von G. B. Jäsche], Königsberg, 1800, S. 25; Kant, Schriften, Bd. 9, S. 25.

（5）「さておいて」の原語はUnabgesehen（見逃すことなく）であるが、意味が通らないのでAbgesehenの誤植と解する。GW13では、そう訂正されている。

（6）ニュートンらの著作、および原注のトムソンの雑誌についての詳しい情報は、GW13の注（S. 722. 17, 4-5; 17, 29-32）に記されている。

（7）「主観性、自我」は、原文では „die Subjektivität das Ich" となっているが、die Subjektivität と das Ich の間にコンマを入れて読んだ。GW13ではそう訂正されている。フランス語訳はこれが „die Subjektivität des Ich" である可能性も指摘し、そう訂正して読んでいる。「凡例」に記載したフランス語訳の p. 157を参照。

（8）「事実肯定的」と訳した原語は positiv である。positiv はコントの Positivism 以降、現代では「実証的」と訳されるが、ヘーゲルの時代においてはまだそういう訳語を確定できない。通常ヘーゲルの文献において positiv は「既成的」、「実定的」と訳されるが、「学」の形容詞としてはふさわしくない。ここでは positiv とは要するに「前提」されているものを無批判に「事実」として捉える立場に対する形容なので、意味内容をとって「事実肯定的」と訳した。

（9）GW13の注によれば、ヘーゲルがここで言及している「エンチクロペディー」としては、以下のものが考えられる。Carl August Schaller: *Encyclopädie und Methodologie der Wissenschaften*, Magdeburg, 1812. Ludwig Heinlich Jakob: *Tabellarischer Abriß einer Encyklopädie aller Wissenschaften und Künste*, Halle, 1800. Wilhelm Traugott Krug: *Versuch einer Systematischen Enzyklopädie der Wissenschaften*, 3 Teile, Wittenberg und Leipzig, 1796/Jena, 1797/Züllochau, 1809.

（10）第三版では können が補われている。GW13でも同様。

（11）第三版によって und を u. s. f に訂正。GW13でも同様に訂正されている。

（12）原文は „um für sich sein" だが、第三版に従い、„um für sich zu sein" と zu を補った。GW13でも同様の補いがなされている。

Ａ　論理学

予備概念

（1）「境地」をなすというのは、思考こそが論理的な諸理念がその中に存在し、運動する場であるということを意味する。

（2）第三版に従って「引き返して」zurückziehen を zurückzuziehen に、「純粋な思想のうちで」„in solchen" を „in solchem" に訂正して訳した。ＧＷ13でも同様に直されている。

（3）「思考が鍛えられること」の原文は „daß es im Denken geübt wird" である。本文ではこの es が Subjekt を受けていると解したが、それを形式主語と取り、形式主語受動文として訳すこともできる。だがその場合の訳は、単に「論理学による鍛練というのは、思考が鍛えられることにある」となるので、意味はどちらでも大差はない。

（4）「反省」とは、関係する二つの項、たとえば左右、善悪などを必然的に関係づけることを意味するが、その際これら関係項の自立性は否定されないで残っているという関係を指す。これが「概念」となると、統一される項はすべて自立性を失って「契機」となる。

（5）原文に ihm とあるのを「原理」と取り、原理とは「弁証法的なもの」であるから、「弁証法的なものとしての原理」と訳したが、「内容」と取って解釈することもできる。その場合には、「個々の内容そのもののなかに自己の有限性を超える根拠がある」という、それなりに面白い解釈が成り立つ。

（6）「自分の」の原語は ihr であるが、受けるものが見当たらない。ＧＷ13で sein と改訂されているのを採用して、das Geschäft（営み）と取る。

（7）「近年（in den letzten Zeiten）そうなってきた」というのは、ヴォルフ学派の形而上学などを念頭に置いて、それらの哲学の悟性的性格がはっきりしてきたという意味であろう。

（8）グロックナー版ではこの節には第一四節と番号が打ってあるが、明らかな誤植である。今後はこのような分かり切った誤植には注を付けない。

（9）ここでヘーゲルが念頭に置いているのは、主にクリスティアン・ヴォルフの存在論である。彼の存在論に関する主著は以下の『第一哲学』である。Christian Wolff: *Philosophia prima, sive ontologia, methodo scientifica pertractata, qua omms cogmtionis humanae pricipiae contmentur.* Editio nova priori emendatior, Frankfurt und Leipzig, 1736.

（10）ＧＷ13の注（GW13: S. 723. Anm. 28, 15–16 / 28, 16–18）で挙げられている参考文献は以下のとおりである。主語に述語を「付け加える」ことに関しては、B. Maaß: *Grundriß der Logik.* S. 96（「定言判断」についての章）。B. Kiesewetter: *Logik zum Gebrauch für Schulen*. S. 32. 矛盾については、前注で挙げたヴォルフの書のS. 15以下（Pars I Sectio I. Caput I. De Principio Contradictionis）。

（11）「霊魂論」あるいは「合理的心理学」は、心の本質を考察する形而上学である。ヴォルフの同名の著作がある。Christian Wolff: *Psychologia rationalis methodo scientifica pertractata, qua ea, quae de anima humana indubia experientiae fide innotescunt, per essentiam et naturam animae explicantur, et ad intimiorem naturae ejusque autons cognitionem profutura proponuntur*. Editio nova priori emendatior, Frankfurt und Leipzig, 1740. ＧＷ13の注（GW13: S. 723. 28, 29-31）では Pneumatologie の参考文献として挙げられているのは、Christian August Crusius: *Entwurf der nothwendigen Vernunft-Wahrheiten, wiefern sie den zufälligen entgegen gesetzet werden*, Leipzig, 1745, S. 819ff. 「不死性」については、ヴォルフの前掲書、S. 621-665: Sectio IV. Caput II. De Animae ortu, unione cum corpore & immortalitate.

（12）宇宙論についてのヴォルフの著作は、Christian Wolff: *Cosmologia generalis, methodo scientifica pertractata, qua ad solidam, inprimis dei atque naturae, cognitionem via sternitur*. Editionova priori emendatior, Frankfurt und Leipzig, 1737. また、ＧＷ13の注で挙げられているのは（GW13: S. 724. 28, 33）、Crusius, ebd., 649ff.

（13）自然神学についてのヴォルフの著作は、Christian Wolff: *Theologia naturalis methodo scientifica pertractata. Pars prior, integrum systema complectens, qua existentia et attributa Dei a posteriori demonstrantur*, Editio nova priori emendatior, Frankfurt und Leipzig, 1739; *Pars posterior, qua existentia et attributa Dei ex notione entis perfectissimi et natura animae demonstrantur, et atheismi, deismi, fatalismi, naturalismi, Spinosismi aliorumque de Deo errorum fundamenta subvertuntur*, Editio secunda priori emendatior, Frankfurut und Leipzig, 1741.

（14）この（b）の叙述は第三版では若干書き改められ、〔1〕を論拠として、そこから entweder-oder という二者択一として〔2〕と〔3〕が位置づけられるという論理展開になっている。これに対してこの初版では、〔1〕、〔2〕、〔3〕が三者並列で entweder-oder-oder のなかに入れられており、それらの論理関係はひどく分かりづらい。第三版で叙述が改善されたよい例と言えるだろう。

（15）ＧＷ13の注（GW13: S. 274. 30, 1）では、ヴォルフの Theologia naturalis の Pars II. Caput II. De Intellectu Dei. S. 144: § 158 が指示されている。

（16）この節は『純粋理性批判』の「緒論」の議論を論じている。

（17）この節は『純粋理性批判』の「超越論的感性論」を、この節および次節は「超越論的論理学」の第一部門「超越論的分析論」のうちの「概念の分析論」の議論を論じている。

(18)『純粋理性批判』B 343を参照。

(19) 以上の議論は、『純粋理性批判』の第二部門「超越論的弁証論」の簡単な要約である。

(20)『純粋理性批判』B 25-26を参照。

(21)『大論理学』(初版)では、ヘーゲルはしばしばカント批判を展開しているが、カテゴリーの導出に関して取り上げている箇所は、以下のとおりである。(1)「緒論」Einleitung(GW11: S. 18-19; 寺沢訳1、四六～四七頁)、(2)第二編・第一章・「A 純粋量」の注解2(GW11: S. 113-120; 武市訳上巻の二、九～二三頁)、(3)第二編・第二章「定量」の「C 量的無限性」・「b 量的な無限進行」の注解2(GW11: S. 147-150; 七六～八二頁)。

第I部 存在論

(1)「a 存在」という見出しは、テキストでは節番号の後に置かれているが、後に出てくる「b 定在」、「c 対自存在」などはいずれも節番号の前に置かれているので、体裁を整えて、第三八節の前に「a 存在」というタイトルを置く。

(2)「予備概念」の最終節が三七なのに、ここ「存在論」は三九と節番号が打たれて第三八節がなくなっている。単純なミスと考え、三八と修正し、以下一つずつ番号がずれる。GW13でも同様に訂正されている。

(3) GW13の編者は、この段落をキリスト教神学ではなく、カントとヤコービに関連づけている。すなわち、「あらゆる実在性の総括」については、『純粋理性批判』のB 605, 607, 610を、「あらゆる定在のなかの定在」については、ヤコービのいわゆる『スピノザ書簡』(*Ueber die Lehre des Spinoza*)の61を挙げている。

(4) フィヒテの自我=自我については、『全知識学の基礎』(*Grundlage der gesammten Wissenschaftslehre*)、シェリングの「絶対的無差別」は『わが哲学体系の叙述』(*Darstellung meines Systems der Philosophie*)を参照。

(5) 原語は Negativität であるが、これには二重の意味がある。一つは「否定する運動」、すなわち、自己に対して他者を対立させ、この対立する他者の自立性を奪って自己同一性を回復する運動であり、この場合には「否定性」と訳す。いま一つは、この関係運動のなかで関係項の一方として立てられた規定された存在のことを指す。この場合は「規定態」と同じ意味であるから、「否定態」と訳すことにする。„Das Negative"も同様に「否定するもの」と「否定されたもの」という両様の意味になるが、訳文では表せないので両方とも「否定的なもの」と訳してある。

(6) Nachdenken/nachdenken という術語はB 2以降では対象と関係する思考として重要な意味で使われ始める。それは第三版の「予備概念」(Vorbegriff)の第二一、二二、二三節において詳しく取り上げられ、たとえば第二一節では、「思考が対象との関係において働くものと捉えられるとき、すなわち何ものかについての Nachdenken と捉えられるとき」とある（松村訳では、「思惟」と訳され、Denken と区別ができなくなっている）。しかし初版のここ、および四行下のそれは、存在と無との統一を理解できない非思弁的な思考を表すために使われているため、本文のように訳した。しかしさらに数行先の「追考」（省察）と訳したところでは、今度は第二版以降と同じ意味で使われているようである（第四〇節）。

（7）「存在の、ならびに無の真理」の「無」はテキストでは „das Nichts“ であり、„Die Wahrheit des Seyns“ と同格であるから、直訳すれば「存在の真理ならびに無」となる。ところがこれがB２以降は „des Nichts“ に変更されているので、誤植と見て本文のように訳した。

（8）「どうでもよい」の原語は gleichgültig である。これはヘーゲルの和訳においては「無関心的」と訳されることが多いが、文字通りの意味である「等しく当てはまる」を活かして文脈によって「何であってもかまわない」「何にでもあてはまる」などと訳し分けることにする。

（9）この節で「〔概念的に〕把握する」と訳したのは begreifen である。ヘーゲル哲学の用語としては、事柄をその媒介過程とともに統体として把握することを意味する。その意味ではっきり使われる場合は「概念把握する」と訳す。

（10）「そこで示されたこと」と訳した語は、テキストでは diß es となっているが、dieses の誤植と見なし、前の行の „diß angegebene“ を指すものととった。ＧＷ13でも同様に校訂してある。

（11）「特有の定量」の原語は „das specifische Quantum“ である。specifisch という言葉はラテン語の species すなわち類とか種とか言う場合の「種」から来ていて、或る物質を他から区別するそれ特有の規定を示すときに使われる。たとえば „das spezifische Gewicht“（比重）と言えば、現在の定義では一立方センチメートルあたりの重さ（体積－重さ）、空間の充実度のことである。たとえば銀はそれ独自の比重をもち、それによって金や銅とは区別されていて、この比重の違いによって諸金属の系列がつくられることになる。本文の „das specifische Quantum“ は、或る物質がもつ固有の定量のことを示しているが、ただしその固有の定量の度量内では増減が可能なことを言っている。

第Ⅱ部　本質論

（1）原語の Schein には「映象」（えいしょう）、それの動詞形 scheinen には「映象する」という訳語を当てた。動詞の scheinen（輝く、光る）およびその名詞形の Schein（輝き、外見）をどう訳すかはヘーゲル論理学の翻訳上、常に問題になるところである。Schein の定訳は「仮象」であるが、この日本語は「見せかけ」というニュアンスが強すぎるので「映現」という訳語も定着していた。もちろんヘーゲルの言うSchein は「見せかけ」という意味があるのであるが、その見せかけはあくまでも本質を背後にもっていて、本質が具体的なもの、個別的なものとして支える存在根拠であって、これに対して、これまで「存在」（Sein）という確固とした直接態として見られてきたものは、実は「本質」を根拠として存在するだけの非自立的なもの、関係項にすぎないということが措定される（媒介的に示される）と、Sein はSchein に転じる。したがってSchein は「存在」に対しては「映在」と言うべきものであり、動詞のscheinen は、本質という光源から直接的存在をその輝きとして解き放ち、その光源を反映し、常に光源である本質との相関関係のなかにしか存在しない直接態を生み出す運動であって、後にReflexion と呼ばれるものと同義である。本質を反映した存在（象、姿、表れ）として、「反映」が最もよくそのニュアンスを伝えるのであるが、「反映」はWiderspiegeln の訳語として定着している。そこで、「映象」という言葉が漢字の組み合わせとしてはそれに次ぐと考え、この訳語を採用した。ちなみに「映象」は「映像」（えいぞう）と同じ意味であり、映像はまさしく「光（本質）の反射（反省）によって映し出される形象」の意味である。しかし「映像」という漢字だと写真や映画など具体的なものがイメージされてしまう。この点でも「映象」という文字がよいと判断した。

（2）「自己のうちで映象する」の原文は„Scheinen in sich“である。このin sich が三格（「自己のうちで」）か四格（「自己へと」）なのかはヘーゲルを訳すうえで常に問題となる。„Reflexion in Anderes“という言い方の場合にははっきりと四格であるが、それと合わせて„Reflexion in sich“は「自己への反省」と訳してある。それにならって„Scheinen in sich“も「自己へと映象する」（自己という形をとって姿を現す）と訳してよさそうであるが、そうとも言いきれない。「他者＝自分の否定態を介して自己へと還帰する」という意味では四格的だが、この他者が自分自身から区別された自分の一形態であって、まだ実在化された他者ではなく（そうであるなら、それは物、現実存在、現象などになっている）、自己の内部にとどまる他者である限り、この運動は自己のうちで行われる。結局、このin sich に三、四格の区別をはっきりつけることはできないのであるが、とりあえずここは他者が実在化していない段階なので、三格と取って訳しておいた。

（3）「こうした〔存在論における諸規定である〕もの」の原文はdieselbe であるが、これをその前に出てくる「規定態、否定、限界」を指すととった。なお、第二版以降はこのdieselbe は削除され、「…規定態、限界ではなく、むしろ自己に自己を関係づけるものである本質のうちにあるものとして、否定は」という文に整理されている。

（4）テキストは„fällt derselben außer ihnen“であり、このままだと主語のない文章となるため、第三版に従って

derselben を derselbe と校訂し、Unterschied を受けるものとり、これを主語として読んだ。GW13でも同様に校訂している。

（5）原文は „was die Seiten der Gleichheit“ で、Seite が複数になっている。しかし後の die Seite der Ungleichheit とそろえて、„was die Seite der Gleichheit“ と校訂して読む。GW13でも同様に校訂している。

（6）原文は „der sich äußerliche Unterschied“ である。この sich を相互代名詞と取り、「同等性と不等性とは互いに外的な区別にほかならない」と取ることもできるが、Unterschied が単数であるから、ここではつまり外から比較によって貼り付けられたレッテルであるという意味で同等性と不等性とのそれぞれが自己に外的な区別であるという意味に解した。

（7）これについては、ライプニッツの『モナドロジー』第九節を参照。

（8）原文では „der Unterschied seiner selbst“ であるが、第三版では „der Unterschied seiner von ihm selbst“ となっており、GW13では [von ihm] の部分が補われている。

（9）ライプニッツの『モナドロジー』第三二節を参照。

（10）英語の have、ドイツ語の haben などが完了形を作るのに使われることを指している。

（11）原文は „sind sie nicht sowohl Dinge“ であり、GW13でもそのままである。そうだとするとこの部分の訳は「それらの性質は、もつという関係において他者へと反省を伴った諸性質でもなく、諸々の物でもなくて」というようになるだろう。しかし第三版ではこの sowohl が selbst となっており、その方が素直に意味が取れるので、ここでは selbst の誤植と考えて訳した。

（12）原文は „und was nur Aeusserliches ist, ist auch nur ein Aeusserliches“ であるが、後の方の Aeusserliches は内容から考えて、明らかに Innerliches の誤植である。ズールカンプの第三版およびGW13でも、そのように校訂されている。

（13）以下は、アルブレヒト・フォン・ハラーが一七三〇年に書き、一七三二年に発表した詩をヘーゲルが少し変えて引用したもの（Albrecht von Haller, “Die Falschheit der menschlichen Tugenden” in: *Versuch schweizerischer Gedicht*, Bern, 1932)。ヘーゲルが変えているのは、後半の「その外なる殻だけでも知りうれば／このうえなき幸せ」の部分。ヘーゲルの引用文は „wenn er nur die äussere Schaale weißt“ であるが、ハラーの原詩ではここが „wenn sie noch die äussere Schaale weist“「自然 sie がその外なる殻くらいは示してくれれば！」となっている。ヘーゲルは主語を sie = Natur から er = Geist に、動詞を weisen = 「示す」から wissen = 「知る」へと変えてしまっている。ズールカンプ版のヘーゲル著作集第八巻（S. 275）およびGW13（S. 726-727 の Anm. 62, 7-9）を参照。

（14）『純粋理性批判』B 266を参照。

（15）「a　実体性」および以下に現れる「b　因果性」、「c　相互作用」は目次にのみあり、本文には欠けているが、補っておいた。

（16）この「実体」は sie であり、実体全体の働きを示す文として解釈してみたが、Ursache「原因」ととって解することもできる。

第Ⅲ部　概念論

（1）この部分の原文は „daß es auf die Form als solche des Begriffs, des Urteils und Schlusses [, aber] ganz und gar nicht [darauf] ankomme, ob Etwas wahr sey; sondern dieß hänge ganz allein vom Inhalte ab“ となっている。［　］のうちの言葉はヘーゲル自身が第三版の対応部分で加えたものである。ＧＷ13もそれを受けて、テキストに前述のように［　］を入れて第三版の補いを入れて校訂している。

（2）„das Allgemeine, das Besondere, das Einzelne“ はそれぞれ「普遍的なもの」、「特殊的なもの」、「個別的なもの」であるが、適宜簡略化して「普遍」、「特殊」、「個別」とする。

（3）「明断」（klar）、「判明」（deutlich）はデカルトが真理の基準として提起したものであるが、ＧＷ13の注（GW13: S. 727, Anm. 75, 11–12）では B. Kiesewetter: *Logik zum Gebrauch für Schulen* の第三六～三七節をヘーゲルが念頭に置いていた可能性を指摘している。そこでキーゼヴェッターは明断、判明な概念について論じている。

（4）ＧＷ13の注（GW13: S. 727–728, Anm. 75, 20–24）では下位概念（subordinierte Begriffe）と上位概念（koordinierte Begriffe）については、一例として Maaß: *Grundriß der Logik* の第五二節、五六節、五九節が、そして反対概念（kontäre Begriffe）と矛盾概念（kontoradiktorische Begriffe）については、同書の第五〇節、キーゼヴェッターの前掲書、第五八節が、またこうした諸概念を「枚挙する」ことに関しては、マースの第五五節以下が、肯定概念と否定概念については、キーゼヴェッターの第六〇節が指示されている。

（5）この原語は „die einfache Identität seiner Bestimmungen“ であり、この sein は Schluß を受けるはずなのであるが、第三版ではこれに相当する語が「判断の形式区別」（Formunterschiede des Urteils）となっており、内容的にもそれが妥当であると思われる。そこで訳文では「判断」という中性名詞を受けるものとした。

（6）原語は er であり、文法的には以下に二度出てくる「その」（sein）とともに「推理」を受けるはずである。しかし内容的には「概念」の方がふさわしい。実際、松村一人は第三版の訳（岩波文庫）でこれを「概念」と訳している。

（7）ＧＷ13の注（GW13: S. 728, Anm. 82, 14–15）では、理性推理の参考文献として『純粋理性批判』の B 359 以下とともに、Johann Heinrich Tieftrunk: *Grundriß der Logik*

(Halle 1801)の一七〇頁以下が挙げられている。

(8) 第三版に従って、„einer subjektiven“を„als eine subjektive“に変える。GW13でもそう校訂されている。

(9) この節はグロックナー版では第一三二節であるが、次の節も第一三二節となっており、明らかな誤植である。はじめの一三二〔一三二a〕は一三一とし、次の節〔一三二b〕を一三二とする。これにより、グロックナー版とGW13の節番号はこれ以下一三七節まで一致する。

(10) 三段論法については、アリストテレスが『分析論前書』でほぼ定式化したが、そのうち第四格だけは後世に付け加えられたものである。付け加えたのはガレノス(Galen: 131-201)であるという説が流布していたが、現在では確証されていない。

(11) 正しい推理を「引き出す」の原語はグロックナー版では herauszudringen であるが、第三版ではこれが herauszubringen となっている。訳ではこちらを採用した。おそらくは単純な誤植であったのだろう。GW13でもそう改められている。

(12) 第三版でははっきりと「悟性推理」となっている。

(13) この節と次節も番号が繰り返されて第一三八節となっている。GW13と同様に、次節を第一三九節と改める。

(14) Anselmus: *Proslogion*, Caput II. アンセルムス『プロスロギオン』(長沢信寿訳、岩波文庫、一九四二年)二五頁を参照。

(15) 「それのうちでは」の原語は„in demselben“である。この demselben は文法的には前の(訳文では後の)「揚棄する」(Aufheben)を受けるのが適当であり、その場合意味はとりがたい。あえて解釈すれば、「展開を揚棄する段階にまで進んだ概念にとっては、展開の過程は概念や推理といえども悟性的な段階と見なされる」という程度の意味になる。しかしこの demselben は、内容的には、「判断や推理」と取った方がよいであろう。つまり判断と推理においては、概念の展開は、悟性的な区別された諸規定を契機としても、それらの関係として叙述されるという意味だと解釈できる。

(16) 原文は„sich entschließen“である。これを「決断する」という日常用語として訳すのは、論理学の用語としてはいささか擬人的で不自然になってしまうが、ヘーゲルは人間の内面的行為を示すこの言葉を活かして、推理(schließen)から抜け出て(ent)一つの直接態になるという事柄自体の論理に転用しているのである。第三版ではもっと進んだ箇所でこの言葉について次のような説明をしている。「……或ることを決心した(man habe sich zu etwas entschlossen)、ということによって表現されるのは、主観がその単にそれだけで〔対自的に〕存在しているにすぎない内面性から歩み出て、自分に対峙している客観性と関係を結ぶということである」(第二〇六節補遺)。

(17) カント『判断力批判』第六六節を参照。

(18)「近世の目的論の概念」の原語は „über den Begriff den modernen Teleologie" であるが、第三版（第二〇四節注解）によってこれを „über dem Begriffe moderner Teleologie" に訂正する。GW13では „über dem Begriffe der modernen Teleologie" と校訂されているが、訳するうえでは同じである。

(19) 第三版により „eingeschlossen, ist" を „eingeschlossen ist" に訂正する。GW13でも同様に訂正されている。

(20) この「それの」は原文では „ihr Negatives" の ihr であるが、これが指すものとしては「両過程」か「自立性」が考えられるが、どちらにしても意味は分かりにくい。GW13でも ihr のままであるが、ズールカンプ版の第三版の校訂では、この ihr は削除されて単に „das Negatives" となっており、こちらの方が適切である。

(21) この部分の原文はグロックナー版では „der freye sich und hiemit selbst zur Realität bestimmende Begriff" であるが、第三版ではこれが „der freye, sich selbst und hiemit zur Realität bestimmende Begriff" となっている。元のままでも意味は十分取れるが、後者に従っておく。GW13でも同様であるが、ただし freye の後のコンマはない。

(22) この「理念のなかに」は „in ihr" である。ihr を本節冒頭の Die Idee と取ったわけだが、いささか遠い観もある。これをより近い「統一」(Einheit) と取ることも可能だが、内容から見て理念と取るのが適当と考えた。

(23)「それらの自己への無限な還帰つまり同一性」の原文は „in ihrer unendlichen Rückkehr, und Idenntiät in sich" である（ここの ihrer は内容から見て前註の ihr = 理念ではなくて、「悟性のすべての相関関係」„alle Verhältnisse des Verstandes" である）。最後の in sich がどのようにかかっているのか分かりにくい。GW13ではこのままだが、ズールカンプ版の第三版のテキストでは、Rückkehr のあとのコンマは省かれている。この校訂に従えば、in sich を Rückkehr にもかけることができ、「自己への還帰」、すなわち自己同一性となる。しかしこの „in sich" が同時に Identiät にもかけられている。通常の自己同一性なら „Identiät mit sich" であり、„Identiät in sich" はあまりない表現である。ここでは „in sich" を Rückkehr にもかけ、„Rückkehr und Identiät" をいわゆる「二語一想」と解し、自己へと還帰した結果成立した同一性という意味に取った。元の原文通りに訳すなら、「それらの無限な還帰つまり自己のうちでの同一性のなかに含まれている」となるが、それよりも本文のように訳した方が理解可能だからである。

(24) この文章は、„dessen Seiten, jede die selbständige Totalität sind, und eben dadurch, daß jede sich dazu vollendet, in die andere übergegengen ist" である。GW13でも変更はないが、ズールカンプ版第三版の該当箇所では Totalität sind の sind を削除して „jede die selbständige Totalität in die andere übergegengen ist" となっていて「自

立的な諸側面の各々が他の側面へと移行してしまっている」と読むように編者が独自に校訂しているが、ここではヘーゲルの原文のまま „in die andere übergegengen ist" は daß 文章のなかにある副文として訳した。

(25) 原文は „von dessen Aeusserlichkeit jener" である。この jener は男性一格なので、「概念」(Begriff) と取るべきであろう。しかしズールカンプ版第三版では、jene と女性一格に改訂されている。この場合は「魂」(Seele) と取らねばならない。といっても、ここでは概念は魂となっているのだから、どちらでもいいわけで、「魂としての概念」と訳しておいた。

(26) 「代わる代わる」と訳したのは momentan (一瞬の) である。

(27) 原文は „Dieser Proceß ist in dem Begriff oder in die Unmittelbarkeit des Lebendigen eingeschlossen" である。„in <u>dem</u> Begriff" は in <u>den</u> Begriff の誤植ではないかとも考えた。その場合には訳は「この過程は概念のうちに、すなわち、生命あるものの直接性のうちに含まれている」となるが、原文どおりでも解釈は可能なので、そのままに訳しておく。

(28) 「認識そのものが自覚するところではない」と訳したのは、„nicht für es selbst ist" である。

(29) 原文の „so würde auch der pythagoräische Lehrsatz als Definition des rechtwincklichen Dreyecks angenommen, die in der Geometrie zu seinem Behuf früher erwiesenen Lehrsätze durch Analyse ergeben" を、als の前にカンマを補い、als から angenommen までを挿入句として読む。

(30) カント『純粋理性批判』B 741 以下を参照。

(31) この「c」は原文では「3」となっているが、a、b に続く c であることは間違いない。単純なミスと考え、訂正しておく。

(32) 論理的なものが自己を自然として「自由に解放する」というが、原語は „frey aus sich zu entlassen" である。これは思考の運動として措定された直接態が、運動そのものから解き放たれて他者として自立するということ、言いかえれば「外化すること」(Entäußerung) を意味する。「自由」ということは、(1)理念が自然のなかでも自己を失わないこと、(2)それにもかかわらず理念と自然とが互いに他者として関わること、(3)そして自然の内部で自然の諸規定が自分を媒介する運動に対して疎遠であるという三重の意味をもっている。

「II 一八一七年の論理学講義」

予備概念

(1) ここで言う「真実なるものの形式」とは何のことであるかは議論が分かれるところである。解釈例としては、Außereinander という形式にすぎないとする取り方、内容と切り離された形式という取り方、そして先に規定した単なる主客の一致としての真理という意味での形式だとする取り方などである。いずれにせよ、これは取り去られるべき否定的なものを意味しているのだから、ヘーゲル本来の真理の形式のことを言っているのではないことだけは確かである。

（2） 「直接態」はゼル版ではUnmittelbarkeitであるが、グロイ版はMittelbarkeit、媒介性という言葉になっている。しかしグロイもこれはおそらくUnmittelbarkeitの誤記だろうと指摘している（Gloy: S. 4）。内容から考えても、そう取るべきであろう。

（3） 原文は„aber bin ich denkend“——「思考しつつ存在する」、「思考しているときに存在する」である。

（4） 「この頃」（in der neueren Zeit）とはカント以降のカントのエピゴーネンたちから、フリースまでを指しているものと考えられる。

（5） 原文は„an sich“である。

（6） この„für mich“のかかり先は、「普遍性の形式あるいは私のものという形式」、「私のものという形式」だけ、そして「もっている」の三つが考えられる。いずれにせよこういう補足は口語調であるということを考えると、口述の際に私への自己関係を強調しようとして加えたものだと思われる。

（7） ヘーゲルが神経や魂（Seele）の働きも広い意味で「思考」であると考えていることを指している。

（8） この„in mir“もかかる先としては「思考されたもの」も考えられる。その場合は「私の中で思考されたもの」が「思考によって貫かれる」ということになる。いずれにせよこれも直観が„Ich bin außer mir“という自己分裂を引き起こすのに対して、思考は„Ich bin in mir“という自己同一性の回復をもたらすということを強調するための口語的な付け加えであろう。

（9） グロイは一〇世紀末に刊行されたドイツ語字典を挙げて、「物」が談話（Rede）、対話（Gespräch）を根源としていることを指摘している。Gloy: 6, 95-96, S. 225を参照。

（10） ここまでの箇所は、ヘーゲルが「この頃」の流行であった心理主義を念頭に置いていると思われるために、話が見えにくい。これ以下でようやくヘーゲル自身の立場が明らかにされてくる。

（11） ここは「彼岸」（Jenseits）というよりむしろ「此岸」（Diesseits）というべきところであり、誤記である可能性もあるが、しかしここでは通常の彼岸のイメージを前提にしつつ、知は彼岸を捉えているということを述べることによってむしろ彼岸の此岸性を述べているのかもしれない。もっと積極的には目標を語ることによって知にとっては彼岸と此岸の区別がないということを語ろうとしたとも解釈できる。

（12） グロイ版ではこの文章は„[als] etwas [Endliches]“と

いう補いがされており、ゼル版ではalsがテキストとして確定されている。翻訳では両方を取り入れた。

（13）ゼル版に従ってunsを補う。

（14）主にクリスティアン・ヴォルフおよび彼の学派を指す。

（15）論理学史のうえで「自然的論理学」と言われているものの代表者としては、ライムンドゥス・ルルス（Raymundus Lullus: 1232頃–1316頃）やペトルス・ラムス（Petrus Ramus: 1515–1572）の名を挙げることができる。ルルスはスコラ哲学者の一人で、一切の諸科学を総合する「大いなる術」（Ars magna）を構想したことで知られるが、ヘーゲルは彼の努力を「あらゆる諸対象が包摂され、それによってあらゆる対象を規定することができるあらゆる概念諸規定、純粋なカテゴリーを配置すること」（HW19: S. 585–586; 藤田訳『哲学史』下巻の一、二〇二頁）と述べている。ラムスはルネサンス期に活躍した人で、アリストテレス以来の伝統的論理学を批判し、論理学の改革を行おうとした。ヘーゲルの言では、「彼〔ラムス〕は特に従来のアリストテレスの弁証論に対する攻撃によって活発な関心を引き起こし、弁証法的な法則の形式主義を単純化することにかなり貢献した」（HW20: S. 47; 前掲訳書、二五八頁）と簡単に論評している。ただし、ヘーゲルがこれらの学説をここで念頭に置いていたのかは、本文の断片的な叙述からははっきりしない。ヘーゲルがニュルンベルクのギムナジウムで講義用に使用した「中級用論理学（一八一〇／一一）」の第一節では「自然的論理学というのは、人間がそもそも生まれながらにもっている自然的な悟性と、それを直接的に使用することを指している」（HW4: S. 162; 武市訳『哲学入門』一五二頁）と解説されている。『大論理学』においてもヘーゲルはわずかながら言及している。第二版序文では、自然的論理学がカテゴリーを使用する際には「そこに干渉する思考の内実と目的、正しさと真理とはまったく現前しているものそのものに依存させられていて、思考規定それ自身にはどのような内容規定の効力も帰せられない」（GW21: S. 13; 武市訳上巻の一、一二頁）。『大論理学』初版の「緒論」では、自然的論理学は「思考がうまれつきもっている形式」（GW11: S. 28; 寺沢訳六一頁）としか述べられていない。ただし、第二版ではこの一文は削除されている。

（16）この「こうしたもの（Diese）」が何を受けているかは問題である。まずドイツ語の形として最もふさわしいとり方は「それら〔こうした思考の諸形式〕の真理性」を受けていると取ることであるが（「論理学の素材」とも考えられなくもないが、これは位置が遠いし、意味は「こうした思考の諸形式の真理性」と取った場合と同じになる）、「論理学が取り扱う思考諸規定が真であるかどうかということはこれまでは検討されることもなく自明なものとされてきた」ということになる。次に「論理学」を受けていると考えると、「われわれは普通誰でも論理性を備えている」という意味になる。しかも以下の文章ではヘーゲルは論理学がわれわれにとって「自然的な形而上学」であると述べているが、これは、論理〔学〕はわれわれにとって自然的な形而上学として前提されてきたという意味だから、「論理学が前提されてきた」の説明文だとも解釈できる。さらに「自然的な論理学」をこれまでの学校論理学は踏みにじることがあるが、自分は前提されてきた自然的な論理学を活かす新しい論理学を立てる、という主張ととれば、Diese を「論理学」と取っても首尾一貫した解釈ができる。

(17) 「自然的な形而上学」が誰かの特定の学説を示しているのか否かは特定できなかった。次の文で「思考するものは誰でももっている」と述べているところから見ると、「自然的論理学」と同様に、単にわれわれ人間が生まれながらにして素朴にもっている思考体系という程度の意味だと思われる。

(18) この「だから」は直前の文ではなく、二段落前の講義本文「論理学においては単に思考諸規定の定在が研究されるだけではなくて、それらの真理性もまた研究される」というところを受けている。

(19) 「哲学の〔なかの〕実在的な学の基礎」が「哲学」と同格なのか「哲学への導入」と同格なのかは文章からははっきりしない。「哲学」と同格と取ると、実在学（自然哲学と精神哲学を指すのであろう）ならびにあらゆる学の基礎としての哲学なるものが論理学とは別にあり、論理学はそれへの導入という意味になってしまう。「導入」と同格と取れば論理学は「実在学ならびにあらゆる学」としての哲学の基礎となり、それへと導入するのだという意味になる。そう対応関係を厳密に取らなければ、論理学は実在学の基礎としての「哲学」そのものであると同時に哲学への導入をなしているという解釈となり、3、4の定義とも整合する。おそらくここで言っているのはそういう意味であろうが、そうすると、『精神現象学』において「意識の経験の学」を哲学への緒論としたヘーゲルがなぜここで再び論理学を「哲学への導入」と位置づけるのかは大きな問題として残る。

(20) ここの段落はそのままでは理解できず、筆記が不正確だと思われるところなので、本文のように補ったうえで訳した。

(21) 古代の懐疑主義者としては、その始祖と言われている古代ギリシャのピュロン、その弟子のティモン、そしてアイネシデモス、セクストゥス・エンペイリコス、近代の懐疑主義者としてはヒューム、そしてカントの批判者シュルツェ（Gottlob Ernst Schulze: 1716-1833）を挙げることができる。

(22) この文の原文は元ノートのままだと、„Allein eben deswegen liegt in der Form des Skeptizismus“ であるが、グロイもゼルも „in der Form der Skeptizismus“ と校訂している。元ノートのままだと「しかしながらまさにそれゆえに〔懐疑主義は〕懐疑主義という形式を取っている」と訳すこともでき、その意味は「思弁的な哲学の中間項は必然的に懐疑主義という形を取るのだ」という程度のことになるだろう。しかし、本訳では二人の編者の校訂に従った。

(23) 原文 „in seiner bestimmten Wahrheit" の seiner を「懐疑主義」と取ったが、「成果」と取って「成果の一定の真理のなかに」と解することもできよう。

(24) この文は原文 „Der Skeptizismus hat das Vorurteil für sich, daß er unüberwindlich sei" の für sich の取り方が難しい。訳では、„für sich" を haben にかけて、懐疑主義は「自分は克服不可能だという思い上がりを自覚的に、かたくなにもっている」と解して訳してみた。

(25) 伝統的形式論理学では、概念の内包が分析不可能なものを「単純概念」と呼び、種々の性質に分析可能なものを「複合概念」と呼ぶが、「思弁的概念」は einfach（単純、単一）であっても、対立物の統一あるいは媒介を経た統一であるから、その両契機を悟性的に分析することは可能であり、その内包を、思弁的なものとして個々の意識の表象のなかで捉えることができる。

(26) 原文は „Mit der Aufhebung des Verstandes ist kein Unverstand verstanden" である。Unverstand は①辞書では、「無思慮、無分別」という意味であるが、ここでは②「悟性を超えた理性的なもの」という意味に取ることもできる。①の場合なら、馬鹿げた事柄も、悟性的分別がなければ馬鹿げたことだと理解できないという意味であり、②の場合には、悟性による分析を欠いては思弁的・理性的なものは認識できないという意味になる。

(27) 原文は „Sache der Einheit" であり、矛盾の解消は「統一のなすべき仕事である」と訳すこともできるが、統一を実体化することになるので、本文のように訳しておいた。

(28) この „in ihm" の ihm は主語の「矛盾」と取ることもできる。

(29) 原文は „und der Widerspruch ist nicht gehoben zwischen dem Assimilierenden und dem Assimilierten"。この文の heben は現代では多くの場合「高まる」という意味をもつが、古い用法では、beseitigen（取り除く）と同じ意味で使われた。フィヒテの著書にはこの単語がよく出てくるが、ほとんど「除去する」という意味である。あるいは、もともと aufheben であったのを、筆記者が auf を書き落としたという可能性もあるだろう。

(30) グロイはここに「神の慈悲」について、ベルリンの『エンチクロペディー』の「補遺」に基づいて考察を加えているので、参照されたい。Gloy: 16, 421-422, S. 226.

(31) 原文は „zu Grunde geht"。ヘーゲルがこの表現に「没落する」と「根拠に至る」という二義を含ませている。

(32) 最初の原文は „bewährt sich ..... als Endliches" であり、次の原文は „Das Leben halt aus und bewährt sich dadurch als unendliche" である。この bewährt（〜であるこ

とを実際に示す）とbewahrt（守る）は——グロイもゼルもこれについては何も触れていないが——どちらかが書き間違いである可能性が高い。訳ではbewahrenという動詞がsichを取らないところから、前者もbewährtであると解しておいた。もしbewahrtが正しいとすると、生命は「自己を有限なものとして保つ」という意味になる。

(33) グロイはこの箇所でヘーゲルが示唆しているのはシェリングの『哲学と宗教』であると指摘している。Gloy: 18, 486-488. S. 226-227.

(34) ここから以下で論じられる空間の弁証法について、グロイがヘーゲルの『自然哲学』や『哲学史』を引用しながら解説しているので、参照されたい。Gloy: 18, 498-20, 559. S. 227-230.

(35) 「形式という押し付けられた区別には関わりのない同一性」の原語は„die gegen deren gedrängte Unterschiede gleichgültig Identität"である。このderenは女性二格あるいは複数二格であるが、何を受けているのかよく分からない。筆記者による何らかの誤記である可能性もあるが、仮に女性二格だとすると、直前のFormを受けると捉えるしかない。しかしこのFormは„die mit sich selbst zusammengegangene Form"としてひとまとまりの語であって、「内容」のことを指しているから、文意が通じなくなる。また複数二格と取ると、前に出てくる「本質的な形式と絶対的な内容」とも取れるが、「本質的な形式と絶対的な内容」とは区別されないと言っているのだから、「本質的な形式と絶対的な内容という押し付けられた区別には関わりのない同一性」としてしまうと、これまた文意が通じない。そこでこのderenは„die mit sich selbst zusammengegangene Form"のうち、Formという言葉だけを切り離して受けるものと考えて訳しておいた。これだと、「形式という抽象的な区別などに関わらない同一性が内容である」という意の通じる文になるからである。

(36) ここにグロイはヘーゲルの有機体論について、他のテキストを引用するとともに、当時の思想家（ハラー、キールマイヤー、シェリングら）を取り上げて長い注を付けているので、関心のある方は参照されたい。Gloy: 23, 657-660. S. 230-232.

(37) 原文は„An-und-für-sich-selbst-Sein"である。

(38) 「実在的」、「実在的なもの」の原語はそれぞれreal, das Realeであるが、この「絶対的に実在的なもの」は„das absolut Reelle"である。real, reell両者ともラテン語res「物」に由来するが、reellはフランス語経由の語形である。ヘーゲルは『大論理学』（GW21: S. 137; 武市訳上巻の一、一七九頁）の第二版の脚注においてdas Ideale, das Ideelleを区別しているが、das Reale, das Reelleのニュアンスの違いは問題にならないとして特に区別していない。

(39) 「形而上学は一面では」からここまでの原文にも混乱があるようである。原文は„Sie〔die Metaphysik〕enthielt

dieses Logische teils für sich, insofern es nämlich nicht eigentliche Begriffsbestimmungen betrifft, welche nur als dem subjektiven Denken angehörig angesehen wurden“である。このまま訳すと welche 以下は「本来の概念諸規定というのは、主観的思考に属するものとしてしか見なされない」ということになってしまうが、これはヘーゲルの思想としては明らかにおかしい。「本来の概念諸規定は」主観的であると同時に客観的思考の産物でもあるはずだからである。そこでここでは welche 以下を „[nicht die Begriffsbestimmungen], welche nur als dem subjektiven Denken angehörig angesehen wurde, [betrifft]“と補い、「形而上学の論理的なものというのは、単なる主観的な概念諸規定を超えたものを示しているが、しかし、ヘーゲルの言う概念諸規定には達していない」というように読んだ。

(40)　形而上学という言葉は、アリストテレスの「第一哲学」が「自然学」(physica) の後 (meta) に置かれたことから偶然できた名称であることはよく知られているが、グロイはここでさらに、形而上学の後の三つ組みの構成がキリスト教の観念世界、すなわち、創造するもの (ens creans = 神) と創造されたもの (ens creatum = 世界) と両者の間にあって両者に関与するもの、つまり魂への存在者の区分に由来し、このいわゆる特殊形而上学に一般形而上学、一般存在論ないしオントロギーが先行するということに注意を促している。Gloy: 25, 715-719. S. 232.

(41)　原文は „Der metaphysische, allgemeine Gegenstand soll in seiner Wahrheit erkannt werden“である。この sollen は二様の取り方ができる。(1)この文章をヘーゲル自身、ないし学一般の要求として「すべきである」とし、これに続く副詞 so を「だから／それゆえに」と訳す。(2)この文章を形而上学者たちの主張と取り推量、伝聞として「とされている」とし、so を「それにもかかわらず」と訳す。(1)に従えばここで言われている真理とは、形而上学に終焉をもたらした批判哲学並びにヘーゲルの言う意味での真理であり、(2)を取れば真理は形而上学をも含めた学一般での真理であるということになるであろう。ヘーゲルと形而上学との関係、ならびにヘーゲル自身の真理観に関わる事柄であり、どちらの可能性もあるが、ここでは前者をとり、学一般の主張でありヘーゲル自身の積極的主張だとしておく。

(42)　この節への付論は内容的に §21 の付論も含んでいる。

(43)　「この運動の述語」〔das Prädikat dieser Bewegung〕というのも分かりにくい表現である。これは「判断」という認識の運動によって単なる前提でしかなかった主語に述語が与えられ、主語が何であるかが言い表されるということであろう。

(44)　原文は „Das Subjekt ist das eigentliche Sein; von ihm wird vorausgesetzt, daß es ist“である。訳では ihm を Das Subjekt と取り、es を „das eigentliche Sein“と取って、「存在というものは、主語が立てられることによってはじ

めてあらわになる」という意味に解した。daß es ist を「存在すること」と取ることもできるが、その場合「存在するところのもの」とは、主語が leer なのに対して、これに real な存在を与えるという意味であろう。

(45) 何に「対応している」(entsprechend) 規定なのかと言うと、(1)対立しあう主張の一方が当該の対象にふさわしいと思っている規定、(2)思い浮かべられている対象のもつ固有の規定、とが考えられるが、分脈から言うと(1)の方が適切であろう。

(46) 「探求好き」と訳した単語は zetetisch である。ヘーゲルは古代の懐疑論者が zetetikoi (探究を好む人々) と呼ばれていたことを念頭に置いている。なお、グロイは G. S. Mellin の著作から、この言葉の当時の用例を紹介してくれている。Gloy: 27, 789–790. S. 232–233.

(47) グロイは、ヘーゲルの『哲学史講義』から、ヘーゲルのオルガノン、カテゴリー論についての言及箇所をいくつか紹介してくれている。Gloy: 28, 816–29, 830. S. 233–234.

(48) 「いくつかの」の原語はゼル版では mehrere であるが、グロイ版では mehr (もっと多くの) になっている。

(49) 「2」の原文は „der Schrift von der Interpretation, welche von den Sätzen handelt“ である。この Interpretation は通常これだけで命題論を意味するが、ここでこの単語だけを「命題論」と訳すことはできないので、「解釈」としておいた。

(50) アリストテレスの『霊魂論』が念頭に置かれている。

(51) ここの原文は „Die Seele ist ein Ding von vielen Eigenschaften, eine Substanz, die viele Kräfte hat, das Denken eine selbständige, durch andere unzerstörbare Kraft und gegenüber der Seele“ である。„das Denken“ 以下の文には動詞が欠けているので訳に困るが、ist を補って訳した。また „gegenüber der Seele“ はもともとは „gegenüber die Seele“ であり、編者は „gegenüber [ist] die Seele“ とも取れると注を入れている。しかしいずれにしても、魂が「物」と考えられていたのに対して、思考の方は活動性と考えられていたということを言う文章である。

(52) ここの「反省の区別」はよく意味が通らない。いままでのところから考えると、ここでは魂と精神あるいは思考との区別が語られているはずである。そうだとすると「空虚な物」とは諸性質から切り離されてしまった魂であり、「自分のもっている諸性質および諸々の力と分離されうる実体」とは思考であるはずだが、しかしすぐ上では「魂とは多くの諸性質からなる一つの物であり、多くの力をもった実体」であると言われているから、思考の規定と魂の規定とが同じになってしまう。そこで「空虚な物」を前文の「諸々の力や物」、すなわち現象の面と取り、「自分のもっている諸性質および諸々の力と分離されうる実体」を魂であると取れば、魂のもつ諸性質と実体としての魂との反省上の区別だという意味になるが、「空虚な物」は単数だから困る。ここではやはり「空虚な物」を魂と取り、「自分のもっている諸性質および諸々の力と分離されうる実体」を思考と取るのが素直な読み方であろう。その場合、思考は「お互いに切り離された諸々の力や物」とは区別され、それらを統一する力としての実体であると解するしかない。そして「しかし本来はむしろ自己規定する活動性そのものが存在なのである」というのは、存在としての魂と活動性としての思考との統一を語っているということになる。いずれにしても「物」や「実体」が一義的に使われていないためにひどく解釈しづらくなっている。あるいはノートに根本的な誤記があるのかもしれない。

(53)　この「第三者」というのは現象とは区別されてしまっている自体的存在という意味で「第三者」である。

(54)　原文は „eine körperliche Vielheit und Mannigfaltigkeit von Kräften" である。

(55)　ここにゼル版に従って mehr を補う。

(56)　「外面的なるものとは外的なもの、つまり……」の部分の原文は „weil das Aeßere etwas Aeßerliches, d. h." で、むしろ「外的なものとは何らかの外面的なもの、つまり」と訳すべきかと思われるが、意味を考えて、語順を逆だと解した。

(57)　グロイはここで参考資料として、『純粋理性批判』の「メンデルスゾーンの魂の不死性の証明」の章からの引用を示している。Gloy: 32. 926-929. S. 235.

(58)　モーゼス・メンデルスゾーン『フェドーンあるいは魂の不死性に関する三つの対話』(Phaedon oder über die Unsterblichkeit der seele in drey Gesprächen, Berlin/Stettin 1767)。グロイの注によれば、メンデルスゾーンはプラトンの『パイドン』の翻訳と自分自身の論文との中間的な著作を書こうとしたとのことである (Gloy: 32. 937-938. S. 235)。またグロイはプラトンの『パイドン』から理念一般の不死性に関する参照箇所を挙げている。『パイドン』78bff. (岩田靖夫訳、岩波文庫、一九九九年、七一頁以下)、魂の不死性については特に79aff. (邦訳、七三頁以下)、ことに106dff. (邦訳、一五〇頁以下)。Gloy: 32. 939. S. 235.

(59)　原文は „die Sparsamkeit der Natur" である。「自然の節約という法則」として念頭に置かれているのは、たとえばアリストテレスの「自然は多くも少なくもない」といったものであろう。近代ではゲーテの「小さなことで大きなことが行われる」といった発言も、例になる。

(60)　ラテン語の原語は „Qualitates occultas" である。隠れた質とは、スコラ哲学で、知覚されうる諸性質から説明できない現象を説明するときに持ち出された概念である。グロイはこれについての長い注を書き、「最終的には諸々の質を物質の運動と配列へと還元する機械論的自然観によるアリストテレスの自然学の排除を以て、『隠れた質』という表現は、全般的にスコラ哲学あるいは一般に非機械論由来の自然哲学の仮説に対する軽蔑的スローガンとなった」と評価している。Gloy: 35, 35-36. S. 236-237.

（61）グロイはここで『大論理学』の「絶対的相関」の章を引いて説明を補っている。Gloy: 35, 41-42. S. 237-238.

（62）グロイ版ではこの「オプティミズムが」と取ったところは関係代名詞 die であって、そのままだと女性名詞である「ライプニッツの哲学」を指す。もちろんそれでも何ら意味に変わりないのだが、ゼル版ではこれが der に変更され、男性名詞である「オプティミズム」を指示している。そちらの方が適当と考えた。ライプニッツのオプティミズム＝最善観は、彼の『弁神論』で述べられている。グロイはこれについてのヘーゲルの評を『哲学史講義』から引用している。Gloy: 36, 69-73. S. 239.

（63）ここの原文は„als die Freiheit ihnen Sein für sich gibt"である。„Sein für sich"を一語で「独立の存在」と取り、「自由が諸表象に独立の存在を与える」と訳することもできる。ただし、„Sein für sich"という表現はあまり見られないので、訳文では„für sich"を gibt にかけた。

（64）原文は„Die gewöhnliche Vorstellung geht denn auch dahin, daß der Mensch betrogen worden sei"。この文の daß 以下を Vorstellung の内容と取り、dahingehen を「消え去る」という動詞と考え、「人間は欺かれている、などというありふれた表象は、果たせるかな、消えうせる」という訳も可能であるが、内容から考えて、daß 以下を dahin の da にかけ、Vorstellung の内容は、直前の内容を受けるものと解した。

（65）原文は„Der Geist ist nur, daß er sich einen Gegensatz setzt"。この文の er が何であるかが問題になる。Geist ととり「精神がみずからに対立を措定する」としても、ヘーゲルの言う「精神」の説明としては十分通用する。しかし、ここで精神の説明が出てくるのは唐突なので、意志の対立措定作用を精神的な働きとして説明したものだと考え、er は der Wille と取って訳した。

（66）カント『純粋理性批判』の「神の現存在に関する存在論的証明がありえないことについて」（B 620 以下）。カントのこの議論に対して、ヘーゲルは繰り返し批判を加えている。この点についてグロイは、ヘーゲルのテキストから該当部分を摘出して明らかにしている。以下にグロックナー版の頁数と、それに対応する岩波版ヘーゲル全集の箇所を挙げておく。Hegel: Sämtliche Werke, Bd. 4, S. 93-98（武市訳『大論理学』上巻の一、八四〜八九頁）、Bd. 5, S. 172f.（武市訳『大論理学』下巻、一八五〜一八六頁）、Bd. 8, S. 150f.（『小論理学』第三版、第五一節）、Bd. 16, S. 213f.（木場訳『宗教哲学』下、二八〜二九頁）、S. 540-542（同三九三〜三九六頁）、S. 549f.（同四〇三〜四〇五頁）、Bd. 19, S. 168（藤田訳『哲学史』下巻の一、一六九〜一七〇頁）：S. 583-586（同下巻の三、一〇〇〜一〇四頁）。Gloy: 44, 313-317. S. 241.

(67) ジャガイモが南米からヨーロッパにもちこまれた最初は、一五七〇年の南スペインであったと言われている。しかし、その後一〇〇年間は観賞用として植物収集家のあいだにしか広まらず、一七六〇年ころになって一般に栽培されるようになった。落雷の放電現象をはじめて科学的に立証し、避雷針を発明したのはベンジャミン・フランクリン（一七〇六～一七九〇）である。有名な凧による実験は一七五二年に行われている。

(68) 「子供のように振る舞う」と訳したのは kindlich、「子供に帰る」と訳したのは kindisch である。

(69) 原文は „um das Materielle von außen zu ordnen" で、訳文ではこの „von außen" を „zu ordnen" にかけているが、„das Materielle von außen"「外からやって来る素材」とも取ることができる。

(70) グロイは、ヘーゲルが『大論理学』や『エンチクロペディー』においては、カント批判をする際に、「心理学的」という用語をあまり使わないことに注意を促している。Gloy: 52. 551. S. 243.

(71) 「認識する」はグロイ版では erreicht「到達する」となっているが、ゼル版に従って erkannt に変更して訳した。

(72) 原語は „transzendente Aestetik" である。「カント哲学は第一に感性的なもの一般を考察する」と言われていることから分かるとおり、これはもちろん『純粋理性批判』における „transzendentale Aestetik" を指している。筆記者が transzendentale を transzendente と誤記したと考えられるが、仮にそうでないとすれば、ヘーゲルはカントが transzendental と言っているものを、自分の立場から transzendent と言い直しているのであろう。カントは『純粋理性批判』において transzendental と transzendent とを区別し、後者を「可能的経験の限界を飛び越える（überfliegen）」ことであると言い［B 352］、さらに理念の「超越的」使用を「可能的経験全体に関して飛び越えるもの」（überfliegend）［B 671］であると言う。このようなカントの言葉使いに従ってヘーゲルは「低いものを越えて舞い上がる」„über das Niedere emporfliegen" と言っている。ヘーゲルのこのような言葉が必ずしも強引であるとは言えない。なぜなら、カント自身両者を混淆して使用している場合もあって、少なからず誤解を招きかねない側面もあるからである。後にヘーゲルは、『エンチクロペディー』において „Das Transzendente" を「一般に、悟性の規定性を超えるところのもの」であるとし、カントの „Das Transzendentale" を単なる主観的なものにすぎないと言っている。『エンチクロペディー』第三版の第四二節補遺の「2」を参照。

(73) 通常 das Ich は「自我」と訳されるが、本書でこれまでもしばしば「私」と訳してきたのは、定冠詞の付いていない Ich である。ただの一人称代名詞ではないのは、動詞に三人称が使われていることから分かる。例を挙げると、一番

早くは „Ich ist der Boden des Wesentlichen aller Bestimmungen“（Gloy: S. 5, 75／Sell: 16, 37）がある。そのほかに Gloy: S. 12, 295; S. 16, 440／Sell: S. 22, 2; S. 25, 10にも Ich と書かれてある。筆記者が定冠詞 das を書き落としたとも考えられるが、たとえば『大論理学』「概念論」「概念一般について」と題された序論のカント批評においても Ich とだけ記した例が見出される。――„Ich habe wohl Begriffe, d. h. bestimmte Begriffe; aber Ich ist der reine Begriff selbst, der als Begriff zum Dasein gekommen ist“（GW12: S. 17; 武市訳下、一四頁）. ヘーゲルはここで二つの「私」を区別している。すなわち、「規定された諸概念をもつ私」と「純粋概念そのものである私」とである。前者がカントの「Ich denke」に対応しており、後者がヘーゲルの主張する「私」である。

（74） グロイはカント『純粋理性批判』§ 16. B 131f. を指示し、解説している。Gloy: 53, 615–616. S. 243–244.

（75） ゼル版では、「自我は自己内で統体性であり」という文の前に dass が補われているが、それだと前文の da という理由を示す接続詞が浮いてしまうので、グロイ版のまま訳した。

（76） グロイは『純粋理性批判』B 671 を指示している。Gloy: 56, 673–675. S. 244.

（77） グロイは『純粋理性批判』B 399–432 を指示している。Gloy: 56, 676–687. S. 244–245.

（78） ここだけ das Ich となっており、この周辺で「私」と訳したのは Ich である。ただし、すぐ上の「私の自我」と訳したところは、„meines Ich“ である。

（79） 『純粋理性批判』・「超越論的弁証論」第二編第二章「純粋理性の二律背反」（B 432–595）を参照。

（80） 抽象に高まるのは規定態から規定を揚棄することであり、無規定態はもともと規定を欠いているのだから「無規定態を揚棄し、抽象に高まる」という文は分かりにくい。「規定態」の誤記とも考えられるが、そうでないとすれば、「認識に対して前提されたもの」という意味で無規定であると言っているのかと思われる。

（81） 原語は „caput mortuum“ である。この語はラテン語で「死者の頭」、すなわち「どくろ」という意味で、「抽象の残滓・カス」といったものを示唆している。ヘーゲルはカントの物自体を批判するときに、好んでこの言葉を使っている。グロイがこの言葉の由来について有益な情報を与えてくれているので、訳出しておく。「この表現はもともと錬金術から来ている。それについての古代ギリシャの伝統では、この表現は死んでミイラにされたオシリス（冥府の神）の首に関係する。それは卑金属を象徴しているが、卑金属はその純化を待ちわび、オシリスのミイラのようにさらに加工されるために包帯で包まれる。後の時代では „caput mortuum“ は、揮発性の物質の蒸留ないし抽出の際にレトルトのうちに残される残滓を意味する。錬金術の考えによれば、素材の蒸留ないし抽出可能な構成要素は素材の生命原理および効能をなしている精気（Geister）（それに対応してレトルトの覆いは「精気のための円蓋」と呼ばれる）にほかならないのであるから、„caput mortuum“ はすべての精気がそれから抽出されている残滓を意味している」。Gloy: 58. 770. S. 247-249.

（82） この一段でヘーゲルは、カントの物自体というのが単に思考の外にある客観的なものにすぎないのではなく、一つの思想であり、主観と客観との統一だということを言おうとしているのであるが、「石」の例や「観察」への言及が唐突であり、分かりにくい。ここでも筆記に不十分な点があると思われる。

（83） ヘーゲルが念頭に置いているのは、ヤコービの『スピノザ書簡』（*Ueber die Lehre des Spinoza in Briefen an den Herrn Moses Mendelssohn*）である。ヤコービはこの著でスピノザ理解に関してモーゼス・メンデルスゾーンとスピノザの無神論理解をめぐって論争し、そこから彼独自の「信仰（信念）の哲学」を提唱するに至っている。グロイはこの書簡集から何箇所かを引用して内容を紹介してくれている。Gloy: 63. 911-913. S. 249-250.

（84） 意志と認識との同一性への言及があまりに唐突である。ヘーゲルが直接的な認識と媒介された認識との関係を述べたついでについ口に出したのか、あるいはそれに続いて話題にしたことを筆記者フランツが記していないかのどちらかであろう。

（85） 「この前提からすれば……」の原文はゼル版では、„es ist hiermit nichts vorhanden ……“ であるが、グロイ版では so ist となっている。訳文はゼル版をとった。

（86） 「すでに考察されている」と言うが、どこを指すのかははっきりしない。可能性としては「論理的なものの三つの契機」を述べた部分を挙げることができよう。

（87） この原語はグロイ版でもゼル版でも „die nicht entsprechende Existenz“ であるが、グロイによれば、これは „die nicht entspringende Existenz“ とも読めるという。Gloy: 64. 948-950. S. 250-251. 前者の場合には意味は、「概念である内的なものが外化し、外化している限りでは内的なものに対応していない概念の二契機である存在と本質は、外的な二契機として概念諸規定の体系の第一部と二部とをなしている」という意味であろう。後者の場合にも意味は「内的なものに根拠をもっていない現実存在」となって、意味としてはほぼ同じだと解することができる。

（88） 「客観的論理学」は「存在の論理学」であり、「存在」とともに「本質」を含んでいる。だからここの「一つの外面的なもの」（ein Aeßerliches）も存在と本質との二つのことを指すと考えるべきであるが、「本質」は「存在の論理学」と「思考の論理学」＝「主観的論理学」を媒介する領域でもある。この文で最後に本質だけが両論理学の統体性の中で成立すると言っているのは、本質を狭義の存在から区別しているのであろう。だとすると、前出の「一つの外面的なもの」は「存在」だけを指すとも考えることができる。いずれにしても、本質が客観的論理学に含まれるのに、それと主観的論理学を媒介する役割を与えられているという二重性格から生じる説明の差と考えることができる。

(89) スピノザの『エチカ』が幾何学の方法で叙述され、「定義」で始まっていることは有名であるが、シェリングもその主著の一つ『私の哲学体系の叙述』(*Darstellung meines Systems der Philosophie*, 1802) でスピノザに倣って、定義でもって叙述を始めている。

(90)「純正な・確固とした」と訳したのは gediegen である。本講義録では他に第一二節付論、第七四〔七五〕節付論、第一〇四・一〇五〔一〇五・一〇六〕節付論に用例があるが、グロイはこの言葉について、次のような解説を付けている。「gediegen の概念は、実在的区別が揚棄され、他の形式においてはまだ再び措定されていない至る所で現れる。Gediegenheit は、対自存在であれ、絶対的なもの、実体、絶対的理念であれ、その単一な統一をなしている統体性を言い表す。統体性の単一な統一は、gediegen つまりそれが論理的に生成したものを表す限りでの成長したもの (gewachsen) である」。Gloy: 65, 983. S. 252-253.

(91)「あらゆるものがあらゆるもののなかに」alles in allem とは、日常の慣用句としては「一切合財ひっくるめて」という意味であるが、ここではそう訳すことはできない。絶対的理念が純粋な統一であることを言おうとした表現であるから、むしろ直訳の方がその意味をよく伝える。

(92) 原文は „Die absolute Idee ist Eine, ist absolute Wahrheit" であるから、「絶対的理念は一なるものであり、絶対的真理である」という文だともとれるが、「絶対的理念が一であるというのが真理であるにもかかわらず、絶対的理念は展開されて区別を生み出す」と言った方が対比が明瞭であるので、„Daß die absolute Idee Eine ist, ist absolute Wahrheit" という文章だと解して訳した。

(93) ヘーゲルが念頭に置いているのは、ヤコービの著作『デヴィッド・ヒュームの信仰について、あるいは観念論と実在論』(*David Hume ueber den Glauben: oder Idealismus und Realismus*, 1787) の一八一五年の再版に付された「著者の哲学的著書全体への前書き、同時に序論」のなかでの叙述だと思われる。そこでヤコービは der Gott と das Gott を厳しく区別した。前者はキリスト教における人格神であり、後者は「哲学者の神」であって、知性の抽象と反省によって成り立つ絶対者の概念にすぎず、絶対に没規定なものだとされている。グロイの注にこの書からの引用がある。Gloy: 66, 25-26. S. 253-254.

(94) 原文は „(die Idee, Gott) als Formen des Anschauens, welches ein reines Anschauen ist im Sein" である。最後の im Sein は welches 以下の副文のうちにあるとすれば、本来 ist の前にあるべきであるが、単純な誤記、あるいは口

頭説明上のブレにすぎないかもしれない。しかし、im Sein の前にコンマを置き、„Formen des Anschauens“にかけて読むこともできる。訳文では副文内の語と解しておいた。

(95)　グロイは［第一に］（原文では［1.］）を補ったうえで、そこからここまでの箇所の、最初の三つは一八一七年の『エンチクロペディー』の「自然哲学」への序論に対応し、後者の三つは「精神哲学」の序論に対応していると捉えている。Gloy: 66, 30-67, 44. S. 254.

(96)　ここの原文は„Das Ganze des logischen ist der Schluss, dass das Seyn welches vermittelst des Verhältnisse, das ist der Vermittelung, sich mit dem Begriffe zusammenschließt“であるが、グロイ版ではwelchesが欠けている。訳文では有意な差は出ないが、むしろwelchesがない方がドイツ語としては読みやすいので、グロイ版に従った。

(97)　推理と磁石の中点とを同一視するこの記述に対して、グロイは批判的な注を付けている。つまり⑴このような叙述は推理一般を主題としていないパラグラフに入れられるべきではないし、⑵推理的連結は自然現象との比較によって解明されるべきではなく、⑶推理が抽象的に推理的に連結する中項として理解され、推理的に連結するものと連結されるものとの全体として把握されない場合においてのみ、推理は磁石の中点と同じものとして扱われるべきだと言う。Gloy: 67, 59-60. S. 254-255.

(98)　「決断する」の言語は„sich entschließen“である。このドイツ語は一般的には「決断する、決心する」という意味であるが、ヘーゲルはこの言葉を、理念（ここでは概念）が自分の推理的媒介を完結して一つの統一となり、その成果として自分を直接態として示すという意味で使う。特に論理学から自然哲学へと移行する場面で、重要な述語として登場する。

第Ⅰ部　存在論

(1)　節番号はエンチクロペディーのテキストで乱れを改訂したのに合わせている。たとえばこの節は第三九節付論であるが、第三八節付論としている。講義録の原テキストと照らし合わせる場合に混乱しないように、〔　〕内に原著の節番号を補う。

(2)　光が純粋な自己関係、自己同一性であることの詳しい叙述としては、『精神現象学』の「Ⅶ 宗教」、「A 自然宗教」の「a 光」を挙げることができる。自然宗教の最初の段階で精神は自己を「存在」という形式において直観するのであるが「……精神の概念をもって中身としてのこの存在とは、精神が自己自身に単一的に関係する際に採る形態である……。この形態はかく規定せられるので、一切を包み一切を満たすところの日の出の純粋な光であり、形のない実体性のうちにおいて自分を保つところの光である」(HW3: S. 506; 金子訳下一〇一八～一〇一九頁)。

(3)　Hermann Diels/Walther Kranz (Hgg.), *Die Fragmente*

der Vorsokratiker. Griechisch und Deutsch, 1. Bd., 8. Aufl., Nachdr., Berlin-Charlottenburg, 1956, S. 232f. (28 B 6); 内山勝利編『ソクラテス以前哲学者断片集』第Ⅱ分冊（岩波書店、一九九七年）八一頁では、パルメニデスの次の言葉が伝えられている。「あるもの（のみ）があると語りかつ考えねばならぬ。なぜなら、それがあることは可能であるが、無があることは不可能だから」〔断片6〕。

（4） グロイはヘシオドスの『仕事と日』および『神統記』および『楯』の以下の部分の参照を指示している（Gloy: 73, 86, S. 259）。Hesiodi Opera et dies, et clypevs. Thogenidis Sententiae. Sibillae Carmina de Christo, gurrum mentionem fakit Eusebius & Augustinus. Musaei opusculum de Herone & Leandro. Orphei Arugonautica. Hymuni & de Lapidibus. Plocylides Paraenesis. Venedig, 1543, Vers 116; 中務哲郎訳『ヘシオドス全作品』京都大学学術出版会、二〇一三年、九九頁。

（5） 「表象」はゼル版では複数であるが、グロイ版では単数になっている。

（6） この段落の前半部分についてはフィヒテ『全知識学の基礎』「第一節　端的に無制約的な第一原則」（Johann Gottlieb Fichte, *Grundlage der gesammten Wissenschaftslehre als Handschrift für seine Zuhörer* (1794/95), in: Reinhard Lauth/Hans Jacob (Hgg.), Johann Gottlieb Fichte Werke 1793-1795 (Gesamtausgabe Bd. I. 2, Stuttgart-Bad Cannstatt, 1965), S. 249-451, 255ff.; 隈本忠敬訳『全知識学の基礎』（フィヒテ全集第四巻：初期知識学、哲書房、一九九七年）七七〜三五三頁、九〇頁以下が、そして後半部分については同書「第五節　第二定理」（ebd., 385ff.; 隈元訳、二六〇頁以下）が、各々念頭に置かれている。『大論理学』では、始元論にわずかながら同様の批判がある。GW11: S. 38-40/WdLI: S. 75-79.

（7） 「私は常に客観にとどまり」（so bleibe ich immer das Objekt）というこの一文は解釈することが難しい。グロイは „das Subjekt“ の誤記である可能性も指摘している（Gloy: 75, 138-139, S. 264-265）ので〔主観〕を補っておいたが、„das Objekt“ の後に何か動詞が欠けているのではないかとも疑うことができる。

（8） この段落および以下のメモにおいては、ヘーゲルのシェリング批判が簡潔に述べられている。より詳しいシェリング批判は『精神現象学』序文（HW3: S. 21-22; 金子訳上一五〜一六頁）および『哲学史』（HW20: S. 420-454; 藤田訳下巻の三、一六五〜二〇〇頁）。批判の対象となっているシェリングの著作としては『私の哲学体系の叙述』（一八〇一）、『哲学体系からの詳述』（一八〇二）、『ブルーノ』（一八〇二）、ならびに『学問研究の方法についての講義』（一八〇三）を挙げることができる。

（9） この文は、グロイ版では、„und so ist das Subjektive das Nichts“ となっており、グロイも注でこの „das Subjektive“ は „das Objektive“ の誤記ではないかと疑っているが、ゼル版では „das Objektive“ に直されている。翻訳でもゼル版に従った。

(10)「無から無が生じる」＝「無からは何も生じない」という命題は、ヘーゲルのドイツ語では „Aus Nichts wird Nichts“ であり、ラテン語では „Ex nihilo nihil fit“ である。日本語としては「無からは何も生じない」と訳すべきだが、ヘーゲルはここでは「無から無が生じる」という表現を捉えて、同語反復だという議論を展開しているので、直訳しておいた。哲学史を振り返ると、この命題は古代ギリシャの自然科学上の原理となったデモクリトスの命題である。彼の学説を伝えているものとしては、以下の書を参照されたい。ディオゲネス・ラエルティオス『ギリシャ哲学者列伝』(下) 加来彰俊訳、岩波文庫、一九九四年、一三一頁。ルクレーティウス『物の本質について』樋口勝彦訳、岩波文庫、一九六一年、一七頁、七四〜七五頁。

(11) ヨハン・ヤコブ・ブルッカー (Johann Jakob Brucker: 1696-1770) はドイツの哲学史家。一七一八年にイエナ大学教授となり、一七二四年にカウフボイレンの学校長となって、一七三四年にこの町の牧師となる。一七四四年には、アウクスブルクの牧師になっている。哲学史の初期の代表者で、*Historia philosophica doctrinae de ideis*, Augsbourg, 1723; *Otium Vindelicum, seu melematon Historiaephilosophicae triga* (Augsbourg, 1729) を著した。彼の最も重要な著作は次のものである。*Historia critica philosophiae a mundi incunabulis ad nostram usque aetatem deducta*, Leipzig 1742-1744. ヘーゲルは彼の『哲学史講義』でこの書を典拠として挙げ、実際それをたびたび利用しているが、それにもかかわらずそれを「いかがわしいもの」unrein、「余計なもの」Ballast だとけなしている (HW18: S. 13; 武市訳上、一六〇〜一六一頁)。

(12) 生成の立場を代表する哲学者としてヘラクレイトスを高く評価したヘーゲルは、〈万物は流転する〉(πάντα ῥεῖ panta rhei) と定式化されたその思想について、しばしば言及している。もっともヘラクレイトス自身にこうした定式を用いた形跡は見られない。ただし、それを予感させる〈同じ川には二度と入ることはできない〉という表現は有名である〔Diels / Kranz, a. a. O., S. 154f. (22 B 12); 内山編『ソクラテス以前哲学者断片集』第I分冊 (岩波書店、一九九六年) 三一二頁。「同じ川に足を踏み入れようとしても、つぎつぎと違った水が流れ去っていく」〕。ヘラクレイトスに関するヘーゲルのまとまった考えについては、おおむね『哲学史』におけるヘラクレイトスの項 (PdGI, S. 319-343; 武市訳、上巻三六一〜三八五頁) に表されている。

(13) スピノザ『書簡集』、書簡50：Baruch de Spinoza, Epistolae L., in: Carl Gebhardt (Hg.), *Spinoza Opera*, Bd. IV, Heidelberg, 1924, S. 1-342 (Epitsolæ), 240; 畠中尚志訳『スピノザ往復書簡集』(岩波文庫、一九五八年) 二三九頁。

(14)「区別されたものの各々の規定態」の原文は、グロイ版では „die Bestimmtheit eines jeden Unterschiedenen"、ゼル版では „die Bestimmtheit eines jeden der Unterschiedenen" となっている。ここではゼル版を採用した。

(15) この点につきグロイは以下のごとく分析している。「ヘーゲルがプラトンのイデア〔理念・観念〕論を批判するのは、ひとつには次のような事情による。すなわち、最高の諸理念はそれぞれ単独の理念として登場し、相互にいかなる現実的な統一ももたず、したがって唯一の理念を形成しない。他方でまた、普遍的で抽象的なものとしての諸理念は、個別的なもの・具体的なものと対立し、個別的なもの・具体的なものと一緒になって統一を成すことすらない、という事情も挙げられる。対してヘーゲルの理念、すなわちヘーゲル的な意味での『概念』と称されるものは、この二つの働きを成し遂げるのである〔Hegel: Sämtliche Werke, Bd. 18: *Vorlesungen über die Geschichte der Philosophie*, 2. Bd., Stuttgart-Bad Cannstatt, 1965, S. 246f.; 真下信一訳『哲学史』中巻の一（ヘーゲル全集12、岩波書店、一九六一／一九九六年）二六五～二六七頁を参照せよ〕」。Gloy: 86, 472-475. S. 273.

(16)「自己のうちで完全なものであるという〔自己のうちに閉ざされた〕統一性」〔eine in sich als vollkommene Einheit〕の解釈は分かれるところである。一つには、「自己のうちで完全」を「我思う」という主観性の統一と取る解釈がありうるが、そうなると「互いに外的なもののこの集合」が、そうした統一に「とどまる」(bleiben) という否定的な言い方が分からなくなる。そこで訳者たちは、この「自己内で完全なものである統一性」は外的なものをいつまでも数え上げるような、悪無限的な原理に自閉する統一と解しておいた。

(17) 原文は „Die Negation der Qualität in ihrer Grenze von ihrer Realität unterschieden" であるが、グロイは Qualität の後にコンマを打って読んでおり、それに従う。Gloy: 87, 523-524. S. 273.

(18)「或るもの」と「他のもの」ein Anderes をそれぞれ別々に一個独立の反省規定として扱っているのか、それとも「或るものと他のもの」という一対が一個の反省規定として書かれているのかについては、解釈の余地があるが、限界そのものを含め、これらの反省諸規定が「限界の反省諸規定」として総括されている点は他のテキストには見られない特徴である。

(19) ラテン語の alius は「或る他のもの」という意味で、ドイツ語の Anderes に当たるが、ラテン語では「一方では…、他方では」というとき、„alius …… alius"、または、ヘーゲルがとり上げている言い方では、„aliud …… aliud" と言う。ヘーゲルは第二版の『大論理学』でこの表現に言及している (GW21: S. 105; 武市訳、上巻の一、一三〇頁)。

(20)「他のものと他のもの」(Anderes und anderes) は「或

るものと他のもの」の誤記と思われる。なお、その後に出てくる「区別されていない」の「区別」のところは、ゼル版では unterschieden、グロイ版では verschieden となっている。

(21) 「われわれから遠く隔たったところに見つけ出さなければならない」の「見つけ出す」は、ゼル版では ahnden、「復讐する」、グロイ版では訳したように auffinden になっている。ゼル版のままでは意味が通じないので、グロイ版を採ったが、ahnen は ahnen「何となく感じる」の雅語だと解説している辞書もあるので、「われわれから遠く隔たったところに予感する」ということかもしれない。

(22) ゼル版では „an ihm selbst"、グロイ版では、an sich selbst となっている。ここではゼル版を採った。

(23) 「有限性というあり方で存在しているような諸物は、無限なもの」であるという命題をヘーゲル自身はどのように考えているのかが理解する際の問題となる。それはその直後の文章 „Dieser Satze wäre ein falsches Auffassen" における接続法 wäre をどう取るかということとも関わる。これには二通りの解釈が可能である。⑴この命題をこの段落のはじめから述べられたことの必然的帰結とし、ヘーゲルの積極的な主張とするならば、問題の文は「[普通の見解、ないし悟性的立場からは] この命題は誤解であるということになるだろう」という意味で理解できる。⑵これに対して、この命題は普通の見解、ないし悟性的立場から言われるもので、この段落のはじめから述べられた内容を正しく表現しておらず、ましてや有限と無限の関係を一つの命題で言い表すことはできないと解することもできる。訳文は後者の解釈を取っている。

(24) 『大論理学』・「存在論」の量論の第二章「定量」の c「量的無限性」の b「量的な無限累進」に付けられた「注解一」には分数 7分の2が0.285714……、一分の一マイナス a が $1+a+a^2+a^3+$ ……と表すことができるという例が挙げられている。WdLI: S. 287; 武市訳上巻の二、九六頁。

(25) 「超え出ていくこと」の原語は、ゼル版では Hinausgehen、グロイ版では Herausgehen となっている。訳文では区別できない。

(26) グロイの指摘では、これはプラトンの『饗宴』201dff. [Platon, *Symposion*. Griechisch-deutsch, übers. v. Rudolf Rufener, Düsseldorf/Zürich, 2002, S. 88ff.; 久保勉訳『饗宴』(岩波文庫、一九五二/一九六五/二〇〇九年) 一一〇頁以下] に見られる。同所では「エロス」が、過剰と欠如の子供として両者の中間を表すとされている。Gloy: 92, 684-685. S. 275.

(27) 第二、第三…の原語は das 2. 3. 4. 5. etc. であるので、数の2、3、4、5ではなく、第二の一、第三の一という意味にとった。もちろん、「第二の一」とは2であり、[第三の一] は3であるから、数字と解しても同じことである。

(28) 原文は „jedes ist Eins von den Vielen, also alle Eins, also Jedes was das Andere, und alle Eins." という難解な文である。Also 以下は最初の主語 jedes の述語である可能性もあり、その場合には訳者補い——〔は多の一なの〕——をとばして読むことになる。しかしそう取ると解釈が難しくなるので、also 以下はすべて主語の言いかえと解する補いを付けてみた。しかしそれにしても „alle Eins." が二度出てくるという理解に苦しむ文であり、誤記があるのかもしれない。

(29) 「社会主義的」の原語は socialistisch であり、「共同主義的」の原語は socianisch である。socialistisch/sozialistisch という言葉は一八〇三年 Giacomo Giuliani の著書 *L'antisocialismo confutatio* のなかでルソーの個人主義的原理に対して社会生活原理として用いられたのが最初とされる。一八一七年のヘーゲルがどのような意味でこの言葉を使用しているのかは分からない。ただヘーゲルのここでの議論は原子論的哲学が国家論に与えた影響に関するものであるから、モナド論に基づく原子論的哲学、つまり近代個人主義的立場からの国家論としてヘーゲルは論じていると思われる。そうだとすれば、ヘーゲルの立場からは肯定されえないものであろう。一応社会主義と訳してみたが、もちろん現在の社会主義とは意味が違う。現在のように社会主義という言葉が生産手段の共有という意味で理解され、広く使用されるようになったのはもっと後のことである。一八二七年に産業改革者であるロバート・オーエンの継承者たちによって発行された『コーポラティヴ・マガジン』において socialist という言葉が見られ、次いで一八三二年フランスでジョンジェールがサン・シモン派の雑誌『地球』(Globe) において socialisme という言葉を用いた。これらの雑誌での議論を通して社会主義という言葉が定着したとされる。また、次の socianisch の方であるが、こちらはどの辞書にも載っておらず、わずかに次のような用例を見出すことができただけだった。„In seinem Werk finden sich immer wieder Abgrenzungen von dem, was den Zeitgenossen als sozianisch galt, d.h. von einem bestimmten richterlichen Gebrauch der ›ratio‹."「彼の著作のなかに、同時代の人たちに sozianisch で通っていたもの、すなわち『知性』の裁判官による一定の使用の〔概念の〕限定が繰り返し見出される。」(*Kulturgeschichte Preußens königlich-polnischen Anteils in der Frühen Neuzeit*, hrsg. von S. Beckmann und K. Garbler, Tübingen, 2005, S. 481) この用例から「司法制度に則った」という意味かもしれないと推察して、仮に「法治主義的」と訳してみたが、正しい訳である確証はないため、今後の課題としておく。

(30) カントが一七八六年に著した論文「自然科学の形而上学的原理」の第二章「動力学の形而上学的原理」〔Immanuel Kant, *Metaphysische Anfangsgründe der Naturwissenschaft*, in: Königlich-Preußische Akademie der Wissen-

schaften (Hg.). Kant: *Schriften*, Bd. IV: Erste Abtheilung: Werke 4. Bd., Berlin, 1903, S. 465-565, 496ff.; 高峯一愚訳「自然科学の形而上学的原理」（カント全集第一〇巻『自然の形而上学』理想社、一九六六年）一九一〜三三〇頁、二三四頁以下、犬竹正幸訳「自然科学の形而上学的原理」（カント全集第一二巻『自然の形而上学』岩波書店、二〇〇〇年）一〜一六二頁、五〇頁以下）を参照せよ。

（31）牽引力と反発力から物質を構成しようとするカントの試みに対するヘーゲルの評価は、『大論理学』の以下のところで見られる。GW21: S. 166-172; 武市訳上巻の一、二二二〜二三〇頁。GW11, S. 102-107; 寺沢訳、一八五〜一九三頁。

（32）このところの原文は „so ist noch mehr die Bestimmtheit, wodurch die Quantität Quantum ist, die unmittelbare negative Reflexion in sich und das Quantum nicht Größe überhaupt“ なので、「さらに量を定量にする規定態、直接的で否定的な自己内反省、そして定量は大きさ一般ではなく」と三者並列に取ることもできる。しかし「量を定量にする規定態」と「定量」とを並列にするのはくどく思われるので、本文のような訳にした。いずれにせよ意味は定在が或るものになるのに応じて、量も大きさ一般からより進んだ直接態のあり方を取り、定量（定在に対応）から一（或るものに対応）になるということである。なおグロイ版では「直接的で否定的な自己内反省」の「否定的な」〔negative〕が欠けているが、ここではゼル版をとった。

（33）ゼル版での「算術的」（arithmetisch）がグロイ版では「機械的」（automatisch）になっている。その方が意味の通りはいい。

（34）ここは二通りに解釈できる。ひとつは平方だけを念頭においているという解釈である。実際本訳書二〇〇頁（Gloy102, 964）には平方のことだけが出てくる。いま一つは、たとえば5の三乗は5×5×5ということだから、どれを単位と考え、どれを集合数と考えてもよいという解釈である。

（35）一七世紀の「ケンブリッジ・プラトニスト」が念頭にあると思われる。

（36）ここまでのピュタゴラスについての詳しい言及は『哲学史』にある（HW18: S. 235-256; 武市訳上、二七五〜二九四頁）。

（37）「両方とも自己に等しい」という意味とも解せるが、意味上はどちらを取っても変わりはない。

（38）エッシェンマイヤー（Adam [Adolph] Karl August von Eschenmayer: 1768-1852）はドイツの医師にして哲学者。シェリングと親交があった。シェリングはエッシェンマイヤーと同時期（一八〇〇年前後）にポテンツという概念を使い始めているが、ヘーゲルは、シェリングのポテンツ概念をエッシェンマイヤーから取り入れたと述べている。HW20: S. 20: 437-438; 藤田訳『哲学史』、下巻の三、一八三頁を参照。

(39) この周辺の文章は解釈に苦しむものが多い。ノートに根本的に問題があると考えられる。

(40) カール・フリードリヒ・ガウス（Johann Carl Friedlich Gauß: 1777–1855）は周知のごとく一九世紀の大数学者であるが、この断片的なメモでヘーゲルが何を言おうとしたのかは不明である。『大論理学』では、「概念論」の「理念」の章でガウスの「代数学的解」がわずかに言及されている（GW12: S. 207–208; 武市訳下、三一二頁）。

(41) 原文では、「1, 2, 7, 4, 11, 13, −14, −896. 896 : 15」というまったく意味不明の数字が挙げられている。素数とは1と自分以外に正の約数をもたない自然数のことであるから、4と−14は明らかに素数と言えないし、また1は通常素数には数えられない。そこで、グロイはこれらから4と−14を省き、そして、さらに意味の分からない「−896. 896 : 15」については、「−896, 896」を一続きの数字896896とみなし、「896896÷15」とする。この割り算の余りは1になるので、次の文「余りが1になる」とも符合する。こうして彼女は全体の数字を「1, 2, 7, 11, 13, 896896÷15」と校訂している。こうすると、896896は最終的に（7×11×13）×（7×2^7）に因数分解できるので、（通常素数には数えられない1を省いてしまえば）「2, 7, 11, 13, 896896÷15」の並びは意味をもってくることになる。だがそれでも、896896÷15は絶対素数の例にはならない。さらに、次に原文に出てくるのは「12, 45, 7, 8」という数字であるが、これらもこのままでは意味不明である。「相対素数」は「最大公約数が1である二つの自然数」なので、グロイは最初の12は1, 2、次の45は4, 5の誤りで、1と2、4と5、7と8の三つの組が互いに対して素であるという意味ではないかと推測している。Gloy: 105, 65–67. S. 280を参照。これを踏まえて訳の本文のような表記にしてみた。いずれにせよ、ノートに致命的な誤記があることは間違いない。

(42) 「奇数の平方はどれも」の原文は„Alle Quadrate von ungleicher Größe“であるが、意味不明である。グロイはこれを「二乗されるべき数と平方から帰結する数との不等性を考えているように思われる。すなわち、1の除外を意味しているように思われる。」（Gloy: 105, 68–70. S. 280）と推測するが、それでも意味が分からないことに変わりはない。訳者は全体の文から考えて、ungleicheはungeradeのことで、„ungleiche Größe“は„ungerade Zahl“、奇数のことではないかと考えた。1以外の奇数の平方を4で割れば、余りは1となる。しかし、それでもそれを3で割ると、余りは0か1かのどちらかであり、「余りは2となる」は完全な間違いとなる。

(43) この文章もよく分からない。一般に比においては3や4といった数がそれ自体では意味をもたず、比の中の相関関係しか表さないものだが、それは3を4とみなしたり4を3とみなしたりするのとは違う。支柱の長さが違う天秤で

3グラムの重りと4グラムの重りが釣りあっているような事態や、分数で言えば、4分の3のなかの3は4分の1が3つということであるという意味で4に規定されているという事態を考えてみるが、やはり不可解としか言いようがない。

(44) ゼル版ではここで「第二部」Zweiter Theil となるが、『エンチクロペディー』のテキストではここは「存在論」最後の節であるから、本訳書ではこれは誤記だと考え、第一部の最後に置く。グロイ版でもそうなっている。

(45) ここの原文は、„Das Seyn also die einfache unmittelbare Beziehung auf sich ist wiederhergestellt, das Unmittelbare darum weil es ein Unmittelbare ist, bezieht es sich auf ein anderes“であり、どこにコンマをつけるかで読み方が変わってくる。訳文では …ist wiederhergestellt と読んで、次の „das Unmittelbare“を bezieht の主語と取った。ただし、そうなると次の es が余計になってしまうという問題がある。グロイは „…ist, wiederhergestellt, das Unmittelbare, darum…“とコンマを打ち、「したがって存在、すなわち単純で直接的な自己関係は、再興せられると、直接的なものである。それは一つの直接的なものであるがゆえに、自己を或る他者へと関係づけるのであって」と読むことを提唱している(Gloy: S. 108)。

第Ⅱ部　本質論

(1) 「措定する」(setzen) とはしばしば出てくるが、ヘーゲル論理学のうちでカテゴリーとして扱われない重要な述語の一つであり、ある概念もしくはカテゴリーが「媒介された結果として存在する」ことを明示するために使われる。

(2) 「反映する」の原語はここでは spiegeln、接頭辞 wieder がついて wiederspiegeln となっても同じである。関連しあう両項のうちの一方が他方を構成する契機として位置づけられていることを表し、「映象」あるいは「反省」と同じことを意味する。

(3) 「自己自身のうちにおける映象」(das Scheinen in sich selbst) の sich を三格と取るか四格と取るかへーゲル論理学を訳す場合、常に問題となる。本講義録、および『大論理学』、『エンチクロペディー』の「本質論」の用例を調べると、どちらであるか分かる場合がある。たとえば、„Das Wesen muß erscheinen. Sein Scheinen in ihm ist das seiner zur Unmittelbarkeit, welche…“ (B § 131)、„…, sondern eine ist ein Scheinen in die Andere“ (H § 70) という文では Scheinen がそれぞれ三、四格の名詞(代名詞)を伴った場合である。さらに、„Indem jedes so für sich ist, daß es nicht das Andere ist, scheint jedes in dem Andern, …“ (H § 71) および „So erscheint das Wesen. Die Reflexion ist das Scheinen des Wesens in ihm selbst“ (GW11: S. 323. 武市訳『大論理学』中、一三七頁)

は、scheinen が三格の名詞を伴った場合である。こうした用例を参考にしながら、本訳でもそのつど三格か四格かを判断して訳し分けたが、訳者の間で意見が割れた場合には、「自己のうちで」と訳し、読者に判断をゆだねることにした。

（4）ニュートン『光学』に関するヘーゲルの言及は以下の版に基づく。Isaac Newton: *Optice sive de Reflexionibus, Refractionibus*, Inflexionibus & Coloribus Lucis. Libritres. Latine reddidit Samuel Clarke, S. T. P. Editio Secunda, auctior, London, 1719. ニュートンの色彩論に対しては、『エンチクロペディー』の『自然哲学』の初版では第二二一節、第三版では第三二〇節で詳細に批判が加えられている。

（5）ゼル版ではここまでの五つの段落は本文に入れられ、グロイ版ではメモと取られて一段下げ扱いになっている。内容が断片的であることを考えると、グロイのようにメモとして取ることも可能であるが、ゼル版に従った。

（6）この最後の文はそれまでの文章とのつながりが分からない。そのためであろう、グロイは原文に „Das Nichits auf sich beziehend, ist [es] die Negativität" と es を補い、それを「区別されたもの」と取ることを提案している。その場合訳は、「無が自己に関係することによって、あらゆる区別されたものは否定性である」となる。

（7）この命題の出典は、Leibniz: Opera. Tomus II. Pars I. P. 128-129. § 4-5. ヘーゲルは『大論理学』・「本質論」の「差異性」を扱ったところで、ライプニッツが宮廷でこの命題を出して、婦人方に等しい二枚の木の葉を探させたという逸話を載せている（GW11: S. 270-271; 武市訳『大論理学』中、五二頁）。ただし、原典では、ライプニッツ自身はそのような命題を宮廷で提起してはおらず、木の葉を探したのも彼の友人になっている。

（8）「一方のもの〔にとって〕の自分から区別されたもの」と訳した文の原文は „sein von ihm Unterschiedenes" である。この sein と ihm を「一方のもの」を受けると取った。すなわち、一方と他方は、酸と塩基のような、それぞれに固有の他者であるということである。

（9）ヘーゲルが「カリ」と言っているのは、苛性カリあるいは水酸化カリウム（KOH）のことである。今日では一般的に酸と塩基が対にされるが、ヘーゲルは塩基の一種である苛性カリを酸の対としている。『エンチクロペディー』第三版第三二九節の補遺には「酸と苛性カリは自体的には同一であり、酸は自体的にカリである」という記述がある。

（10）ここの「すなわち」d. i の前後の文は、なぜ「すなわち」と言いかえられるのかが分からない。筆記ミスが疑われるところである。

（11）炭酸カリウム（K_2CO_3）は酸と塩基が中和してできる塩であるので、カリと並べられているのはおかしい。「酸とカリが中和してできるのが」といった発言が「炭酸カリウム」の前に脱落している可能性がある。

(12) ライプニッツは「充足理由律」(principe de la raison suffisante) に関して様々な著作で論究を加えているが、ことに有名なのが『モナドロジー』(一七一四年) における定義である。Henri Lachelier (éd.), Gottfried Wilhelm Leibniz, *La Monadologie*, Paris, 1909, pp. 43-82, p. 55; 河野與一訳『ライプニッツ　単子論』(岩波書店、一九八五年) 三八〜一六〇頁 (九二〜九五頁)。西谷裕作訳『モナドロジー〈哲学の原理〉』(ライプニッツ著作集9：後期哲学、工作舎、一九八九年) 二〇五〜二四四頁 (二一七〜二一八頁)。この十分な根拠＝充足理由をヘーゲルが目的論的な因果関係における「目的」と捉えていた点に関しては、GW11: S. 293; 武市訳『大論理学』中、八七〜八八頁を参照せよ。

(13) Materie は「物質」とも訳されるが、ここでは「質料」とした。しかしながらここでは「物素」という特別な訳語で表すこともできる。物 (Ding) は多様で自立的な Materie から成り立つという場合に、「物素」という訳語の方が物質よりも分かりやすい。これはたとえば光を「光素」、色を「色素」、または熱素、電気物素、磁気物素というような諸々の素を仮定する態度を当時の化学が採っていたからである。GW11: S. 334; 武市訳一五四〜一五五頁を参照。

(14) 原文は „diese materialisierte Bestimmtheit bleibt ebensosehr Moment des Wesens und Schein in sein anderes reflectiert" である。このままだと „in sein anderes reflectiert" を前の Schein にかけるしかないが、意味が通じない。グロイの脚注には (Gloy: S. 125) 最後の „in sein anderes reflectiert" の reflektiert は reflectierter あるいは reflektiertes であり、下線が引かれている可能性もあるという。そう捉えないとこの文章全体の構文が取れない。そこでこの文を „das sein anderes reflectiertes" と読み、「自分の他者のうちへと反省した本質」と解した。

(15) 力の関係という場合の関係の言語は Beziehung であり、相関関係を表す Verhältnis とは区別されている。最初の相関関係は「全体と諸部分」だが、これはその両項が互いに無関係を決め込んでいる相関関係であり、「力とその発現」という第二の相関関係になってはじめて両項は関係をもつので、「最初の Beziehung」と言うのである。

(16) 以下を参照。Kant: *Kritik der reinen Vernunft*, B 266ff.

(17) スピノザの実体論については、『エチカ』第一部定義三および定理一から定理一六を参照せよ。Spinoza, *Ethica* (1677), Pars I, Def. III et Prop. I-XVI: Carl Gebhardt (Hg.), Spinoza Opera, Bd. II, Heidelberg, 1924, pp. 41-308 (45-61); 畠中尚志訳『エチカ——倫理学』上 (岩波文庫、一九五一／一九七五／二〇〇二年) 三七頁および三九〜六〇頁。

(18) ここまでの四つの段落は、ゼル版では本文に入れられ、グロイ版では一段下げてメモ扱いになっている。内容を検討した結果、メモだと取り、段下げにした。

(19) ここの原文は „Das Unendliche ist schon ein Endliches, die Ursache als sein Unmittelbares [schon die Wirkung]" となっており、[ ] 内はグロイによる補いであり、ゼル版にはない。グロイ版に従って訳すと、「無限なものは最初から一つの有限なものであり、原因は一つの直接的なものとしては［すでに結果］である」となる。

(20) グロイは原文を補って、„So [verhält sich auch] mit dem Lichte" としており、それに従って訳した。

(21) 「規定された存在であるが、この規定された存在には自己が伴っている」の原文は一語で „Bestimmtsein mit sich" である。これは「一つの統体＝自己によって規定されていて、その自己構造をそなえたものの契機である」ということか、「区別されたどちらの契機も一つの自己という性格をそなえていて、全体である」という意味かのどちらかであると思われるが、文脈からは決定できないので、両方の意味で取れるように、本文のように訳しておいた。

(22) 典拠としては、シェリングの『人間的自由の本質』〔Schelling: *Werke*, Bd. 7, S. 357f. 藤田正勝訳『シェリング著作集第４a巻』（燈影舎、二〇一一年）一〇五頁以下〕および『神的事物に関する書の記念』〔Schelling: *Werke*, Bd. 8, 61f.〕が挙げられる。

(23) 原文は „als noch nicht in dieser bewiesenen Einheit, Seyn und Wesen" であるが、これを „als noch nicht in dieser bewiesenen Einheit [setzt, d. h.] Sein und Wesen" と解して訳した。

(24) この部分の原文は „unter Begriff blos dass Verständige ... genommen" であるが、グロイ版では blos が alles と記されていた。内容的にゼル版の校訂が正しいと取った。

(25) ゼル版では、この段落は「メモ」として扱われている。

第Ⅲ部　概念論

(1) 「前成説」(Präformationstheorie) とは古代に始まり、特に一七、一八世紀に支持されるようになった生物学の学説で、発生の最初の段階で成体の全体構造がすでに存在していると主張する。「入れ子説」(Einschachtelungshypothese) はそれを支える極端な仮説で、卵の中に最初から成体のひな型が入っているとする。ヘーゲルはこれを「生成」を理解できない俗説として退けている。

(2) 「諸契機にとっての」の原文 „für sie" の sie を「諸契機」と取って訳した。そのわけは、「客観」の段階で概念が獲得している全体性、直接性は、あくまでも個々の諸概念の全体性であり、概念がそれ自体として一つの全体になっているわけではないからである。この解釈は下にある「客観は概念だが、けれども各契機そのものが概念の自己内に歩み入った全体性として措定されているという意味で概念なのである」という文とも一致する。

(3) グロイ版ではこの文章は „wie das Urteil die Kopula

vermittelst des Ist"となっていたが、ゼル版では „wie das Urtheil vermittelst des I s t, die Copula, das Verstndige"と校訂されている。グロイ版では意味が通じないので、ゼル版を採った。

（4）太字にした「である」の原語は大文字のISTである。

（5）「融合している」の原語は zusammengenaturt である。グロイによれば、これは身体と魂との統一に関して使われている言葉だという（Gloy: 144, 40, S. 297 を参照）。その意は、神にあっては身体と魂が一つになって神の本性（Natur）をなしているということであろう。

（6）「個別的なものはもはや判断ではない」という文章は意味が通らないが、グロイは「『個別的なものは個別的なものである』はもはや判断ではない」と取るべきだと注を付けており（Gloy: 151, 247-248, S. 297）、また「判断の内容」は「判断の形式」ではないかと疑っているが（Gloy: 151, 248-249, S. 298）、同意できる主張である。

（7）ゼル版ではこの文章の原語は „In dem wahren Begriff muß ebensowohl das Besondere als das Allgemeine gesetzt oder negiert werden"であるが、グロイはあえて gesetzt wie negiert werden というように、oder を wie に取り換えている。たしかに、ゼル版のままでは ebensowohl が浮いてしまい、意味が通らない。グロイのように取ると、「バラは赤ではない」という否定判断は、「赤」という一つの特殊を否定しているだけで、色一般を否定しておらず、バラは何らかの特殊な色をもつのだから、「特殊的なものは普遍的なものとしては否定されているが、同様に措定されてもいなければならない」とすれば、何とか解釈しようがある文になるかもしれない。

（8）これも理解に苦しむ文である。原文は „Weder das negativ noch unendliche Urtheil ist eigentlich ein Urtheil" である。例文が「精神は象ではない」（Der Geist ist kein Elefant）であることを考えると、「否定的無限判断は元来判断ではない」とヘーゲルは言ったのではないかとも思えるが、Weder ... noch というはっきりとした構文を聞き間違える可能性も高くないだろう。そのためか、グロイはこの文を „Weder das negativ noch [positiv] unendliche Urtheil"、「否定的無限判断も肯定的無限判断も」と大胆に補っている。『大論理学』の次の文などを見れば、そういう解釈も可能である。そこでは次のように言われている。「……否定的無限判断においては区別がいわば大きすぎるのでそれはもはや判断であり続けることができない。主語と述語とは相互にまったくいかなる肯定的関係をももっていない。反対に肯定的無限判断においては同一性だけが現存しており、まったく区別が欠如しているがゆえに、それはもはや判断でない」（GW12: S. 70; 武市訳下、九八頁）。

（9）最後の文章の動詞は „sich verläufen" である。各種の辞典・辞書（『小学館独和大辞典』および Wahrig など）には、道に迷う、四散する、水が吸い込まれる、次第に低くなる、等の訳しかなく、いずれも文脈にそぐわない。本訳では、反省の判断における述語は「有用である、危険である」といった、主語の本質を表す述語であるということを考えて、「主語に即して繰り広げられる」としておいた。

(10) 常識的に考えれば、この二つの「演繹」(Deduktion) は「帰納」(Induktion) のはずだから、単純に筆記者がDeduktionとInduktion、deduzierenとinduzierenを聞き違えたのではないかと考えるのが普通であろう。ヘーゲルもまた演繹、帰納という言葉を通常の意味で用いている。たしかにヘーゲルは帰納から帰納を超えた概念を示すことはある。たとえば『精神現象学』の「理性」の章における「法則」の叙述においては、石が落ちるということは、すべての石に関して確認される必要はなく、石の落下の背後に、重さの「概念」を確認することで、その普遍性は保証されると述べている (HW3: S. 193: 金子訳上、二五二頁)。だがこれを「演繹」と呼ぶことはできないであろう。

(11) この「付論2」(ad 2) の位置づけは不明。

(12) この部分はグロイ版では „gegen welche [eine Versicherung] ihre entgegengesetzte ebenso geht“ であるが、ゼル版ではこの最後の動詞が gielt となっている。gielt は gelten の古い変化形かとも疑ってみたが、どういう意味なのかが分からない。グロイ版の geht から推定して訳した。

(13) 原文は „der Grund oder der Zusammenhang des Subjekts und prädicats“ であるが、グロイはこれを „der Grund des Zusammenhangs des Subjekts und Prädikats“ と読むべきだと主張する。

(14) ゼル版では gezeigt であるが、グロイはここを „sich … erzeugt“ ——調和が生み出される——と読んでいる。

(15) これはカントが『純粋理性批判』において示したアンチノミーのうち、一番目のもの「世界は時間のなかに始まりをもち、空間に関しても限界のうちに囲まれている」を指している。

(16) グロックナー版では節番号一三二が間違って二つの節に続けて付けられているので、ここでいったん節番号がそろう。

(17) 最初の例、「金 (E) は黄色い (BあるいはA)。金は水の一九倍の重さ (AあるいはB) である。それゆえ、水の一九倍の重さのあるものはすべて黄色い」はヘーゲルの推理論でいうところの第二格、B-E-Aの推理である。次の第三格、E-A-Bの推理の例では、黄色がA、金と真鍮がそれぞれEあるいはBを表す。

(18) この文章はじつに難解であるので、下に挙げられている例をもって考えてみよう。「すべての寛大さ (B) はひとつの徳 (A) である。/ガイウス (E) は寛大 (B) である。/ゆえにガイウス (E) は有徳 (A) である。」——この例では、媒介者Bは「すべての寛大さ」であり、寛大さの総体として措定されている。だが、こうしたB「すべての寛大さ」を通じてガイウスEが「有徳である」という

「その後で現れる述語」Aに「一面的に」結び付けられるとすれば、それは間違いである。なぜなら、寛大さは徳であるといっても、徳のひとつにすぎず、ガイウスという一個人は、有徳さの全体をそなえているわけではなく、それ以外の性質、不徳と結び付くような性質ももっていることがありえるからである。だから、「有徳である」という述語Aが具体的全体であるガイウスに属するか否か、まだ言えないわけである。

(19) この「寛大」と「徳」の関係については、グロイが詳細な注を書いているので、要約して紹介する。まず、(1)「すべての寛大さは徳である」は寛大さと徳との同一性を示唆してはいるが、実際はその次の文で分かるように両者の非同一性を示している。ところが、そのあとで(2)「すべての寛大な人は有徳である」という、寛大さと徳との同一性を示す判断が続いている。(1)と(2)は矛盾している。では、こういった矛盾はどうやって解消されるのか。グロイによれば、(1)の寛大さと徳とは「契機」と「総体性」との関係を示すのに対し、(2)の寛大さと徳とは「種」と「類」の関係を示すとされる。(1)の場合、徳が総体性とされるのは、徳には様々な契機があると考えればよい。(2)の場合、徳が類とされるのは、徳は種において（たとえば、寛大さ）において発揮されると考えればよい。契機と異なり、種は自立的で互いに排除しあう。この点を踏まえて、ヘーゲルの議論を援用すれば、(1)は定在の推理の第一格の大前提であり、(2)は全称推理の大前提と考えることができる。定在の推理における寛大さは個々の質であり、人間の様々な振る舞いの可能性のうちの一つである。だから、同一の人間でも、寛大に振る舞えば徳と結び付き、臆病に振る舞えば非徳と結び付く。これに対し全称推理における寛大さは、そのまま具体的特殊性として、人間の振る舞いの可能性の全体を表す。だから、寛大な人はどこまでも有徳であり、また他の種類の人はどこまでも有徳でない、ということになる。以上をまとめれば次のようになろう。(1)においては、寛大さは徳の単なる一契機でしかないから、寛大であるからといってそのまま総体性としての徳となるわけではない。これに対し、(2)においては、寛大である人（そうした種類の人）はすべて類としての徳そのものを示しているのである（Gloy: 161, 544-550, S. 303-304 を参照）。

(20) グロックナー版では以下、節番号一三八が二つ（a、b と区別する）続くので、これからまた節番号を併記する。

(21) この点に関しては、以下の著作における該当箇所を参照せよ。デカルト『省察』（一六四一）、第五考察、Charles Adam/Paul Tannery (éds.), Œuvres de Descartes, VII: *Meditationes de prima philosophia*, Paris, 1957, pp. 17-90 (65-68: Meditation V.); 山田弘明訳（ちくま学芸文庫、二〇〇九年）一〇一〜一〇五頁。『哲学原理』（一六四四）、第一部第一四節：Adam/Tannery (éds.), Œuvres de Descartes, VIII: *Principia philosophiae*, Paris, 1957, pp. 5-348

(10: Pars. I, §14); 桂寿一訳（岩波文庫、一九六四／二〇一〇年）五四頁。山田弘明・吉田健太郎・久保田進一・岩佐宣明訳（筑摩書房、二〇〇九年）一〇一～一〇二頁。スピノザ『エチカ』（一六七七）、第一部定理二〇、Spinoza, *Ethica*, in: Gebhardt (Hg.), op. cit., pp. 41-308 (64: Pars I, Prop. XX); 畠中訳『エチカ――倫理学』（上）、六五～六六頁。

（22）デカルトの著作にはこの通りの言葉は見当たらない。ヘーゲルは『哲学史講義』でもこの言葉を引用しているが（HW20: S. 151; 藤田訳下巻の二、一〇四頁）、注ではヨハン・ゴットリープ・ブーレの『諸学の再建の時代以来の最近の哲学史』（Johann Gottlieb Buhle: *Geschichte der neuern Philosophie seit der Epoche der Wiederherstellung der Wissenschaften*〔6 vols., Goettingen, 1800-1804〕Bd. 3, Abt. 1, 19）、およびデカルト『哲学原理』の第三部第四六節から四七節を指示している。

（23）元のノートには、したがってゼル版には Vermittler すなわち「媒介するもの」とあるのを、グロイはあえて Vermittlte、「媒介されたもの」に改めている。たしかに「産物」の言いかえとしては「媒介されたもの」が正しいので、訳文でもそのように改めた。しかしグロイは「化学的諸契機は、たしかに産物としては媒介するものではないが、しかしさらなる過程の前提としては媒介するものである」（Gloy: 167, 826, S. 306.）とも述べ、「媒介するもの」である可能性は否定していない。

（24）講義の元ノートでは、ここは ad § 154〔GW版だと§156に当たる〕と記されているが、順番から言っても内容から言っても明らかに誤りである。これは第一五三〔一五二〕節、もしくは一五四〔一五三〕節に付けられたものと考えるのが適当であるから、本訳では、第一五三節付論と改めた。つまり、前の第一五三〔一五二〕節付論と合わせて、第一五三節に付けられた付論として扱うべきである。

（25）「この主観性」の原語は代名詞 sie であり、少し離れているが、この文章のテーマである「個別性」を指していると考えることもできる。

（26）ゼル版ではここの原文は „...im Anfange oder subjektiver Zweck" であるが、グロイ版では „subjektiver Zweck" の前に als が補われて「……客観化された目的の内容は、成果において、活動において、始元において同じ一つのもの、すなわち主観的な目的〔として〕ある」となっている。

（27）「二重の映象」（Doppelschein）は、『大論理学』の「普遍的概念」のところにもでてくる（GW12: S. 35; 武市訳下、四三頁）。グロイはこの二つの箇所で個別の述語の意味は異なっていると述べているが（Gloy: 174, 939-940, S. 308）、他者に関係することと自己に還帰することとが同一であることを指しており、同じ論理である。

（28）カントの『判断力批判』第二部「目的論的判断力の批判」の議論である。

(29)「生命の三位〔一体〕性」のうち、「第三の過程」に当たるものの叙述は明示されていないが、この一文がそれに当たるのかもしれない。正式には第一六九〔一六八〕節付論で述べられる。

(30) この「有機的な自然」(organischen Natur)は聴講者の筆記ミスか、あるいは誤植であって、内容から言って正しくは „unorganischen Natur“ であろう。

(31) 生命とは有機的なものなのであるから、「非有機的なものは生命である」という文には、何らかの筆記ミスがあるのではないかと疑いたくなるが、以下の文を読んでみると、ヘーゲルがそのように言った可能性もある。つまり、非有機的なものは生命と関わり、生命の契機になることによって、みずからが有機的な活動の一環であること、生命との反省関係のうちにあることを示す。この意味で非有機的なものは自体的には生命であると言うことができる。

(32) この文の主語の「それ」は dieses であるので、「総合的なもの」と取るのが自然だが、それでは意味が通じない。「総合的なものは概念諸規定から始まると言っても、その概念諸規定はここではまだバラバラの概念諸規定にすぎない」と理解したいところである。

(33) die Instanz は裁判における一審、二審のことであり、「審級」と訳されることが多い。そのような意味も含めて「裁定の場」と訳した。

(34)「より高い哲学、すなわち哲学」とはいかにもおかしな表現だが、筆記に間違いがないのであれば、この「より高次の哲学」こそが哲学そのもの、die Philosophie、すなわち本来の哲学としての思弁的哲学であると言うのであろう。

(35)「分けるべく決定し」と訳した原語は dirimieren である。これはラテン語の dirimiere(区別する)に由来するが、ドイツ語では「(賛否同数の場合に、どちらかに)決定する」という意味をもつ。そうすると、これはヘーゲルが本文で「理念が決断して(sich entschließen)」自己を自然にする、つまり、理念が自己を区別して自然という形態をとらせると言っていることと同じであると考えることができる。

訳者解説

黒崎　剛

1 「ハイデルベルク・エンチクロペディー」について

『エンチクロペディー』のこの初版は最初に創られたものが持つ創造的な息吹きをまだ完全に保っている。これより後の版は個々の部分の論述、しかしとくに論駁や弁護のための注でははるかに詳しくなっているけれども、ヘーゲルの体系が最初の出現の際にひっさげて登場した迫力をそのままに、その集中的な全体性においてそれを把握するためには、常にこの初版に帰らなければならないであろうし、したがってまた初版の姿のままで再版しなければならないであろう。

——ローゼンクランツ『ヘーゲル伝』（中野訳、二六六頁）

ハイデルベルクでのヘーゲル

一八一六年九月、ヘーゲルはハイデルベルク大学の哲学正教授として赴任する。イエナ大学の員外教授、「バンベルク新聞」の編集者、ニュルンベルクのギムナジウムの校長といった職を遍歴し、四六歳にしてようやく念願の安定した地位を得ることができた彼は、同年の冬学期に「哲学的諸学のエンチクロペディー」と「哲学史」の講義を開始、翌一七年の夏学期には「論理学と形而上学」、「人間学と心理学」の講義をしている。出だしは快調とは言えなかったようだ。一八一六年一〇月二九日の書簡で彼は妻マリーに手紙を書いて愚痴っている。「昨日私は講義を始めたが、もちろん聴講者の数は想像し予測していたほど輝かしいものには見えなかった。私はそのことで狼狽したり、焦燥を感じたりはしなかったが、ひとのいうほどでないのを見て妙な気がした。ある講義〔哲学史〕では四人の聴講者しかいなかった。しかしパウルスは、自分もわずか四人か五人のために講義したことがあると慰めてくれた。」（ローゼンクランツ前掲書、二六一頁）。しかしこうした寂しい状況はすぐに改善されたようである。聴講生の数はエンチクロペディーの方では約二〇人、哲学史の方では約三〇人と増え、翌一七年の夏学期の「論理学と形而上学」では約七〇人を数えるようになった。

『エンチクロペディー』初版の出版

そして、この夏学期のさなかの一八一七年六月、彼は一冊の著書を出版する。それが『哲学的諸学のためのエンチクロペディー要綱』の初版である。「エンチクロペディー」とは、今日では「百科事典」のことを指すし、また哲学史において百科事典といえば、一八世紀フランスの啓蒙思想期にディドロとダランベールが中心となって編集した『百科全書、または科学、芸術および技術の理論的な辞典』（*L'Encyclopédie, ou Dictionnaire raisonné des sciences, des arts et des métiers*, par une société de gens de lettres, 1751-1772）が有名であるが、もちろんヘーゲルが百科事典を書いたわけではない。彼の言う「エンチクロペディー」は一方では「教科書」、他方では「哲学体系の集成」という意味をもっている。一八世紀はじめのドイツにおいては、そのような「エンチクロペディー」がいくつか出版されており（本書・「緒論」の注（9）を参照）、かならずしもヘーゲルの独創ではない。しかしヘーゲルはすでに一八〇七年の『精神現象学』の「序文」において、「真なるものは体系である」という思想を宣言しており、哲学を叙述するということが、そのまま体系を叙述することであり、エンチクロペディーとなる必然性があった（なお、この初版『エンチクロペディー』に至るまでのヘーゲルの試行錯誤、そしてこれに先行するハイデルベルク時代のギムナジウムでの講義に使われた何種類かの教科書的叙述、そしてこの初版の刊行事情については、アカデミー版ヘーゲル全集第一三巻の「編者による報告」――GW13: S. 617-631――に詳しいので、そちらを参照されたい)。ヘーゲルは自分の『エンチクロペディー』によってついに「論理学‐自然哲学‐精神哲学」という三部から成る彼の哲学体系を世に示した。しかし、この書を彼が出版したのは、自分の「哲学講義への入門書を与える必要」によるものであって、この書は体系と言っても実は「講義の教材」であり、「概観」、「要綱」にすぎなかった。当時ヘーゲルは、もっと詳細な「哲学体系」を完成することを目指していたのであるが、結局それを仕上げることはできなかった。後世に残されたのはこの『エンチクロペディー』という形式での「哲学体系」だけである。

しかし、この初版の『エンチクロペディー』の重要性は、一八〇七年『精神現象学』―一八一二～一六年『大論理学』―一八一七年『エンチクロペディー』―一八二一年『法哲学』と追っていけば明らかであろう。この一五年間こそヘーゲルの著作活動の絶頂期であり、実質的に彼の哲学が完成したときなのである。これらの著作に示された彼の言葉こそ、ヘーゲル哲学そのものなのであり、一八一七年の初版『エンチクロペディー』はまさにその黄金時代の真ん中で書かれている。それだけでもその重要性を想像すべきであろう。

『エンチクロペディー』はこの後、一八二七年と一八三〇年に改訂される。現在、ヘーゲルの『エンチクロペディー』として流布しているのは最後の一八三〇年版に聴講者のノートから関連する部分を切り取って「補遺」(Zusatz)として付けたものである。この三つの版を単純にそれらの分量の点から比較すると、かなりの違いがある。初版の『エンチクロペディー』は、全四七七節、うち「論理学」の部分は一九一節から成っている。それから一〇年後の一八二七年にヘーゲルはこの初版の売り切れを機会に全面的な改訂を試みたが、この第二版は全五七四節、うち「論理学」は二一四節から成り、頁数はおよそ二倍近くまで膨れ上がった。さらにヘーゲルは、第二版の重版が必要となったために、一八三〇年、死ぬ前年にこれを改訂し、全五七七節、うち「論理学」は二四四節から成り、頁数は若干増加した第三版を出版した。分量だけを考えても第二版以降の増加分は著しく、説明の詳しさの点でも、第二版・第三版が勝っている。そのためヘーゲル没後長く最後の第三版が彼の「エンチクロペディー体系」を指し示すものとされてきた。論理学に関しても、日本ではこれまでこの第三版の論理学部分が『小論理学』の名で翻訳され親しまれてきた。実際、「補遺」の豊富な情報をそなえたこの版は、われわれにヘーゲル論理学について多くのことを教えてくれたことは確かである。ヘーゲル研究がヘーゲル文献学と化している感のあるいま、この「小論理学」スタイルは解体され、本文は本文、講義録は講義録として編集され始めたが、本文と、それに関する講義からの文章を適宜紹介してくれている「小論理学」の便利さ、その価値はいまもゆるぎないと解説者は思う。

初版の「迫力」

第三版こそがエンチクロペディーの完成体とされてしまったことによって、初版の叙述の方には、それがまだまだ未熟なものであるかのようなイメージが与えられてしまったことは否めない。しかしながら、実際には彼の哲学体系はこの初版の『エンチクロペディー』以来ほとんど変更されていない。また重要なのは、一八三一年に亡くなった彼がその生涯を通じて参照を求めてきたのは、常にこの「ハイデルベルク・エンチクロペディー」であったことである。たとえば、一八二一年に出版された『法哲学』において引用されているのも、当然ながら、この初版である。しかも論理学について言えば、ヘーゲル論理学にはその完成形として『大論理学』と第三版の「小論理学」の二つがテキストとして使われてきたが、当然のこととして、『大論理学』の方に圧倒的な優位性が与えられてきた。そして『エンチクロペディー』の初版はその『大論理学』全巻完結の翌年に発表されたものなのである。つまり、この初版こそ、『大論理学』に示された彼の論理思想のエッセンスが最も短いかたちで示されている著作だと言ってよい。これほどヘーゲル研究が盛んで、特に『大論理学』に興味がもたれてきた国で、この重要な著作がこれまで翻訳されてこなかったのが、不思議なほどである。冒頭に引用したローゼンクランツの言葉をまじめに考えるべき時が来ているように思われる。

では、いったいローゼンクランツは初版のどこに「ヘーゲルの体系が最初の出現の際にひっさげて登場した迫力」を感じたのであろうか。そしてなぜ、「その集中的な全体性においてそれを把握するためには、常にこの初版に帰らなければならないであろう」と考えたのであろうか。その詳細を彼は語ってくれない。そこで、解説者なりにそれがどこにあるのかを、少々考察してみたい。

そのための題材として「予備概念」を取り上げてみよう。これは論理学そのものへの導入となっていて、ヘーゲルが自分の論理学をどのように読者に理解してもらいたいのかがよく分かる箇所であり、しかも、初版と第二、三版では同じ本とは思えないほど改訂されてしまった部分だからである。第二版と第三版には大きな差はないから、ここでは初版と第三版を比較することで、先の問いの答えを探りたい。対象とするのは初版では、第一二から三七節、第三版では第一九から八三節である。その対応関係は巻末の対照表で詳しく挙げたので、ここではごく簡単な対応関係を示しておこう。

初版	第三版	内容
第一二節	第一九節	論理学の抽象的な規定
××	第二〇～二五	「思考」について
第一三～一六節	第七九～八二節	論理的なものの形式的三側面
第一七節	××	論理学の思弁的性格について

第一八～三六節――――第二六～七八節…………先行哲学の批判
第三七節――――第八三節…………論理学の区分

以上の対応関係から言えることは、以下の通りである。

変わらないのは、四節にわたる「論理的なものの形式的三側面」についての記述（第一三～一六節／第七九～八二節）と、さらに「論理学の区分」についての最後の節の記述（第三七節／第八三節）の二カ所である。もちろんこの二カ所についても、細かい叙述については削除、加筆、書き換え等はあるが、この小論ではそれらに触れる必要はないだろう。

構成上違っている点としては以下の三つが挙げられる。

(1) 第三版では「思考」に関する長い言及が、予備概念が始まってすぐに展開されているが、これが初版にはない。

(2) 「論理的なものの形式的三側面」を述べる四つの節が、初版では冒頭に置かれているが、第三版では三つに分かれた「客観に対する思想の態度」の後に、そのまとめのようなかたちで、最後に置かれている。

(3) 初版の第一七節が削除されている。

はじめに最後の(3)について言うと、これは論理学が思弁的な哲学であることを説明する節であった。これがすべて削除されたのは、前提となる「三側面」の話を終わりにもっていったために、第三版ではあらためて論理学の思弁的性格を強調する必要性が薄れたためであろうかとも考えられるが、はっきりとはしない。しかし、なんといっても重要なのは、(1)と(2)の変化である。

「思考」(Denken)はヘーゲル哲学の原理である。本書に掲載した一八一七年の講義録を見ても、その時点で、「思考」についてずいぶん詳しい解説を「第一二節付論」に付けている。だから、第三版の第二〇～二五節の思考論が置かれたのは、一方でとりあえず思想の変化と言うほどのものがそこにあるのではなくて、過去の講義経験を踏まえた上で、叙述を充実させたのだと見ることはできる。

しかし、他方で、ヘーゲルが晩年に『精神現象学』を学への導入とする構想を否定するかのような態度を採ろうとしていたために、このように叙述を充実する必要があったと見ることもできる。「思考」とは「思考と存在の同一性」という特別の意味をもっているものだから、単純に前提することはできない。ところがヘーゲルは第三版の第二〇節の注では、こうした予備的な考察では、導出や証明によって「思考」を正当化することは断念するが、事実（Facta）として認めてもらいたいなどと、彼らしからぬことを言っている。論理学はたしかに絶対に無前提の学だが、しかし「思考」を絶対の前提としている。この矛盾を解消するため、「客観的思考」の境位を（すなわち「存在」の境位を）正当化する試みとして書かれたのが、まさしく『精神現象学』であった。ヘーゲルは晩年に『精神現象学』によって学の立場を正当化するという構想を放棄しようと考えていたことはよく知られているが、しかし『精神現象学』がなければ、学の境位を正当化する手続きも失われてしまう。そこで、それに代わるものとして「客観的思考」の意義を詳細に語ることでその欠損を埋めようとした、と見ることもできるのである。

そして『精神現象学』の位置づけの問題は、「論理的なものの形式的三側面」の配置換えにも影を落としている。初版ではヘーゲルは第一二節で論理学の規定を終えると続く第一三節でいきなり「論理的なものの形式的三側面」を叙述し、学的思考というものが一般にどのように働くのかを単刀直入に示している。彼がそういう書き方をすることができたのは、すでに『精神現象学』で思弁的方法を確立していたからにほかならない。そして先行哲学への批判は、その後に展開されるのであるが、この批判は、初版では形而上学から始まり、形而上学批判として「経験論」とカントの「批判哲学」が挙げられるという二段構成になっている。これに対して第三版では、「思考」についての諸節のあと、先行哲学の批判を「客観に対する思想の態度」として膨らませ、「形而上学―経験論／批判哲学―直接知」という三段構成にしている。それによって自分の思弁的な哲学の登場の必然性を示した後に、「論理的なものの形式的三側面」をその総括として置くというかたちに変更されている。

第三版の先行哲学の批判の叙述が膨らまされたことの効果は、それがそれだけで論理学への導入のための自足した叙述だという構えを印象づけていることである。論理学の前提である思考をまず解説し、その思考についての先行哲学の捉え方の欠陥を三肢構成で図式的にすっきりと説明し、それを受けて三側面をそなえた思弁的方法が哲学の完成形態であるという構えは、『精神現象学』を除いた後でも、自分の思弁的方法が正当化されることを目指していると見ることができる。つまり、第三版の書き方は、『精神現象学』抜きで哲学体系を仕上げてしまいたいという晩年のヘーゲルの意図に沿って書かれたのではないかと推測できるのである。

これに対して初版のように、まずいきなり「論理的なものの形式的三側面」を叙述することができるのは、明らかにそれを正当化する過程が『精神現象学』で終わっていることを前提としている。そして先行哲学に対する批判が「形而上学‐形而上学批判」という二段構成になっていることによって、ヘーゲルの試みが、形而上学の批判を踏まえた上で、論理学を形而上学として復興するという、三番目に位置づけられていると読むことができる。第三版ではこの三番目の位置には「直接知」が置かれており、したがって、思弁哲学はそれをも超えるものとして位置づけられていることになる。

だから、この両版のどちらが優れているか、ということになると、次のように言うことができる。第三版はその叙述の豊富さで初版を圧倒しており、われわれはそこからヘーゲル哲学を理解するための多くの情報を手に入れることができる。また、体系としての体裁が整えられているという利点もあるだろう。ただしそのために、学の立場を正当化する『精神現象学』の機能をあきらめなければならず、体系のために理論としての厳格さが犠牲にされてしまっている。これに対して初版は情報量こそ少ないが、その反面、壮年のヘーゲルが何を考えていたのかがはっきりと分かる利点がある。つまり、『精神現象学』で正当化された学の立場を引っ提げて、その成果として思弁的方法を堂々と主張し、自分の哲学によってこそ経験論と批判哲学を超えた新しい形而上学が可能になるのだという意気込みが伝わってくる。ローゼンクランツが感じ取っていたのも、それなのではないかと思う。

どちらがいいのか。体系を重視するものは第三版を選び、理論を重視するものは初版を推奨するだろう。解説者は理論を重視する。それがこの本の翻訳を出す動機でもある。

2　一八一七年の「論理学と形而上学」講義について

ヘーゲルの講義ぶり

さて、ハイデルベルクでヘーゲルは、この『エンチクロペディー』を使って、彼の論理学をどのように講義していたのだろうか。その雰囲気をわずかに伝えてくれる話が、やはりローゼンクランツの『ヘーゲル伝』に載っている。エストニア人の男爵ボリス・ド・イクスキュルはロシア軍のフランス遠征に参加し、その後遺症に苦しんでいた。現代に言うＰＴＳＤ（心的外傷後ストレス障害）であったのだろうか。彼は学問によってその苦しみから解放されることを期待して、ヘーゲル哲学に興味をもったという。一八一七年の春にハイデルベルクにやって来た彼は次のように語ったとローゼンクランツはその話を紹介してくれている。

「到着するや、まず私のしたことは、少し見物してから、その人について私がそれまでロマンティックな像を描いて来た人物を訪問することであった。充分に研究し抜いた美辞麗句を携えて（というのは、私は自分に学問がまったくないことをよく知っていたからである）、外見上は自信に満ちた態度で（しかし内心ではおどおどしないわけにはゆかなかった）教授のところへ行き、実に素朴で飾り気のない人物を見て少なからず驚いた。この人はかなり口が重くて、それにたいしたことは何も言わなかったからである。内心では、ヘーゲルの好意あるもてなしと、善意はこもっているが、いささかアイロニカルな丁重さに惹きつけられはしたものの、この質朴な印象に私は満たされない思いを感じながらも、教授の講義の聴講を申し込んでから、行きあたりばったりの書店に行って、すでに出版されていたヘーゲルの著書を買いこみ、夕方になってから、長椅子の隅にゆっくり坐って、それを読み通そうとした。ところが読めば読むほど、また読みながら注意を傾けようと努力すればするほど、私はますます読んだものが判らなくなり、ひとつの文章について数時間も苦しみぬいた揚句、それについてなにひとつ理解することができず、嫌気がさして、その書物を放り出してしまったのだが、好奇心から講義は聴きに行った。しかし正直のところ、私は自分自身のノートさえわからないし、こういう学問に対する予備知識がまったくなかったということを自認しなければならなかった。そこで私はせっぱつまって、またヘーゲルのところへ行った。彼は私の言うことをしんぼう強く聞いてくれた後で、私の誤りを親切に正してくれ、いろいろな課外講義、たとえばラテン語の講読、代数学、博物学、地理学などの初歩の講義を受けるようにと勧めてくれた。こういうことが半年間も続いたが、二六歳の青年にとってはかなり辛いことであった」（ローゼンクランツ『ヘーゲル伝』、中野訳、二六二〜二六三頁）。

イクスキュルはヘーゲル哲学の難解さにはそうとう苦しんだらしい。このとき彼が買ったという著作が何かは記されていないが、この年の六月に公刊された『エンチクロペディー』ではありえなかったとすれば、前年に完結した『大論理学』であっただろうか。聴きに行ったという講義は何であったろうか。一八一七年の夏学期にヘーゲルは『エンチクロペディー』を参考書とする「論理学と形而上学」、そして筆記による「人間学と心理学」を講義している。どちらに出ていたにせよ、二六歳の男爵には歯が立たなかったらしい。

講義録の発見・出版

従来は、こうした話からハイデルベルク時代のヘーゲルの講義を推察するしかなかったが、一九九二年になってこの時の「論理学と形而上学」の講義の筆記ノートがカレン・グロイの編によって公刊された（GEORG WILHELM FRIEDLICH HEGEL: *Vorlesungen über Logik und Metaphysik, Heidelberg 1817, Mitgeschrieben von F. A. GOOD*. Hrsg. von KAREN GLOY, Felix Meiner Verlag, Hamburg, 1992）。この本はスイスの法学生だったフランツ・アントン・ゴート（Franz Anton Good）がドイツ留学中に残した講義ノートを編集したものである。現在この講義ノートはグロイ編集版のほかに、アカデミー版ヘーゲル全集の二三巻の一に、アネッテ・ゼル編集による新版が収録されている（Hegel, Georg Wilhelm Friedrich: *Vorlesungen über die Wissenschaft der Logik I, Nachschriften zu den Kollegien der Jahre 1801/02, 1817, 1823, 1824, 1825 und 1826*. Hrsg. von Annette Sell. Georg Wilhelm Friedrich Hegel, Gesammelte Werke〔GW〕23. 1, 2013）。

この両版の違いを簡単に記しておこう。基本的な姿勢として、ゼル版は元テキストを忠実に再現することを目指しているのに対して、グロイ版はかなりの程度、編者独自の見解からテキストを校訂している。その最たるものは、単語の読み取りである。グロイが読み取った単語のうち、そう多くはないが、ゼルは別の単語に置き換えている。また細かい点を挙げると、まず、コンマ、プンクトの多大な変更がある。おそらく、ゼル版の方が元ノートに忠実なのかもしれないが、グロイ版は適宜多くのコンマ、プンクトを追加してくれており、読みやすくなっている。もちろん、コンマの打ち方一つで意味が変わってしまうところもわずかながらあるが、それによって大変な誤読をしてしまうというほどでもない。その他には、後に記すが、ノートには本文に当たるものと、字下げをして記されている部分があるが、両版でその扱いが違うところがある。つまり、一方では本文になっているものが、他方では字下げをして記されているといった具合である。そして、改行の扱いも違う。おそらくゼル版が元ノートのとおりであり、グロイ版は編者の判断で読みやすくするために改行しているのではないかと思われる。訳者たちはこれを望ましい校訂と考え、おおむねグロイ版に従っている。後は、単数形と複数形の違い、相当数の大文字・小文字の変更、合成語の分離（たとえば ebensosehr → eben so sehr など）である。こうした違いについては、本訳書の訳注で指摘しておいた。なお、ゼル版では、読み取りに確信がない場合には、イタリックで記してあるが、数が膨大なので、重要な例を除き、いちいち訳注で指摘はしていない。さらに、大文字が小文字になったり、あるいは、たとえば dies が dieses に、あるいは eins が Eines に変えられているという場合には、日本語では示すことができない場合がほとんどなので、指摘はしていない。

グロイは元ノートを読みやすくするために、かなり手を入れて校訂しているのだが、この編者独自の校訂に疑問を抱くものも多かったようである。そこで訳者たちが独自に両版を比較した結果、単語の読み取りについてはゼル版の方が妥当と思われることが多く、その点はグロイ版の大きな欠陥になっているが、その他の校訂に関しては、グロイ版が非常に読みやすいテキストに仕上げてあり、決して問題のある校訂などではないという結論に達した。要は「編集」とか「校訂」というものに対する考え方の違いであろう。

訳者たちは当初この講義の唯一の刊行版であったグロイ版をテキストにして訳をつくったのであるが、その後ゼル版が出るという情報を得て、それをまって両版を比較したうえで訳を作り直した。その点で、この日本語版は両版の良いところをとることができた。両編集者の努力に感謝したい。

この講義録の由来

さて、文献学的な評判はともあれ、テキストを提供しているだけのゼル版に対して、グロイ版の方は編者による詳細な解説が付いており、これを参考にしなければわれわれはこの講義ノートの由来を知ることができないという点で、やはり必須のテキストである。以下、グロイの解説を簡略化し紹介することにしよう。

グロイの調査によれば、スイスのルツェルンに残されているこのゴート氏の個人文庫は一八、一九世紀の貴重な本がぎっしり詰まった個人レベルを超えた価値のある文庫だとのことで、公刊物とともに彼自身による筆記ノート類が、彼の専門の法学以外のものも含め、すべてとりまとめて赤茶色のキール紙で閉じて保存してあった。この文庫の現在の所有者であり美術史家、そして筆記者と同名の曾孫であるフランツ・アントン・ゴート氏が曾祖父の残した膨大な図書類を長年にわたって調査しているなかで、一九八四年、ヘーゲルの講義を写したノートを発見した。このノートには次のようなヘーゲル自身の受講証明がついているが、これはザンクト・ガレン出身の法学専攻の学生、フランツ・アントン・ゴート君が一八一七年の夏学期に私（ヘーゲル）の「論理学と形而上学」の講義を熱心に受講したことを証明するというものであり、八月一七日の最終講義から三日後の八月二〇日の日付とヘーゲルの署名が付いている。

》Daß Herr Anton Good, aus St. Gal-
len, der Rechtsgelehrsamkeit Beflis-
sener, im verfloßenen Sommersemester
1817. meine Vorlesungen über

L o g i k u n d M e t a p h y s i k

mit vorz glichem Fleiß und Anmerk-

samkeit besucht hat, bezeugt hiermit
Heidelberg G W F Hegel, Prof. p. o.
d 20 Sept. 1817. der Philosophie.«

フランツ・アントン・ゴート（一七九三〜一八六六）は、スイスのザンクト・ガレン州のメルスで、これまたフランツ・アントン・ゴートという名の父の次男として生まれた。父フランツはフランス王ルイ一六世のスイス近衛兵を一〇年間務め、バスチーユ襲撃の一年前にメルスに帰った人だった。そんな経歴にもかかわらず父フランツは民主思想を奉じ、一八一四年には息子たちとともにスイスの復古政府に対する蜂起にも参加したと伝えられる。このことから推測できるとおり、息子フランツはカトリックの教育を受けたとはいえ、当時の貴族としてはかなり民主主義的・自由主義的雰囲気のなかで育ったようである。彼は成長して当時のスイスの名家の習慣に従って隣国へ留学した。専攻は法学であった。彼はハイデルベルク大学で一八一五／一六年の冬学期から一八一七年の夏学期までの四学期を過ごし、その後ゲッティンゲンに移る。政治的にはブルシェンシャフトの運動に共鳴し、カール・ザントと親交があったというのが興味をそそる。彼らが交した私信も残っていて、一九八年前のドイツの青春時代の息遣いを感じさせてくれる。ザントがコッツェブーを刺殺した後にも、彼のザントに対する敬愛の念はいささかも減じることはなかったと言う。「一八一九年三月二三日マンハイムの夜五〜六時に、ザントはコッツェブーを人間性のための生け贄とした」という彼の覚え書きが残っている。故郷に帰って弁護士になり、その後一八三〇／三一年の革新期に政界に進出。ガレンの評議員や州の高等審議会に属し、一八六六年に亡くなった。勉強家だった彼はその間に件の文庫を残したのである。ハイデルベルク大学では彼は法学の他にも幅広い関心を寄せ、物理学、中世史、現代史、心理学などの講義ノートが残っている。哲学にも関心が深かったと見えて、まずヘーゲルの怨敵であったフリースの講義を聞き、ヘーゲルが彼にとって代わるとこれを聴講している。

さて、ヘーゲルの方はハイデルベルクで過ごした四学期の間に次の講義を行ったと推察されている。一八一六／一七年冬学期「哲学的諸学のためのエンチクロペディー」と「哲学史」、一八一七年の夏学期には「論理学と形而上学」、「人間学と心理学」、一八一七／一八年冬学期は「哲学史・近来の哲学の詳説」、「自然法と国家学」、一八一八年夏学期「哲学の全体系」と「美学」。問題の一八一七年の「論理学と形而上学」の講義は次のように告示されている。

「論理学と形而上学：ヘーゲル教授、近刊の哲学的諸学のためのエンチクロペディー（ハイデルベルク、A・オスヴァルト刊）を手びきとして。週六時間一一～一二時、その内ゼメスターの中間の土曜日の時間に質疑応答を行う」。

青年フランツはノートの欄外に講義の日付や天候を記している。それによると、講義は一八一七年の四月三〇日、「たいへん寒い」日に始まり、九月一七日の「雨」の日に終わった。ノートに記された回数は全部で九三回。『ハイデルベルク・エンチクロペディー』の第一二節から第一九一（現在の全集では一九二）節まで、つまり「論理学」の部分だけの講義である。内訳は四月の一回から始まって、五月に一八回、六月に二〇回、七月に一七回、八月に二二回、九月には半ばまでに一五回行われている。八月、九月には終わりを急いだらしく、回数が増え、午前と午後に二回やることもあったらしく、かつテキストの内容も終わりになるとだんだんと圧縮されて、抽象度が高くなっていく。元ノートはグロイ版で数えると全体で一九二頁で、細かい内訳は予備概念六七頁、存在論四〇頁、本質論二八頁、概念論五七頁。テキストとなる『ハイデルベルク・エンチクロペディー』の「論理学」の内訳はグロックナー版でそれぞれ一八、一七、二八、四九頁だから、「予備概念」の分量の多さが目を引くが、これは一般論として、始まったばかりの講義では話をゆっくりと内容豊富なかたちで行ったが、後になるほど時間が無くなって、簡単になった、とも考えられるし、また、六月に刊行されるまでテキストを手にすることのできなかった聴講者たちに対して、十分な筆記材料を提供していたからかもしれない。ただし、アカデミー版第一三巻の編者の推測では、このとき聴講者たちは「論理学」の部分の校正刷りを手にしていた可能性はあると言う（GW13: S. 630）。

この講義録の特徴と資料的価値

さて気になるのはこのテキストの資料価値である。

ヘーゲルはどのようなやり方でこの講義を行ったのだろうか。一八一六／一七年冬学期のエンチクロペディー講義ではそのやり方については何の指示もなく、その他の講義では nach Dictaten（口述による）と記されているものもあれば、nach eigenen Plane（独自の計画に従って）と記されているものもある。問題の講義の予告では、近刊のテキストを使うとしか書かれていない。それが六月に刊行された『エンチクロペディー』のことであることは確実だが、フランツのノートには『エンチクロペディー』本文の抜粋や要約ではなく、まったく別の叙述が記されている。そこで資料の信頼性を考えると、ヘーゲルが自分の述べたものを聴講者に逐次書き取らせたのか、それともヘーゲルがしゃべったものをフランツが自分なりの仕方でノートにとったものなのかが問題になってくる。口述筆記なら我々はこれを『大論理学』と『エンチクロペディー』に準じる資料として扱うことができるが、ノートにすぎないのであれば、『エンチクロペディー』の「補遺」と同じ程度の扱いしかできないことになる。

この講義録の最初の編者であるカレン・グロイはこれが口述筆記であり、少なくとも文章に書かれた構想を正確に再現することを目指したものであるとして、その根拠を二つ挙げている。つまり、一、ノートは丁寧に書かれており、筆跡は大体乱れておらず、整っていて、均一であり、削除や書き替えや重複文字がない。二、文章は全体的に形よく整っており、部分的には特に複雑な入れ子構造もある。しかしそれだけなら講義でノートにとったものをフランツが家に戻ってから清書したか、あるいはプロの筆記者（そういうものがいたらしい）に頼んだのかもしれないという疑いが残る。しかしグロイはこの可能性も否定している。その理由は、以下の通りである（Gloy: S. XXVII-XXIX）。

1　フランツの他のノートや手紙と比較して、本人の筆記であることが分かる。

2　彼は法学生であって、哲学に精通していないにもかかわらず、ノートではヘーゲルの文体が的確に再現されている。プロの筆記者であったとしても、ヘーゲルの思想をそれほど正確に報告するのは難しい。

3　日付や時間が欄外に記されている。清書なら終わりに書くのが慣例である。

4　日付に続いて、天候とメモが速記で記されている。

5　最初の欄外ノートには「口頭による序論」という指示が含まれている。

6　筆跡は安定しているとはいえ、子細に観察すると、講義の始めに比べて終わり近くには、厭きているような様が見てとれる。

7　様々な略字や省略記号が使われている。

8　一講義に使われているノートの分量は大体一頁半から二頁半で、講義の一時間に対応している。

9　講義はパラグラフや内容の区切りに関係なく中断されている。明らかに鐘の音とともに終わり、次回に続くことが予定されている。

10　ヘーゲルが口述させるときにはゆっくりと話をしたので、筆記にはそう苦労がなかったことはよく知られている。ノートが中断されているのは二カ所だけで、筆記が追いつかなかったと思われる箇所は多くなく、あったとしてもとりわけ長い入れ子構造の文章の場合である。

11　ノートには時々単複形、態、格、活用が乱れた文章がある。これは口述筆記の場合には起こりうるが、清書の場合には考えにくい。

当時の講義のスタイルは、a口述して筆記させる、b教科書を使う、cメモに基づき自由に講義する、という形があったという。ヘーゲルは少なくともイエナとハイデルベルクでは口述していたと思われ、この講義もその例に漏れないことは明らかだとグロイは言う。

だが、このテキストにはさらに自由な即興的解説と思われるものも含まれている。彼女はその特徴を三点挙げている。

1　いろいろな例が断片的でとりとめもない形で結び付きのないまま繋ぎ合わされていることがある。これはヘーゲルが思いつきで述べたか、フランツがノートをとる際にいくつかの例を抜かしてしまったことなどが考えられる。

2　未熟な文言が出てくることがある。これはヘーゲルが不正確な言葉でよくこなれていない考えを語ったか、フランツがよくその意味を理解できなかったかのどちらかであろう。

3　話し言葉が随所に現れてくる。

さて我々はオリジナルのノートを見ることができないわけだから、グロイの分析を参照しつつ、内容からその資料としての信憑性を判断するしかない。フランツのノートには『ハイデルベルク・エンチクロペディー』の各節に対して、たとえば「§12」に対してなら「ad§12」という表示がつけられている。これを本訳書では「第一二節付論」と呼ぶことにした。さらにノートは行の頭から印刷されている部分と、一段下がって組まれている部分に分かれている。『ハイデルベルク・エンチクロペディー』の本文テキストに対して、前者を「注釈」と呼び、後者は仮に「メモ」と呼ぶことにしよう。

訳者たちの検討によれば、次のように押さえておけば事実からそう遠くないと思われる。

1　「注釈」の部分は口述の逐次筆記であり、『小論理学』の「注釈」に準じる価値をもつ。ヘーゲルがしゃべったものをフランツが自分流にノートをとったにしては、難しい内容を含む文章がきちんと整っている。逐次書き取りをしたと考えなければこの特徴は説明しにくい。『ハイデルベルク・エンチクロペディー』が公刊されたのは一八一七年の六月頃であるという。だとすると受講者ははじめからテキストを手にすることはできず、仮に校正刷りを渡されていたとしても、それを熟読して講義に臨む時間的余裕はなかったのではなかろうか。さらに、この当時すでにヘーゲルの哲学が世間に知れ渡っていたとは考えられないから、たいていの人は当然のことながらヘーゲルがいかなる哲学体系を構想しているかについてもほとんど予備知識はなかったはずである。一八一六／一七年冬学期に行われたヘーゲルの「哲学的諸学のためのエンチクロペディー」の講義を受けた人は例外であるが、フランツはこの講義はとっていない。しかもフランツが特別にヘーゲルに心酔していたわけではない。ヘーゲルが嫌っていたフリースの講義に引き続いてヘーゲルを聞いているところから見ると、ヘーゲルその人にではなく、哲学一般に関心をもっていたととるのが自然であろう。その彼がまだ普及もしていないヘーゲルの思想を、自由筆記でこの「注釈」のレベルまで書けたとは考えにくい。

2　「メモ」の部分は、逐条書き取り以外にヘーゲルが即興的に、あるいは逐次書き取りをさせることを目的としないでしゃべった事柄をフランツなりの仕方でノートにとっている。

「メモ」の部分は内容的に意味がとれないことも多く、支離滅裂としか言いようがないところもある。これは注釈とは逆に逐次書き取りをさせたとすれば理解できない特徴である。さらに、接続詞の問題がある。メモが終わって注釈が始まるとき、その注釈の冒頭に置かれた「したがって」等の接続詞が、直前に書かれてあるメモのどこを受けるのかが分からないことが多い。ところがメモの叙述を抜かして「注釈」どうしを直接繋ぎ合わせると、「したがって」といった接続詞の意味が通るようになる。だから次のように考えるのが自然であろう。ヘーゲルはあらかじめ書かれた自分の講義用ノートを読み上げて「注釈」の部分を書き取らせた。その後に必要に応じてその場その場で即興的に、あるいは自分の書いたメモのようなものに基づいて説明を補った。「メモ」の部分をしゃべる際にはヘーゲルは聴講者に逐次書きとらせようとは思っていなかったから、それをフランツがノートをとったとき、「注釈」に比べて文が整わず、意味不明なところもある「メモ」が残された。筆記ノートには注釈と注釈の間にメモが挟まれることになり、接続詞のつながりがあたかも直前のメモを受けるかのような見かけが生まれた、と。ただしこれはあくまで公刊された本の内容から見てとれる状況証拠に基づく推測である。

結論としては、この講義ノートの資料価値は、「メモ」の部分では当時のヘーゲルの思想を垣間見させてくれる参考資料といったところにすぎないが、「注釈」のところでは引用に堪えるほど高い。しかもこの注釈は『ハイデルベルク・エンチクロペディー』におけるヘーゲルの論理思想を表しているはずなのに、すでにそこからの発展を示すかとも思われる文言も見受けられる。だから一八一七年以降のヘーゲルの論理学の発展にとって貴重な資料となる可能性も秘めているものである。

本訳書は、一八一七年の『エンチクロペディー』初版に、この講義録を合わせたものである。両方を併せて読むことで、『大論理学』を完成させた直後のヘーゲルが、自分の論理学をどのように世の人々に伝えようとしていたのかを知ることができるだろう。

文献一覧と引用略記

冒頭の（　）内の記号が引用略記である。

1　テキスト

(SW6)　G. W. F. Hegel: *Sämtliche Werke*. Jubiläumsausgabe, hrsg. v. Hermann Glockner, Bd. 6.

(GW13)　*Enzyklopädie der philosophischen Wissenschaften im Grundrisse (1817)*, hrsg. v. Wolfgang Bonsiepen und Klaus Grotsch, 2001（下記のアカデミー版ヘーゲル全集）.

(Gloy)　GEORG WILHELM FRIEDLICH HEGEL: *Vorlesungen über Logik und Metaphysik, Heidelberg 1817, Mitgeschrieben von F. A. GOOD*, hrsg. v. KAREN GLOY, Felix Meiner Verlag, Hamburg, 1992.

(Sell)　Hegel, Georg Wilhelm Friedrich: *Vorlesungen über die Wissenschaft der Logik I, Nachschriften zu den Kollegien der Jahre 1801/02, 1817, 1823, 1824, 1825 und 1826*. Hrsg. v. Annette. Sell, Georg Wilhelm Friedrich Hegel, *Gesammelte Werke* (GW), Bd. 23, 1, 2013.

2　ヘーゲルの全集・著作集

訳注におけるヘーゲルの著作からの引用は、以下の全集と著作集を利用した。（　）内は訳注で使用した略記である。邦訳の引用頁数は訳者の名前を挙げて示した。

(1) アカデミー版ヘーゲル全集（GWと略記）

Georg Wilhelm Friedlich Hegel. *Gesammelte Werke*. In Verbindung mit der deutschen Forschungsgemeinschaft. Hrsg. v. der Rheinisch-Westfälischen Akademie der Wissenschaften, Hamburg, 1968ff..

大論理学

(GW11)　Bd. 11: *Wissenschaft der Logik. Erster Teil. Die objektive Logik* (*1812/13*). Hrsg. v. Friedlich Hogemann und Walter Jaeschke. 寺沢恒信訳『大論理学1』（以文社、一九七七年）／同『大論理学2』（以文社、一九八三年、本質論）。武市建人訳『大論理学』中巻（岩波書店「ヘーゲル全集」7、一九六〇年、本質論）。

(GW12)　Bd. 12: *Wissenschaft der Logik. Zweiter Band. Die subjektive Logik* (*1816*). Hrsg. v. Friedlich Hogemann und Walter Jaeschke. 1981. 寺沢恒信訳『大論理学3』（以文社、一九九九年、概念論）。武市建人訳『大論理学』下巻（岩波書店「ヘーゲル全集」8、一九六一年、概念論）。

(GW21)　Bd. 21: *Wissenschaft der Logik. Erster Band. Die Lehre vom Sein* (*1832*). Hrsg. v. Friedlich Hogemann und Walter Jaeschke. 1984. 武市建人訳『大論理学』上巻の一（岩波書店「ヘーゲル全集」6a、一九五六年）および『大論理学』上巻の二（岩波書店「ヘーゲル全集」6b、一九六〇年）。

(2) ズールカンプ版ヘーゲル著作集（HWと略記）

Werke in zwanzig Bänden. Theorie Werkausgabe. Redaktion Eva Moldenhauer und Karl Markus Michel. Suhrkamp Verlag, Frankfurt a. M., 1969ff..

(HW3)　Bd. 3: *Phänomenologie des Geistes*. 金子武蔵訳『精神の現象学』（上）（岩波書店「ヘーゲル全集」4、一九七一年）、（下）（「ヘーゲル全集」5、一九七九年）。

(HW4)　Bd. 4: *Nürnberger und Heidelberger Schriften 1808-1817*. 武市建人『哲学入門』（岩波文庫、一九五二年）。

(HW8)　Bd. 8: *Enzyklopädie der philosophischen Wissenschaften I*. 松村一人訳『小論理学』（岩波文庫、（上）一九五一年、（下）一九五二年）。

(HW18)　Bd. 18: *Vorlesungen über die Geschichte der Philosophie I*.

(HW19)　Bd. 19: *Vorlesungen über die Geschichte der Philosophie II*.

(HW20) Bd. 20: *Vorlesungen über die Geschichte der Philosophie III.*

武市建人訳『哲学史』上巻、岩波書店「ヘーゲル全集」11、一九三四年。

真下信一訳『哲学史』中巻の一、岩波書店「ヘーゲル全集」12、一九六一年。

宮本十蔵・太田直道訳『哲学史』中巻の二、岩波書店「ヘーゲル全集」13、二〇〇一年。

藤田健治訳『哲学史』下巻の一・二・三、岩波書店「ヘーゲル全集」14ａ、14ｂ、14ｃ、一九五三、一九五六、一九五七年。

3　その他の哲学者の著作

(Kant: Schriften) Kant's gesammelte Schriften. Hrsg. v. der Königlich Preußischen Akademie der Wissenschaften. 29 Bde., Berlin und Leipzig, 1900ff..
(Schelling: Werke) F. W. J. von Schellings sämmtliche Werke. Hrsg. v. K. F. A. Schelling. Erste Abtheilung. 10 Bde., Stuttgart/Augsburg, 1856-1861.

4　その他

Rosenkranz, Karl: G. W. F. Hegels Leben. (3. unveränderter reprografischer Nachdruck der Ausgabe Berlin, 1844), Darmstadt, 1971. カール・ローゼンクランツ（中野肇訳）『ヘーゲル伝』みすず書房、一九八三年。

訳者あとがき

本書に掲載した二つの翻訳は、「ヘーゲル〈論理学〉研究会」の活動の成果である。訳者として四名の名が挙がっているが、実はその他にもこの研究会の会員の知恵が加わっている。そこで、この翻訳書について「訳者あとがき」を書くとすると、どうしてもこの研究会について語っておかなければならない。

「ヘーゲル〈論理学〉研究会」が当時の壮年のヘーゲル研究者有志によって立ち上げられたのは、一九九三年一一月のことであり、当時若かった私（黒崎）もその端に加えてもらった。この会は専門誌として年報『ヘーゲル論理学研究』を一九九五年から刊行し、三号雑誌で終わるだろうというわれわれ自身の予想を裏切り、現在まで四半世紀近く続き、二十数号を数えている。一応、研究会として、雑誌として成功したと言えるだろう。

だが、一九九〇年代と言えば、マルクス主義への関心が急速に失われ、それとともにマルクス主義の「弁証法」の源泉として研究されていた「ヘーゲル弁証法」に対する態度にも大きな変化が起こっていた時代、総じて弁証法などというものが過去のものになると意識され始めた時代であった。そのような時に、ヘーゲル論理学専門の研究会を立ち上げるというのは、まさに時代に逆行する愚行かと自嘲するところもあったが、当時の我々はそれなりの熱い思いを抱いていた。たとえば、以下の文は、『ヘーゲル論理学研究』創刊号に載せていただいた私の文章の一部である。

「……ヘーゲル論理学ほどこれまで一貫して研究者たちの熱い関心の対象になっていながら、その全体的な研究が遅れてきたものも珍しい。この作品はいまだ処女地の観さえ呈している。そしてヘーゲル論理学は文献学的研究、思想史的研究以上に理論研究としての態度を徹底させてこれに立ち向かわなければ、多くを語ってくれない書である。近来のヘーゲル研究は最近の新文献発見に基づいて『ヘーゲル文献学』として精緻に展開されて多くの成果を挙げてきた。しかしヘーゲル文献学はヘーゲルを研究することによって近現代とは何かという問題に答える『理論』的態度と分裂していた。つまりヘーゲル研究がヘーゲル的精神と分裂しているのである。我々を含め多くの人がこうしたヘーゲル研究の現状を不満に思いはじめている。しかし哲学研究がある哲学者の学説の研究という面ももっている以上、文献学的研究を退けていいものではない。問題は文献学的研究を理論研究の一部門として正当に位置づけることであるだろう。だが一方でヘーゲル論理学を研究の対象に据える場合、文献学的研究に煩わされることなく『理論』を追求することができる。だから多くの人がこれに目をむけだしたのは、まさしく現在の哲学者、哲学研究者の関心の在処を示していると言えよう。」

いま読み返してみると、気負いばかりが目立って中身がない文章であるが、ヘーゲル研究の文献学化が進んでいくことに危機感をもち、哲学としてのヘーゲル研究をやり続けるのだという当時のわれわれの心境をそれなりに伝えているのではないかと思う。

とはいえ、この研究会で皆の最初の具体的な目的として一致していたのは堅実なもので、新しく発見された一八一七年のヘーゲルの論理学講義録を読むことであった。ヘーゲル論理学の新しい資料がいまさら出てくるなど、まったく誰も考えていなかったし、しかも空白のハイデルベルク時代の講義ときたから、誰もが好奇心を刺激されていて、いわばこれを読むために会を立ち上げたと言ってもいいくらいだった。講義録を読む会として「月例会」を始め、一九九三年一一月以来二年五カ月、一九九六年四月、計二七回の月例会で終了する。それぞれの回には十数名が常時出席し、訳者たちが作った下訳を読んで意見を述べ、それを受けて改訂稿をつくった。したがって、この講義録の部分の翻訳は「ヘーゲル〈論理学〉研究会訳」とすべき性格のものである。ご協力いただいた方々に感謝したい。

だから講義録の翻訳は前世紀中には終わっていたのであるが、内容を検討してみると、やはり講義の前提になっている『エンチクロペディー』のテキストを訳さなければ資料としての価値も薄いということを改めて確認せざるをえなかった。しかもハイデルベルク時代に出された『エンチクロペディー』の初版は未訳であった。そこで『ヘーゲル論理学研究』第六号（二〇〇〇年）に「緒論」と「予備概念」、第七号（二〇〇一年）に「存在論」と「本質論」、第八号（二〇〇二年）に「概念論」の試訳を掲載した（訳者としては、藤田、小坂田、黒崎の他に木村博氏が加わっている。本書ではこれらの改訂版にヘーゲル自身の「著者序言」の訳を加えてある）。

訳者たちはそれで満足してしまったところもあって、それからさらに十数年、原稿を眠らせていたわけであるが、二〇一七年、ハイデルベルク時代の『エンチクロペディー』が刊行二〇〇年、もちろん講義してからも二〇〇年という絶好のタイミングを得て、刊行することを決意した。しかしながら、このような分厚い翻訳本がいまどき売れる見込みは薄いなと嘆いていたところ、ミネルヴァ書房が刊行をあっさり承諾してくださった。編集者の田引勝二氏には感謝するばかりである。硬い学問を老舗の出版社が支える、そうした出版文化のよき一例になると思う。

二〇一七年一月　二〇〇年前に思いを馳せつつ

訳者を代表して　黒崎　剛

ヘーゲル論理学と矛盾・主体・自由　牧野広義 著　A5判三三〇頁 本体六五〇〇円

ヘーゲル哲学を研究する　小林道憲 著　A5判五一二頁 本体六五〇〇円

象徴・神話・文化　E・カッシーラー著 D・P・ヴィリーン編 神野慧一郎他訳　A5判三七二頁 本体八〇〇〇円

近代日本哲学のなかの西田哲学　小坂国継 著　四六判三二八頁 本体三五〇〇円

西田哲学と田辺哲学の対決　峯　秀樹 著　四六判三八四頁 本体四〇〇〇円

概説 現代の哲学・思想　小坂国継 本郷　均 編著　A5判三九二頁 本体三五〇〇円

21世紀の哲学をひらく　齋藤元紀 増田靖彦 編著　A5判二九六頁 本体三五〇〇円

倫理学概説　小坂国継 岡部英男 編著　A5判三五四頁 本体三〇〇〇円

生命倫理の教科書　黒崎　剛 野村俊明 編著　A5判二九六頁 本体二八〇〇円

MINERVA哲学叢書

①シニカル理性批判　P・スローターダイク著 高田珠樹訳　A5判五九六頁 本体七五〇〇円

②自由と形式　E・カッシーラー著 中埜　肇訳　A5判三三六頁 本体五〇〇〇円

③実体・体系・構造　H・ロムバッハ著 酒井　潔訳　A5判四八〇頁 本体五八〇〇円

④カント――理論哲学と実践哲学　西　英久 著　A5判二六〇頁 本体四二〇〇円

《監訳者紹介》

黒崎　剛（くろさき・つよし）

1961年　埼玉県生まれ。

1992年　早稲田大学大学院文学研究科哲学専攻博士課程単位取得退学。

2010年　文学博士（早稲田大学）。

現　在　都留文科大学社会学科教授。

著　作　『ヘーゲル・未完の弁証法――「意識の経験の学」としての「精神現象学」の批判的研究』早稲田大学出版部，2012年。

"Hegel in Japan. Studien zur Philosophie Hegels" , L. Knatz, Y. Kubo, S. Yamaguchi (Hgg.), Zürich, 2015.

『生命倫理の教科書――何が問題なのか』共編著，ミネルヴァ書房，2014年。

『現代認識とヘーゲル＝マルクス』共著，青木書店，1995年。

HP：http://kurosakitsuyoshi.com/

MINERVA 哲学叢書⑤

ハイデルベルク論理学講義

――『エンチクロペディー』「論理学」初版とその講義録――

2017年12月30日　初版第1刷発行　　〈検印省略〉

定価はカバーに
表示しています

監訳者　黒崎　剛

訳者　藤田俊治
小坂田英之
金澤秀嗣

発行者　杉田啓三

印刷者　中村勝弘

発行所　株式会社　ミネルヴァ書房

607-8494　京都市山科区日ノ岡堤谷町1

電話代表　(075)581-5191

振替口座　01020-0-8076

中村印刷・新生製本

ISBN978-4-623-07851-6

Printed in Japan

訳者紹介

藤田俊治（ふじた・しゅんじ）

1949年　北海道生まれ。
1983年　東洋大学大学院文学研究科博士後期課程中退。
著　作　「ヘーゲル『論理の学』と『判断力批判』――具体的普遍の論理」『白山哲学』第17号，1983年。
「ヘーゲルの Teleologie」『途上』第19号，1990年。
翻　訳　「G.W.F. ヘーゲル『イエナ論理学・形而上学』」共訳，『ヘーゲル論理学研究』第９～15号，2003～09年。

小坂田英之（おさかだ・ひでゆき）

1955年　岡山県生まれ。
1983年　東洋大学大学院文学研究科博士後期課程修了。
著　作　「ヘーゲルにおける『反省』の概念」『理想』第691号，1989年。
「ヘーゲルの『概念，判断，推理』論――純粋思考の論理学」『ヘーゲル哲学研究』第３号，1997年。
「ヘーゲルにおける『弁証法』の成立――反省概念によるトリアーデの構築」『ヘーゲル哲学研究』第15号，2009年。

金澤秀嗣（かなざわ・しゅうじ）

1968年　新潟県生まれ。
2002年　ドイツ連邦共和国アウクスブルク大学（Universität Augsburg）
哲学社会科学部博士課程単位修得退学（Dr. phil. cand.）。
現　在　国際比較医事刑法研究所上席研究員。
著　作　„Die Verdrehung des Hegel'schen ›Volksgeist‹-Begriffs im völkischen Rechtsdenken Karl Larenz' — Ursachen und Ausmaß“, in: The Annals of Legal Philosophy 2011，2012年。
「クーノ・フィッシャー『論理学と形而上学の体系　あるいは知識学』」『ヘーゲル論理学研究』第18号，2013年。
『生命倫理の教科書――何が問題なのか』共著，ミネルヴァ書房，2014年。

人名索引

あ　行

か　行

さ　行

た・な　行

は　行

ま・や　行

ら　行

事項索引

※各節見出しタイトル内の語および訳注・解説内の後は除く。

あ 行

か 行

さ 行

た 行

な 行

は 行

ま 行

や　行

ら・わ　行

『エンチクロペディー』初版と第三版との各節比較表

記号の説明：××：対応する節がない。

×：わずかに対応部分はあるが、内容的にほとんど違っている。

△：一部分が対応する。

○：大部分が対応する。

◎：節全体がほぼ完全に対応する。

初　版		第三版
〔エンチクロペディーへの〕緒論		〔エンチクロペディーへの〕緒論
§1〔一般諸学は表象の立場〕	×	§1〔哲学の無前提性〕
§2〔哲学を始めることの難しさ—内容面〕	××	
§3〔哲学を始めることの難しさ—形式面〕	××	
§4〔諸言は先取り〕		(§10に関連)
§5〔哲学は理性の学である〕	××	
××		§2〔哲学は対象の思考的考察である〕
××		§3〔意識内容はあくまでも同一である〕
××		§4〔哲学特有の認識方法と宗教との関係〕
××		§5〔意識内容は思想や概念に保存される〕
××		§6〔哲学の内容は現実〕
××		§7〔近代的思考としての経験科学〕
××		§8〔経験科学の不完全性—内容面〕
××		§9〔経験科学の不完全性—形式面〕
(§4に関連)		§10〔哲学的認識はそれ自身哲学である〕
××		§11〔哲学の要求は精神の自己還帰〕
××		§12〔哲学と経験的諸科学〕
§6〔哲学はエンチクロペディーである〕	△	§15〔哲学全体は諸円環からなる円環である〕
§7〔哲学は体系である〕	△	§14〔理念の学は必然的に体系である〕
§8〔学の体系は特殊的な諸原理をも含む〕	○	§13〔哲学史は一つの哲学の発展段階である〕
§9〔学の対象の制限〕	○	§16〔哲学的エンチクロペディーの制限〕
§10〔哲学と経験的な諸学〕	○	§16 注〔制限されるもの〕

（§31 注に関連）――――――――――――△§17〔哲学は思惟の自由―決意〕
§11〔学の三区分〕――――――――――◎§18〔同〕

予備概念	予備概念
§12〔論理学の抽象的な規定〕――――○	§19〔同〕
××――――――――――――――――	§20〔思考の規定―1主観的意味〕
××――――――――――――――――	§21〔思考の規定―2或るものに関する思考〕
××――――――――――――――――	§22〔思考の規定―3思考による内容の変化〕
××――――――――――――――――	§23〔思考の規定―4思考としての精神〕
××――――――――――――――――	§24〔客観的思想としての論理学〕
××――――――――――――――――	§25〔哲学の対象としての客観的思想〕
§13〔論理的なものの形式的三側面〕	（→◎§79〔同〕）
§14〔α　悟性的側面〕	（→◎§80〔同〕）
§15〔β　弁証法的側面〕	（→◎§81〔同〕）
§16〔γ　思弁的側面〕	（→◎§82〔同〕）
§17〔論理学の思弁的性格〕―――――××	
	客観に対する思想の第一の態度
××――――――――――――――――	§26〔追考によって真理を信じる態度〕
§18〔論理学・形而上学・批判哲学〕――△	§27〔同〕
§19〔旧形而上学の欠陥1―述語付け〕―◎	§28〔同〕
××――――――――――――――――	§29〔述語の限られた内容〕
§20〔旧形而上学の欠陥2―表象性〕――◎	§30〔同〕
××――――――――――――――――	§31〔主語と述語の命題形式批判〕
§21〔旧形而上学の欠陥3―独断論〕――◎	§32〔同〕
§22〔形而上学評1―存在論〕――――◎	§33〔同〕
§23〔形而上学評2―合理的心理学〕――◎	§34〔同〕
§24〔形而上学評3―宇宙論〕――――◎	§35〔同〕
§25〔形而上学評4―自然神学〕―――◎	§36〔同〕
	客観に対する思想の第二の態度
	Ⅰ　経験論
××――――――――――――――――	§37〔経験論〕
××――――――――――――――――	§38〔経験論と形而上学の差異〕

××――――――――――――――――§39〔経験概念の二つの要素〕
§26〔経験論評〕――――――――――××

Ⅱ　批判哲学

§27〔カント哲学とその悟性概念〕―――××
××――――――――――――――――§40〔経験における普遍性と必然性〕
××――――――――――――――――§41〔悟性概念の価値の検討〕
§28〔統覚と純粋悟性概念〕――――――△§42〔a理論的能力―純粋統覚〕
§29〔純粋悟性概念の限界〕――――――○§43〔同〕
§30〔カントのカテゴリーの性格〕―――△§44〔同〕
§31〔カントの言う理性の本性〕――――△§45〔同〕・§46・§52
××――――――――――――――――§47〔理性の超越的使用(1)――誤謬推理〕
××――――――――――――――――§48〔理性の超越的使用(2)――二律背反〕
××――――――――――――――――§49〔理性の超越的使用(3)――理性の理想、合一〕
××――――――――――――――――§50〔合一の二つの道―存在から抽象物〕
××――――――――――――――――§51〔合一の二つの道―抽象物から存在へ〕
××――――――――――――――――§52〔カントの理論理性への批判〕
××――――――――――――――――§53〔b実践理性批判―思考する意志〕
××――――――――――――――――§54〔実践理性の客観性〕
××――――――――――――――――§55〔c判断力批判―直観的悟性〕
××――――――――――――――――§56〔美的理念と趣味判断〕
××――――――――――――――――§57〔反省的判断の原理としての目的〕
××――――――――――――――――§58〔カントの目的概念への批判〕
××――――――――――――――――§59〔原理に基づく絶対的理念〕
§32〔カント哲学の功罪〕――――――――××
§33〔カントの批判主義は主観的観念論であること〕―××
§34〔カント哲学の自己超出の面〕――△§60注〔同〕

客観に対する思想の第三の態度

××――――――――――――――――§61〔直接知の立場〕
××――――――――――――――――§62〔直接知の立場から見た思考〕
××――――――――――――――――§63〔理性は直接知、信仰〕
××――――――――――――――――§64〔表象と表象の存在との確実性〕
××――――――――――――――――§65〔媒介を排除した直接知が真理である〕

××——————————§66〔直接知は媒介知の所産であり結果〕
××——————————§67〔教育、形成という媒介による制約〕
××——————————§68〔直接知もまた媒介過程を条件とする〕
××——————————§69〔直接知における自己媒介〕
××——————————§70〔直接知は理念と存在との統一〕
××——————————§71〔この立場の一面性からの帰結〕
××——————————§72〔第二の帰結、迷信、偶像崇拝〕
××——————————§73〔第三の帰結、神一般の知に限定〕
××——————————§74〔直接性という形式の一般的本性〕
××——————————§75〔媒介されない知の存在は誤り〕
××——————————§76〔素朴な形而上学と直接知の比較〕
××——————————§77〔両者の立場の相違〕
§35〔学に至るために放棄すべき諸前提〕—××
§36〔論理学の無前提性〕————△§78〔懐疑論〕・§25注・§17
(§13〔「論理的なもの」の三側面〕)←—◎§79〔同〕
(§14〔α）悟性的側面〕)←————◎§80〔同〕
(§15〔β）弁証法的側面〕)←———◎§81〔同〕
(§16〔γ）思弁的側面〕)←————◎§82〔同〕
§37〔論理学の区分〕←——————○§83〔同〕

第Ⅰ部　存在論　　　　**第Ⅰ部　存在論**

××——————————§84〔概念それ自体としての存在〕
××——————————§85〔絶対的なものの諸定義〕

A．質　　　　**A．質**

a．存　在　　　　**a．存　在**

§38〔39〕〔学の始元・純粋存在〕———○§86〔同〕
§39〔40〕〔無〕——————————○§87〔同〕
§40〔41〕〔成〕——————————○§88〔同〕

b．定　在　　　　**b．定　在**

§41〔42〕〔定在〕————————○§89〔同〕
§42〔43〕〔質・他在・実在性〕———△§90〔質、或るもの〕・§91〔実在性〕
§43〔44〕〔或るもの〕———————×§91〔否定性、対他存在、即自存在〕
§44〔45〕〔その有限性と可変性〕———△§92〔限界、有限性と可変性〕

§45〔46〕〔或るものの無限進行〕———◎§93〔同〕
§46〔47〕〔この無限進行の悪無限性〕—◎§94〔同〕
§47〔48〕〔真無限性〕————————◎§95〔同〕

c. 対自存在　　　　c. 対自存在

§48〔49〕〔一〕——————————○§96〔同〕
§49〔50〕〔一の反発〕———————◎§97〔同〕
§50〔51〕〔一の牽引と量への移行〕——○§98〔同〕

B. 量　　　　B. 量

a. 純粋量　　　　a. 純粋量

§51〔52〕〔純粋存在としての量〕———○§99〔同〕
§52〔53〕〔連続量と分離量〕—————○§100〔同〕

b. 定　量　　　　b. 定　量

§53〔54〕〔定量〕———————————×§101〔同〕
§54〔55〕〔数〕————————————△§102〔同〕

c. 度　　　　c. 度

§55〔56〕〔外延量と内包量、度〕———◎§103〔同〕
§56〔57〕〔量的無限進行〕——————△§104〔同〕
§57〔58〕〔量的な比〕————————△§105〔同〕
§58〔59〕〔度量への移行〕——————○§106〔同〕

C. 度　量　　　　C. 度　量

§59〔60〕〔度量〕——————————◎§107〔同〕
§60〔61〕〔規則としての度量〕————◎§108〔同〕
§61〔62〕〔度量の無限進行〕—————◎§109〔同〕
××———————————————————　§110〔没度量〕
§62〔63〕〔本質への移行〕——————△§111〔同〕

第Ⅱ部　本質論　　　　第Ⅱ部　本質論

§63〔64〕〔本質とは反省である〕———△§112〔本質の諸規定は相関的〕
××———————————————————　§113〔自己関係は同一性の形式〕
§64〔65〕〔本質は相関である〕————△§114〔本質は矛盾の措定された領域〕

A．純粋な反省諸規定　　A．現実存在の根拠としての本質

a．純粋な反省諸規定

a. 同一性　　α. 同一性

§65〔66〕〔本質の同一性〕――○§115〔同〕

b．区　別　　β．区　別

§66〔67〕〔本質は区別を含む〕――◎§116〔同〕

§67〔68〕〔差異性〕――○§117〔同〕

§68〔69〕〔同等性と不等性〕――○§117〔同〕

§69〔70〕〔差異性の真理〕――◎§118〔同〕

§70〔71〕〔肯定と否定との対立〕――○§119〔同〕

§71〔72〕〔肯定と否定との同一性〕――◎§120〔同〕

c．根　拠　　γ．根　拠

§72〔73〕〔根拠〕――◎§121〔同〕

§73〔74〕〔現実存在〕――○§122〔同〕

B．現　象

a．現実存在　　b．現実存在

§74〔75〕〔物〕――△§123/124〔同〕

c．物

§75〔76〕〔「もつ」という関係〕――◎§125〔同〕

§76〔77〕〔質料〕――○§126〔同〕

§77〔78〕〔形式〕――△§127・§128〔同〕

§78〔79〕〔形式と質料・物自体と諸質料〕――△§128・129〔質料と形式〕

§79〔80〕〔現象への移行〕――×§130〔同〕

b．現　象　　B．現　象

§80〔81〕〔本質は現象する〕――△§131〔同〕

§81〔82〕〔現実存在の二重性〕――××

§82〔83〕〔相関への移行〕――(→○§134〔同〕)

a．現象の世界

××―――――――――――――――― §132〔現象は存立性の形式による〕

b．内容と形式

××―――――――――――――――― §133〔形式と内容の転化〕
（§82〔83〕〔相関への移行〕）――――――（←○§134〔同〕）

c．相　関　　　　　　**c．相　関**

§83〔84〕〔全体と部分との相関〕―――◎§135〔同〕
§84〔85〕〔力とその発現〕――――――○§136〔同〕
§85〔86〕〔内と外との相関〕―――――○§137〔同〕
§86〔87〕〔二側面としての内と外〕――◎§138〔同〕
§87〔88〕〔内と外との内容的同一性〕―◎§139〔同〕
§88〔89〕〔内と外との抽象的同一性〕―○§140〔同〕
§89〔90〕〔現実性への移行〕―――――○§141〔同〕

C．現実性　　　　　　**C．現実性**

§90〔91〕〔現実性〕――――――――――◎§142〔同〕
§91〔92〕〔可能性〕――――――――――○§143〔同〕
§92〔93〕〔偶然的なもの〕――――――○§144〔同〕
§93〔94〕〔偶然・可能は内容次第〕――○§145〔同〕
§94〔95〕〔条件〕―――――――――――○§146〔同〕
§95〔96〕〔実在的可能性と必然性〕――○§147〔同〕
××―――――――――――――――― §148〔条件、事柄および活動〕
§96〔97〕〔必然性の相関〕――――――○§149〔必然性〕

a．実体性　　　　　　**a．実体性の相関**

§97〔98〕〔実体性の相関〕――――――◎§150〔同〕
§98〔99〕〔実体性の威力〕――――――○§151〔同〕
§99〔100〕〔因果性への移行〕――――○§152〔同〕

b．因果性　　　　　　**b．因果性の相関**

§100〔101〕〔因果性の相関〕―――――△§153〔因果性の相関と必然性の概念〕
§101〔102〕〔原因の前提作用〕――――○§154〔原因の前提作用と相互性〕

§102〔103〕〔相互作用への移行〕――――――△§154〔同〕

c．相互作用　　　　c．相互作用

§103〔104〕〔両原因の同一性〕―――――○§155〔同〕
§104〔105〕〔原因の根源性〕――――――△§156〔原因の根源性の揚棄〕
§105〔106〕〔措定された必然性〕―――○§157〔同〕
§106〔107〕〔自由と概念〕―――――――◎§158〔同〕
§107〔108〕〔真理としての概念〕―――○§159〔同〕

第Ⅲ部　概念論

§108〔109〕〔概念は自由なもの〕―――○§160〔同〕
§109〔110〕〔発展〕―――――――――――○§161〔同〕
§110〔111〕〔概念論の区分〕――――――○§162〔同〕

A．主観的概念　　　　A．主観的概念
a．概念そのもの　　　　a．概念そのもの

§111〔112〕〔概念の三契機〕――――――○§163〔同〕
§112〔113〕〔概念は具体的なもの〕――○§164〔同〕
§113〔114〕〔判断への移行〕――――――○§165〔同〕

b．判　断　　　　b．判　断

§114〔115〕〔判断の規定〕―――――――○§166〔同〕
§115〔116〕〔判断の普遍性〕――――――◎§167〔同〕
§116〔117〕〔判断における諸物の有限性〕―○§168〔同〕
§117〔118〕〔判断の内容〕―――――――△§169〔同〕
§118〔119〕〔判断における普・特・個の関係〕―×§169注〔同〕
××―――――――――――――――――――　§170〔主語と述語の考察〕
××―――――――――――――――――――　§171〔両者の同一性と差異性〕

α．質的判断

§119〔120〕〔1　定在の判断〕――――△§172〔同〕
§120〔121〕〔同一判断と無限判断〕――△§173〔同〕

β．反省の判断

§121〔122〕〔2　反省の判断〕――――△§174〔同〕
§122〔123〕〔反省判断の主語三態〕――△§175〔同〕

§123〔124〕〔必然性の判断への移行〕—△§176〔同〕

γ．必然性の判断

§124〔125〕〔3　必然性の判断〕———△§177〔同〕

δ．概念の判断

§125〔126〕〔4　概念の判断〕————○§178〔実然判断〕

§126〔127〕〔真理性の判断〕—————△§179〔蓋然判断と必当然的判断〕

§127〔128〕〔推理への移行〕—————○§180〔同〕

c．推　理　　　　**c．推　理**

§128〔129〕〔推理の規定〕——————○§181〔同〕

§129〔130〕〔直接的な悟性推理〕———○§182〔同〕

α．質的推理

§130〔131〕〔1　定在の推理〕————◎§183〔定在の推理、第一格〕

§131〔132 a〕〔その内容面での偶然性〕—○§184〔同〕

§132〔132 b〕〔その形式面での偶然性〕—◎§185〔同〕

§133〔推理の弁証法—第一格の帰結〕—△§186〔同〕

§134〔第二格・第三格〕———————○§187〔同〕

§135〔量的推理〕————————————○§188〔同〕

β．反省の推理

§136〔2　反省の推理〕——————×§189/190〔同〕

§137〔反省の推理の展開と帰結〕———××

γ．必然性の推理

§138〔138 a〕〔3　必然性の推理〕——△§191〔同〕

§139〔138 b〕〔悟性推理の結論〕———△§192〔同〕

§140〔139〕〔客観への移行〕—————△§193〔同〕

B．客　観　　　　**B．客　観**

§141〔140〕〔客観性は直接態〕————△§194〔客観は直接的なもの〕

§142〔141〕〔客観の無規定性〕————△§194〔客観の非自立性と自立性〕

a．機械論　　　　**a．機械論**

§143〔142〕〔形式的機械論〕——————○§195〔同〕

§144〔143〕〔強制力〕————————××

§145〔144〕〔客観の非自立性〕————××

××————————————————　§196〔差別的機械論〕

§146〔145〕〔絶対的機械論〕————○§197〔同〕
§147〔146〕〔この推理の三重性〕———◎§198〔同〕
§148〔147〕〔客観の差異性〕————×§199〔化学論への移行〕

b．化学論　　　　b. 化学論

§149〔148〕〔化学的なもの〕————○§200〔同〕
§150〔149〕〔化学的過程の推理〕———○§201〔同〕
§151〔150〕〔その第一の過程〕————△§202〔同〕
§152〔151〕〔その第二の過程〕————△§202〔同〕
§153〔152〕〔目的への移行〕————△§203〔同〕

c．目的論　　　　c. 目的論

§154〔153〕〔目的は具体的普遍〕———△§204〔対自的概念としての目的〕
§155〔154〕〔外的合目的性〕————△§205〔同〕
§156〔155〕〔目的論は推理〕————◎§206〔同〕
§157〔156〕〔主観的目的〕————○§207〔同〕
§158〔157〕〔概念の威力〕————○§208〔同〕
§159〔158〕〔理性の狡智〕————◎§209〔同〕
××———————————— §210〔実現された目的の意義〕
§160〔159〕〔実現された目的〕————△§211〔同〕
§161〔160〕〔理念への移行〕————△§212〔同〕

C．理　念　　　　C．理　念

§162〔161〕〔理念の最初の定義〕———◎§213〔同〕
§163〔162〕〔理念は理性である〕———◎§214〔同〕
§164〔163〕〔理念は過程である〕———◎§215〔同〕

a．生　命　　　　a. 生　命

§165〔164〕〔生命における三契機〕——○§216〔同〕
××———————————— §217〔活動的過程としての生命〕
§166〔165〕〔1　生命あるものの過程〕—×§216/218〔第1の過程〕
§167〔166〕〔2　生命あるものの客観化〕—○§219〔同〕
§168〔167〕〔3　性別〕————○§220〔同〕
§169〔168〕〔生命の死と精神の出現〕—○§221/222〔同〕

b．認　識　　　　b. 認　識

§170〔169〕〔理念における判断〕———○§223〔同〕
§171〔170〕〔二つの理念の反省関係〕—○§224前半〔同〕

§172〔171〕〔認識そのもの〕――――――×§224後半〔理念の根源分割の意義〕
××――――――――――――――――――――　§225〔認識の区分〕

(a)　認　識

§173〔172〕〔有限な認識・悟性〕―――△§226〔同〕
§174〔173〕〔分析的方法〕――――――◎§227〔同〕
§175〔174〕〔総合的方法〕――――――○§228〔同〕
§176〔175〕〔定義〕――――――――――△§229〔同〕
§177〔176〕〔分類〕――――――――――◎§230〔同〕
§178〔177〕〔定理・構成・証明〕―――○§231〔同〕
§179〔178〕〔意志への移行〕――――――△§232〔同〕

(b)　意　欲

§180〔179〕〔善〕――――――――――――△§233前半〔同〕
§181〔180〕〔意欲〕――――――――――△§233後半〔同〕
§182〔181〕〔有限な意志の矛盾〕―――△§234〔同〕
§183〔182〕〔絶対的理念への移行〕――○§235〔同〕

c．絶対的理念　　　　**c．絶対的理念**

§184〔183〕〔主客統一としての絶対的理念〕―○§236〔同〕
§185〔184〕〔純粋形式としての絶対的理念〕―○§237〔同〕
§186〔185〕〔方法a　始元〕――――――○§238〔同〕
§187〔186〕〔方法b　進展〕――――――○§239〔同〕
§188〔187〕〔進展の諸相〕――――――○§240〔同〕
××――――――――――――――――――――　§241〔進展は始元への後退である〕
§189〔188〕〔方法c　終結〕――――――△§242〔同〕
§190〔189〕〔方法は内容の魂〕――――△§243前半〔同〕
§191〔190〕〔体系的な統体性としての理念〕―△§243後半〔同〕
§192〔191〕〔自然への移行〕――――――○§244〔同〕